Maßnahmen finanzieller Restrukturierung

Schriften zum Controlling, Finanz- und Risikomanagement

Herausgegeben von Andreas Brieden, Thomas Hartung, Bernhard Hirsch und Andreas Schüler

Band 10

PL ACADEMIC RESEARCH

Carlo Dirschedl

Maßnahmen finanzieller Restrukturierung

Rahmenbedingungen, Bewertungen und Ausgestaltung am Beispiel von Debt Equity Swaps

PL ACADEMIC RESEARCH

Bibliografische Information der Deutschen Nationalbibliothek
Die Deutsche Nationalbibliothek verzeichnet diese Publikation in der Deutschen Nationalbibliografie; detaillierte bibliografische Daten sind im Internet über http://dnb.d-nb.de abrufbar.

Zugl.: München, Univ. der Bundeswehr, Diss., 2015

D 706
ISSN 1867-027X
ISBN 978-3-631-66649-4 (Print)
E-ISBN 978-3-653-05992-2 (E-Book)
DOI 10.3726/978-3-653-05992-2

PL Academic Research ist ein Imprint der Peter Lang GmbH.

Peter Lang – Frankfurt am Main · Bern · Bruxelles · New York · Oxford · Warszawa · Wien

Diese Publikation wurde begutachtet.

www.peterlang.com

Für meine Oma.

Geleitwort

Unternehmen müssen finanziell restrukturiert werden, wenn sonst nicht ausgeschlossen werden kann, dass sie ihren Zahlungsverpflichtungen nicht vollständig nachkommen können. Eine wesentliche Voraussetzung des Restrukturierungsversuchs ist es, dass der Fortführungswert den Liquidationswert übersteigt – also Financial Distress, aber nicht Economic Distress vorliegt. Der Versuch einer finanziellen Restrukturierung kann innerhalb oder außerhalb eines Insolvenzverfahrens erfolgen. Prägendes Element einer finanziellen Restrukturierung ist eine Neuordnung der Kapitalgeberansprüche, zum Beispiel durch den Tausch von Fremdkapitaltiteln in Eigenkapital (Debt Equity Swap).

Hier setzt die Arbeit von Carlo Dirschedl an. Deren wesentlicher Beitrag ist eine gründliche ökonomische Analyse des Sanierungsinstruments Debt Equity Swap unter Beachtung der relevanten aktien-, insolvenz- und steuerrechtlichen Rahmenbedingungen. Intensiv setzt er sich u. a. mit der Entscheidung zwischen Fortführung und Liquidation aus Gesamtsicht, aber – und das ist mit Blick auf die Verteilung der Entscheidungsrechte von großer Relevanz – auch aus Sicht einzelner Kapitalgebergruppen auseinander. Dabei verliert er nie den potentiellen Beitrag eines Debt Equity Swaps für den Erfolg eines außergerichtlichen oder gerichtlichen Sanierungsversuchs aus den Augen.

Ich wünsche der gelungenen Arbeit eine weite Verbreitung.

München, im Mai 2015 | Prof. Dr. Andreas Schüler

Vorwort

Vorliegende Arbeit wurde am 30. April 2015 von der Fakultät für Wirtschafts- und Organisationswissenschaften der Universität der Bundeswehr München als Dissertation angenommen. An dieser Stelle möchte ich mich bei all jenen bedanken, die mich bei der Erstellung der Arbeit unterstützt und begleitet haben.

Besonderer Dank gilt meinem geschätzten Doktorvater, Herrn Univ.-Prof. Dr. Andreas Schüler. Bereits während des Bachelor- und Masterstudiums der Wirtschafts- und Organisationswissenschaften hat er mich gefordert und gleichermaßen gefördert. In der anschließenden Promotion stand er mir stets für wertvolle Diskussionen zur Verfügung und hat durch seine Anregungen und Ratschläge wesentlich zum erfolgreichen Abschluss des Promotionsvorhabens beigetragen. Herrn Univ.-Prof. Dr. Thomas Hartung möchte ich für die bereitwillige Übernahme des Zweitgutachtens und seinem offenen Ohr, welches er mir stets zur Verfügung gestellt hat, herzlich danken.

Meinen Eltern und meinem Bruder danke ich für die stete Unterstützung und die nötige Ablenkung, die für das Anfertigen einer solchen Arbeit unentbehrlich sind. Schließlich gebührt mein Dank auch meiner Freundin für ihr Verständnis und ihren liebevollen Rückhalt während der gesamten Promotionszeit.

Carlo Dirschedl

Inhaltsverzeichnis

Abbildungsverzeichnis

Tabellenverzeichnis

Abkürzungsverzeichnis

Alle verwendeten Abkürzungen richten sich grundsätzlich nach:
Duden, Die deutsche Rechtschreibung, 26. Aufl., Berlin 2013.

Abweichend bzw. ergänzend werden in der Arbeit folgende Abkürzungen verwendet:

Abs.	Absatz
aDES	Außergerichtlicher Debt Equity Swap
aEL	Außergerichtliche Kapitalerhöhung gegen Bareinlagen
AEUV	Vertrag über die Arbeitsweise der Europäischen Union
AktG	Aktiengesetz
Alt.	Alternative
AO	Abgabenordnung
APV-Ansatz	Adjusted Present Value-Ansatz
AR	Ausschüttungsrestriktion
ASt.	Abgeltungsteuer
BFH	Bundesfinanzhof
BGB	Bürgerliches Gesetzbuch
BGH	Bundesgerichtshof
BMF	Bundesministerium der Finanzen
BR	Bundesrat
BT	Bundestag
BVerfG	Bundesverfassungsgericht
CAPM	Capital Asset Pricing-Model
CAPV-Ansatz	Compressed Adjusted Present Value-Ansatz
CoFD	Costs of Financial Distress
CP AG	Centrotherm Photovoltaics AG
CRR-Modell	Cox/Ross/Rubinstein-Modell
DCF	Discounted Cashflow
EBT	Earnings before Taxes
EBIT	Earnings before Interest and Taxes
EBITDA	Earnings before Interest, Taxes, Depreciation and Amortization
EK	(Alt-)Eigenkapitalgeber

ESUG	Gesetz zur weiteren Erleichterung der Sanierung von Unternehmen
EStG	Einkommensteuergesetz
EuG	Europäischer Gerichtshof
F	Fortführung ohne finanzielle Sanierung
FG	Finanzgericht
FK^{1st}	Gesicherte bzw. erstrangige Fremdkapitalgeber
FK^{2nd}	Ungesicherte bzw. zweitrangige Fremdkapitalgeber
FK^{3rd}	Nachrangige bzw. drittrangige Fremdkapitalgeber
FMStG	Finanzmarktstabilisierungsgesetz
FTE-Ansatz	Flow to Equity-Ansatz
gDES	Gerichtlicher Debt Equity Swap
GE	Geldeinheiten
gEL	Gerichtliche Kapitalerhöhung gegen Bareinlagen
GewStG	Gewerbesteuergesetz
GmbHG	Gesetz betreffend die Gesellschaften mit beschränkter Haftung
GuV	Gewinn- und Verlustrechnung
HGB	Handelsgesetzbuch
h. M.	herrschende Meinung
i. d. R.	in der Regel
IDW	Institut der Wirtschaftsprüfer
i. S.	im Sinne
i. V. m.	in Verbindung mit
InsO	Insolvenzordnung
IVG AG	IVG Immobilien AG
komp.	kompensiert
KonTraG	Gesetz zur Kontrolle und Transparenz im Unternehmensbereich
KStG	Körperschaftsteuergesetz
LfSt	Landesamt für Steuern
Liq	Liquidation
MaS	Mindestanforderungen an Sanierungskonzepte
mDES	Modifizierter Debt Equity Swap (Nennwertprinzip)
m. E.	meines Erachtens

MoMiG	Gesetz zur Modernisierung des GmbH-Rechts und zur Bekämpfung von Missbräuchen
m. W.	meines Wissens
NPV	Net Present Value
Nr.	Nummer
OFD	Oberfinanzdirektion
OLG	Oberlandesgericht
PE	Private Equity
PER	Price Earnings-Ratio
Rn.	Randnote
S.	Satz oder Seite
SGB	Sozialgesetzbuch
St.	Steuern
u. U.	unter Umständen
WACC-Ansatz	Weighted Average Cost of Capital-Ansatz
WpÜG	Wertpapierübernahmegesetz
WpÜGAngebV	Verordnung über den Inhalt der Angebotsunterlage, die Gegenleistung bei Übernahmeangeboten und Pflichtangeboten und die Befreiung von der Verpflichtung zur Veröffentlichung und zur Abgabe eines Angebots
ZIS	Zentrum für Insolvenz und Sanierung

Symbolverzeichnis

Ab_t	Abschreibungen in Periode t
α bzw. $1-\alpha$	Anteil von FK^{2nd} bzw. EK am Eigenkapital des sanierten Unternehmens (Vollwertigkeitsprinzip)
b_t bzw. g_t	Wachstumsfaktoren für den schlechten bzw. guten Umweltzustand in Periode t
$\widetilde{BMG}_t^{Ge\ bzw.\ K}$	(Zustandsabhängige) gewerbesteuerliche bzw. körperschaftsteuerliche Bemessungsgrundlage in Periode t
$\beta_P^{E\ bzw.\ F}$	Projektspezifischer Betafaktor bei Eigenfinanzierung bzw. anteiliger Fremdfinanzierung
β_{FK}	Betafaktor des Fremdkapitals
cov	Kovarianz
d_t bzw. u_t	Wachstumsfaktoren für den schlechten bzw. guten Umweltzustand in Periode t
$\widetilde{DH}_{t,\ Umweltzustand}$	Differenzhaftung in Periode t (je Umweltzustand)
δ bzw. $1-\delta$	Anteil von FK^{2nd} bzw. EK am Eigenkapital des sanierten Unternehmens (Nennwertprinzip)
$\widetilde{E}_{t,\ Alternative}$	(Zustandsabhängiger) Marktwert des Eigenkapitals in Periode t (je Liquidations- bzw. Fortführungsalternative)
$E\left(\widetilde{FCF}\right)$	Erwartungswert der unsicheren bewertungsrelevanten Einzahlungsüberschüsse
$E\left(\tilde{r}_P\right)$	Erwartete Rendite eines Projektes
$E\left(\widetilde{SV}_t^{FF}\right)$	Erwartungswert der unsicheren Steuervorteile aus der Fremdfinanzierung
$\widetilde{EBT}_t$	(Zustandsabhängiges) EBT in Periode t
$\widetilde{EBIT}_t$	(Zustandsabhängiges) EBIT in Periode t
$\widetilde{EBITDA}_t$	(Zustandsabhängiges) EBITDA in Periode t
EL_t	Bareinlage in Periode t
$\widetilde{F}_{t,\ Alternative}^{Kapitalgebergruppe}$	(Zustandsabhängiger) Marktwert des Fremdkapitals in Periode t (je Liquidations- bzw. Fortführungsalternative und Kapitalgebergruppe)

$FCF_t^{E\ bzw.\ F}$	Bewertungsrelevanter Einzahlungsüberschuss in Periode t bei Eigenfinanzierung bzw. anteiliger Fremdfinanzierung
$\overline{FCF}_{t,\ Alternative}^{Kapitalgebergruppe,\ Umweltzustand}$	Bewertungsrelevanter Einzahlungsüberschuss in Periode t (je Liquidations- bzw. Fortführungsalternative, Kapitalgebergruppe und Umweltzustand)
$FK_t^{Kapitalgebergruppe}$	Nominalwert des Fremdkapitals in Periode t (je Kapitalgebergruppe)
$G_{t,\ Alternative}^{Kapitalgebergruppe}$	Vorteil (+) bzw. Nachteil (-) der Fortführung gegenüber der Liquidation in Periode t (je Liquidations- bzw. Fortführungsalternative und Kapitalgebergruppe)
ϕ_t	Wachstum der Umsatzerlöse in Periode t
$\widetilde{\phi_t}$	Beliebige Zufallsvariable in Periode t
H	Gewerbesteuerlicher Hebesatz
γ bzw. $1 - \gamma$	Trägheitsfaktoren
i	Risikoloser Zinssatz
i^V	Vertraglich festgelegter Fremdkapitalzinssatz
$I_t^{Sanierung}$	Investition in operative Sanierungsmaßnahmen in Periode t
$k_t^{E,\ F}$	Eigenkapitalkosten in Periode t bei Eigenfinanzierung bzw. anteiliger Fremdfinanzierung
K_t	Kosten des Insolvenz(plan)verfahrens
K_{Liq}	Liquidationskosten
$N_{t,\ Alternative}^{Kapitalgebergruppe}$	Ökonomischer Verlust aufgrund der im Kollektiv gewählten Entscheidung in Periode t (je Liquidations- bzw. Fortführungsalternative und Kapitalgebergruppe)
$O_{t,\ Alternative}^{Kapitalgebergruppe}$	Wert der zur Kompensation des Ausfallrisikos ausgegebenen Optionen in Periode t (je Liquidations- bzw. Fortführungsalternative und Kapitalgebergruppe)
$\overline{O}_{t,\ Alternative}^{Kapitalgebergruppe,\ Umweltzustand}$	Aufgrund der ausgegebenen Optionen zu leistende Zahlungen (je Liquidations- bzw. Fortführungsalternative, Kapitalgebergruppe und Umweltzustand)
p_t bzw. $(1 - p)_t$	Eintrittswahrscheinlichkeit des guten bzw. des schlechten Umweltzustandes in Periode t
PA_t	Personalaufwand in Periode t

$\widetilde{\rho_t^U}$	Kumulierte risikoneutrale Eintrittswahrscheinlichkeit für einen Umweltzustand U in Periode t
q_t bzw. $1 - q_t$	Risikoneutrale Eintrittswahrscheinlichkeit des guten bzw. des schlechten Umweltzustandes in Periode t
$\left(\widetilde{r_M} - i\right)$	Marktrisikoprämie
s	Einfacher Gewinnsteuersatz
s^A	Abgeltungsteuersatz
s^{Ge}	Gewerbesteuersatz
s^K	Körperschaftsteuersatz
S^{Ge}	Gewerbesteuer
S^K	Körperschaftsteuer
$SÄ\left(\widetilde{FCF}\right)$	Sicherheitsäquivalent für die erwarteten unsicheren bewertungsrelevanten Einzahlungsüberschüsse
$\widetilde{SE_t^{VVAlt,SG}}$	(Zustandsabhängiger) Steuereffekt aus der Berücksichtigung von Altverlustvorträgen und Sanierungsgewinnen in Periode t
SG_t	Sanierungsgewinn in Periode t
$\widetilde{SN_t^{SG,Ge\ bzw.\ K}}$	(Zustandsabhängiger) gewerbesteuerlicher bzw. körperschaftsteuerlicher Nachteil aus dem Sanierungsgewinn in Periode t
$\widetilde{SV_t^{FF}}$	(Zustandsabhängiger) Steuervorteil durch Fremdfinanzierung in Periode t
$\widetilde{SV_t^{VVAlt,\ Ge\ bzw.\ K}}$	(Zustandsabhängiger) Steuervorteil aus der Verrechnung von gewerbesteuerlichen bzw. körperschaftsteuerlichen Altverlustvorträgen in Periode t
$\widetilde{SV_t^{VVNeu,\ Ge\ bzw.\ K}}$	(Zustandsabhängiger) Steuervorteil aus der Verrechnung von gewerbesteuerlichen bzw. körperschaftsteuerlichen Neuverlustvorträgen in Periode t
$\widetilde{SV_t^{ZA}}$	(Zustandsabhängiger) Steuervorteil aus dem Zinsabzug in Periode t
t	Periode
t_{Liq}	Liquidationsdauer
T	Ausübungszeitpunkt einer Option
U	Umweltzustand

$\widetilde{UE}_{t,\text{ Umweltzustand}}$	Umsatzerlöse in Periode t (je Umweltzustand)
$V^{E,F}_{t,\text{ Alternative}}$	Unternehmensgesamtwert bei unterstellter Eigenfinanzierung bzw. anteiliger Fremdfinanzierung in Periode t (je Liquidations- bzw. Fortführungsalternative)
V_t^{San}	Barwert der durch operative Sanierungsmaßnahmen erzielbare Vorteil in Periode t
V_t^{St}	Barwert der durch anteilige Fremdfinanzierung erzielbaren Steuervorteile in Periode t
$V_t^{\widetilde{SV,\,FF}}$	Barwert der (zustandsabhängigen) Steuervorteile durch anteilige Fremdfinanzierung in Periode t
$\widetilde{VV_t^{Alt,\,Ge\text{ bzw. }K}}$	(Zustandsabhängige) gewerbesteuerliche bzw. körperschaftsteuerliche Altverlustvorträge in Periode t
$\widetilde{VV_t^{Neu,\,Ge\text{ bzw. }K}}$	(Zustandsabhängige) gewerbesteuerliche bzw. körperschaftsteuerliche Neuverlustvorträge in Periode t
$WACC_t$	Weighted Average Cost of Capital in Periode t
z	Risikozuschlag
$\widetilde{Z_t^{Ge\text{ bzw. }K}}$	(Zustandsabhängige) gewerbesteuerlich bzw. körperschaftsteuerlich tatsächlich abzugsfähige Zinsaufwendungen in Periode t
$\widetilde{Z_t^{MAX}}$	(Zustandsabhängige) steuerrechtlich maximal abzugsfähige Zinsaufwendungen in Periode t
ZA_t	Zinsaufwendungen in Periode t
ZE_t	Zinserträge in Periode t
ZS_t	Zinssaldo in Periode t
$\widetilde{ZV_t^{Ge\text{ bzw. }K}}$	(Zustandsabhängige) gewerbesteuerliche bzw. körperschaftsteuerliche Zinsvorträge in Periode t

1 Einleitung

1.1 Ausgangslage und Problemstellung

Unternehmenskrisen und -insolvenzen waren in den vergangenen Jahren keine Besonderheit. Man kann an dieser Stelle argumentieren, dass das stetige „Kommen" und „Gehen" von Unternehmen elementarer Bestandteil einer funktionierenden Marktwirtschaft ist.[1] Unabhängig davon, wie man dieses Argument für sich bewerten mag, ist der durch Unternehmensinsolvenzen verursachte gesamtwirtschaftliche Schaden beachtlich: Neben den Arbeitnehmern, deren Arbeitsplätze im Falle der Liquidation verloren gehen, gehören alle öffentlichen und privaten Insolvenzgläubiger zu den Hauptverlierern, deren Schaden allein in Deutschland auf 38,5 Mrd. € in 2012 und 26,9 Mrd. € im abgelaufenen Jahr 2013 beziffert wird.[2] Die vergangene Finanz- und Wirtschaftskrise hat deutlich gezeigt, dass auch operativ gesunde Unternehmen in zukunftsträchtigen Branchen betroffen sein können.[3] Ursächlich sind meist die zu hohen Finanzverbindlichkeiten, welche auf den Schultern der Unternehmen mit – für die zunehmende Dynamik, Komplexität und Vernetzung auch und vor allem auf den Finanzmärkten – zu geringen Eigenkapitalquoten lasten.[4]

Unabhängig von den Gründen für die gewählte Kapitalstruktur kommt zur außergerichtlichen oder gerichtlichen Sanierung finanziell überschuldeter Unternehmen u. a. auch der Debt Equity Swap in Betracht: Teile des schuldnerischen Fremdkapitals (= Debt) werden im Rahmen dieser Transaktion in Eigenkapital oder eigenkapitalähnliche Finanzinstrumente (Equity) gewandelt (Swap), in dem die gegen das schuldnerische Unternehmen gerichtete Forderung im Rahmen einer Kapitalerhöhung gegen Sacheinlagen eingebracht wird. In der Folge wird das Unternehmen durch die gesunkene, künftig zu tragende Zins- und Tilgungslast vom Zustand der insolvenzrechtlichen und bzw. oder der ökonomischen Überschuldung befreit. Ebenso wird die Liquidität mittelbar geschont und die Möglichkeit geschaffen, sich mit den noch vorhandenen Ressourcen auf das operative Kerngeschäft zu konzentrieren.

Zu den prominentesten Insolvenzfällen der jüngeren Vergangenheit in Deutschland zählen neben der Praktiker AG[5] – nach mehreren erfolglosen Sanierungsversuchen konnte im Jahr 2013 keine Fortführungslösung erzielt werden – auch die

---

1 Ähnlich Altman, E./Hotchkiss, E. (2006), S. 7.

2 Vgl. Creditreform Wirtschaftsforschung (2013), S. 4. Gleichwohl bedeutet dies nicht, dass sanierungsbedürftige oder insolvente Unternehmen stets fortzuführen sind.

3 Vgl. nur Wirtschaft Konkret (2012), S. 14–16.

4 Deutschland war lange als Land mit vergleichsweise geringen Eigenkapitalquoten der Unternehmen bekannt, wenngleich sich diese in der jüngeren Vergangenheit zunehmend dem internationalen Niveau annähern. Vgl. hierzu Dornseifer, F. (2011), S. 4, Geisel, B. (2004), S. 8, sowie Deutsche Bundesbank (2013), S. 46–49.

5 Vgl. für den Fall von Praktiker AG nur Handelsblatt (2013a).

Fälle des Technologiekonzerns der Centrotherm Photovoltaics AG (CP AG)[6] und des Immobilienkonzerns der IVG Immobilien AG (IVG AG)[7]. Nach Beantragung der Eröffnung des Insolvenzverfahrens in Eigenverwaltung und Inanspruchnahme des im Rahmen des Gesetzes zur weiteren Erleichterung der Sanierung von Unternehmen (ESUG) neu geschaffenen Schutzschirmverfahrens gelang es der CP AG, innerhalb kürzester Zeit und in Eigenregie einen rettenden Debt Equity Swap auszuhandeln, in dessen Folge den Alteigentümern lediglich 20 % der Anteile verblieben und die Gläubiger die restlichen 80 % der Anteile durch Einlage eines Großteils ihrer Forderungen erworben haben. Vorstandssprecher Jan von Schuckmann betonte, dass dieser „Interessenausgleich [...] beispielhaft für die Sanierung eines Unternehmens, wie sie der Gesetzgeber mit dem ESUG [...] fördern wollte, [... und somit] ein einzigartiger Präzedenzfall“[8] in Deutschland ist. Neben diesem im Bereich der Photovoltaik-Industrie führenden, global agierenden Technologiekonzern konnte auch der Immobilienkonzern IVG AG durch einen ähnlich gearteten gerichtlichen Debt Equity Swap gerettet werden, nachdem zuvor eine außergerichtliche Ausgestaltung der gleichen Transaktion an der Zustimmung einer einzigen Kapitalgebergruppe gescheitert war. Wenn man sich also die Chancen und Möglichkeiten dieses Sanierungsinstruments vor Augen führt, ist es auf den ersten Blick durchaus verwunderlich, warum in der Vergangenheit vom Debt Equity Swap vor allem im deutschsprachigen Raum nicht häufiger Gebrauch gemacht wurde.[9]

Erst bei genauerer Betrachtung wird ersichtlich, dass eine Vielzahl an Problemen und Unwägbarkeiten bei der Ausgestaltung und Umsetzung von Debt Equity Swaps existiert, welche sich im Wesentlichen in zwei wissenschaftliche Disziplinen aufteilen lässt: Zum einen sind die rechtlichen Rahmenbedingungen zu nennen. Eine spezialgesetzliche Grundlage für Debt Equity Swaps existiert nicht, wodurch ein Rückgriff auf die einschlägigen Vorschriften im Gesellschafts- und Insolvenzrecht erforderlich wird. Wenngleich sich das deutsche Insolvenzrecht durch die Einführung der Insolvenzordnung (InsO) im Jahr 1999 und deren kontinuierliche Weiterentwicklung an die nationale und internationale rechtspolitische Auffassung, dass die Zerschlagung von erhaltenswerten Unternehmen durch entsprechende

6 Vgl. für den Fall von CP AG nur Handelsblatt (2013b) sowie Pressemitteilung CP AG (2013).

7 Vgl. für den Fall von IVG AG nur Börsen-Zeitung (2013) sowie Pressemitteilung IVG AG (2014).

8 Vgl. Pressemitteilung CP AG (2013).

9 Die meines Wissens (m. W.) einzige neuere (Zeitraum 1996–2004) empirische Untersuchung für deutsche Unternehmen stammt von Jostarndt, welcher unter anderem die relative Bedeutung des Debt Equity Swap im Vergleich zu anderen Möglichkeiten zur Restrukturierung von Verbindlichkeiten analysiert. Vgl. hierzu Jostarndt, P. (2007), S. 94. Empirische Untersuchungen etwa von Gilson zeigen eine wesentlich höhere Bedeutung des Debt Equity Swap im amerikanischen Raum. Vgl. hierzu Gilson, S. (1990), S. 356. Neuere Untersuchungen gibt es m. W. auch dort nicht, was u. a. auf die schwierige Datenerhebung zurückzuführen sein dürfte.

Sanierungsmaßnahmen möglichst zu verhindern ist, angenähert hat[10], verbleiben rechtliche Unsicherheiten vor allem auch bei der Ausgestaltung von außergerichtlichen Sanierungslösungen. Als Beispiel sei zunächst nur das Problem der Ermittlung des werthaltigen Anteils der im Rahmen des Debt Equity Swap zu wandelnden Forderung und – damit eng verbunden – die im Nachgang drohende Differenzhaftung angesprochen.[11] An dieser Stelle wird der Zusammenhang mit dem betriebswirtschaftlichen Bereich, insbesondere der Bewertung von Unternehmen als Ganzes sowie von einzelnen Fremd- und Eigenkapitaltiteln, deutlich. Weil die herrschende Meinung (h. M.) in Literatur und Rechtsprechung nur eine Einbringung zum Verkehrswert zulässt, ist zum einen der Anreiz für grundsätzlich wandlungswillige Gläubiger, im Wert geminderte schuldrechtliche Ansprüche in (wenig) Eigenkapital zu tauschen und damit einhergehend im Rang hinter alle anderen Fremdkapitalgeber zurückzutreten, gering. Zum anderen ist es dann auch noch erforderlich, Zeit und Geld in die aufwendige – wie im weiteren Verlauf der Arbeit ersichtlich wird – Bewertung des Sacheinlagegegenstands zu investieren. Zu guter Letzt ist in diesem Bereich auch die Herausforderung, die Vielzahl an einer Sanierung im Allgemeinen und einem Debt Equity Swap im Besonderen beteiligten Anspruchsgruppen an „einen Tisch" und deren Interessen in Einklang zu bringen, einzuordnen. Insgesamt ist also festzuhalten, dass voranstehende Problembereiche zu beträchtlichen Transaktionskosten führen können, welche unter Umständen in einer vorzeitigen Liquidation von eigentlich erhaltenswerten Unternehmen münden.

Durch den Abbau der in den einleitenden Worten nur knapp angesprochenen Unwägbarkeiten können die Transaktionskosten gesenkt und die Attraktivität des Sanierungsinstruments grundsätzlich gesteigert werden.[12] Hierzu ist es auf juristischer Seite erforderlich, vorhandene Unsicherheiten durch eine stetige Fortentwicklung der gesellschafts- und insolvenzrechtlichen Regelungen abzubauen. Zahlreiche Beiträge gerade in den letzten Jahren beschäftigen sich mit der rechtswissenschaftlichen Diskussion und Fortentwicklung der einschlägigen Vorschriften und fordern u. a. eine Anpassung bzw. Erweiterung bestehender Sanierungsprivilegien. So diskutieren

---

10 Vgl. § 1 Satz (S.) 1 InsO.

11 Bei einem Debt Equity Swap wird die zu wandelnde Forderung im Rahmen einer Kapitalerhöhung gegen Sacheinlagen eingebracht. Bei einer nicht unwesentlichen Überbewertung hat der Einlegende die verschuldensunabhängige Pflicht, die Differenz zwischen dem Nennwert der erworbenen Anteile und dem tatsächlichen Wert des Sacheinlagegegenstands in bar nachzuzahlen. Vgl. § 188 Absatz (Abs.) 2 S. 1 in Verbindung mit (i. V. m.) § 36a Abs. 2 S. 3 Aktiengesetz (AktG) sowie § 56 Abs. 2 i. V. m. § 9 Abs. 1 Gesetz betreffend die Gesellschaften mit beschränkter Haftung (GmbHG).

12 Die Attraktivität von Debt Equity Swaps ist natürlich auch von anderen Gegebenheiten abhängig, welche im weiteren Verlauf der Arbeit diskutiert werden.

beispielsweise Diffring[13], Franke[14] und Müller[15] die unterschiedlichen rechtlichen Facetten des Debt Equity Swap in außergerichtlichen und gerichtlichen Sanierungslösungen sehr detailliert, deren Ausführungen insbesondere um die Neuerungen durch ESUG[16] zu erweitern sind. Auf der anderen Seite steht auch die Forschung zur Bewertung von sanierungsbedürftigen Unternehmen und entsprechenden Kapitaltiteln nicht still. Wenngleich grundsätzlich die identischen Bewertungsverfahren in Betracht kommen, sind in Krisensituationen verschiedene Besonderheiten zu beachten: So können etwa gesetzliche oder gesellschaftsrechtliche Ausschüttungsrestriktionen sowie direkte und indirekte Kosten der Insolvenz den Unternehmenswert beeinflussen. Auch die steuerrechtlichen Rahmenbedingungen können gerade in Unternehmenskrisen wesentlichen Einfluss auf das Bewertungskalkül haben. Während ausgewählte Gebiete der angesprochenen Herausforderungen in der Literatur sehr ausführlich diskutiert sind[17], mangelt es an einem integrierten konzeptionellen Ansatz, welcher alle wesentlichen Einflussfaktoren berücksichtigt und zusammenführt. Dies ist erforderlich, um einerseits die richtige Fortführungsentscheidung auf Unternehmensgesamtebene zu treffen und um andererseits den noch verbleibenden Wert der Ansprüche der beteiligten Stakeholder – dieser stellt in gewisser Weise die „Eintrittskarte“[18] in das sanierte Unternehmen dar und ist Ausgangspunkt der Verhandlungen – zu ermitteln. In diesem Zusammenhang ist auch festzuhalten, dass die Interessenskonflikte zwischen den einzelnen Anspruchsgruppen in Sanierungssituationen zwar bekannt sind und in verschiedenen Beiträgen zu lösen versucht werden.[19] Es existiert jedoch keine Arbeit, welche die speziellen Interessenkonflikte beim Debt Equity Swap untersucht und die verschiedenen „Privilegierungen“, beispielsweise den Wegfall der Differenzhaftung bei einem gerichtlichen Debt Equity Swap[20], ökonomisch analysiert. Auch ist nicht geklärt, inwiefern die auftretenden Interessenkonflikte zu einer aus Unternehmensgesamtperspektive nachteiligen

---

13 Vgl. Diffring, P. (2012).

14 Vgl. Franke, P. (2011).

15 Vgl. Müller, J. (2012).

16 Auch die Neuerungen durch ESUG sind in der einschlägigen Literatur ausführlich diskutiert und werden überwiegend begrüßt. Vgl. hierzu nur Bauer, A./Dimmling, A. (2011), S. 517–521, Göb, M. (2012), S. 371–377, sowie Heinrich, J. (2012), S. 235–243.

17 Vgl. zur Bewertung von sanierungsbedürftigen Unternehmen im Allgemeinen nur Altman, E./Hotchkiss, E. (2006), Baumgartner, M./Kofler, P. (2010), Drukarczyk, J./ Schüler, A. (2009), S. 373–418, Gilson, S./Hotchkiss, E./Ruback, R. (2000), S. 43–74, Homburg, C./Stephan, J./Weiß, M. (2004), S. 276–295, Knabe, M. (2012), Kruschwitz, L./Lodowicks, A./Löffler, A. (2005), S. 221–236, sowie Schüler, A. (2013a), S. 389–394. Detailliertere Literaturverweise finden sich in den relevanten Kapiteln der Arbeit.

18 Ähnlich Bebchuk, L. (1988), S. 776.

19 Vgl. hierzu etwa Aghion, P./Hart, O./Moore, J. (1992), S. 523–546, Bebchuk, L. (1988), S. 775–804, Eidenmüller, H. (1999), Fischer, T. (1999), Myers, S. (1977), S. 147–175, sowie Schäffer, H.-B./Ott, C. (2012), S. 642–647.

20 Vgl. § 254 Abs. 4 InsO.

Sanierungslösung führen und wie diese ggf. beseitigt oder wenigstens gemindert werden können.

1.2 Ziel der Dissertation

Die vorliegende Arbeit soll insbesondere einen Beitrag zur Lösung der bewertungstechnischen Herausforderungen im Zusammenhang mit dem Debt Equity Swap leisten und darauf aufbauend die ökonomische Vorteilhaftigkeit dieses Sanierungsinstruments analysieren. Hierzu wurden die folgenden Forschungsfragen abgeleitet.

1. Welchen Beitrag zur (finanziellen) Sanierung eines Unternehmens kann der Debt Equity Swap leisten?

So individuell wie jede Unternehmenskrise muss auch das darauf abgestimmte Konzept mit einzelnen oder mehreren Sanierungsmaßnahmen sein, um eine nachhaltige Gesundung des Unternehmens zu ermöglichen. Weil die Transaktionskosten insbesondere von Debt Equity Swaps hoch sind und demgegenüber gerade in Sanierungssituationen nur begrenzte Ressourcen zur Verfügung stehen, sind Kosten und Nutzen dieses Sanierungsinstruments sorgfältig abzuwägen. Daher ist es in einem ersten Schritt erforderlich, den aktuellen Stand der Forschung in der finanzwirtschaftlichen Sanierung darzustellen, den Debt Equity Swap in das vorhandene Sanierungsinstrumentarium einzuordnen und möglicherweise auftretende Problemstellungen zu identifizieren. Zu guter Letzt ist dessen Leistungsfähigkeit auch vor dem Hintergrund anderer finanzieller Sanierungsmöglichkeiten abzugrenzen.

2. Welche rechtlichen Rahmenbedingungen sind bei der Ausgestaltung und Umsetzung von Debt Equity Swaps zu beachten?

Ausgangspunkt der Untersuchung werden die gesellschafts- und insolvenzrechtlichen Anforderungen an die Ermittlung der Werthaltigkeit einer im Rahmen des Debt Equity Swap einzulegenden Forderung sein, wobei auch abweichende Auffassungen in der Literatur diskutiert werden sollen. Auch aufgrund der nach h. M. erforderlichen Werthaltigkeitsprüfung wird eine dezidierte Auseinandersetzung mit den relevanten handels- und steuerrechtlichen Vorschriften unerlässlich, sodass deren Auswirkungen auf das Bewertungskalkül korrekt und vollständig erfasst werden können. Kommt es nämlich zu einer nicht unwesentlichen Überbewertung der im Rahmen des Debt Equity Swap eingelegten Forderung, so droht dem Inferenten im Nachgang die verschuldensunabhängige Differenzhaftung. Auch in dem Zusammenhang sollen relevante Neuerungen im Insolvenzrecht betrachtet werden, um diese im weiteren Verlauf der Arbeit hinsichtlich ihrer ökonomischen Auswirkungen würdigen zu können.

3. Wie ist der Liquidations- und Fortführungswert des sanierungsbedürftigen Unternehmens zu ermitteln?

In der Literatur existieren verschiedene Verfahren zur Bewertung von Unternehmen. Aufgrund der zu berücksichtigenden handels-, steuer- und sonstigen rechtlichen

Rahmenbedingungen, welche auch Einzug in das Bewertungskalkül finden (müssen), sind nicht alle Verfahren gleichermaßen zur Bewertung von sanierungsbedürftigen Unternehmen geeignet. Folglich ist dasjenige Verfahren zu identifizieren, welches eine methodisch korrekte Integration von in Sanierungssituationen wesentlichen Wertbausteinen – hierzu zählen etwa handelsrechtliche Ausschüttungsrestriktionen, leistungswirtschaftliche Sanierungsmaßnahmen, Sanierungsgewinne und steuerliche Verlustvorträge – erlaubt. Die gewonnenen Ergebnisse sind dem Liquidationswert des Unternehmens gegenüberzustellen, um auf dieser Basis eine ökonomisch fundierte Fortführungsentscheidung treffen zu können.

4. Wie sind die Ansprüche der einzelnen Kapitalgebergruppen, insbesondere die der Alteigentümer und die der wandlungswilligen Gläubiger, zu bewerten?

Gleichzeitig bilden die ermittelten Unternehmensgesamtwerte bei unterstellter Fortführung bzw. Liquidation die Basis, um die Werthaltigkeit der Ansprüche der einzelnen Kapitalgebergruppen zu bestimmen. Diese sind wichtig, weil sie – unabhängig von der außergerichtlichen oder gerichtlichen Sanierung – den Ausgangspunkt für die Verhandlungen über Fortführung oder Liquidation des schuldnerischen Unternehmens bilden.

5. Wie können die bei Sanierungen im Allgemeinen und beim Debt Equity Swap im Besonderen auftretenden Interessenkonflikte zunächst effektiv, d. h. alle Anspruchsgruppen wählen die aus ökonomischer Gesamtperspektive vorteilhaftere Variante aus Fortführung bzw. Liquidation, und ggf. auch effizient, d. h. alle Anspruchsgruppen wählen diejenige Fortführungsvariante, welche mit den geringsten Transaktionskosten verbunden ist, gelöst werden?

Wie bei den meisten Entscheidungssituationen treten auch bei der Verhandlung und Ausgestaltung von Debt Equity Swaps Interessenkonflikte zwischen den einzelnen Anspruchsgruppen auf, welche es effektiv und effizient zu lösen gilt[21]: Die gewählte Lösung soll in denjenigen Fällen als effektiv bezeichnet werden, in denen die betriebswirtschaftlich vorteilhaftere Alternative aus Unternehmensfortführung und Liquidation gewählt wird. Als effizient wird die gewählte Fortführungslösung bzw. der Debt Equity Swap dann bezeichnet, wenn keine alternative Fortführungsvariante mit geringeren Transaktionskosten existiert. In diesem Zusammenhang soll auch untersucht werden, inwiefern sich Unterschiede bei außergerichtlichen und gerichtlichen Sanierungssituationen ergeben. Sofern sich nicht immer die aus Unternehmensgesamtperspektive effektive und effiziente Lösung einstellt, werden Möglichkeiten zur (weiteren) Verringerung der auftretenden Interessenkonflikte gesucht und diskutiert.

21 "It is fundamentally the confusion between effectiveness and efficiency that stands between doing the right things and doing things right. There is surely nothing quite so useless as doing with great efficiency what should not be done at all." (Drucker, P. (1963), S. 54).

Die Betriebswirtschaftslehre ist eine anwendungsorientierte Wissenschaft und auf die Lösung von betrieblichen Problemen ausgerichtet. Letzteres zeigt sich, mehr als in vielen anderen Teilbereichen dieser Disziplin, gerade in der Forschung zu Sanierung und Insolvenz, weil es um das Überleben von möglicherweise erhaltenswerten Unternehmen und folglich um die Abwendung von wirtschaftlichen Schäden aller Art geht. Zur theoretischen Problemlösung und Beantwortung der definierten Forschungsfragen wurde ein normativer (präskriptiver) Forschungsansatz ausgewählt. Kein Modell vermag alle relevanten Aspekte adäquat zu berücksichtigen. Die Entscheidung, inwiefern einzelne Aspekte detailliert abgebildet und andere durch geeignete Annahmen vereinfacht oder ausgeblendet werden, obliegt dem Bewertenden. Dementsprechend werden auch in dieser Arbeit verschiedene Einschränkungen zu treffen sein (Partialmodell). Aufgrund der Betrachtung des Problems aus der Perspektive der Finanzwirtschaft soll jedoch das Ziel vorgegeben sein: Der rationale Entscheider wird sich stets an der Maximierung des Barwerts der erzielbaren (eigenen) Zahlungsströme orientieren.

Nach der Grundlegung soll zunächst ein konzeptioneller Bewertungsansatz vorgestellt und dem Bewertenden an die Hand gegeben werden, welcher es ihm unter den getroffenen Prämissen ermöglicht, den Unternehmenswert bei unterstellter Fortführung methodisch exakt zu ermitteln. Weil allen modernen Unternehmensbewertungsmodellen die Betrachtung von künftig erzielbaren und damit unsicheren Cashflows sowie die risikoäquivalente Ermittlung des entsprechenden Barwertes gemein sind, können auch die hier erarbeiteten Ergebnisse nicht (immer) zum „richtigen" Unternehmenswert führen. Sie geben dem Bewertenden aber das notwendige Handwerkszeug, die besonders bei sanierungsbedürftigen Unternehmen auftretenden Sondersachverhalte vollständig und in einem geschlossenen Modell zu berücksichtigen.

Im Anschluss daran wird ein auf die gewonnenen Erkenntnisse abgestimmter Formelapparat entwickelt, um die Ansprüche der einzelnen Kapitalgebergruppen sowohl vor finanzieller Sanierung als auch nach Durchführung eines außergerichtlichen oder gerichtlichen Debt Equity Swap – wiederum unter den getroffenen Prämissen – exakt bewerten zu können. Dabei wird auch der Unterschied verdeutlicht, der sich aus der Anwendung des Vollwertigkeitsprinzips auf der einen und des Nennwertprinzips auf der anderen Seite ergeben kann. In der anschließenden ökonomischen Analyse wird untersucht, wie ausgewählte, zentrale Werttreiber das Entscheidungsverhalten der einzelnen Kapitalgebergruppen beeinflussen.

Zu guter Letzt sei angemerkt, dass die im Rahmen der theoretischen Problemlösung verwendeten normativen (präskriptiven) Ansätze in dieser Arbeit nicht mit empirischen Daten überprüft werden. Wenngleich die Datenerhebung meines Erachtens (m. E.) schwierig sein dürfte, sind die Ergebnisse dieser Arbeit auch, aber nicht nur als Ausgangspunkt für ergänzende empirische Untersuchungen zu verwenden.

1.3 Gang der Untersuchung

Im folgenden Kapitel 2 wird die Unternehmenskrise aus betriebswirtschaftlicher Sicht betrachtet. Insbesondere gilt es, verschiedene Krisenursachen zu identifizieren und den Verlauf von Unternehmenskrisen zu charakterisieren. Die genaue Kenntnis der Krisenursachen und des Krisenstadiums sind von Bedeutung, wenn es um die Entscheidung geht, welche Maßnahmen zur Sanierung des Unternehmens geeignet und erforderlich sind. Nach einer grundlegenden Einschätzung, wann aus ökonomischer Sicht ein Unternehmen fortgeführt oder liquidiert werden sollte und welche Interessenkonflikte in diesem Zusammenhang grundsätzlich auftreten können, werden die relevanten Rahmenbedingungen einer außergerichtlichen und einer gerichtlichen Sanierung untersucht. Weil unabhängig vom gewählten Rahmen grundsätzlich das identische Sanierungsinstrumentarium zur Verfügung steht, folgt anschließend eine Grundlegung zu den wesentlichen finanzwirtschaftlichen Sanierungsmaßnahmen und zur Bedeutung eines umfassenden Sanierungskonzeptes, welches auch den leistungswirtschaftlichen und den strategischen Bereich beinhaltet.

Kapitel 3 erörtert die relevanten rechtlichen Rahmenbedingungen, die es bei der Ausgestaltung von Debt Equity Swaps zu beachten gilt. Wie sich insbesondere in den Ausführungen zu Kapitel 4 zeigen wird, finden diese Überlegungen allesamt auch im Bewertungskalkül Einzug. Neben der technischen Umsetzung wird im Wesentlichen diskutiert, welche Anforderungen an die Bewertung der im Rahmen des Debt Equity Swap einzulegenden Forderung aus gesellschafts- und insolvenzrechtlicher Sicht bestehen. Auch durch den Wegfall der Steuerfreiheit von Sanierungsgewinnen und einer Vielzahl weiterer steuerrechtlicher Rahmenbedingungen, welche die Liquiditätslage insbesondere von sanierungsbedürftigen Unternehmen zusätzlich belasten können, ist es erforderlich, die einschlägigen steuerrechtlichen Vorschriften und deren Folgewirkungen zu analysieren.

Kapitel 4 beschäftigt sich mit der Frage, wie die Vorteilhaftigkeit eines Sanierungsversuchs aus Unternehmensgesamtperspektive zu ermitteln ist. Nach der Diskussion des Liquidationswertes, verschiedener Verfahren zur Ermittlung des Fortführungswertes und deren kritischer Würdigung konzentrieren sich die Ausführungen auf den Adjusted Present Value-Ansatz (APV-Ansatz), welchem aus mehreren Gründen der Vorzug zu geben sein wird. Der Lehrbuchfall, in dem das Fremdkapital nicht ausfallgefährdet ist und die aus der Fremdfinanzierung resultierenden Steuervorteile stets und in voller Höhe, also mit Sicherheit gehoben werden können, ist um die Besonderheiten bei Krisenunternehmen zu erweitern. Insbesondere wird der Werteinfluss von Ausschüttungsrestriktionen, direkten und indirekten Insolvenzkosten bzw. Costs of Financial Distress (CoFD), Sanierungsgewinnen und steuerlichen Verlustvorträgen zu analysieren sein. Auch werden die Auswirkungen auf die risikoäquivalenten Kapitalkosten diskutiert, um auf Basis der ermittelten Barwerte bei unterstellter Fortführung bzw. Liquidation eine ökonomisch fundierte Entscheidung treffen zu können.

Mit Hilfe der Ergebnisse aus Kapitel 4 sind in Kapitel 5 die Ansprüche der einzelnen Kapitalgebergruppen bzw. deren Marktwerte zu ermitteln, welche die Grundlage für die Verhandlung über die Ausgestaltung des Debt Equity Swap darstellen. Durch ein vereinfachendes Modell soll untersucht werden, unter welchen Bedingungen es zu einer Einigung kommen wird. Gegenstand der ökonomischen Analyse soll insbesondere auch sein, ob durch (Fehl-)Anreize die Gefahr besteht, dass einzelne

Anspruchsgruppen eine aus Unternehmensgesamtperspektive nachteilige Variante, beispielsweise die Liquidation bei deutlich höherem Fortführungswert, wählen und wie derartige (Fehl-)Anreize gemindert oder beseitigt werden können. Auf Basis der erzielten Ergebnisse sollen Handlungsempfehlungen für die praktische Anwendung abgeleitet werden.

Das abschließende Kapitel 6 fasst die Ergebnisse der Arbeit zusammen und gibt einen Ausblick, wie die betriebswirtschaftliche Forschung auf dem diskutierten Gebiet durch ergänzende oder weitergehende (empirische) Untersuchungen vorangetrieben werden kann.

2 Sanierungsmanagement: Grundlagen und Entwicklungen

2.1 Unternehmenskrise als Ausgangspunkt

2.1.1 Verlauf von Unternehmenskrisen

Jede Unternehmenskrise[22] lässt sich als individueller Fehlentwicklungsprozess darstellen, d. h. eine typische Unternehmenskrise gibt es nicht.[23] Dementsprechend herrscht in der Literatur keine Einigkeit über den Verlauf bzw. über die einzelnen Phasen dieses Prozesses.[24] Da jedoch die Kenntnis des Krisenstadiums von unerlässlicher Bedeutung sowohl für die Auswahl entsprechender Sanierungsmaßnahmen als auch für die Implementierung oder Weiterentwicklung eines Krisenfrüherkennungssystems ist und der Krisenverlauf zumeist Rückschlüsse auf die Krisenursachen zulässt[25], gibt es zu diesem Themenkomplex eine Vielzahl an Literaturbeiträgen.[26] Der Ansatz von Müller wird anhand folgender Abbildung 1 überblickartig dargestellt.

---

22 In einer Unternehmenskrise sind die Erfolgspotentiale, das Reinvermögen oder die Liquidität eines Unternehmens soweit strapaziert, dass die Unternehmensfortführung gefährdet ist. Vgl. Hess, H. (2011), S. 5, sowie Leoprechting, G. (2010), S. 126–127.

23 Vgl. Grünert, T. (2007), S. 10.

24 Vgl. Krystek, U./Moldenhauer, R. (2007), S. 32.

25 Vgl. Baetge, J./Schmidt, M./Hater, A. (2012), S. 23.

26 In der Literatur werden zumeist zwei Ansätze von Prozessmodellen unterschieden: Zum einen kann der Prozess aus der Wahrnehmungsperspektive beleuchtet werden, wobei hier verschiedene Stakeholder einzelne Risiken unterschiedlich bedrohlich wahrnehmen und sich folglich unterschiedliche Phasen ableiten lassen. Zum anderen kann der Prozess aus einer finanzwirtschaftlichen Perspektive betrachtet werden, wobei im weiteren Verlauf exemplarisch die Variante von Müller dargestellt wird. Beide Ansätze werden etwa in Baetge, J./Schmidt, M./Hater, A. (2012), S. 23–28, sowie Hausschildt, J./Grape, C./Schindler, M. (2006), S. 8–9, diskutiert.

Abbildung 1: Krisenverlauf und Einfluss auf den Handlungsspielraum[27]

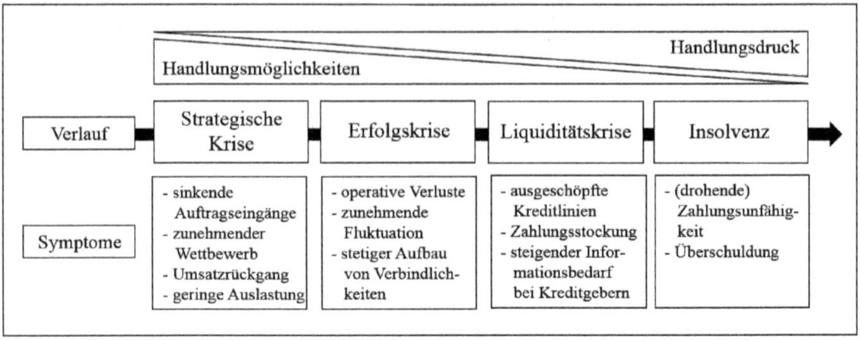

Grundsätzlich werden vier Phasen einer Unternehmenskrise unterschieden, wobei die Übergänge fließend sind. Ausgehend vom Normalzustand der Unternehmung beginnt der Prozess mit der strategischen Krise, deren Eintritt durch eine Störung bzw. Zerstörung der Erfolgsfaktoren und -potentiale gekennzeichnet ist.[28] Beispielsweise können falsche unternehmensinterne Weichenstellungen oder aber Entwicklungen am Markt, welche nicht oder nicht ausreichend in der Unternehmensplanung berücksichtigt wurden, zum Eintritt einer strategischen Krise führen.[29] Bei dieser ersten Phase besteht häufig das Problem, dass auch für das Management eine Abgrenzung zum normalen Geschäftsverlauf nicht möglich ist.[30] Erwirtschaftet ein Unternehmen bereits Verluste, welche zu einem schrittweisen Verzehr des Eigenkapitals führen, spricht man von einer Erfolgskrise. Die dritte Phase der Liquiditätskrise beschreibt den Zustand, in dem die rechtlichen Insolvenztatbestände näher rücken, d. h. die Zahlungsunfähigkeit und bzw. oder die Überschuldung in absehbarer Zeit drohen. Da neben den Möglichkeiten der Liquidation und der übertragenen Sanierung gemäß § 1 InsO auch Lösungen „insbesondere zum Erhalt des Unternehmens" in Frage kommen, wird das Stadium der Insolvenz dem Krisenverlauf als vierte Phase zugeordnet. Obwohl etwa 60 % der Unternehmenskrisen mit der strategischen Krise beginnen[31], sind auch andere Verläufe denkbar. Beispielsweise kann das Unternehmen durch eine fehlerhafte finanzwirtschaftliche Entscheidung auch direkt in der Liquiditätskrise landen.

---

27 Eigene Darstellung in Anlehnung an Krystek, U./Moldenhauer, R. (2007), S. 36, Lützenrath, C./Peppmeier, K./Schuppener, J. (2006), S. 4, sowie Müller, R. (1986), S. 53–56. Sofern nicht abweichend zitiert, beruhen auch die folgenden erläuternden Ausführungen auf diesen Literaturbeiträgen.

28 Vgl. Hess, H. (2011), S. 67.

29 Vgl. Ott, W. (2011), S. 69.

30 Vgl. Grünert, T. (2007), S. 12.

31 Vgl. Müller, R. (1986), S. 56.

Interpretiert man diesen Prozess unter Zuhilfenahme der in Abbildung 1 angeführten Krisensymptome, so zeigt sich, dass zu Beginn der Unternehmenskrise die Handlungsmöglichkeiten des Managements meist noch uneingeschränkt sind. Zudem besteht der Vorteil, dass die strategische Krise von außenstehenden Dritten regelmäßig nicht zu erkennen ist.[32] Da jedoch die strategische Krise oftmals auch von der Unternehmensführung unerkannt bleibt oder durch kurzfristige Maßnahmen bewusst verschleiert wird[33], weil sich beispielsweise das Management eigene Fehler nicht eingestehen will, bleibt der noch breit gefächerte Handlungsspielraum häufig ungenutzt. Nicht nur die Kommunikation mit den Mitarbeitern, sondern auch deren frühzeitige Einbindung in die Restrukturierung bzw. Sanierung[34] – diese ist schon intuitiv unverzichtbar, da Mitarbeiter aufgrund ihrer operativen Einbindung ein ausgeprägtes Bewusstsein über Diskontinuitäten und entsprechende Gegenmaßnahmen oder Verbesserungspotentiale entwickeln – bleiben aus.[35] Ebenso werden externe spezialisierte Berater in der Regel (i. d. R.) erst im fortgeschrittenen Krisenverlauf hinzugezogen, obwohl eine frühzeitige Reaktion des häufig krisenunerfahrenen Managements zielführender wäre.[36] Im weiteren Verlauf erhöhen sich Handlungs- und Zeitdruck stetig, da die Insolvenzwahrscheinlichkeit im Zeitablauf zunimmt. Kann dann vor dem Hintergrund des geschrumpften Handlungsspielraums, weil beispielsweise Banken zu keinen weiteren Zugeständnissen bereit sind und bestehende Kredite aufgrund der Verletzung vertraglicher Covenants gekündigt werden, die Unternehmenskrise nicht mehr aus eigener Kraft abgewendet werden, ist der Insolvenzantrag als letzte Konsequenz unvermeidbar.

2.1.2 Krisenursachen im Überblick

Die Krisenursachenforschung ist kein neues Gebiet der Betriebswirtschaftslehre.[37] Während man sich jedoch in früheren Jahren ausschließlich auf die Betrachtung

---

32 Vgl. etwa Liebig, M./Witt, P. (2011), S. 1929, sowie Ott, W. (2011), S. 71.

33 Ein schlechtes Jahresergebnis kann durch einmalige Effekte, etwa der Auflösung von Rückstellungen oder den Abverkauf von nicht betriebsnotwendigem Anlagevermögen, verbessert werden. Auch wenn eine derartige Bilanzpolitik für den aufmerksamen Bilanzleser durchaus zu erkennen ist, kann das Gesamtergebnis zunächst besser dargestellt werden.

34 Der Begriff der Sanierung stammt von dem lateinischen Wort „sanare" und bedeutet übersetzt „heilen". Ebenfalls wird in der Literatur der Begriff der Restrukturierung verwendet. Unter Restrukturierung versteht man ganz allgemein alle Formen der Reorganisation. Während jede Sanierung die Reaktion auf eine mehr oder minder schwere Unternehmenskrise darstellt, kann eine Restrukturierung auch aus anderen Motiven erfolgen. Vgl. hierzu nur Kudla, R. (2005), S. 93, sowie Seefelder, G. (2012), S. 28. Im weiteren Verlauf der Arbeit werden beide Begriffe synonym verwendet.

35 Vgl. Kraus, G./Becker-Kolle, C. (2004), S. 50–52, 119.

36 Vgl. Hofelich, M. (2009), S. 24.

37 Die Untersuchung fortführungsgefährdeter Unternehmen mit dem Ziel, Rückschlüsse auf die Entwicklung gesunder Unternehmen zu ziehen, haben beispielsweise

insolventer Unternehmen konzentrierte, hat man im Laufe der Zeit erkannt, dass gerade auch positiv verlaufende Unternehmenskrisen – das Insolvenzstadium wurde in diesen Fällen gar nicht erst erreicht – von Bedeutung sind.[38] Auch weil es nach wie vor keine allgemeingültige Theorie der Unternehmenskrise gibt, existieren beinahe unzählige Studien und Beiträge zu diesem von hoher Praxisrelevanz geprägten Themengebiet.[39]

Im Rahmen der vorliegenden Arbeit soll eine überblickartige Differenzierung zwischen endogenen und exogenen Krisenursachen ausreichen[40], wobei folgende Einschränkungen dieser Klassifizierungsvariante zu berücksichtigen sind: Eine Unternehmenskrise wird nie durch eine einzelne Ursache ausgelöst (Multikausalität).[41] Einfache Ursache-Wirkungs-Zusammenhänge existieren nicht, es handelt sich stets um mehrstufige Beziehungen (Mehrstufigkeit).[42] Theoretisch sind unternehmensinterne und -externe Ursachen voneinander zu unterscheiden (Multilokalität). Die Praxis zeigt jedoch, dass sich einzelne Ursachen gegenseitig verstärken und im Prozess zusammenwirken. Erst in der Folge entwickelt sich eine Unternehmenskrise oder -insolvenz.[43] Ohne den Anspruch der Vollständigkeit zu erheben gibt folgende Abbildung 2 einen Überblick über endogene und exogene Krisenursachen.

Fleege-Althoff, F. (1930) sowie Findeisen, F. (1932) bereits in sehr frühen Jahren begonnen.

38 Vgl. Krystek, U./Moldenhauer, R. (2007), S. 40.

39 Einen guten Überblick liefert Grünert, T. (2007), S. 15–21. In seiner Dissertation geht der Autor insbesondere auf den Stand und die Bedeutung der quantitativen und qualitativen Krisenursachenforschung ein und beleuchtet ebenso die theoriebasierten Modelle.

40 Während endogene Ursachen vom Unternehmen selbst steuerbar, also im eigenen Verantwortungsbereich liegen, wirken exogene Ursachen von außen auf das Unternehmen ein und sind zunächst nicht beeinflussbar. Vgl. Crone, A. (2012), S. 11.

41 Vgl. Lützenrath, C./Peppmeier, K./Schuppener, J. (2006), S. 9.

42 Vgl. Baetge, J./Schmidt, M./Hater, A. (2012), S. 34, sowie Feldbauer-Durstmüller, B. (2003), S. 130.

43 Vgl. Grünert, T. (2007), S. 18–21.

Abbildung 2: Endogene und exogene Krisenursachen im Überblick[44]

Endogene Krisenursachen	**Exogene Krisenursachen**
• Personengeprägte Ursachen (Unerfahrenheit oder Führungsmängel des Managements, Spekulation oder Verschwendung) • Institutionelle Ursachen (fehlende oder falsche Strategie, nachteilige Rechtsform, unzweckmäßige Organisation oder falsche Spezialisierung, mangelhafte Verarbeitung von Informationen, Mängel im Personalwesen sowie im Vergütungs- und Anreizsystem, falsche Standortwahl) • Finanzwirtschaftliche Ursachen (mangelhafte Koordination von Einnahmen und Ausgaben, Überschätzung von stillen Reserven, mangelhafte Informationsverarbeitung durch Controlling und Rechnungswesen) • Operative Ursachen o Absatz (veralteter Produkt- und Programmmix, falsche Preis- und Distributionspolitik) o Investitionen (falsche Dosierung der F&E-Tätigkeit, unzureichende oder fehlende Investitionsplanung) o Produktion und Logistik (fehlende Flexibilität, unzureichende oder fehlende Investitionsplanung) o Beschaffung (Lieferantenabhängigkeit, Qualitäts- und Preisprobleme)	• Veränderungen auf der Beschaffungsseite (Rohstoffverteuerungen, Streiks oder Insolvenz bei Zulieferern) • Veränderungen auf der Absatzseite (Veränderung des Kaufverhaltens, Substitutionsprodukte, Marktsättigung, Wechselkursschwankungen) • Veränderungen im Wettbewerb (Innovationen bestehender oder neuer Wettbewerber, Billigpreiskonkurrenten, Globalisierung) • Veränderung der rechtlichen und politischen Rahmenbedingungen (Geld-, Fiskal- und Förderpolitik, Anpassung von Gesetzen, z. B. bezüglich Arbeits- und Umweltschutz) • Naturkatastrophen und Terrorismus

Die Erfahrung aus der Praxis zeigt, dass die meisten Unternehmenskrisen auf endogene Ursachen zurückzuführen sind.[45] Ebenso eindeutig sind die Ergebnisse zweier Studien, deren Zusammenfassung Tabelle 1 liefert.

---

44 Eigene Darstellung in Anlehnung an Hess, H. (2011), S. 130–142, sowie Krystek, U./ Moldenhauer, R. (2007), S. 44–45.

45 Dies wird auch durch die in diesem Kapitel zitierte Literatur bestätigt.

Tabelle 1: Die häufigsten Krisenursachen[46]

	Kategorie	Relative Häufigkeit (in %) in der	
		Ursprungsstudie 1983	Aktualisierungsstudie 2006
endogene Krisenursachen	Personengeprägte Krisenursachen		
	Führungsmängel	15,2	27,5
	Unfähigkeit/Unerfahrenheit	9,2	5,0
	Institutionelle Krisenursachen		
	Strategische Probleme	5,8	9,9
	Organisation	4,6	6,9
	Beziehungen zu den Arbeitnehmern	10,4	5,7
	Operative Krisenursachen		
	Absatzbereich	20,6	12,2
	Investitions- und F&E-Bereich	8,5	3,9
	Produktion und Logistik	11,3	3,9
exogene Krisen-ursachen	Weitere Krisenursachen		
	Marktbedingungen		4,1
	Marktentwicklung		3,3

Beide Studien zeigen, dass die mangelnden Fähigkeiten des Managements vor allem hinsichtlich der (Mitarbeiter-)Führung zu den häufigsten Krisenursachen zählen. Obwohl die Entstehung von Unternehmenskrisen gerne auf externe Faktoren zurückgeführt wird[47], zeigen die in Tabelle 1 zusammengefassten Ergebnisse, dass in den meisten Fällen eher unternehmensinterne Schwachstellen oder Fehlentwicklungen zu einer finanziellen Schieflage des Unternehmens führen. Das Management hat im Rahmen des Risikomanagements ausreichend Vorsorge zu treffen, mögliche Folgewirkungen für das eigene Unternehmen abzuwenden oder wenigstens einzugrenzen.

2.1.3 (Früh-)Erkennung von Unternehmenskrisen

Unternehmen sind stets verschiedenen Risiken ausgesetzt. Unternehmerisches Risiko bewusst und zielorientiert einzugehen bedeutet aber auch die Möglichkeit, an den vorhandenen Chancen zu partizipieren.[48] Zentrale Aufgabe eines jeden Risikomanagements ist neben der Risikoüberwachung und -bewältigung auch die Risiko- bzw. Krisen(früh-)erkennung.[49] Dass insbesondere die Krisenfrüherkennung eine betriebswirtschaftlich notwendige Daueraufgabe im unternehmerischen

46 Vgl. Hauschildt, J./Grape, C./Schindler, M. (2006), S. 15–16. Es handelt sich in beiden Studien um qualitative Erhebungen unter der Annahme, dass aus der Häufigkeit der Nennung auf die relative Bedeutung der jeweiligen Krisenursache geschlossen werden kann. Die Kategorie „Weitere Krisenursachen“ wurde in der Ursprungsstudie von 1983 nicht betrachtet. Auch Altman/Hotchkiss bestätigen Führungsmängel als häufigste Krisenursache. Vgl. Altman, E./Hotchkiss, E. (2006), S. 13.

47 Vgl. Kraus, G./Becker-Kolle, C. (2004), S. 15.

48 Vgl. Eggemann, G./Konradt, T. (2000), S. 503, sowie Seidel, U. (2005), S. 10–11.

49 Vgl. Baetge, J./Schmidt, M./Hater, A. (2012), S. 40.

Entscheidungsprozess darstellt, ergibt sich unmittelbar aus der Verantwortung des Managements, den Fortbestand des Unternehmens sicherzustellen.[50]

Nach einer Vielzahl von größeren Unternehmenskrisen und -insolvenzen trat am 01.05.1998 das Gesetz zur Kontrolle und Transparenz im Unternehmensbereich (KonTraG) in Kraft.[51] Seither besteht die gesetzliche Verpflichtung zur Implementierung eines derartigen Risikomanagement- bzw. Überwachungssystems nach § 91 Abs. 2 AktG, jedoch zunächst nur für Aktiengesellschaften. Nach h. M. trifft vergleichbare Kapitalgesellschaften aufgrund der Ausstrahlungswirkung, welche der Gesetzgeber im Rahmen der Einführung des KonTraG postuliert hat, ebenso die Pflicht, ein entsprechendes System einzurichten.[52] Dies wird dadurch untermauert, dass unabhängig von der Rechtsform des Unternehmens gemäß § 289 Abs. 1 S. 4 Handelsgesetzbuch (HGB) im Lagebericht auf die „voraussichtliche Entwicklung mit ihren wesentlichen Chancen und Risiken" einzugehen ist. Diese Angabe kann regelmäßig nur dann erfolgen, wenn das Unternehmen über ein entsprechendes Risikomanagementsystem verfügt. Die Bedeutung dieses Themenkomplexes wird durch die Prüfungspflichten gemäß § 317 Abs. 2 S. 2, Abs. 4 HGB und § 321 Abs. 4 HGB im Rahmen der Jahresabschlussprüfung untermauert.

Um bestandsgefährdende Fehlentwicklungen im Unternehmen frühzeitig identifizieren zu können, ist ein funktionsfähiges Krisenfrüherkennungssystem, welches mittels noch zu erörternder Informationsinstrumente Diskontinuitäten bereits zu Beginn der strategischen Krise aufdeckt, zu implementieren. Bei gegebener Funktionalität können potentielle Gefährdungen frühzeitig erkannt und Zeitvorteile erzielt werden, sodass dem Management ein breites Spektrum an Gegenmaßnahmen zur Verfügung bleibt.[53] Zunächst ist jedoch festzuhalten, dass seitens des Gesetzgebers keine konkreten Hinweise zur inhaltlichen Ausgestaltung existieren.[54]

Grundsätzlich werden drei Gruppen von geeigneten Instrumenten unterschieden, wobei diese nicht unbedingt unabhängig voneinander zu betrachten sind, weil sie sich i. d. R. gegenseitig ergänzen. Die wohl einfachste und traditionelle Möglichkeit der Jahresabschluss- und Kennzahlenanalyse ist auch heute noch weit verbreitet. Die klassische Jahresabschlussanalyse stellt nicht nur für externe Dritte, sondern auch für das Management das wichtigste Instrument zur zusammenfassenden Beurteilung der gesamtwirtschaftlichen Lage des Unternehmens dar.[55] Durch

---

50 Vgl. Adler, H./Düring, W./Schmaltz, K. (2006), § 91 AktG Randnote (Rn.) 1, 6, 36.

51 Vgl. Eggemann, G./Konradt, T. (2000), S. 503, sowie Weilep, H. (2008), S. 68. Das KonTraG beinhaltet u. a. Gesetzesänderungen zur Erhöhung der Transparenz im Unternehmensbereich, zur Stärkung der Kontrolle durch die Hauptversammlung, zur Verbesserung der Qualität der Abschlussprüfung sowie die Zulassung moderner Vergütungssysteme. Vgl. hierzu etwa Lingemann, S./Wasmann, D. (1998), S. 853.

52 Vgl. Eggemann, G./Konradt, T. (2000), S. 504, sowie Seidel, U. (2005), S. 5.

53 Vgl. Welsch, C. (2010), S. 31.

54 Vgl. Seidel, U. (2005), S. 17.

55 Vgl. Baetge, J./Schmidt, M./Hater, A. (2012), S. 54. Auf eine detaillierte Darstellung der Funktionsweise wird im Rahmen dieser Arbeit verzichtet. Vgl. hierzu etwa Baetge, J./

die Verknüpfung der gewonnenen quantitativen Informationen mit den Angaben in Anhang und Lagebericht lässt sich ein Bild über die Gesamtsituation – und eben auch über die gesamte Risikosituation – ableiten.[56]

Bei der indikatorbasierten Krisenfrüherkennung werden zunächst bestimmte unternehmensinterne und -externe Beobachtungsbereiche, etwa der Absatzmarkt, festgelegt. Im weiteren Verlauf wird je Beobachtungsbereich mindestens ein geeigneter quantitativer oder qualitativer vorauseilender Indikator[57] festgelegt. Im Absatzbereich kommt hier beispielsweise die Entwicklung der Auftragseingänge in Frage. Das Frühwarnsystem muss so konzipiert und implementiert werden, dass das Management im Falle der Über- oder Unterschreitung von festgelegten Toleranzwerten informiert wird.[58] Obwohl ein derartiges System theoretisch durchaus hilfreich ist, hat man in der Praxis verschiedene Einschränkungen zu berücksichtigen. Insbesondere aufgrund der in Kapitel 2.1.2 bereits diskutierten Vernetzung von Ursachen kann es schwierig sein, geeignete Indikatoren zu identifizieren, welche einen kausalen Ursache-Wirkungs-Zusammenhang zur künftigen wirtschaftlichen Entwicklung eindeutig widerspiegeln.[59] Des Weiteren ist die Ermittlung von Soll- und Toleranzwerten bei den quantitativen Indikatoren Managementaufgabe und somit äußerst subjektiv.[60]

Im Gegensatz zu den beiden genannten, eher operativ ausgerichteten Ansätzen beschäftigt sich die strategische Krisenfrüherkennung[61] im Wesentlichen mit der Auswertung von qualitativen Informationen, die sich auf das gesamte Unternehmen beziehen.[62] Obwohl diese qualitativen Signale im Unterschied zu den harten quantitativen Informationen sehr vage sind, können diese mit einem deutlich größeren zeitlichen Vorlauf beobachtet werden.[63] Im strategischen Bereich steht ohnehin nicht

---

Schmidt, M./Hater, A. (2012), S. 59–76, sowie etwas kompakter Fiege, S. (2006), S. 127–129.

56 Vgl. Baetge, J./Schmidt, M./Hater, A. (2012), S. 55–57, sowie Coenenberg, A./Haller, A./Schultze, W. (2012), S. 1013–1016, 1019–1021.

57 Qualitative Indikatoren spielen in diesem Zusammenhang nur eine unwesentliche Rolle, da für sie kein objektiv messbarer Sollwert und ebenso keine Toleranzwerte festgelegt werden können. Die quantitativen Indikatoren müssen geeignet sein, einer Unternehmenskrise vorauseilende Informationen zu erkennen. Ist der Informationsfluss mit der Krise gleichlaufend oder nacheilend, so kann dieser Kanal nicht als Indikator verwendet werden. Vgl. Baetge, J./Schmidt, M./Hater, A. (2012), S. 48, sowie Fiege, S. (2006), S. 132.

58 Vgl. Baetge, J./Schmidt, M./Hater, A. (2012), S. 45, sowie Fiege, S. (2006), S. 130–132.

59 Vgl. Fiege, S. (2006), S. 132–133.

60 Vgl. Baetge, J./Schmidt, M./Hater, A. (2012), S. 47.

61 Eine ausführliche Diskussion der strategischen Früherkennung liefert beispielsweise Welsch, C. (2010), S. 38–58.

62 Vgl. Krystek, U./Moldenhauer, R. (2007), S. 117.

63 Vgl. Baetge, J./Schmidt, M./Hater, A. (2012), S. 49, sowie Fiege, S. (2006), S. 134. Dabei spielt insbesondere das Konzept der schwachen Signale von Ansoff eine wichtige Rolle. Demnach treten sämtliche Abweichungen und Unregelmäßigkeiten nicht

die exakte Quantifizierung bzw. monetäre Bewertung von Risiken im Vordergrund. Vielmehr geht es um die möglichst frühzeitige Erkennung aller potentiellen Risiken.[64] Obwohl bei Erkennen derartiger unscharfer Signale noch keine Ableitung spezifischer Reaktionsstrategien möglich ist[65], bietet die gezielte Verarbeitung dieser Vorboten die Möglichkeit, den vollen Handlungsspielraum flexibel auszunutzen und gegebenenfalls die Unternehmensplanung frühzeitig anzupassen[66].

Wie der folgenden Abbildung 3 entnommen werden kann, ist ein integriertes Krisenfrüherkennungssystem mit verschiedenen Instrumenten aus allen zuvor erläuterten Gruppen erforderlich. Ebenso individuell wie Unternehmenskrisen entstehen sind auch derartige Systeme stets an die unternehmens- und umweltspezifischen Besonderheiten anzupassen. Zusätzlich ist es erforderlich, die Vorteilhaftigkeit der gewählten Maßnahmen im Zeitablauf zu hinterfragen.[67]

Abbildung 3: Integriertes Krisenfrüherkennungssystem

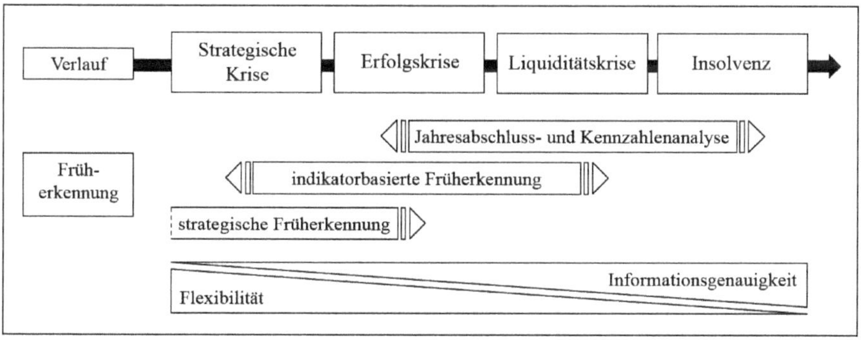

Ebenso von Bedeutung für den Erfolg eines Krisenfrüherkennungssystems ist die Kommunikation insbesondere mit den Mitarbeitern. Erste Symptome können zumeist nicht auf Managementebene, jedoch bereits bei den spezialisierten Mitarbeitern in den verschiedenen Fachbereichen wahrgenommen werden.[68] Abschließend kann jedoch festgehalten werden, dass auch ein funktionierendes Risikomanagement- und Krisenfrüherkennungssystem den Eintritt einer Unternehmenskrise nicht ausschließen kann.[69]

---

zufällig auf, sondern werden durch Vorboten in Form von schwachen Signalen angekündigt. Vgl. Ansoff, I. (1975), S. 23.

64 Vgl. Fiege, S. (2006), S. 135.

65 Vgl. Liebl, F. (1996), S. 14–16.

66 Vgl. Krystek, U./Moldenhauer, R. (2007), S. 120.

67 Vgl. Welsch, C. (2010), S. 53.

68 Vgl. Baetge, J./Schmidt, M./Hater, A. (2012), S. 78–81, sowie Kraus, G./Becker-Kolle, C. (2004), S. 17–19.

69 Vgl. Seidel, U. (2005), S. 15–16.

2.1.4 Insolvenz und Insolvenztatbestände

2.1.4.1 *Insolvenzantrag*

Kann die Unternehmenskrise nicht in einer der frühen Phasen abgewendet werden, so endet sie zwangsläufig in der Insolvenz, sobald ein insolvenzrechtlicher Tatbestand eingetreten ist. Gemäß § 15a Abs. 1 InsO[70] haben juristische Personen, also grundsätzlich alle Personen- und Kapitalgesellschaften bzw. deren gesetzliche Vertreter, einen Insolvenzantrag bei Zahlungsunfähigkeit oder Überschuldung zu stellen. Der Gesetzgeber räumt hierzu einen Zeitraum von drei Wochen ab Bekanntwerden der Insolvenzreife des Unternehmens ein. § 15a Abs. 3 InsO weitet die Antragspflicht unter bestimmten Voraussetzungen auf die Gesellschafter und Aufsichtsratsmitglieder aus. Die Bedeutung der Antragspflicht und die Folgen einer fahrlässigen oder vorsätzlichen Insolvenzverschleppung, insbesondere die ausbleibende, verspätete oder falsche Stellung des Insolvenzantrags, werden durch weitreichende zivil- und strafrechtliche Konsequenzen untermauert.[71]

Gemäß § 16 InsO muss zur Eröffnung des Insolvenzverfahrens ein Eröffnungsgrund gegeben sein, wobei die InsO die Insolvenztatbestände der Zahlungsunfähigkeit (§ 17 InsO), der drohenden Zahlungsunfähigkeit (§ 18 InsO) und der Überschuldung (§ 19 InsO) kennt.

2.1.4.2 *Zahlungsunfähigkeit*

§ 17 Abs. 1 InsO beinhaltet als allgemeinen Eröffnungsgrund für das Insolvenzverfahren die Zahlungsunfähigkeit. Gemäß § 17 Abs. 2 S. 1 InsO ist ein Schuldner dann zahlungsunfähig, wenn er nicht mehr in der Lage ist, seine fälligen Zahlungspflichten zu erfüllen.[72] Zahlungsunfähigkeit wird nach § 17 Abs. 2 S. 2 InsO regelmäßig dann angenommen, wenn die Zahlungen des Schuldners eingestellt wurden.

Mit Zahlungspflichten sind diejenigen Verbindlichkeiten gemeint, die von Rechts wegen einwendungsfrei bestehen. Eine Prüfung der Rechtsbeständigkeit aller Forderungen ist nicht zwingend erforderlich. Sie kann jedoch im Einzelfall geboten sein, wenn deren Berechtigung zweifelhaft ist.[73] Verweigert beispielsweise ein Schuldner die Zahlung (Zahlungsunwilligkeit), weil er eine Forderung als unbegründet einstuft, kann daraus keine Zahlungseinstellung abgeleitet werden.[74]

---

70 Auf eine umfassende Darstellung der Insolvenzantragspflichten wird verzichtet und auf die weiterführende Literatur verwiesen. Vgl. etwa Brete, R./Thomsen, M. (2012), S. 77–87, sowie Weber, A. (2009), S. 2–20.

71 Vgl. § 15a Abs. 4, 5 InsO.

72 Mit anderen Worten werden zur Begriffsbestimmung der Zahlungsunfähigkeit die objektiven Merkmale der „Zahlungspflicht“, der „Fälligkeit“ und der „Erfüllbarkeit“ herangezogen. Vgl. Eilenberger, G. (2013), § 17 Rn. 6.

73 Vgl. Eilenberger, G. (2013), § 17 Rn. 7.

74 Vgl. BGH-Urteil vom 30.04.1959, zitiert nach BGH-Urteil vom 17.05.2001, sowie BGH-Urteil vom 17.05.2001.

Des Weiteren müssen die Zahlungspflichten fällig sein, wobei es auf den Zeitpunkt der Eröffnung des Verfahrens ankommt.[75] Zur Ermittlung der Fälligkeit wurde zumeist auf die Regelungen des § 271 Bürgerliches Gesetzbuch (BGB) zurückgegriffen. Aufgrund der unterschiedlichen Funktionen[76] des Fälligkeitsbegriffes äußert jedoch der Bundesgerichtshof (BGH) in seinem Beschluss vom 19.07.2007 Zweifel an der Maßgeblichkeit des zivilrechtlichen Begriffes für die Vorschrift des § 17 Abs. 2 InsO. Im Ergebnis ist eine Forderung im Sinne (i. S.) des § 17 Abs. 2 InsO nur dann fällig, wenn eine Gläubigerhandlung feststeht, aus der sich ableiten lässt, dass der Gläubiger eine Erfüllung vom Schuldner verlangt.[77] Diese Voraussetzung soll solche Forderungen ausnehmen, welche faktisch gestundet oder mit einer Nachrangabrede versehen wurden.[78]

Zu guter Letzt kommt es auf die Erfüllbarkeit der fälligen Zahlungspflichten an. Hierzu ist eine Liquiditätsbilanz mit allen verfügbaren liquiden Mitteln und den kurzfristig verwertbaren Vermögensgegenständen zu erstellen.[79] Dieser ist eine Übersicht mit allen fälligen Zahlungspflichten gegenüberzustellen. Im Ergebnis werden die fälligen Verbindlichkeiten mit den verfügbaren Zahlungsmitteln für einen Zeitraum von 20–30 Tagen zeitpunkt- und von bis zu 12 Monaten zeitraumbezogen abgeglichen.[80] Anschließend ist die Zahlungsunfähigkeit von der Zahlungsstockung, unter der man geringfügige und vorübergehende Liquiditätslücken subsumiert, abzugrenzen.[81] Nach mittlerweile h. M. in Literatur und Rechtsprechung ist von der Zahlungsunfähigkeit des Schuldners regelmäßig dann auszugehen, wenn eine Liquiditätslücke von 10 % oder mehr besteht. In Ausnahmefällen gilt dies nicht, wenn die Liquiditätslücke von mehr als 10 % in absehbarer Zeit (fast) vollständig mit hinreichender Sicherheit beseitigt wird.[82]

---

75 Vgl. BGH-Beschluss vom 27.07.2006.

76 Laut BGH ist die zivilrechtliche Fälligkeit einer Forderung Voraussetzung insbesondere für den Schuldnerverzug und die Erhebung der Leistungsklage, während es bei der insolvenzrechtlichen Betrachtung um den Zeitpunkt der Zahlungsunfähigkeit des Schuldners, von dem an der Übergang von der Einzel- zur Gesamtvollstreckung zu erfolgen hat, geht. Vgl. BGH-Beschluss vom 19.07.2007.

77 Vgl. BGH-Beschluss vom 19.07.2007.

78 Vgl. BGH-Urteil vom 25.09.1997, BGH-Beschluss vom 19.07.2007 sowie BGH-Urteil vom 14.05.2009.

79 Vgl. BGH-Urteil vom 12.10.2006.

80 Vgl. Drukarczyk, J./Schüler, A. (2007), § 17 Rn. 12, 23, sowie Römermann, V./Praß, J. (2012), S. 93.

81 Vgl. Eilenberger, G. (2013), § 17 Rn. 5, Jensen, J.-W. (2009), S. 74–77, sowie Pelz, C. (2010), § 32 Rn. 6.

82 Vgl. nur BGH-Urteil vom 25.05.2005, BGH-Urteil vom 12.10.2006, BGH-Beschluss vom 19.07.2007 sowie Bußhardt, H. (2014), § 17 Rn. 8–12. Kritik findet diese Handhabung etwa bei Eilenberger, G. (2013), § 17 Rn. 15–23.

2.1.4.3 Drohende Zahlungsunfähigkeit

Im Gegensatz zu den anderen Insolvenztatbeständen hat im Fall der drohenden Zahlungsunfähigkeit gemäß § 18 InsO nur der Schuldner selbst das Recht, die Eröffnung des Insolvenzverfahrens zu beantragen.[83] Kann das Unternehmen die bestehenden Zahlungspflichten zum Zeitpunkt der Fälligkeit voraussichtlich nicht erfüllen, so liegt drohende Zahlungsunfähigkeit vor.[84] Das Unternehmen hat die drohende Zahlungsunfähigkeit zu belegen.[85]

Analog zu den Ausführungen im vorangehenden Kapitel 2.1.4.2 wird ein Finanzplan erstellt, welcher zustandsabhängige Ein- und Auszahlungen der künftigen Perioden vollständig, unsaldiert und nach Fälligkeit geordnet beinhaltet. Eine einwertige Darstellung des Finanzplans ist nicht ausreichend. Vielmehr ist es erforderlich, den drohenden Eintritt des Zustands der Zahlungsunfähigkeit mit einer Eintrittswahrscheinlichkeit zu versehen.[86] Nach h. M. in Literatur und Rechtsprechung setzt der Wortlaut („voraussichtlich") des § 18 Abs. 2 InsO eine Eintrittswahrscheinlichkeit größer als 50 % voraus.[87] Auf die absolute Höhe der künftigen, voraussichtlichen Liquiditätslücke kommt es hingegen nicht an.[88]

Der Gesetzgeber will (auch) mit der Implementierung dieser Norm dem Unternehmen einen frühzeitigen Eintritt in das Insolvenzverfahren ermöglichen, sodass der Schuldner bei bereits absehbarer Zahlungsunfähigkeit das gesetzlich zur Verfügung stehende Sanierungsinstrumentarium nutzen kann.[89] Diese Absicht wird auch dadurch ersichtlich, dass die Voraussetzung für einen Insolvenzantrag gemäß § 18 InsO auf eine Größe, nämlich die Eintrittswahrscheinlichkeit, abstellt, welche der Schuldner in Abhängigkeit von der individuellen Interessenlage – wenn auch nicht unbegrenzt – gestalten kann.[90] Auch hinsichtlich des Prognosezeitraums gibt es seitens des Gesetzgebers keine Vorgaben.[91]

2.1.4.4 Überschuldung

Nach § 19 Abs. 1 InsO stellt die Überschuldung bei juristischen Personen einen weiteren Eröffnungsgrund für das Insolvenzverfahren dar. Bis zur Verabschiedung des Finanzmarktstabilisierungsgesetzes (FMStG), welches am 18. Oktober 2008 in

---

83 Vgl. § 18 Abs. 1 InsO.
84 Vgl. § 18 Abs. 2 InsO.
85 Vgl. §§ 16, 20 Abs. 1 InsO sowie BGH-Beschluss vom 12.12.2002.
86 Vgl. hierzu ausführlich Drukarczyk, J. (2013), § 18 Rn. 16, 21, 25–29.
87 Vgl. BGH-Urteil vom 5.12.2013, Drukarczyk, J. (2013), § 18 Rn. 29, Hess, H. (2011), S. 767–770, Leithaus, R. (2014), § 18 Rn. 6, sowie Mönning, R.-D. (2013), § 18 Rn. 24.
88 Vgl. Drukarczyk, J. (2013), § 18 Rn. 48, 51.
89 Vgl. Drukarczyk, J. (2006), S. 281, sowie Römermann, V./Praß, J. (2012), S. 93–94.
90 Vgl. Drukarczyk, J. (2013), § 18 Rn. 50.
91 Lediglich die maximale Länge des Prognosezeitraums ist durch die längste Restlaufzeit einer im Prognosezeitpunkt bestehenden Zahlungspflicht festgelegt. Vgl. Drukarczyk, J. (2013), § 18 Rn. 58.

Kraft getreten ist[92], galt ein Unternehmen insolvenzrechtlich überschuldet (Überschuldungsbegriff a. F.), wenn die bestehenden Verbindlichkeiten das Vermögen des Schuldners übersteigen[93]. In einem zweistufigen Prozess wurde zunächst eine Fortführungsprognose abgegeben, welche es anhand der erwarteten Zahlungsfähigkeit i. d. R. für einen Zeitraum von mindestens zwei Jahren zu ermitteln galt.[94] Anschließend erfolgte – unabhängig vom Ergebnis der Fortführungsprognose – stets eine Gegenüberstellung von Vermögensgegenständen und Schulden, wobei die Fortführungsprognose darüber entschieden hat, ob die Überschuldungsbilanz auf Basis von Fortführungs- oder Liquidationswerten zu erstellen war.[95]

Mit Inkrafttreten des FMStG, welches insbesondere zur Entschärfung der Auswirkungen der Finanzmarktkrise verabschiedet wurde, änderte sich der insolvenzrechtliche Überschuldungsbegriff (Überschuldungsbegriff n. F.) ursprünglich befristet bis zum 31.12.2010. Nach Verlängerung dieser Neuregelung durch das Gesetz zur Erleichterung der Sanierung von Unternehmen bis zum 31.12.2013 gilt der Überschuldungsbegriff n. F. durch das Gesetz zur Einführung einer Rechtsbehelfsbelehrung im Zivilprozess und zur Änderung anderer Vorschriften mittlerweile unbefristet.[96] Demnach ist eine juristische Person insolvenzrechtlich (nur dann) überschuldet, wenn „das Vermögen des Schuldners die bestehenden Verbindlichkeiten nicht mehr deckt, es sei denn, die Fortführung des Unternehmens ist [...] überwiegend wahrscheinlich“[97]. Durch den Gesetzgeber wird insbesondere der Vorteil herausgestellt, dass das prognostische Element der Fortführungsprognose und das exekutorische Element der Bewertung des Schuldnervermögens zu Liquidationswerten gleichwertig nebeneinander gestellt werden und infolgedessen Unternehmen, welche etwa aufgrund von hohen Abschreibungen im Rahmen der

92 Vgl. FMStG (2008), S. 1982.

93 Vgl. § 19 Abs. 2 a. F. InsO.

94 Vgl. Jensen, J.-W. (2009), S. 184–186, 261, sowie Staroßom, H. (2013), S. 543. Für eine detaillierte Erörterung der Fortführungsprognose i. S. des § 19 Abs. 2 InsO vgl. anstelle aller Drukarczyk, J./Schüler, A. (2013), § 19 Rn. 58–89. Im Beschluss vom 09.10.2006 fordert der BGH, dass eine positive Fortführungsprognose durch eine aus einem Finanzplan abgeleitete Überlebensfähigkeit des Unternehmens belegt wird.

95 Vgl. Drukarczyk, J./Schüler, A. (2013), § 19 Rn. 43–44, 52, Römermann, V./Praß, J. (2012), S. 94, sowie Staroßom, H. (2013), S. 543. An dieser Stelle wird auf eine eingehende Erörterung, was unter Fortführungs- und Liquidationswerten zu verstehen ist und wie sie ermittelt werden, verzichtet. Vgl. hierzu die Ausführungen in den Kapiteln 4.3 bzw. 4.4.

96 Vgl. FMStG (2008), S. 1988–1989, Gesetz zur Erleichterung der Sanierung von Unternehmen (2009), S. 3151, sowie Gesetz zur Einführung einer Rechtsbehelfsbelehrung im Zivilprozess und zur Änderung anderer Vorschriften (2012), S. 2424.

97 § 19 Abs. 2 n. F. InsO. Auch hier gelten die Ausführungen zum mehrwertigen Finanzplan und zu der erforderlichen Eintrittswahrscheinlichkeit von mehr als 50 % aus Kapitel 2.1.4.3 analog. Vgl. hierzu detailliert Drukarczyk, J./Schüler, A. (2013), § 19 Rn. 77–89.

Finanzkrise in Schieflage geraten sind, bei positiver Fortführungsprognose keine Insolvenz anmelden müssen.[98] Abbildung 4 fasst überblickartig zusammen.

Abbildung 4: Überschuldungsprüfung i. S. des § 19 Abs. 2 a. F. bzw. n. F. InsO[99]

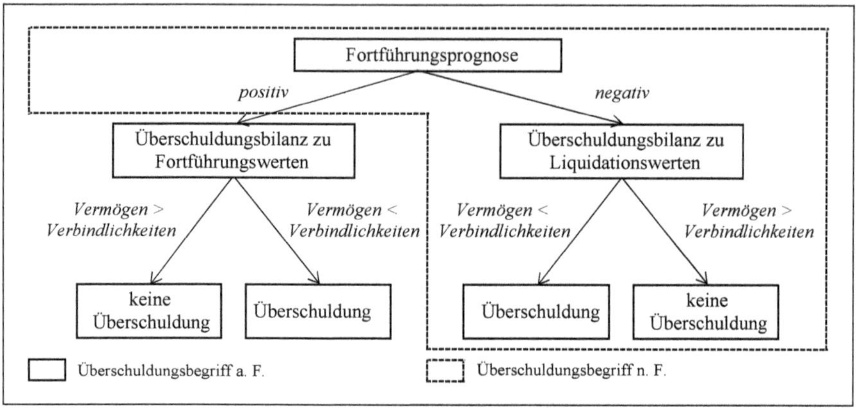

2.1.4.5 *Ökonomische Überschuldung und Kritik am insolvenzrechtlichen Überschuldungsbegriff*

Die zugrunde liegende Idee des Gesetzgebers bei Einführung der InsO war es, mit dem Eröffnungsgrund der Überschuldung gemäß § 19 InsO eine frühzeitige Auslösung des Insolvenzverfahrens i. S. des präventiven Gläubigerschutzes zu gewährleisten.[100] Denn in einem bestimmten Zustand des Unternehmens, in dem das Vermögen des Schuldners weder unter Fortführungs- noch unter Liquidationsgesichtspunkten die bestehenden Verbindlichkeiten deckt (im Folgenden als ökonomische Überschuldung bezeichnet), ergeben sich aus Gläubigerperspektive schädliche Anreize für die Eigentümer des haftungsbeschränkten Unternehmens bzw. deren gesetzliche Vertreter. Vorangehendes Kapitel 2.1.4.4 hat jedoch gezeigt, dass der Insolvenztatbestand der Überschuldung (im Folgenden als insolvenzrechtliche Überschuldung bezeichnet) nicht (mehr) greift, sofern die Fortführung des Unternehmens i. S. der Zahlungsfähigkeit als überwiegend wahrscheinlich anzusehen ist. Daher liegt die

98 Vgl. Drukarczyk, J./Schüler, A. (2013), § 19 Rn. 51–52, Römermann, V./Praß, J. (2012), S. 94, sowie Staroßom, H. (2013), S. 544.

99 Vgl. Drukarczyk, J./Schüler, A. (2013), § 19 Rn. 43.

100 Vgl. Bundestag (BT)-Drucksache 12/7302, S. 157. Ähnlich Bußhardt, H. (2012), § 19 Rn. 1, Jensen, J.-W. (2009), S. 124, Mönning, R.-D. (2013), § 19 Rn. 8, sowie Staroßom, H. (2013), S. 542–543. Vgl. hierzu auch die Ausführungen in Kapitel 2.1.4.3.

Vermutung nahe, dass § 19 InsO in der derzeit geltenden Ausgestaltung „nutzlos" geworden ist.[101]

Die Erkenntnis, dass sich bereits im Zustand der ökonomischen Überschuldung gläubigerschädliche Anreize für das Management ergeben, ist nicht neu. Beispielsweise kann die Zahlungsfähigkeit zunächst gesichert werden, in dem zusätzliche Kredite zur Finanzierung der laufenden Verbindlichkeiten, aber auch etwa zur Realisierung von zusätzlichen riskanten Projekten aufgenommen werden.[102] Letzteres Kalkül der Eigenkapitalgeber resultiert daraus, dass ihre Ansprüche bereits bei ökonomischer Überschuldung nahezu wertlos sind. Wegen der beschränkten Haftung der Eigenkapitalgeber in Höhe ihrer Einlage besteht durch die Realisierung neuer und riskanter Projekte die Möglichkeit, im Erfolgsfall unbegrenzt zu partizipieren, ohne aber zugleich an weiteren Verlusten beteiligt zu werden. Für die Eigenkapitalgeber besteht in derartigen Situationen kein Interesse zum Eintritt in das Insolvenzverfahren, weil sie im Liquidationsfall aufgrund ihres Residualanspruchs i. d. R. leer ausgehen und im Fortführungsfall, beispielsweise im Rahmen eines Debt Equity Swap, größtenteils enteignet werden würden. Bei Fortführung ohne ein Insolvenzverfahren besteht zumindest die „Hoffnung", doch noch am Erfolgsfall partizipieren zu können.[103]

Weil man dieses gläubigerschädigende Verhalten der Eigenkapitalgeber verhindern oder wenigstens verringern kann, in dem nicht erst zum Zeitpunkt der Zahlungsunfähigkeit, sondern bereits bei drohender Zahlungsunfähigkeit bzw. bei ökonomischer Überschuldung Insolvenzantragspflicht besteht, hat sich der Gesetzgeber für den insolvenzrechtlichen Überschuldungsbegriff i. S. des § 19 Abs. 2 a. F. InsO entschieden, wonach eine positive Fortführungsprogose nicht zwangsweise eine insolvenzrechtliche Überschuldung ausgeschlossen hat.[104] Wenngleich die Bewertung des Vermögens unter Fortführungsgesichtspunkten mit (Objektivierungs-)Problemen verbunden ist[105], so war die Fortführungsprognose des Unternehmens gemäß § 19 Abs. 2 a. F. InsO dennoch mit einem Vermögens-Verbindlichkeiten-Vergleich zu untermauern.[106]

---

101 Einige Autoren halten den Insolvenztatbestand der Überschuldung ganz allgemein als ungeeignet, dem (präventiven) Gläubigerschutz zu dienen. Vgl. Egner, H./Wolff, G. (1978), S. 99–106, Fenske, R. (1997), S. 554–558, Jensen, J.-W. (2009), S. 387–388, sowie Möhlmann-Mahlau, T./Schmitt, J. (2009), S. 24.

102 Vgl. Drukarczyk, J./Schüler, A. (2013), § 19 Rn. 144, Jaffe, M. (2010), S. 255–256, sowie Staroßom, H. (2013), S. 543–546.

103 Vgl. hierzu auch die Ausführungen zu möglicherweise auftretenden Interessenkonflikten in Sanierungssituationen (Kapitel 2.4.2) und zum Optionscharakter des Eigenkapitals (Kapitel 5.2).

104 Vgl. BT-Drucksache 12/7302, S. 157, Drukarczyk, J./Schüler, A. (2013), § 19 Rn. 1, 144–145, Mönning, R.-D. (2013), § 19 Rn. 55–57, sowie Staroßom, H. (2013), S. 547–548.

105 Vgl. hierzu die Ausführungen in Kapitel 4.4.

106 Vgl. Drukarczyk, J./Schüler, A. (2013), § 19 Rn. 137.

Die Entfristung des Überschuldungsbegriffes n. F. widerspricht nicht nur der Begründung zur ursprünglichen Einführung des § 19 Abs. 2 a. F. InsO und der verfolgten Intention des Gesetzgebers[107], Unternehmen zu einem frühzeitigen Eintritt in das Insolvenzverfahren zu bewegen, sondern ignoriert zudem die in Literatur und Praxis h. M.[108], dass bereits der Zustand der ökonomischen Überschuldung gefährlich und deshalb zu diesem Zeitpunkt das Insolvenzverfahren nicht nur vor dem Hintergrund des Gläubigerschutzgedankens, sondern auch i. S. einer ökonomisch fundierten Fortführungsentscheidung zu eröffnen ist. Aufgrund der dargestellten Entwicklung im Insolvenzrecht ist im Folgenden stets zwischen der ökonomischen und der insolvenzrechtlichen Überschuldung zu differenzieren.

2.2 Prüfung der Vorteilhaftigkeit des Sanierungsversuchs

Ist der Fortbestand eines Unternehmens durch die Auswirkungen einer Unternehmenskrise auf die Ertrags-, Finanz- und Liquiditätslage gefährdet, so kann grundsätzlich von der Sanierungsbedürftigkeit dieses Unternehmens ausgegangen werden.[109] Wird die Sanierungsbedürftigkeit – diese ergibt sich im Wesentlichen aus der Auswertung des Ist-Zustands des Unternehmens[110] – bejaht, so folgt eine Sanierungsprüfung. Ziel einer Sanierungsprüfung ist es, ein Urteil über die künftige Leistungsfähigkeit und Angemessenheit der geplanten Sanierungsmaßnahmen zu erlangen.[111] Zur Prüfung, ob ein Unternehmen tatsächlich für eine Sanierung geeignet ist oder aber eine Liquidation der ökonomisch vorteilhaftere Weg wäre, geht man anhand der folgenden zwei Schritte vor.[112]

---

107 Vgl. Fn. 100.

108 Vgl. bereits die Kritik des BGH vor Einführung des Überschuldungsbegriffs n. F. im BGH-Urteil vom 05.02.2007, Bußhardt, H. (2012), § 19 Rn. 3, Drukarczyk, J./Schüler, A. (2013), § 19 Rn. 54 und die dort zitierte Literatur, Jaffe, M. (2010), S. 255–256, sowie Staroßom, H. (2013), S. 548. Das Bundesministerium der Justiz hat das Zentrum für Insolvenz und Sanierung (ZIS) beauftragt, die Auswirkungen des Überschuldungsbegriffes n. F. zu untersuchen: Demnach sprachen sich nur 37 % für eine unbefristete Beibehaltung des Überschuldungsbegriff n. F. aus. Ein (vermeintlicher) Vorteil des Überschuldungbegriff n. F. dürfte in der einfacheren Anwendung liegen, weil man auf geringere Bewertungsprobleme und infolgedessen weniger Rechtsunsicherheiten stößt. Vgl. hierzu Bitter, G./Hommerich, C./Reiß, N. (2012), S. 1201–1209.

109 Vgl. Meyer, A. (2003), S. 33. Analog zum fließenden Übergang vom Normalzustand in eine Unternehmenskrise ist auch der Zustand der Sanierungsbedürftigkeit nicht immer eindeutig abzugrenzen.

110 Vgl. Hommel, U./Knecht, T./Wohlenberg, H. (2006), S. 48–49, sowie Meyer, A. (2003), S. 33–34.

111 Vgl. Mann, G. (1970), S. 240–241, sowie Institut der Wirtschaftsprüfer (IDW) (2012), Rn. Q1568.

112 Die Einteilung in die angesprochenen Schritte geht auf das Werk von Mann, G. (1970), S. 241–253, zurück. In der betriebswirtschaftlichen Literatur wird fast

Die Sanierungsfähigkeit eines Unternehmens ist das zentrale Kriterium der Sanierungsprüfung.[113] Sie ist dann anzunehmen, wenn die Krisenursachen identifiziert und behoben werden können und so die Lebensfähigkeit wiederhergestellt werden kann.[114] Übersteigt der Unternehmenswert bei Fortführung abzüglich aller Sanierungskosten den Liquidationswert des Unternehmens, so ist aus betriebswirtschaftlicher Sicht die Sanierungsfähigkeit gegeben.[115] Das Sanierungskonzept bildet die Grundlage einer schlüssigen und nachvollziehbaren Darstellung der Sanierungsfähigkeit eines Unternehmens.[116] Daher wird das Sanierungskonzept in Kapitel 2.6.1 begrifflich abgrenzt, dessen wesentliche Inhalte dargestellt und die Bedeutung herausgearbeitet.

In einem zweiten Schritt ist auch die Sanierungswürdigkeit der Unternehmung zu überprüfen. Während bei der Sanierungsfähigkeit und folglich auch im Sanierungskonzept lediglich objektive bzw. objektivierte Kriterien berücksichtigt werden, fließen bei der Prüfung der Sanierungswürdigkeit auch subjektive Interessen und Präferenzen der einzelnen Anspruchsgruppen ein.[117] Dabei handelt es sich oftmals auch um außerökonomische Kriterien, wie etwa den Erhalt der Reputation der Financiers oder die Sicherung des eigenen Lebenswerks der geschäftsführenden Gesellschafter.[118] Daraus lässt sich unmittelbar ableiten, dass die Auffassungen der einzelnen Stakeholder über die Sanierungswürdigkeit sehr heterogen und unter Umständen (u. U.) sogar gegensätzlich sein können.[119]

Grundsätzlich gilt, dass ein Unternehmen genau dann fortgeführt werden sollte, wenn der ökonomische Fortführungswert des Unternehmens den gegenwärtigen Zerschlagungswert übersteigt.[120] Wenn die Sanierungsfähigkeit gegeben ist, bedeutet dies nicht zwangsläufig, dass auch eine Sanierung erfolgen und gelingen wird.[121] Unabhängig davon, ob die Sanierung auf außergerichtlichem Wege oder im

---

ausschließlich diese Unterteilung verwendet. Vgl. nur Axhausen, M. (2009), § 15 Rn. 52–53, Leuner, R. (2012), S. 1037, sowie Staroßom, H. (2013), S. 550. Abweichend Römermann, V./Praß, J. (2012), S. 29–30.

113 Vgl. IDW S6 (2009), Rn. 7–8.

114 Vgl. Bornheimer, J. (2012), § 7 Rn. 15, sowie IDW S6 (2009), Rn. 19.

115 Vgl. Alderson, M./Betker, B. (1999), S. 69, sowie Hommel, U./Knecht, T./Wohlenberg, H. (2006), S. 50. Die Probleme bei der Ermittlung des Liquidationswertes und des Unternehmenswertes bei Fortführung werden in den Kapiteln 4.3 bzw. 4.4 detailliert diskutiert.

116 Vgl. IDW S6 (2009), Rn. 2.

117 Vgl. Axhausen, M. (2009), § 15 Rn. 118, IDW S6 (2009), Rn. 16, sowie Leuner, R. (2012), S. 1037–1038.

118 Vgl. IDW S6 (2009), Rn. 16, Klein, J. (2008), S. 83, Meißner, N. (2012), S. 356, sowie Meyer, A. (2003), S. 27–38.

119 Vgl. Niering, C./Hillebrand, C. (2012), S. 17, Reiner, K. (2010), S. 276, Schäffer, H.-B./Ott, C. (2012), S. 642–644, sowie Schüler, A. (2013a), S. 391.

120 Vgl. anstelle aller Eidenmüller, H. (1999), S. 31–32, sowie Schäffer, H.-B./Ott, C. (2012), S. 642.

121 Vgl. Bornheimer, J. (2012), § 7 Rn. 16, sowie Denis, D./Rodgers, K. (2007), S. 103.

Rahmen eines Insolvenzverfahrens erfolgt, müssen grundsätzlich alle betroffenen Anspruchsgruppen den geplanten Maßnahmen zustimmen. Unterschiedliche Interessenlagen und Risikoeinstellungen sowie asymmetrische Informationsverteilungen führen dazu, dass eine einstimmige Entscheidungsfindung schier unmöglich wird.[122] Obwohl auch die Interessen etwa von Mitarbeitern, Kunden und Lieferanten zu berücksichtigen sind, werden in dieser Arbeit lediglich die gesicherten bzw. erstrangigen und ungesicherten bzw. zweitrangigen Gläubiger sowie die Eigentümer bzw. das Management, welches annahmegemäß im Interesse der Eigentümer handeln soll, betrachtet.[123]

2.3 Außergerichtliche Sanierung

Im fortgeschrittenen Stadium kann eine Unternehmenskrise weder den Stakeholdern noch dem Kapitalmarkt verheimlicht werden. Dennoch kann man im Rahmen einer außergerichtlichen Sanierung[124] die negative Signalwirkung der Insolvenz eines Unternehmens verhindern.[125] Um eine zusätzliche Belastung des operativen Geschäfts beispielsweise durch Vertrauensverlust der Lieferanten zu vermeiden, ist es Aufgabe des Managements, wenigstens die wesentlichen Geschäftspartner und Gläubiger frühzeitig in die außergerichtlichen Sanierungsüberlegungen einzubinden.[126] In der Literatur ist unstrittig, dass nicht nur die direkten, sondern auch die indirekten Kosten bei Sanierungen im Rahmen des Insolvenzverfahrens deutlich höher ausfallen. Sofern es also zu einer außergerichtlichen Lösung kommt, kann ein wesentlicher Teil dieser zusätzlichen Aufwendungen vermieden werden.[127]

Aufgrund der geringeren indirekten Kosten und des größeren Handlungsspielraums liegt die Vermutung nahe, dass ein Sanierungsversuch in einem frühen Krisenstadium vor dem Eintritt der Insolvenztatbestände „lohnen" kann.[128] Daher ist

---

122 Vgl. auch Bebchuk, L. (1988), S. 778–779, Fischer, T. (1999), S. 12, sowie Liebig, M./Witt, P. (2011), S. 1931.

123 Diese Abgrenzung soll keinen Rückschluss auf die Bedeutung der einzelnen Anspruchsgruppen ziehen, sondern ist der Themenstellung geschuldet.

124 Als Synonym wird in der Literatur häufig der Begriff der freien Sanierung gepflegt. Vgl. Liebig, M./Witt, P. (2011), S. 1929, Müller, J. (2012), S. 173, sowie Uhrenbruck, W. (2001), S. 1643.

125 Vgl. Bühler, C. (2010), S. 444–445, Eidenmüller, H. (1999), S. 121, Franke, P. (2011), S. 51, Müller, J. (2012), S. 173–174, sowie Uhlenbruck, W. (2001), S. 1641, 1643.

126 Vgl. Liebig, M./Witt, P. (2011), S. 1930, sowie Niering, C./Hillebrand, C. (2012), S. 26.

127 Vgl. für die direkten und indirekten Insolvenzkosten die Ausführungen in Kapitel 2.5.3. Aus den Ausführungen wird ersichtlich, dass die indirekten Insolvenzkosten i. d. R. über den direkten Insolvenzkosten liegen. Ähnlich Franke, P. (2011), S. 52–53, Liebig, M./Witt, P. (2011), S. 1934–1935, Müller, J. (2012), S. 173, sowie Uhlenbruck, W. (2001), S. 1643.

128 Das entspricht auch der h. M. Vgl. nur Bühler, C. (2010), S. 445–446, Franke, P. (2011), S. 51, sowie Uhlenbruck, W. (2001), S. 1641.

es nicht verwunderlich, dass den meisten Insolvenzfällen ein oder mehrere außergerichtliche Sanierungsversuche vorgeschalten waren.[129] Verschiedene Einschränkungen können jedoch dazu führen, dass außergerichtliche Sanierungsbemühungen bereits im Ansatz scheitern oder nicht die erhoffte Wirkung entfalten. So können einzelne Gläubiger, welche den außergerichtlichen Sanierungsversuch blockieren, unabhängig davon, ob der Sanierungsversuch insgesamt lohnt, nicht zu ihrer Zustimmung und insbesondere nicht etwa zu Forderungsverzichten gezwungen werden.[130] Dagegen ist es einzelnen Anteilseignern nicht erlaubt, eine sinnvolle und mehrheitlich angestrebte Sanierung aus eigennützigen Beweggründen zu blockieren. Zu weiteren Einlagen können sie jedoch nicht gezwungen werden.[131] Auch haben Anteilseigner kein Interesse daran, beispielsweise durch einen frühzeitigen Debt Equity Swap Unternehmensanteile aufzugeben. Weil die bestehenden arbeits- und vertragsrechtlichen Rahmenbedingungen auch in Krisensituationen ihre Gültigkeit behalten, können erforderliche Mitarbeiterfreisetzungen nicht oder nur in Verbindung mit hohen Abfindungs- oder Sozialplanverpflichtungen durchgesetzt werden. Ähnlich verhält es sich bei den vom Krisenunternehmen in der Vergangenheit eingegangenen langfristigen Verträgen, welche aufgrund der geänderten Rahmenbedingungen nachteilig geworden sind und nicht – oder wiederum nur mit hohen Kosten – vorzeitig aufgelöst werden können.[132]

Auch die aufgeführten Grenzen von außergerichtlichen Sanierungslösungen haben den Gesetzgeber dazu bewegt, dem Unternehmen durch Einführung und Weiterentwicklung der Insolvenzordnung eine frühzeitige Inanspruchnahme des gerichtlichen Sanierungsinstrumentariums zu ermöglichen.[133] Die Option einer gerichtlichen Sanierung soll insbesondere auch dazu dienen, die bereits angedeuteten, möglicherweise auftretenden Interessenkonflikte i. S. einer gemeinschaftlichen und bestmöglichen Befriedigung aller Anspruchsgruppen zu lösen.

---

129 Vgl. Gilson, S./John, K./Lang, L. (1990), S. 345. Eine aktuellere oder vergleichbare Studie für den deutschen Raum gibt es m. W. nicht.

130 Vgl. BGH-Urteil vom 12.12.1991. Vgl. auch Brünkmans, C. (2012), S. 375, Bühler, C. (2010), S. 446–447, Liebig, M./Witt, P. (2011), S. 1930, Meyer, H./Degener, J.-M. (2011), S. 848, Müller, J. (2012), S. 176, Niering, C./Hillebrand, C. (2012), S. 24–25, sowie Uhlenbruck, W. (2001), S. 1644–1645.

131 Vgl. BGH-Urteil vom 25.09.1986, BGH-Urteil vom 20.03.1995 sowie BGH-Urteil vom 19.10.2009.

132 Vgl. Liebig, M./Witt, P. (2011), S. 1930, sowie Uhlenbruck, W. (2001), S. 1645.

133 Vgl. BT-Drucksache 12/2443, S. 84, sowie die Ausführungen in Kapitel 2.1.4.3. Dass die Entfristung des Überschuldungsbegriffes n. F. dem widerspricht, wurde bereits erläutert.

2.4 Interessenkonflikte zwischen Eigentümern und Gläubigern bei der Fortführungs- und Verteilungsentscheidung

2.4.1 Interessenkonflikte zwischen erstrangigen Gläubigern und zweitrangigen Gläubigern

Die möglicherweise auftretenden Interessenkonflikte zwischen den Eigentümern und den gesicherten bzw. erstrangigen sowie den ungesicherten bzw. zweitrangigen Gläubigern lassen sich in zwei Bereiche aufteilen: Zum einen kann Uneinigkeit darüber bestehen, was aus dem sanierungsbedürftigen Unternehmen in Zukunft geschieht, also ob es fortgeführt oder liquidiert werden soll (Fortführungsentscheidung). Zum anderen können die Meinungen auseinandergehen, wenn es um die Frage geht, welche Anspruchsgruppe wie viel am sanierten Unternehmen bekommt bzw. vice versa, wer welche Ansprüche aufgeben muss (Verteilungsentscheidung).[134]

Fremdkapitalgeber werden im Regelfall versuchen, das Ausfallrisiko für gewährte Kredite unter anderem durch die Bestellung von Sicherheiten zu verringern.[135] Inwieweit erstrangige Gläubiger eine aus Unternehmensgesamtperspektive ökonomisch sinnvolle Fortführungslösung unterstützen, hängt wesentlich von Grad und Werthaltigkeit der Besicherung ab. Im Fortführungsfall besteht zum einen die Gefahr, dass die Sanierung misslingt und zum anderen, dass auch die bestellten Sicherheiten etwa durch Verschleiß oder technische Überholung zusätzlich an Wert verlieren. Im Falle einer Unternehmensfortführung erhält der im Entscheidungszeitpunkt vollständig gesicherte Darlehensgeber „nur" die vertraglich vereinbarten Zins- und Tilgungszahlungen, welche er alternativ durch Verwertung der bestellten Sicherheiten am Sekundärmarkt auch im Liquidationsfall (sofort und ohne weiteres Risiko) erzielen kann.[136]

Im Gegensatz dazu befürworten zweitrangige Gläubiger eine Fortführungslösung fast ausnahmslos, weil sie im Zerschlagungsszenario bis auf die erzielbare Quote alles verlieren. Bei Fortführung besteht zumindest die Chance, dass deutlich mehr oder gar alle offenstehenden Forderungen befriedigt werden. Scheitert die Sanierung, so haben die zweitrangigen Gläubiger keine oder kaum zusätzliche Einbußen.[137]

---

134 Ähnlich Aghion, P./Hart, O./Moore, J. (1994), S. 221, 225.

135 Zumeist handelt es sich um bewegliche oder unbewegliche Vermögensgegenstände, für die ein möglichst vollkommener Sekundärmarkt besteht, welche dem Darlehensgeber durch Vertragsabschluss als Sicherheit dienen. Für eine Darstellung von Arten, Rahmenbedingungen und Wirkungsweise von Kreditsicherheiten vgl. etwa Grundmann, W./Rathner, R. (2011), S. 127–138.

136 Vgl. Fischer, T. (1999), S. 22–23, sowie Schäffer, H.-B./Ott, C. (2012), S. 643.

137 Vgl. Eberhart, A./Altman, E./Aggarwal, R. (1999), S. 1858, Fischer, T. (1999), S. 22–23, sowie Schäffer, H.-B./Ott, C. (2012), S. 643.

Unter der Annahme, dass das Unternehmen fortgeführt wird und mehrere Sanierungsalternativen existieren, werden die erstrangigen Fremdkapitalgeber aufgrund der schuldrechtlichen Ansprüche und der bestellten Sicherheiten eine risikoarme Strategie präferieren. Während die erstrangigen Gläubiger auch bei einer risikoreichen Strategie nicht mehr als den verzinsten Nominalbetrag ihrer Forderungen erhalten, können die zweitrangigen Gläubiger – ihre Anteile sind sowohl im Falle einer negativ verlaufenden Sanierung als auch bei einer Liquidation nahezu wertlos – deutliche Wertsteigerungen erfahren.[138]

2.4.2 Interessenkonflikte zwischen Eigentümern und Gläubigern

Interessenkonflikte zwischen Eigentümern und Gläubigern treten regelmäßig nur dann auf, wenn die Haftung des Unternehmens bzw. der Eigentümer beschränkt ist. Weil das Eigenkapital des Krisenunternehmens i. d. R. bereits bei Anstoßen der Sanierungsbemühungen deutlich im Wert gemindert ist, werden die Eigentümer eine Sanierung fast ausnahmslos befürworten, weil sie im Erfolgsfall unbegrenzt an den erwirtschafteten Erträgen partizipieren. Dagegen erleiden die Anteilseigner bei Zerschlagung des Unternehmens oder Scheitern des Sanierungsversuchs kaum zusätzliche Einbußen.[139] Sofern mehrere Sanierungsalternativen zur Verfügung stehen, werden auch die Anteilseigner aufgrund ihres Residualanspruches die risikoreichere Variante präferieren.[140]

Die Summe der Interessenkonflikte kann also, abhängig von der individuellen Situation des Krisenunternehmens und dem Grad der Informationsasymmetrie, dazu führen, dass eine aus Unternehmensgesamtperspektive nachteilige Sanierungsalternative gewählt wird.[141] Um dies zu vermeiden, existieren in der Literatur unterschiedliche Ansätze zur Ausgestaltung von Insolvenzverfahren. Die wichtigsten[142] Beiträge von Bebchuk und Aghion/Hart/Moore werden im Folgenden in ihren Grundzügen erläutert, bevor eine überblickartige Darstellung des deutschen Insolvenzverfahrens folgt.

138 Vgl. Fischer, T. (1999), S. 21–23.
139 Vgl. Eberhart, A./Altman, E./Aggarwal, R. (1999), S. 1858, Fischer, T. (1999), S. 16–18, sowie Willemsen, R./Rechel, J. (2012), S. 216–217.
140 Vgl. Fischer, T. (1999), S. 16–18.
141 Vgl. Fischer, T. (1999), S. 24–25, sowie Schäffer, H.-B./Ott, C. (2012), S. 642–643.
142 Zur Bedeutung dieser Beiträge vgl. nur die Ausführungen von Eidenmüller, H. (1999), S. 103.

2.5 Gerichtliche Sanierung

2.5.1 Ansätze zur Ausgestaltung von Insolvenzverfahren in der Literatur

2.5.1.1 Modell von Bebchuk

Die Grundidee des Modells von Bebchuk, dass das Unternehmen ausschließlich mit Eigenkapital aus der Sanierung hervorgeht, geht bereits auf einen früheren Beitrag von Roe zurück.[143] Bebchuk hält jedoch die Bewertung des sanierungsbedürftigen Unternehmens durch ein Insolvenzgericht bzw. durch einen von diesem beauftragten Gutachter oder den Markt für problematisch.[144] In der Folge schlägt er einen Ansatz vor, welcher ohne eine Ermittlung des Unternehmensgesamtwertes V auskommt und zugleich die beteiligten Anspruchsgruppen in keinem Fall schlechter stellt als vor der Sanierung.[145]

Ausgangspunkt der Überlegungen bilden die Forderungen der Gläubiger vor Sanierung, welche hinsichtlich des Nominalwertes und des Ranges bekannt sind. Mit der Insolvenz des Unternehmens gehen zunächst alle originären Ansprüche gegen den Schuldner unter. Im Anschluss werden den Kapitalgebergruppen Anteilsrechte am sanierten Unternehmen und Optionen auf solche durch einen (Insolvenz-)Verwalter zugeteilt. Die weitere Funktionsweise des Grundmodells ist in Abbildung 5 dargestellt.

143 Vgl. Roe, M. (1983), S. 527–602.

144 Vgl. Bebchuk, L. (1988), S. 778, 789–790.

145 Vgl. Bebchuk, L. (1988), S. 784–788. Die genannte Quelle stellt zugleich die Grundlage für die folgende Zusammenfassung dar.

Abbildung 5: Modell von Bebchuk[146]

	Erstrangige Gläubiger	Zweitrangige Gläubiger	Alteigentümer
Nominalansprüche (vor der Insolvenz)	$FK^{1st} = 100 \cdot 1$ GE	$FK^{2nd} = 100 \cdot 1$ GE	n/a
Insolvenz im Zeitpunkt t = 0	Erstrangige Gläubiger erhalten 100 · 1 Option (Typ A) auf den Erwerb von Anteilen am sanierten Unternehmen: Ablösepreis 1 GE; Ausübungspreis 0 GE; Ablöse-/Ausübungszeitpunkt $t = 0 + X$; Ausübungsrecht drittrangig.	Zweitrangige Gläubiger erhalten 100 · 1 Option (Typ B) auf den Erwerb von Anteilen am sanierten Unternehmen: Ablösepreis 1 GE; Ausübungspreis 1 GE; Ablöse-/Ausübungszeitpunkt $t = 0 + X$; Ausübungsrecht zweitrangig.	Alteigentümer erhalten 100 · 1 Option (Typ C) auf den Erwerb von Anteilen am sanierten Unternehmen: Ablösepreis 0 GE; Ausübungspreis 2 GE; Ablöse-/Ausübungszeitpunkt $t = 0 + X$; Ausübungsrecht erstrangig.
Ausübungszeitpunkt t = 0 + X	Fall 1: $V \leq FK^{1st}$ (Erstrangige Gläubiger üben Optionsrecht aus)		
	$F^{1st} = V$	$F^{2nd} = 0$	$E = 0$
	Fall 2: $FK^{1st} < V \leq (FK^{1st} + FK^{2nd})$ (Zweitrangige Gläubiger üben Optionsrecht aus)		
	$F^{1st} = 100$ GE	$F^{2nd} = V - 100$ GE	$E = 0$
	Fall 3: $(FK^{1st} + FK^{2nd}) < V$ (Alteigentümer üben Optionsrecht aus)		
	$F^{1st} = 100$ GE	$F^{2nd} = 100$ GE	$E = V - 2 \cdot 100$ GE

Im Ergebnis ist die Überschuldung des betrachteten Unternehmens beseitigt. Bebchuk zeigt, dass seine Überlegungen auf eine Vielzahl weiterer Konstellationen, etwa wenn nur ein Teil der Gläubiger von ihrem Optionsrecht Gebrauch machen[147],

146 Eigene Abbildung auf Basis der Ausführungen von Bebchuk, L. (1988), S. 784–788. FK^{1st} und FK^{2nd} bezeichnen die Nominalansprüche der gesicherten bzw. erstrangigen und der ungesicherten bzw. zweitrangigen Gläubiger, F und E bezeichnen den Marktwert des Fremd- und des Eigenkapitals.

147 Vgl. Bebchuk, L. (1988), S. 788.

mehrere Anspruchsgruppen existieren[148] oder die Forderungen einer Anspruchsgruppe nur teilweise werthaltig sind[149], übertragbar sind.

2.5.1.2 Modell von Aghion/Hart/Moore

Aghion/Hart/Moore greifen die Überlegungen von Bebchuk auf.[150] Sie erweitern das Modell – in Anlehnung an den Ablauf bei einer Liquidation – um eine vorgeschaltete Auktion, d. h. der (Insolvenz-)Verwalter holt im Rahmen der Sanierung Gebote für das Unternehmen als Ganzes bzw. für Teilbereiche sowohl von den existierenden Kapitalgebern als auch von Dritten ein. Im Anschluss findet das Modell von Bebchuk zur Verteilung der Anteilsrechte am sanierten Unternehmen Anwendung. Die sich einstellenden, neuen Eigentümer entscheiden zu guter Letzt, welches der im Rahmen der Auktion abgegebenen Angebote, z. B. Liquidation oder (Teil-)Fortführung, angenommen wird.

2.5.1.3 Kritische Würdigung

Das von Bebchuk implementierte Zuteilungssystem wahrt die Rangfolge der Ansprüche, wie sie vor der Insolvenz bestanden haben, und kommt ohne eine vor die Sanierung geschaltete Unternehmensbewertung durch einen unabhängigen Dritten oder durch einen Marktmechanismus aus. Zudem ist das Modell resistent gegen strategische Manipulationen des Unternehmenswertes, weil die Anteile am sanierten Unternehmen am Ende immer denjenigen mit der höchsten Zahlungsbereitschaft zugewiesen werden.[151] Das Problem der Verteilungsentscheidung wird im Modell von Bebchuk also gelöst.[152] Während Bebchuk das Problem der Fortführungsentscheidung weitgehend außer Acht lässt, liefern Aghion/Hart/Moore mit ihrer Erweiterung einen Ansatz, welcher zusätzlich sicherstellt, dass die aus Unternehmensgesamtperspektive wertmaximierende Fortführungs- oder Liquidationslösung gewählt wird.[153]

Im Ergebnis ist also festzuhalten, dass die konzeptionellen Beiträge von Bebchuk und Aghion/Hart/Moore wichtige Ansätze zur Beseitigung der in Kapitel 2.4 erörterten Interessenkonflikte liefern. Wenngleich ihre Überlegungen in dieser Art und Weise keinen Eingang im deutschen Insolvenzverfahren gefunden haben, sind die Erkenntnisse für den weiteren Verlauf der Arbeit von Bedeutung.

---

148 Vgl. Bebchuk, L. (1988), S. 800–801.
149 Vgl. Bebchuk, L. (1988), S. 802–803.
150 Vgl. für die folgenden Ausführungen Aghion, P./Hart, O./Moore, J. (1994), S. 225–228.
151 Vgl. hierzu im Detail Eidenmüller, H. (1999), S. 105–106.
152 Probleme, die sich bei der praktischen Umsetzung des Zuteilungsmechanismuses ergeben können, sollen im Rahmen dieser Arbeit nicht diskutiert werden.
153 Vgl. hierzu im Detail Eidenmüller, H. (1999), S. 110–112, 121.

2.5.2 Ausgestaltung des Insolvenzverfahrens in Deutschland

2.5.2.1 Insolvenzverfahren

Nach Antragstellung für den Eintritt in das Insolvenzverfahren sind die Möglichkeiten der Sanierung des Krisenunternehmens nicht zwangsweise erschöpft.[154] § 1 InsO sieht explizit vor, dass neben der gemeinschaftlichen Befriedigung der Gläubiger durch Verwertung und Verteilung des Schuldnervermögens (i. S. einer Liquidation) insbesondere auch abweichende Regelungen in einem so genannten Insolvenzplan getroffen werden können, um das Unternehmen als Ganzes oder in Teilen zu erhalten. Jedoch steht auch bei letzterer Alternative die optimale Befriedigung der Gläubiger im Vordergrund.[155] Eine Sanierung im Rahmen eines Insolvenzplans setzt folglich einen Fortführungswert voraus, welcher den Liquidationswert übersteigt. Die folgenden Ausführungen konzentrieren sich auf die Sanierung des Krisenunternehmens mit Hilfe eines Insolvenzplans[156], wobei zunächst wesentliche Privilegierungen der InsO und anschließend der Ablauf des Insolvenzverfahrens überblickartig dargestellt werden[157].

Die InsO enthält verschiedene (Sanierungs-)Möglichkeiten, welche dem Schuldner im Rahmen von außergerichtlichen Sanierungslösungen nicht zur Verfügung stehen. Hierzu gehören im Wesentlichen die Vollstreckungssperre für Gläubiger, ein zeitlich befristetes Insolvenzgeld zur Finanzierung der Löhne und Gehälter sowie einfachere Kündigungsmöglichkeiten von Dauerschuldverhältnissen.[158] Gemäß § 21 Abs. 2 Nummer (Nr.) 3 InsO bzw. §§ 89–90 InsO ist der Schuldner ab der entsprechenden Anordnung des Gerichtes gegen Zwangsvollstreckungen einzelner Gläubiger geschützt. Des Weiteren sind im Falle der Eröffnung des Insolvenzverfahrens alle Zwangsvollstreckungen unwirksam, welche ein Gläubiger im letzten Monat vor Stellung des Insolvenzantrages durchgeführt hat.[159] Obwohl diese Maßnahmen im Wesentlichen dem Schutz der Insolvenzmasse und der gleichmäßigen Gläubigerbefriedigung dienen, kann auch der Schuldner dahingehend profitieren, dass eine

154 Vgl. Liebig, M./Witt, P. (2011), S. 1929–1930, sowie Niering, C./Hillebrand, C. (2012), S. 207.

155 Vgl. hierzu ausführlich Ganter, H./Lohmann, I. (2013), § 1 Rn. 85, 87. Dies wurde auch in der Begründung zur Einführung des ESUG wiederholt betont. Vgl. BT-Drucksache 17/5712, S. 17.

156 Die InsO kennt zwei Alternativen der Unternehmenssanierung, namentlich die übertragene Sanierung und das Insolvenzplanverfahren. Das Konzept der Eigenverwaltung (ggf. i. V. m. dem Schutzschirmverfahren) ist eine Sonderform des Insolvenzverfahrens. Vgl. Ganter, H./Lohmann, I. (2013), § 1 Rn. 90, sowie Müller, J. (2012), S. 189. Die Möglichkeit der übertragenen Sanierung wird im Folgenden nicht betrachtet.

157 Die folgenden Ausführungen erheben nicht den Anspruch der Vollständigkeit und beschränken sich auf die für Kapitalgesellschaften relevanten Regelungen.

158 Vgl. Liebig, M./Witt, P. (2011), S. 1929.

159 Vgl. § 88 InsO.

spürbare Beruhigung der Unternehmensabläufe und eine bessere Planbarkeit der weiteren Sanierungsschritte resultieren.[160] Letzteres wird auch durch die befristete Absicherung von Löhnen und Gehältern gefördert: Gemäß § 165 Abs. 1 Sozialgesetzbuch (SGB) III haben Arbeitnehmer Anspruch auf Insolvenzgeld, wenn sie im Inland beschäftigt waren und im Falle eines Insolvenzereignisses[161] für die vorausgegangenen drei Monate des Arbeitsverhältnisses noch offene Ansprüche bestehen. Durch diese Maßnahme können sowohl Lohnrückstände vor Stellung des Insolvenzantrages als auch die Arbeitsleistung der Mitarbeiter im Zeitraum zwischen dem Insolvenzantrag und der Entscheidung des Gerichts über die Eröffnung des Insolvenzverfahrens abgesichert werden. Dies stellt eine Grundvoraussetzung für die Aufrechterhaltung des Geschäftsbetriebs dar.[162] Mit Eröffnung des Insolvenzverfahrens hat der Insolvenzverwalter zusätzlich die Möglichkeit, den Schuldner gemäß §§ 103 ff. InsO von für ihn nachteiligen Verträgen zu befreien, sofern der Vertrag zum Zeitpunkt der Eröffnung noch nicht oder nicht vollständig erfüllt ist. Mit Hilfe der erleichterten Kündigungsmöglichkeiten können etwa Mietverträge für nicht mehr benötigte Geschäftsräume vorzeitig beendet werden.[163]

Zwingende Voraussetzung für den Eintritt in das Insolvenzverfahren ist gemäß § 13 InsO ein schriftlicher Antrag beim zuständigen Insolvenzgericht[164], wobei gemäß § 16 InsO ein Eröffnungsgrund[165] gegeben sein muss. Anschließend prüft das Gericht alle Umstände, welche für das Insolvenzverfahren von Bedeutung sind. Insbesondere sind Informationen über die wesentlichen Unternehmensdaten, das Vorliegen von Insolvenztatbeständen und die Verfahrenskostendeckung einzuholen.[166]

Um einer nachteiligen Veränderung in der Vermögenslage des Schuldners vorzubeugen, kann das Gericht geeignete Maßnahmen bis zur Entscheidung über den Insolvenzantrag treffen.[167] Insbesondere können ein vorläufiger Insolvenzverwalter bestellt (§ 21 Abs. 2 Nr. 1 InsO) und Maßnahmen der Zwangsvollstreckung gegen den Schuldner untersagt (§ 21 Abs. 2 Nr. 3 InsO) werden. Darüber hinaus kann dem Schuldner auch ein allgemeines Verfügungsverbot (§ 21 Abs. 2 Nr. 2 Alternative (Alt.) 1 InsO) auferlegt werden, wodurch die Verwaltungs- und Verfügungsbefugnis über das Vermögen des Schuldners auf den vorläufigen Insolvenzverwalter übergeht (§ 22

---

160 Vgl. Breuer, W. (2013), § 89 Rn. 4, Liebig, M./Witt, P. (2011), S. 1932, Niering, C./Hillebrand, C. (2012), S. 235, sowie Uhlenbruck, W. (2001), S. 1646.

161 Gemäß § 165 Abs. 1 Nr. S. 2–3 SGB III gelten die Eröffnung des Insolvenzverfahrens über das Vermögen des Arbeitgebers, die Abweisung des Antrags auf Eröffnung des Insolvenzverfahrens mangels Masse oder die vollständige Beendigung der Betriebstätigkeit im Inland als Insolvenzereignis.

162 Vgl. Liebig, M./Witt, P. (2011), S. 1932, sowie Niering, C./Hillebrand, C. (2012), S. 274.

163 Vgl. Liebig, M./Witt, P. (2011), S. 1932–1933, Niering, C./Hillebrand, C. (2012), S. 277, sowie Uhlenbruck, W. (2001), S. 1646.

164 Die Zuständigkeit des Insolvenzgerichtes bemisst sich nach § 3 InsO.

165 Für die Eröffnungsgründe vgl. bereits die Ausführungen in Kapitel 2.1.4.

166 Vgl. § 5 Abs. 1 InsO.

167 Vgl. § 21 InsO.

Abs. 1, 3 InsO). Alternativ kann angeordnet werden, dass Verfügungen des Schuldners nur mit Zustimmung des vorläufigen Insolvenzverwalters wirksam werden (§ 21 Abs. 2 Nr. 2 Alt. 2 i. V. m. § 22 Abs. 2, 3 InsO).

Abbildung 6: Das deutsche Insolvenzverfahren im Überblick[168]

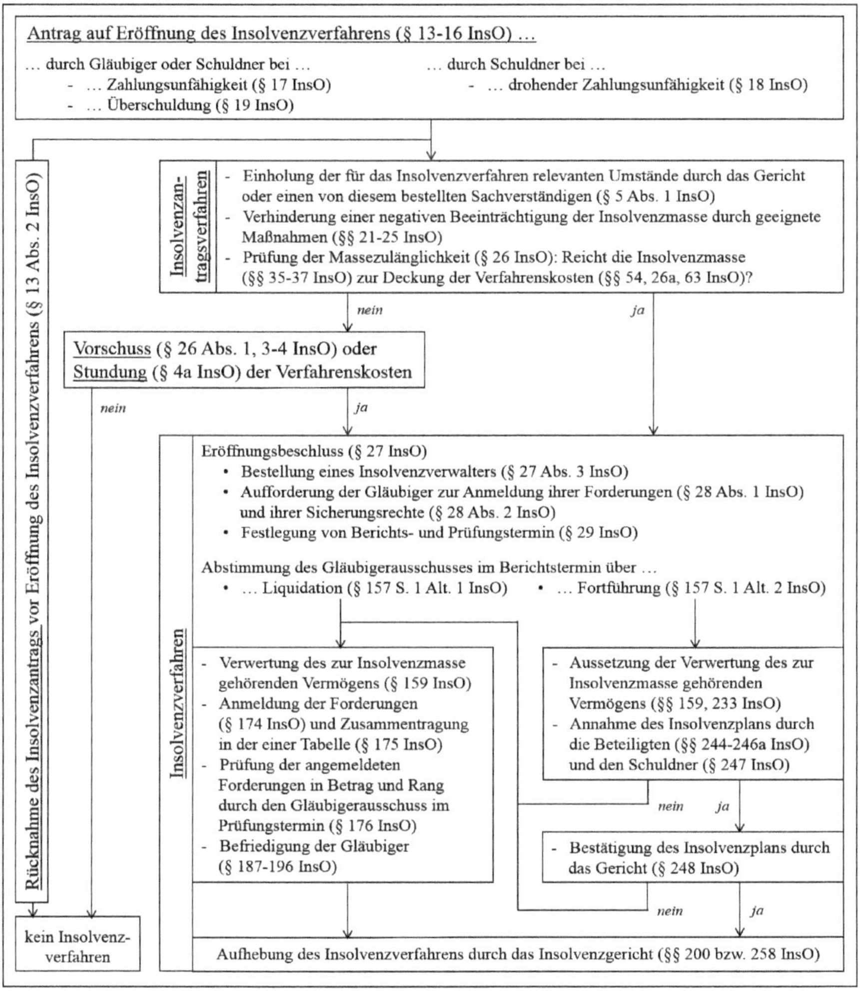

168 Eigene Abbildung, welche zur Wahrung der Übersichtlichkeit unter Ausblendung der Möglichkeit der Eigenverwaltung und des Schutzschirmverfahrens erstellt wurde. Letztere Möglichkeit ist Gegenstand des Kapitels 2.5.2.2.1.

Der Antrag auf Eröffnung des Insolvenzverfahrens wird in denjenigen Fällen vom Insolvenzgericht abgewiesen, in denen die Insolvenzmasse nicht zur Deckung der Verfahrenskosten reicht.[169] Sofern das Insolvenzverfahren nicht mangels Masse abgewiesen wird, wird es nach § 27 InsO durch richterlichen Beschluss eröffnet. Mit dem Eröffnungsbeschluss werden die Gläubiger aufgefordert, ihre Forderungen innerhalb einer bestimmten Frist beim Insolvenzverwalter anzumelden und ggf. bestehende Sicherungsrechte mitzuteilen.[170] Zudem werden Schuldner des insolventen Unternehmens aufgefordert, ihre künftigen Zahlungen ausschließlich an den Insolvenzverwalter zu leisten.[171]

Nach Vorstellung eines Berichts des Insolvenzverwalters, welcher im Wesentlichen die wirtschaftliche Lage, die identifizierten Ursachen und mögliche Fortführungsalternativen des Schuldners beinhaltet, wird in einer Gläubigerversammlung über den Fortgang des Insolvenzverfahrens beschlossen.[172] Insbesondere kann der Insolvenzverwalter auch beauftragt werden, einen Insolvenzplan auszuarbeiten.[173] Sofern sich die Gläubigerversammlung gegen eine Fortführungslösung und für die Liquidation entscheidet, hat der Insolvenzverwalter mit der Verwertung des zur Insolvenzmasse gehörenden Vermögens zu beginnen.[174] Nachdem die Gläubiger ihre Forderungen gemäß § 174 InsO angemeldet haben, hat der Insolvenzverwalter gemäß § 175 InsO eine Tabelle insbesondere mit Betrag und Rang der Forderungen zu erstellen. In einer weiteren Gläubigerversammlung nach Ablauf der Anmeldefrist werden die angemeldeten Forderungen hinsichtlich ihres Betrages und Ranges geprüft.[175] Nach dem Prüfungstermin kann mit der Befriedigung der Insolvenzgläubiger begonnen werden.[176] Nach Schlussverteilung und Schlusstermin beschließt das Insolvenzgericht die Aufhebung des Insolvenzverfahrens.[177]

Sofern sich die Gläubigerversammlung im Berichtstermin für die Fortführung des schuldnerischen Unternehmens entscheidet, wird sie den Insolvenzverwalter mit der Erstellung eines Insolvenzplans beauftragen.[178] Zur Vorlage eines Insolvenzplans ist neben dem Insolvenzverwalter aber auch der Schuldner berechtigt, wobei die

169 Die Insolvenzmasse bestimmt sich nach §§ 35–37 InsO und die Verfahrenskosten nach § 54 i. V. m. §§ 26a, 63 InsO. Eine Abweisung des Insolvenzantrages kann zusätzlich unterbleiben, wenn gemäß § 26 Abs. 1, 3, 4 InsO ein ausreichender Geldbetrag vorgeschossen oder die anfallenden Kosten gemäß § 26 Abs. 1 i. V. m. § 4a InsO gestundet werden.

170 Vgl. § 28 Abs. 1, 2 InsO.

171 Vgl. § 28 Abs. 3 InsO.

172 Vgl. §§ 29 Abs. 1 Nr. 1, 156–157 InsO. Man spricht vom Berichtstermin.

173 Vgl. § 157 InsO.

174 Vgl. § 159 Alt. 1 InsO.

175 Vgl. §§ 29 Abs. 1 Nr. 2, 176 InsO. Man spricht vom Prüfungstermin.

176 Vgl. §§ 187–196 InsO. Eine überblickartige Darstellung der Reglung zur Verteilung der Insolvenzmasse liefert etwa Niering, C./Hillebrand, C. (2012), S. 260.

177 Vgl. §§ 196–197, 200 InsO.

178 Vgl. §§ 157, 218 Abs. 2, 3 InsO.

Vorlage durch den Schuldner mit dem Antrag auf Eröffnung des Insolvenzverfahrens verbunden werden kann.[179]

2.5.2.2 *Insolvenzplanverfahren*

2.5.2.2.1 *Eigenverwaltung und Schutzschirmverfahren*

Durch die Einführung des ESUG wollte der Gesetzgeber die Möglichkeit der Eigenverwaltung – das bisherige Management darf das Krisenunternehmen selbst durch das Insolvenzverfahren leiten – stärken. Die Inanspruchnahme des neu geschaffenen Schutzschirmverfahrens öffnet zusätzlich die Möglichkeit, sich frühzeitig unter den Schutzschirm der InsO zu begeben.[180]

Wenngleich die InsO auch in diesen Fällen eine Aufsicht durch einen so genannten Sachwalter vorsieht, kann das Insolvenzgericht im Beschluss über die Eröffnung des Insolvenzverfahrens die Eigenverwaltung anordnen.[181] Hierzu ist es erforderlich, dass die Eigenverwaltung vom Schuldner beantragt wird und keine Umstände bekannt sind, dass diese Anordnung zum Nachteil für die Gläubiger führt.[182] Ein Nachteil für die Gläubiger wird i. d. R. dann ausgeschlossen, wenn der vorläufige Gläubigerausschuss den Antrag mit einem einstimmigen Beschluss unterstützt.[183]

Befindet sich der Schuldner noch nicht im Stadium der Zahlungsunfähigkeit i. S. des § 17 InsO, so wird ihm unter gewissen Rahmenbedingungen die Möglichkeit zugesprochen, selbstständig einen Insolvenzplan auszuarbeiten und dem Insolvenzgericht vorzulegen (Schutzschirmverfahren). Hierzu hat der Schuldner den Eröffnungsantrag bereits bei drohender Zahlungsunfähigkeit oder Überschuldung zu stellen und die Eigenverwaltung und das Schutzschirmverfahren gesondert zu beantragen.[184] Des Weiteren ist es erforderlich, dass der Schuldner durch eine entsprechende Bescheinigung von einem unabhängigen Dritten nachweist, dass die Sanierung nicht offensichtlich aussichtslos ist.[185] Auf Antrag des Schuldners hat das

---

179 Vgl. § 128 Abs. 1 S. 1, 2 InsO sowie die Ausführungen im folgenden Kapitel 2.5.2.2.1.

180 Vgl. BT-Drucksache 17/5712, S. 19, 40, sowie Vallender, H. (2012), S. 445, 450.

181 Vgl. §§ 270 Abs. 1, 270c InsO.

182 Vgl. § 270 Abs. 1 Nr. 1, 2 InsO.

183 Vgl. § 270 Abs. 3 InsO. Für den vorläufigen Gläubigerausschuss gelten die Bestimmungen der §§ 21 Abs. 2 Nr. 1a, 22a InsO. Gibt es keinen vorläufigen Gläubigerausschuss, so entscheidet das Insolvenzgericht. Vgl. Willemsen, R./Rechel, J. (2012), S. 280.

184 Vgl. § 270b Abs. 1 S. 1 InsO.

185 Vgl. § 270b Abs. 1 S. 2 InsO. In diesem Zusammenhang sei auf die Kritik am neu gefassten Überschuldungsbegriff verwiesen (vgl. Kapitel 2.1.4.5). Die Ausführungen zeigen, dass zukünftig der Insolvenztatbestand der drohenden Zahlungsunfähigkeit entscheidend sein wird, wenn es um die Frage des Eintritts in das Schutzschirmverfahren geht. Des Weiteren sei angemerkt, dass die Frage nach der „nicht offensichtlichen Aussichtslosigkeit" des Sanierungsversuchs nicht abschließend geregelt ist. Eine detaillierte Diskussion soll im Rahmen dieser Arbeit

Gericht zudem anzuordnen, dass der Schuldner Masseverbindlichkeiten begründen darf.[186] Insgesamt dienen diese Vorschriften dazu, die Wahrscheinlichkeit des Scheiterns der Sanierungsbemühungen zu verringern: Einerseits wird das Vertrauen des Schuldners in das Insolvenzverfahren gestärkt, weil dieses nicht zwangsweise mit dem Kontrollverlust über das Unternehmen und dem Scheitern der bisherigen Sanierungsbemühungen verbunden ist.[187] Andererseits wird durch die Möglichkeit der Begründung von Masseverbindlichkeiten die Aufrechterhaltung des operativen Geschäftsbetriebs zusätzlich erleichtert, weil etwa erforderliche Lieferantenbeziehungen aufrechterhalten werden können.[188] Wird die angestrebte Sanierung im Zeitablauf aussichtslos oder die Aufhebung etwa durch Gläubiger beantragt, weil Umstände ans Licht kommen, welche eine Benachteiligung der Gläubiger erwarten lassen, so hat das Insolvenzgericht die Anordnung des Schutzschirmverfahrens vor Ablauf der Frist aufzuheben.[189]

In Literatur und Praxis werden das Konzept der Eigenverwaltung und die Einführung des Schutzschirmverfahrens kontrovers diskutiert. Abgesehen von vereinzelten publikumsrelevanten Großverfahren spielte das Konzept der Eigenverwaltung bis zur Einführung des ESUG kaum eine Rolle.[190] Auch in der Literatur finden sich kritische Meinungen, welche insbesondere argumentieren, dass der Schuldner zu ungehemmten Sanierungen mit Mitteln der Insolvenzordnung verleitet wird.[191] So zeigen auch bereits ältere Studien, dass die Unternehmensfortführung unter der Führung des ursprünglichen Managements mit deutlich geringeren Erfolgsaussichten gegenüber den Fällen, in denen das Management ausgetauscht wurde, einhergeht.[192] Insofern wäre detaillierter zu untersuchen, ob gerade das Konzept des Insolvenzverwalters (positiven) Einfluss auf die Unternehmensfortführung hat. Vom Gesetzgeber explizit bezweckt ist jedoch die Förderung des Konzeptes der Eigenverwaltung auch durch die Einführung der Möglichkeit des Schutzschirmverfahrens, um einen frühzeitigen Eintritt in das Insolvenzverfahren zu „belohnen".[193] Inwiefern die Neufassung des Überschuldungsbegriffs in diesen Rahmen passt, ist fraglich und wurde bereits diskutiert.

---

nicht erfolgen. Vgl. hierzu etwa Merten, M. (2012), S. 144–145, sowie Willemsen, R./Rechel, J. (2012), S. 292–295 und die dort zitierte Literatur.

186 Vgl. § 270b Abs. 3 InsO.

187 Vgl. BT-Drucksache 17/5712, S. 40.

188 Vgl. Merten, M. (2012), S. 145, sowie Willemsen, R./Rechel, J. (2012), S. 297–298.

189 Vgl. § 270b Abs. 4 InsO.

190 Vgl. Gantner, G./Lohmann, I. (2013), § 1 Rn. 90, Niering, C./Hillebrand, C. (2012), S. 278, sowie Vallender, H. (2012), S. 445–446.

191 Der „Bock [wird] zum Gärtner gemacht." (Huhn, S. (2003), S. 428). Vgl. hierzu auch Willemsen, R./Rechel, J. (2012), S. 279.

192 Vgl. Hotchkiss, E. (1995), S. 4, 15–19. Eine vergleichbare neuere Studie existiert m. W. nicht.

193 Vgl. anstelle aller Niering, C./Hillebrand, C. (2012), S. 278.

2.5.2.2.2 *Inhalt und Zweck des Insolvenzplans*

Ein Insolvenzplan dient dazu, von den Vorschriften der InsO abweichende Regelungen zur Verwertung der Insolvenzmasse sowie deren Verteilung an sämtliche Gläubiger und sonstigen Beteiligten zu treffen.[194] Hierzu sieht § 219 InsO vor, dass der Insolvenzplan neben einem darstellenden und einem gestaltenden Teil auch unterschiedliche Anlagen enthält.[195]

Mit Hilfe des darstellenden Teils im Insolvenzplan sollen zunächst alle Beteiligten sowie das Insolvenzgericht über die seit Eröffnung des Insolvenzverfahrens getroffenen Maßnahmen unterrichtet werden. Durch diese Bestandsaufnahme in Kombination mit der Erläuterung der geplanten Sanierung und deren Vorteilhaftigkeit aus Unternehmensgesamtperspektive sollen die wesentlichen Grundlagen bereitgestellt werden, welche den einzelnen Beteiligten als Basis für die Entscheidung über Annahme oder Ablehnung des Insolvenzplans dienen. Insbesondere sind im Rahmen einer Vergleichsrechnung Angaben über die mit und ohne Insolvenzplan voraussichtlich erzielbaren Quoten für die einzelnen Beteiligten zu machen.[196]

Werden zur weiteren Umsetzung der Sanierungsmaßnahmen Änderungen in der Rechtstellung einzelner oder mehrerer Beteiligter erforderlich, so sind diese im gestaltenden Teil des Insolvenzplans zu erläutern.[197] Durch diese Regelung in der InsO bekommt der Insolvenzplan – wenn auch unter den noch zu konkretisierenden Rahmenbedingungen – den Charakter eines privatautonomen Vertrages.[198]

Auch wenn der Unternehmenswert bei Fortführung den Liquidationswert übersteigt und die Unternehmensfortführung somit aus einer übergeordneten Perspektive lohnt, folgt daraus nicht zwangsläufig, dass sich alle Beteiligten an einer „freiwilligen" Lösung in Form eines Insolvenzplans beteiligen werden.[199] Durch die spezifischen Regelungen in der InsO, wie über die Annahme oder Ablehnung eines Insolvenzplans entschieden wird, hat der Gesetzgeber versucht, die bereits erläuterten Interessenkonflikte zu vermeiden bzw. wenigstens abzuschwächen.

---

194 Vgl. § 217 InsO.

195 Vgl. hierzu §§ 219–221, 229–230 InsO. Eine detaillierte Diskussion der inhaltlichen Anforderungen an Insolvenzpläne soll nicht erfolgen. Der interessierte Leser kann hierzu auf die zahlreichen Kommentierungen der InsO zurückgreifen.

196 Vgl. § 220 InsO, Eilenberger, G. (2008), § 220 Rn. 1, 4, 12–15, 26, sowie Müller, J. (2012), S. 192–193.

197 Vgl. § 221 InsO.

198 Vgl. Eidenmüller, H. (2008), § 217 Rn. 1, 7–11, Liebig, M./Witt, P. (2011), S. 1931, sowie Willemsen, R./Rechel, J. (2012), S. 207.

199 Vgl. hierzu bereits die Ausführungen in Kapitel 2.4.

2.5.2.2.3 Abstimmung über die Annahme oder Ablehnung des Insolvenzplans

2.5.2.2.3.1 Bildung von Gruppen

Alle Beteiligten mit gleicher Rechtstellung, in deren Rechte durch den Insolvenzplan eingegriffen werden soll, sind gemäß § 222 Abs. 1 InsO grundsätzlich in folgende Gruppen zu unterteilen:

- Gruppe 1: Absonderungsberechtigte Gläubiger, soweit durch den Insolvenzplan in deren Rechte eingegriffen wird (§ 222 Abs. 1 Nr. 1 InsO).
- Gruppe 2: Nicht nachrangige Insolvenzgläubiger (§ 222 Abs. 1 Nr. 2 InsO).
- Gruppe 3: Einzelne Rangklassen der nachrangigen Insolvenzgläubiger (§ 222 Abs. 1 Nr. 3 InsO).
- Gruppe 4: Am Schuldner beteiligte Personen (§ 222 Abs. 1 Nr. 4 InsO).

Vor dem Hintergrund des § 226 Abs. 1 InsO, nach dem alle Beteiligten innerhalb einer Gruppe gleich zu behandeln sind[200], kann es sich anbieten, Beteiligte trotz gleicher Rechtstellung – etwa aufgrund unterschiedlicher wirtschaftlicher Interessen – in mehrere Gruppen zu teilen.[201] § 243 InsO sieht vor, dass die gebildeten Gruppen gesondert über den Insolvenzplan abzustimmen haben. Zur Annahme des Insolvenzplans durch die Gläubiger ist es erforderlich, dass je Gruppe die Mehrheit der abstimmenden Gläubiger dem Plan zustimmt und die Summe der Ansprüche der zustimmenden Gläubiger mehr als 50 % der Ansprüche der abstimmenden Gläubiger beträgt.[202] Ähnliches gilt für die Gruppe der am Schuldner beteiligten Personen, wobei es hier auf die Summe der Anteile ankommt.[203] Im Folgenden werden die wesentlichen Besonderheiten einer jeden Gruppe überblickartig dargestellt, wobei angenommen wird, dass die Forderungen der nachrangigen Insolvenzgläubiger gemäß § 225 Abs. 1 InsO als erlassen gelten.[204]

Die Rechte der absonderungsberechtigten Gläubiger werden grundsätzlich nicht berührt, soweit keine abweichenden Regelungen im Insolvenzplan vorgesehen sind.[205] Absonderungsrechte verschaffen den entsprechenden Gläubigern Vorrechte

---

200 Eine Ausnahme stellt der § 226 Abs. 2 InsO dar. Dort ist geregelt, dass eine unterschiedliche Behandlung dann zulässig ist, wenn alle durch den Plan wirtschaftlich schlechter gestellten Beteiligten zustimmen. Vgl. hierzu auch Breuer, W. (2008), § 226 Rn. 10–12.

201 Dies ist gemäß § 222 Abs. 2 InsO explizit vorgesehen. Auch § 222 Abs. 3 InsO enthält besondere Regelungen für Arbeitnehmer, welche zugleich Insolvenzgläubiger sind, sowie für Kleingläubiger und geringfügig beteiligte Anteilsinhaber.

202 Vgl. § 244 Abs. 1 InsO.

203 Vgl. § 244 Abs. 3 InsO.

204 Die Forderungen dieser Gruppe nehmen nur am Insolvenzverfahren teil, sofern das Insolvenzgericht gesondert zu deren Anmeldung auffordert (§ 174 Abs. 3 InsO). Diese Aufforderung findet regelmäßig nicht statt, weil deren Ansprüche nahezu wertlos sind. Vgl. hierzu auch Braun, E./Frank, A. (2012), § 225 Rn. 1, sowie Breuer, W. (2008), § 225 Rn. 2.

205 Vgl. § 223 Abs. 1 S. 1, Abs. 2 InsO.

bei der Befriedigung aus der Insolvenzmasse und sind für unbewegliche Gegenstände in § 49 InsO, für Pfandrechte in § 50 InsO und für alles Weitere in § 51 InsO geregelt.[206] Sind jedoch besondere Regelungen vorgesehen[207], so ist im gestaltenden Teil anzugeben, um welchen Bruchteil die Absonderungsrechte gekürzt oder für welchen Zeitraum diese gestundet werden sollen.[208] Die Stimmrechte der Absonderungsberechtigten ergeben sich gemäß §§ 237 Abs. 1 S. 2, 238 InsO. Im weiteren Verlauf der Arbeit wird diese Gruppe vereinfachend und unabhängig davon, ob sie gemäß InsO als Gruppe im Insolvenzplanverfahren aufgenommen wird, unter dem Begriff der „erstrangigen Gläubiger" zusammengefasst.

Auch für alle nicht nachrangigen Insolvenzgläubiger – im Folgenden vereinfachend als „zweitrangige Gläubiger" bezeichnet – ist im Insolvenzplan anzugeben, um welchen Anteil deren Forderungen gekürzt werden sollen.[209] Gemäß InsO stellen diese Gläubiger die einzige Gruppe dar, welche verpflichtend in jedem Insolvenzplanverfahren zu bilden ist.[210] Die Rechte der nicht nachrangigen Insolvenzgläubiger bzw. deren Veränderung stehen regelmäßig im Mittelpunkt bei der Erstellung des Insolvenzplans.[211] Aufgrund der empirisch beobachtbaren, niedrigen Befriedigungsquoten[212] im Liquidationsfall kann es besonders für diese Gruppe interessant sein, wertgeminderte schuldrechtliche Ansprüche beispielsweise in Anteilsrechte zu wandeln.[213] Die Stimmrechte dieser Insolvenzgläubiger bemessen sich nach § 237 Abs. 1 S. 1, Abs. 2 InsO.

Kernbestandteil des ESUG war es, die am Schuldner beteiligten Personen explizit als separate Gruppe im Insolvenzplanverfahren zu berücksichtigen, sofern deren Anteils- bzw. Mitgliedschaftsrechte in den Plan einbezogen werden.[214] Durch die gesetzlich festgeschriebene Zulässigkeit des Debt Equity Swap und aller anderen gesellschaftsrechtlich erlaubten Regelungen im Rahmen des Insolvenzverfahrens[215]

206 Vereinzelte Ausnahmen sollen nicht betrachtet werden.

207 Bei abweichenden Bestimmungen für Finanzsicherheiten ist die Sonderregelung in § 223 Abs. 1 S. 2 InsO zu beachten.

208 Vgl. § 223 Abs. 2 InsO.

209 Vgl. § 224 InsO.

210 Vgl. § 222 Abs. 1 Nr. 2 InsO.

211 Vgl. Breuer, W. (2008), § 224 Rn. 1.

212 In einer Untersuchung von Unternehmensinsolvenzen kommen Icks/Kranzusch zu dem Ergebnis, dass die Befriedigungsquoten im Fall der Liquidation 1,4 % und im Fall einer Sanierung mit Insolvenzplanverfahren 28,0 % betragen. Vgl. Icks, A./Kranzusch, P. (2010), S. 92. Auch Rindfleisch kommt in ihrer empirischen Untersuchung zu dem Ergebnis, dass die Befriedigungsquoten bei Insolvenzplanverfahren deutlich höher als bei Liquidationen sind. Vgl. Rindfleisch, H. (2011), S. 220–224.

213 Vgl. BT-Drucksache 17/5712, S. 18, sowie Cahn, A./Simon, S./Theiselmann, R. (2010), S. 238.

214 Vgl. §§ 222 Abs. 4, 225a Abs. 1 InsO, Merten, M. (2012), S. 72, sowie Willemsen, R./Rechel, J. (2012), S. 212–213.

215 Vgl. § 225a Abs. 2, 3 InsO.

wird die strikte Trennung zwischen Gesellschafts- und Insolvenzrecht aufgegeben[216]. Insbesondere kann es dazu kommen, dass Sanierungsmaßnahmen unter bestimmten Rahmenbedingungen auch gegen den Willen der Anteilseigner durchgesetzt werden können.[217] Die Gruppe der am Schuldner beteiligten Personen, deren Stimmrechte sich nach § 238a InsO ergeben, wird im weiteren Verlauf der Arbeit vereinfachend als „(Alt-)Eigenkapitalgeber" bezeichnet.

2.5.2.2.3.2 Obstruktionsverbot

Zur Verhinderung eines missbräuchlichen Abstimmungsverhaltens wird im Rahmen des § 245 InsO in bestimmten Fällen die Zustimmung einer im Insolvenzplan gebildeten Gruppe als erteilt gewertet. Diese Regelung soll insbesondere dann greifen, wenn es für eine Gruppe oder für einzelne Beteiligte keinen ökonomischen Grund gibt, dem Insolvenzplan zu widersprechen.[218] Dies ist in denjenigen Fällen anzunehmen, in denen der Beteiligte durch den Insolvenzplan voraussichtlich nicht schlechter gestellt wird, als wenn eine Lösung ohne Plan durchgesetzt werden würde.[219] Bei der Betrachtung kommt es also auf einen wirtschaftlichen Vergleich zwischen dem Ergebnis, das sich im Falle der Liquidation einstellt und dem, das sich durch den vorgelegten Insolvenzplan voraussichtlich – der Gesetzgeber betont explizit den Prognosecharakter der Entscheidung – erzielen lässt, an.[220] Als weitere Voraussetzungen für die Zustimmungsfiktion sieht die InsO vor, dass die Mehrheit der abstimmenden Gruppen dem Plan zugestimmt hat und die Angehörigen einer Gruppe angemessen am wirtschaftlichen Wert, der ihnen auf Grundlage des Plans zufließen soll, beteiligt werden.[221]

Beteiligt sich keiner der Angehörigen einer Gruppe an der Abstimmung, so gilt die Zustimmung der Gruppe der nachrangigen Insolvenzgläubiger gemäß § 246 Nr. 2 InsO und die der Eigentümer gemäß § 246a InsO als erteilt.

---

216 Vgl. BT-Drucksache 17/5712, S. 18.

217 Vgl. BT-Drucksache 17/5712, S. 18–19, Niering, C./Hillebrand, C. (2012), S. 284, sowie Willemsen, R./Rechel, J. (2012), S. 215. Vgl. hierzu auch die Ausführungen im folgenden Kapitel 2.5.2.2.3.2. Dagegen können einzelne Gläubiger nicht zur Durchführung eines Debt Equity Swap gezwungen werden. Vgl. § 225a Abs. 2 S. 2 InsO sowie Fn. 130.

218 Vgl. Braun, E./Frank, A. (2012), § 245 Rn. 1, Drukarczyk, J. (2008), § 245 Rn. 1–2, sowie Merten, M. (2012), S. 98.

219 Vgl. § 245 Abs. 1 Nr. 1 InsO.

220 Vgl. Braun, E./Frank, A. (2012), § 245 Rn. 3–6.

221 Vgl. § 245 Abs. 1 Nr. 2, 3 InsO. Eine angemessene Beteiligung ermittelt sich für die Gläubiger gemäß § 245 Abs. 2 InsO und für Eigentümer gemäß § 245 Abs. 3 InsO.

2.5.2.2.4 *Gerichtliche Bestätigung des Insolvenzplans*

Wird der Insolvenzplan angenommen, so bedarf dieser der Bestätigung durch das Insolvenzgericht.[222] Die Bestätigung des Insolvenzplans wird, sofern alle Verfahrensvorschriften erfüllt sind, durch das Gericht regelmäßig nur dann verweigert, wenn ein Beteiligter dem Plan rechtzeitig und glaubhaft widerspricht, weil er dadurch voraussichtlich schlechter gestellt wird, als er ohne Plan stehen würde.[223] Um derartige Probleme von vornherein zu vermeiden, kann der Insolvenzverwalter entsprechende Mittel zum Ausgleich einzelner durch den Plan vermeintlich benachteiligter Gläubiger oder am Schuldner Beteiligter vorsehen.[224] Inwiefern einzelne Anspruchsgruppen eine Befriedigung aus diesen Mitteln erhalten, ist im Nachgang und unabhängig vom Insolvenzverfahren zu klären.

Durch die gerichtliche Bestätigung des Insolvenzplans treten alle im gestaltenden Teil vorgesehenen Wirkungen ein.[225] Mit der gerichtlichen Aufhebung des Verfahrens gemäß § 258 InsO erlangt das Unternehmen – sofern durch den Insolvenzplan nicht etwa eine Planüberwachung (§§ 260 ff. InsO) vorgesehen ist – die vollständige Souveränität mit allen Rechten und Pflichten zurück.[226]

2.5.3 Direkte und indirekte Insolvenzkosten

Als wesentlicher Nachteil des Insolvenzverfahrens wurden bereits die damit verbundenen direkten und indirekten Insolvenzkosten identifiziert. Unstrittig ist jedoch, dass diese Kosten auch weit vor einer möglichen Insolvenz und bei einer außergerichtlichen Sanierung – wenn auch in geringerem Umfang – auftreten.[227] In der englischsprachigen Literatur verwendet man deshalb den allgemeineren Begriff der CoFD.[228] Weil im deutschen Sprachgebrauch kein vergleichbarer Begriff existiert und der Unterschied zwischen Bankruptcy Costs (= Insolvenzkosten) und Costs of Financial Distress bedeutend ist, wird im Folgenden der angelsächsische Begriff gepflegt.[229] Die Literatur unterscheidet zwischen direkten und indirekten CoFD: Unter den direkten CoFD versteht man sämtliche Verwaltungs-, Beratungs-, Gerichts- und Anwaltskosten, die im Zusammenhang mit der gerichtlichen oder außergerichtlichen Sanierung des Unternehmens anfallen. Hingegen versteht man unter den indirekten CoFD den monetären Schaden, der aus dem verloren gegangenen Vertrauen der Stakeholder in das Krisenunternehmen resultiert und zu einer

---

222 Vgl. § 248 Abs. 1 InsO.
223 Vgl. § 251 Abs. 1, 2 InsO.
224 Dies ist gemäß § 251 Abs. 3 InsO explizit vorgesehen und zulässig. Vgl. auch Merten, M. (2012), S. 109–110, sowie Willemsen, R./Rechel, J. (2012), S. 254.
225 Vgl. § 254 Abs. 1 InsO.
226 Vgl. Niering, C./Hillebrand, C. (2012), S. 287.
227 Vgl. bereits Fn. 127 sowie die in Tabelle 2 zitierten Quellen.
228 Vgl. anstelle aller Ross, S. et al. (2008), S. 458.
229 Für eine Abgrenzung der angelsächsischen Begriffe failure, insolvency, default und bankruptcy vgl. etwa Altman, E./Hotchkiss, E. (2006), S. 4–5.

Minderung der bewertungsrelevanten Überschüsse, beispielsweise der Umsatzerlöse, führt.[230]

Nach überwiegender Auffassung in der Literatur sind die direkten Kosten verhältnismäßig einfach zu ermitteln und betragen zumeist weniger als 5 % des Marktwertes der Unternehmen zum Zeitpunkt des Ausfalls.[231] Problematischer gestaltet sich die Ermittlung von indirekten CoFD, weil der Zeitpunkt des Auftretens und deren Höhe nicht eindeutig abgegrenzt werden können. Indirekte CoFD reduzieren den Unternehmenswert auch dann, wenn die tatsächliche Insolvenz des Unternehmens nicht eintritt. Kommt es – aus welchen Gründen auch immer – zu ersten Anzeichen für einen möglichen Ausfall des Unternehmens, so kann es bereits zu diesem Zeitpunkt etwa zu Umsatzrückgängen kommen, weil sich Kunden um die Qualität oder den Fortbestand von Service-, Garantie- und Reparaturleistungen sorgen. Weil auch und insbesondere Fremdkapitalgeber das steigende Risiko antizipieren, wird sich das Unternehmen nicht mehr zum risikolosen Zins, sondern – wenn überhaupt – nur noch zu einem deutlich höheren Vertragszinssatz verschulden können.[232]

Trotz der voranstehenden Probleme bei der Quantifizierung von indirekten CoFD gibt es hierzu verschiedene empirische Untersuchungen. Dass die Untersuchungsergebnisse – Tabelle 2 fasst zusammen – jedoch weit auseinander liegen, verwundert auch vor dem Hintergrund der unterschiedlichen Beobachtungszeiträume, Datensätze und Forschungsausrichtungen nicht.

230 Vgl. Baumgartner, P./Kofler, M. (2010), S. 70, Knabe, M. (2012), S. 12–16, Lodowicks, A. (2007), S. 37, 40–42, sowie Ross, S. et al. (2008), S. 458–460.

231 Diesen Wert erhält Lodowicks nach seiner Auswertung von allen relevanten empirischen Studien, die fast ausschließlich aus dem amerikanischen Raum stammen. Vgl. Lodowicks, A. (2007), S. 37–40. Ähnlich Altman, E./Hotchkiss, E. (2006), S. 94–98. Drukarczyk/Schüler beziffern die direkten Insolvenzkosten auf 1–2 % des Marktwertes. Vgl. Drukarczyk, J./Schüler, A. (2009), S. 414.

232 Vgl. Altman, E./Hotchkiss, E. (2006), S. 93–94, 99, welche die indirekten Kosten als „wide range of unobservable opportunity costs" umschreiben, Brealy, R./Myers, S./Allen, F. (2008), S. 507, Damodaran, A. (2006), S. 613–615, Knabe, M. (2012), S. 14, Laitenberger, J./Lodowicks, A. (2005), S. 146, Lodowicks, A. (2007), S. 42, sowie Warner, J. (1977), S. 338–339.

Tabelle 2: Empirische Studien zur Quantifizierung von indirekten CoFD[233]

	Untersuchungs-gegenstand	Anzahl der Beobachtungen	Zeitraum	Mittelwert / Median	Bezugsgröße
Altman	Ausfälle amerikanischer börsennotierter Unternehmen	18	1970-1978	10,5 % / 7,3 %	Marktwert des Unternehmens bei Ausfall
Cutler/Summers	Ausfall des amerikanischen Unternehmens Texaco	1	1987	30,0 % / n/a	Marktwert des Unternehmens drei Jahre vor Ausfall
Andrade/Kaplan	Ausfälle amerikanischer börsennotierter Unternehmen	31	1980-1989	9,8 % / 24,3 %	Summe aus Buchwert des FK und Marktwert des EK am Ende des Geschäftsjahres vor Ausfall
Pulvino	Ausfälle amerikanischer Luftfahrtunternehmen	27 (davon 8 im Chapter 7 oder Chapter 11-Verfahren)	1978-1992	n/a / n/a	Gebrauchte Luftfahrzeuge von insolventen Unternehmen zu deutlich geringeren Preisen verkauft als bei den anderen Unternehmen
Cays	Ausfälle amerikanischer Unternehmen	16	1992-2000	25,8 % / n/a	Summe aus Buchwert des FK und Marktwert des EK am Ende des Geschäftsjahres vor Ausfall
Bris/Welch/Zhu	Ausfälle amerikanischer Unternehmen	286	1995-2001	-1,2 % / 24,0 %	Abnahme des Buchwertes der Vermögensgegenstände während des Insolvenzverfahrens

2.6 Wesentliche Elemente einer Sanierung

2.6.1 Sanierungskonzept

Unternehmen können in aller Regel nur durch eine individuelle Kombination von Maßnahmen, welche in einem Sanierungskonzept[234] zusammenzufassen sind,

233 Vgl. Altman, E./Hotchkiss, E. (2006), S. 95–96, sowie Lodowicks, A. (2007), S. 43.

234 Der Inhalt und die Anforderungen an Sanierungskonzepte werden im Wesentlichen durch drei Instanzen geprägt, namentlich dem IDW (IDW S6), dem Institut zur Standardisierung von Unternehmenssanierungen (Mindestanforderungen an Sanierungskonzepte, MaS) und dem BGH bzw. dessen ständiger Rechtsprechung. Vgl. Reiner, K. (2010), S. 277, sowie PKF (2011), S. 3–4. Eine detaillierte Darstellung würde den Rahmen sprengen und ist indes nicht zielführend. Die Literatur unterscheidet in vielen Fällen zwischen Sanierungskonzepten (außergerichtlich) und Sanierungsplänen (gerichtlich, alternativer Begriff für den Insolvenzplan). Grundsätzlich ist der materielle Gehalt eines Sanierungskonzepts identisch mit dem eines Sanierungsplans. Der Unterschied besteht lediglich darin, dass ein

erfolgreich saniert werden.[235] Unabhängig vom (gewählten) Rahmen der Sanierung steht grundsätzlich das identische Sanierungsinstrumentarium zur Verfügung. Abbildung 7 gibt einen einführenden Überblick über häufig verwendete Sanierungsinstrumente.

Abbildung 7: Klassifizierung von Sanierungsmaßnahmen[236]

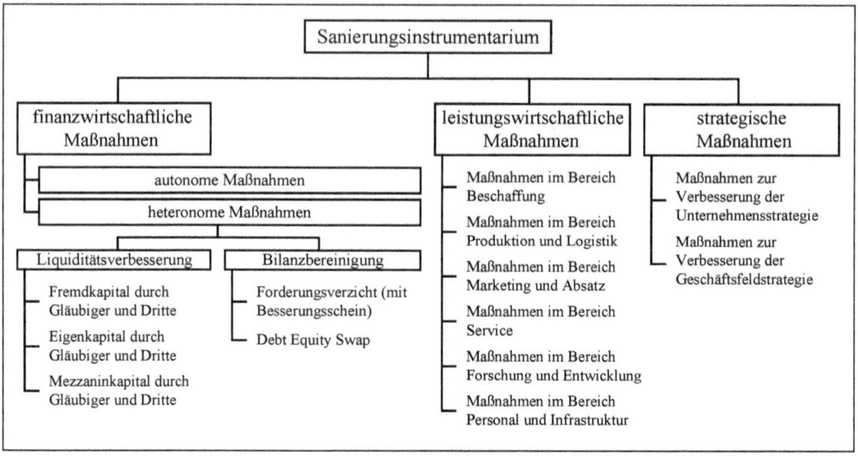

In der gängigen Literatur wird zwischen der Sanierung im engeren Sinne, welche lediglich finanzwirtschaftliche Maßnahmen zur Beseitigung einer Unternehmenskrise meint, und der Sanierung im weiteren Sinne unterschieden. Zusätzlich zu den noch näher zu erörternden finanzwirtschaftlichen Instrumenten beinhaltet die Sanierung im weiteren Sinne auch alle strategischen und leistungswirtschaftlichen Maßnahmen, welche zur Wiederherstellung und nachhaltigen Sicherung der Ertragskraft und Rentabilität einer Unternehmung verwendet werden.[237] Sämtliche Maßnahmen aus den unterschiedlichen Bereichen münden in einer integrierten Unternehmensplanung, welche alle finanziellen Effekte aufschlüsselt.[238]

Sanierungskonzept frei von verfahrensrechtlichen Einschränkungen ist und eben auf die außergerichtliche Abwendung der Insolvenztatbestände abzielt. Vgl. etwa Klein, J. (2008), S. 79–83. In den weiteren Ausführungen wird keine Unterscheidung getroffen, da die materiellen Inhalte identisch sind.

235 Vgl. Himmelsbach, R./Achsnick, J. (2006), S. 564, Kudla, R. (2005) S. 92, sowie Lafrenz, K. (2004), S. 16.

236 Eigene Abbildung auf Basis der in Kapitel 2.6.2 zitierten Literatur.

237 Vgl. Böckenförde, B. (1996), S. 7. Auch die neuere betriebswirtschaftliche Literatur unterstützt die dargestellte Differenzierung, welche regelmäßig auf die genannte Quelle zurückgreift.

238 Vgl. Kraus, K./Buschmann, H. (2009), § 5 Rn. 13, 35.

Eine wesentliche Aufgabe des Sanierungskonzeptes besteht also darin, geeignete Sanierungsmaßnahmen zu identifizieren und auszuarbeiten, sodass ein realisierbares und zukunftsfähiges Geschäftsmodell mit zumindest branchenüblicher Rendite und Eigenkapitalquote entsteht.[239] Die Erkenntnisse zu Krisenursachen und -verlauf aus Kapitel 2.1 sowie die Identifikation des Krisenstadiums bestimmen die in das Sanierungskonzept aufzunehmenden Maßnahmen, den gebotenen Detaillierungsgrad und den geplanten Zeitrahmen für deren Umsetzung.[240] Je weiter sich der Krisenverlauf dem Stadium der Insolvenzreife annähert, desto bedeutender wird es, neben der außergerichtlichen Sanierung auch den Eintritt in das Insolvenzverfahren und ggf. die Ausarbeitung eines Insolvenzplans in Betracht zu ziehen.[241]

Während die strategischen und leistungswirtschaftlichen Sanierungsmaßnahmen nur überblickartig dargestellt werden[242], sollen die finanzwirtschaftlichen Handlungsmöglichkeiten ausführlicher erörtert werden. Dies ist erforderlich, um einerseits den Debt Equity Swap in das Sanierungsinstrumentarium einzuordnen und anderseits, um dessen Leistungsfähigkeit kritisch würdigen zu können.

2.6.2 Sanierungsmaßnahmen

2.6.2.1 Strategische Sanierungsmaßnahmen

Wie bereits in Kapitel 2.1.1 diskutiert wurde, sind in Unternehmenskrisen Erfolgsfaktoren und -potentiale verloren gegangen. Positive Liquiditäts- und Erfolgsaussichten für den meist zweijährigen Prognosezeitraum sind keinesfalls ausreichend. Vielmehr ist zur langfristigen und nachhaltigen Sicherung der Überlebensfähigkeit die Anpassung der strategischen Ausrichtung zentraler Bestandteil einer jeden Sanierung.[243] Zur Optimierung der Unternehmensstrategie gehören etwa die Veräußerung oder Stilllegung von verlustträchtigen Geschäftsfeldern sowie der Ausbau von oder der Neueinstieg in erfolgversprechenden Geschäftsfeldern. Auch ist die Prüfung der ökonomischen Vorteilhaftigkeit aller beschaffungs-, produkt- und kundenbezogenen Entscheidungen elementarer Bestandteil der Anpassung der Geschäftsfeldstrategie.[244]

---

239 Vgl. IDW S6 (2009), Rn. 84–85.

240 Vgl. Hess, H. (2011), S. 236, sowie IDW S6 (2009), Rn. 18.

241 Vgl. Hess, H. (2011), S. 237.

242 Ziel dieses Kapitels ist es, die Bedeutung des Zusammenspiels aller Sanierungsmaßnahmen zu verdeutlichen. An dieser Stelle sei nochmals erwähnt, dass die Einschränkung keineswegs Rückschlüsse auf die praktische Bedeutung zulässt. Alle finanzwirtschaftlichen Sanierungsmaßnahmen laufen ins Leere, wenn es beispielsweise auf operativer Seite nicht gelingt, ein erforderliches Minimum an Umsatzerlösen zu erreichen. Vgl. auch Hess, H. (2011), S. 268.

243 Vgl. Hess, H. (2011), S. 239, sowie Niering, C./Hillebrand, C. (2012), S. 78–79.

244 Vgl. Kraus, K./Buschmann, H. (2009), § 5 Rn. 21–23, Kudla, R. (2005), S. 104–105, Lafrenz, K. (2004), S. 112–125, sowie Niering, C./Hillebrand, C. (2012), S. 78.

Eine exakte Abgrenzung zwischen strategischen und operativen Maßnahmen ist nicht immer möglich. Beispielsweise ist eine Verringerung des Budgets für Forschung und Entwicklung zunächst als operativ einzuordnen, wenngleich diese Maßnahme auch die langfristige Wettbewerbsfähigkeit beeinflussen kann.[245]

2.6.2.2 Leistungswirtschaftliche Sanierungsmaßnahmen

Unter den leistungswirtschaftlichen Sanierungsmaßnahmen fasst man grundsätzlich alle Aktivitäten zusammen, welche das Ziel verfolgen, die Ertragslage des Unternehmens durch Kosten-, Leistungs- und Umsatzoptimierung zu verbessern.[246] Die Literatur unterscheidet zwei verschiedene Kategorisierungsmöglichkeiten: Zum einen erfolgt, wie auch in Abbildung 7, eine Abgrenzung entlang der Wertschöpfungskette, also nach Funktionsbereichen eines Unternehmens.[247] Andere Beiträge gliedern die Maßnahmen nach ihrer Wirkungsrichtung, d. h. nach erlöserhöhenden oder kostensenkenden Aktivitäten.[248] Eine Darstellung aller Maßnahmen soll im Rahmen dieser Arbeit nicht erfolgen. Anhand eines Beispiels – aufgrund der hohen Praxisrelevanz wird das Thema der Personalkosten(reduktion) aufgegriffen – soll jedoch die Bedeutung und die Verknüpfung mit den strategischen und finanzwirtschaftlichen Maßnahmen verdeutlicht werden.

Der deutsche Traditionsautobauer Opel musste im Jahr 2012 in Folge einer anhaltenden Unternehmenskrise mehrere tausend Stellen in Deutschland und Europa streichen.[249] Der Kostenfaktor Personal ist erheblich und daher ist es nur verständlich, dass diesem „Problem“ im Rahmen einer jeden Sanierung hohe Aufmerksamkeit geschenkt wird.[250] Obwohl die Komplexität des deutschen Arbeitsrechts nicht zu vernachlässigen ist, gibt es eine Vielzahl an Alternativen zur Personalkostenreduktion, bevor von der ultima ratio, also der betriebsbedingten Kündigung des Arbeitsverhältnisses, Gebrauch gemacht werden muss. Beispielsweise können durch Kündigung oder Aufhebung von Betriebsvereinbarungen übertarifliche oder andere freiwillige Zuwendungen gekürzt werden. Auch die Flexibilisierung der Arbeitszeit, etwa durch gezielte Urlaubsplanung, Betriebsferien oder vorübergehende Kurzarbeit bzw. die grundsätzliche Verringerung der Wochenarbeitszeit können zu einer relativ raschen Reduktion der Personalkosten und somit zur Entspannung der

245 Ähnlich Hess, H. (2011), S. 268.
246 Vgl. Krystek, U./Moldenhauer, R. (2007), S. 154, sowie Lafrenz, K. (2004), S. 89.
247 Vgl. etwa Blatz, M./Hien, A. (2009), § 8 Rn. 2, Kudla, R. (2005), S. 106, Lafrenz, K. (2004), S. 89–90, sowie Schellberg, B. (2008), S. 167–168.
248 Vgl. etwa Blatz, M./Hien, A. (2009), § 8 Rn. 13, Hess, H. (2011), S. 253, 266, sowie Krystek, U./Moldenhauer, R. (2007), S. 154.
249 Vgl. Frankfurter Allgemeine Zeitung (2012).
250 Vgl. Bezani, T./Richter, M. (2006), S. 1153.

Liquiditätslage beitragen. Ist ein Personalabbau jedoch nicht zu verhindern, so kommen diesbezüglich auch Vorruhestands- und Altersteilzeitregelungen in Betracht.[251]

Aus den sehr knappen Ausführungen lässt sich ableiten, dass die leistungswirtschaftlichen Sanierungsmaßnahmen zum einen vor dem Hintergrund der verfügbaren finanziellen Ressourcen abzuwägen sind.[252] Zum anderen müssen die Implikationen von mittel- und kurzfristig wirkenden Maßnahmen auf mögliche strategische Auswirkungen berücksichtigt werden.[253] Personalanpassungen sind oftmals mit erheblichen Problemen verbunden, da der Stellenabbau zum einen hohe kurzfristige Mittelabflüsse beispielsweise wegen erforderlichen Abfindungszahlungen nach sich zieht, zum anderen aber auch drastische strategische Folgewirkungen haben kann. Zudem führen derartige Maßnahmen bereits im Vorfeld zu abnehmender Leistungsbereitschaft und Resignation auch bei den nach der Sanierung im Unternehmen verbleibenden Mitarbeitern.[254]

2.6.2.3 Finanzwirtschaftliche Sanierungsmaßnahmen

2.6.2.3.1 Autonome und heteronome Sanierungsmaßnahmen

Die Gefährdung des Unternehmensfortbestands spiegelt sich stets auf der Ertrags-, Finanz- und Liquiditätsebene wieder, wodurch der finanziellen Sanierung besondere Bedeutung zukommt. Gegenstand der Betrachtung sind heteronome finanzwirtschaftliche Sanierungsmaßnahmen, also Instrumente, die nur mit Hilfe von unternehmensexternen Dritten durchzuführen sind.[255] Dagegen sollen Maßnahmen, welche autonom, also vom Unternehmen selbst und ohne Unterstützung von Dritten durchgeführt werden können, nicht thematisiert werden. Diese spielen im fortgeschrittenen Krisenstadium ohnehin nur eine untergeordnete Rolle, da zu diesem Zeitpunkt die entsprechenden Potentiale zumeist ausgeschöpft sind: Beispielsweise wurden bereits alle nicht betriebsnotwendigen Aktiva veräußert oder vorhandene stille Reserven gehoben. Je nach Krisenverlauf bzw. -stadium rücken liquiditätserhöhende und bzw. oder bilanzbereinigende Sanierungsmaßnahmen in den Vordergrund.[256]

---

251 Vgl. etwa Bezani, T./Richter, M. (2006), S. 1153–1169, sowie Schellberg, B. (2008), S. 180–184.

252 Vgl. auch Kudla, R. (2005), S. 106.

253 Vgl. Schellberg, B. (2008), S. 167.

254 Vgl. Krystek, U./Moldenhauer, R. (2007), S. 157.

255 Je nach Interessenlage können alle Stakeholder an einer erfolgreichen Sanierung interessiert und daher zu individuellen Sanierungsbeiträgen bereit sein. Vgl. Kudla, R. (2005), S. 133–134. In den folgenden Ausführungen werden Sanierungsbeiträge von Lieferanten, Kunden, Arbeitnehmern oder auch dem Staat nicht thematisiert.

256 Auch hier ist die Abgrenzung nicht immer eindeutig möglich. Einzelne Instrumente können sowohl bilanzbereinigend als auch (un)mittelbar liquiditätserhöhend wirken.

2.6.2.3.2 Liquiditätserhöhende Sanierungsmaßnahmen

2.6.2.3.2.1 Stundung

Liquiditätserhöhende Sanierungsmaßnahmen zielen primär auf die Aufrechterhaltung oder Wiedererlangung der Zahlungsfähigkeit des Krisenunternehmens ab. In einem ersten Schritt beginnt man oftmals durch eine nachträgliche Vertragsänderung gemäß § 311 Abs. 1 BGB mit einer verzinslichen oder unverzinslichen Stundung, also einem befristeten Aufschub von Zins- bzw. Tilgungsleistungen bei Krediten oder auch anderen Zahlungsverpflichtungen, beispielsweise gegenüber dem Finanzamt.[257] Diese einfache Maßnahme unterstützt gerade zu Beginn der Sanierungsbemühungen, die vorübergehende Zahlungsfähigkeit des Unternehmens aufrechtzuerhalten und somit Zeit für die Ausarbeitung eines Sanierungskonzeptes zu gewinnen.[258] Zur nachhaltigen Abwendung einer Unternehmenskrise oder Insolvenz ist diese Maßnahme nicht ausreichend.

2.6.2.3.2.2 Fremdkapital durch Gläubiger und Dritte

Eine zusätzliche Fremdkapitalfinanzierung durch unbeteiligte Dritte wird im fortgeschrittenen Krisenstadium regelmäßig ausscheiden, weil diese aufgrund der eingeschränkten Bonität und des hohen Ausfallrisikos, mangelnder Sicherheitenstellung sowie des geringen Einflusses auf die Geschäftspolitik und damit auf die Sanierungsbemühungen keine klassischen Kredite gewähren werden.[259]

Von größerer Bedeutung ist jedoch eine Fremdkapitalzuführung durch bereits bestehende Gläubiger, insbesondere durch Banken.[260] Kann beispielsweise eine Liquiditätskrise durch zusätzliches Fremdkapital voraussichtlich erfolgreich überwunden werden, so stehen den Banken die gängigen Möglichkeiten der Kreditvergabe zur Verfügung. Diese werden sich sowohl aus rein ökonomischem Interesse, etwa der Erhaltung der Werthaltigkeit bereits bestehender Forderungen[261], als auch aufgrund bestehender langjähriger Geschäftsbeziehungen („Hausbankprinzip") oftmals an einer Sanierung beteiligen. Dennoch ist seit einigen Jahren zu beobachten, dass sich die Banken als traditionelle Träger der Sanierung verstärkt von Krisenengagements abwenden, was unter anderem auf das Basel II- bzw. Basel III-Regelwerk[262] sowie

---

257 Vgl. Krumbholz, M./Koch, G. (2012), S. 212–213.

258 Vgl. Lützenrath, C./Peppmeier, K./Schuppener, J. (2006), S. 116.

259 Vgl. Kudla, R. (2005), S. 139, sowie Sievers, G./Bitzenberger, R. (2009), § 19 Rn. 46.

260 Vgl. Lafrenz, K. (2004), S. 78–79.

261 Vgl. Sievers, G./Bitzenberger, R. (2009), § 19 Rn. 24.

262 Im Rahmen des Reformpakets Basel III wurde die bereits bestehende Bankenregulierung Basel II durch den Baseler Ausschuss für Bankenaufsicht angepasst und erweitert. Durch Erhöhung der Eigenkapitalanforderungen und durch höhere Standards sowohl für Offenlegungs- und Rechenschaftspflichten als auch für die Regulierung soll ein stabiles Finanzsystem geschaffen werden, ohne Kredite zu verknappen. Für eine Übersicht und kritische Würdigung vgl. etwa Schulte-Mattler, H./Manns, T. (2012), S. 164–181.

daraus resultierende, veränderte bankinterne Prozesse mit strengeren Vorgaben zurückzuführen ist.[263]

Nach h. M. ist kein Kreditinstitut dazu verpflichtet, mit Hilfe von Überbrückungs-, Sanierungs- oder Massekrediten das Überleben von bestehenden Schuldnern zu sichern.[264] Dennoch darf eine Bank bis zum Vorliegen eines ausgearbeiteten Sanierungskonzeptes einem insolvenzreifen Unternehmen zur kurzfristigen Sicherung der Überlebensfähigkeit einen so genannten Überbrückungskredit gewähren.[265] Grundsätzlich ergeben sich aus der Vergabe von derartigen Darlehen, anders als bei den noch zu erläuternden Sanierungskrediten, keine Haftungsrisiken wegen Sittenwidrigkeit, sofern das Darlehen auf einen angemessen kurzen Zeitraum begrenzt ist, lediglich der Aufrechterhaltung des operativen Geschäfts dient und eine Sanierung nicht von vornherein offensichtlich ausgeschlossen ist.[266]

Für die Ausreichung und Qualifizierung eines Darlehens als Sanierungskredit müssen verschiedene Voraussetzungen erfüllt sein: Zunächst muss die Sanierung durch den Darlehensgeber bezweckt werden und die Sanierungsprüfung, abschließend dokumentiert in einem Sanierungsgutachten, die Sanierungsfähigkeit des Krisenunternehmens bestätigen.[267] Des Weiteren muss das Darlehen unmittelbar erforderlich sein, um die notwendige Betriebssubstanz für die Weiterführung des Unternehmens und die Deckung der bestehenden Verbindlichkeiten zu erhalten.[268] In diesem Zusammenhang ist zu beachten, dass auch stillschweigend oder ausdrücklich stehen gelassene oder verlängerte Kredite als Sanierungskredite klassifiziert werden können.[269] Angesichts der drohenden Haftungsrisiken nach § 826 BGB für den Fall einer fehlgeschlagenen Sanierung begegnen Kreditinstitute derartigen Situationen mit äußerster Vorsicht.[270] Nach der Entscheidung des BGH kann jedoch ein Sanierungskredit und damit der „Versuch einer Bank, ein notleidendes Unternehmen zu retten, [...] nicht gegen die guten Sitten verstoßen, auch wenn der

263 Vgl. Hannemann, R./Schneider, A. (2011), S. 477–610, sowie Mikulicz-Radecki, J./ Wagner, B. (2012), S. 43–44.

264 Vgl. bereits Fn. 130.

265 Vgl. Bornheimer, J. (2012), § 7 Rn. 59, sowie Müller, R./Liebscher, M. (2012), S. 334.

266 Vgl. BGH-Urteil vom 04.12.1997. Ebenso Brünkmanns, C. (2012), S. 376, sowie Knops, K. (2009), § 18 Rn. 9.

267 Umfang, Inhalt und Bedeutung der Sanierungsprüfung wurden bereits an früherer Stelle erläutert. Vgl. Kapitel 2.2 bzw. 2.6.1. Ausnahmen bilden hier nach h. M. lediglich durch staatliche Bürgschaften besicherte Sanierungskredite, weil man in diesen Fällen die Prüfung der wirtschaftlichen Lage des Unternehmens sowie der Sanierungsfähigkeit durch staatliche Stellen als ausreichend unterstellt. Vgl. Bornheimer, J. (2012), § 29 Rn. 35, sowie Vallender, H. (2009), § 35 Rn. 21.

268 Vgl. Brünkmanns, C. (2012), S. 376–378, sowie Knops, K. (2009), § 18 Rn. 11.

269 Vgl. Knops, K. (2009), § 18 Rn. 1, 11.

270 Zusätzlich besteht für das Kreditinstitut das Risiko, dass der Vertrag und ggf. bestellte Sicherheiten angefochten (§ 138 BGB bzw. § 129 InsO) und in der Folge nichtig werden. Vgl. Knops, K. (2009), § 18 Rn. 5.

Sanierungsversuch misslingen kann und damit die Möglichkeit einer Schädigung anderer Gläubiger besteht“[271]. Dient der Kredit lediglich der Hinauszögerung der Insolvenz und werden andere Gläubiger über die Kreditfähigkeit des Unternehmens getäuscht – unabhängig davon, ob dies bewusst geschieht oder leichtfertig in Kauf genommen wird – so kann die Bank zur Haftung des entstandenen Schadens nach § 826 BGB herangezogen werden.[272]

Nach Eröffnung des Insolvenzverfahrens besteht zusätzlich die Möglichkeit, einen so genannten Massekredit zur Aufrechterhaltung des Geschäftsbetriebs aufzunehmen. Der Vorteil für die Fremdkapitalgeber besteht darin, dass ihre daraus resultierende Masseforderung gemäß § 53 InsO neben den Kosten des Insolvenzverfahrens vorweg aus der Insolvenzmasse befriedigt wird, sofern die Sanierung nicht gelingt.[273] Zur Begründung von derartigen Masseverbindlichkeiten sind gemäß § 55 Abs. 2 InsO der vorläufige Insolvenzverwalter, auf den die Verfugnis über das Vermögen des Schuldners übergegangen ist, gemäß § 55 Abs. 1 Nr. 1 InsO der Insolvenzverwalter und seit der Einführung des ESUG gemäß § 270b Abs. 3 InsO ggf. auch der Schuldner, sofern das Gericht die Begründung von Masseverbindlichkeiten angeordnet hat, berechtigt.

2.6.2.3.2.3 Eigenkapital durch bestehende Anteilseigner und Dritte

Nach h. M. können Gesellschafter einer GmbH und Aktionäre einer Aktiengesellschaft nicht zu einer Kapitalerhöhung gezwungen werden.[274] Abgesehen davon sind die finanziellen Reserven der Anteilseigner zumeist aufgebraucht, sodass sie keine weiteren Sanierungsbeiträge leisten können. Sowohl im Aktien- als auch im GmbH-Gesetz sind verschiedene Möglichkeiten von Kapitalerhöhungen vorgesehen. Da diese Thematik auch im Rahmen der Durchführung von Debt Equity Swaps von Bedeutung ist, werden die entsprechenden rechtlichen Rahmenbedingungen in Kapitel 3.2 erläutert. Außerhalb von spezialisierten Private Equity (PE)-Investoren werden sich vor allem im fortgeschrittenen Krisenstadium keine neuen Eigenkapitalgeber, welche dem Unternehmen so genanntes „fresh money“ zur Verfügung stellen, finden lassen.[275]

---

271 Vgl. BGH-Urteil vom 11.11.1985.

272 Vgl. Vallender, H. (2009), § 35 Rn. 28.

273 Kann eine Masseverbindlichkeit aus der Insolvenzmasse nicht vollständig erfüllt werden, so ist der Insolvenzverwalter dem Massegläubiger gemäß § 63 InsO zum Schadenersatz verpflichtet. Voraussetzungen und Umfang der Schadenersatzpflichten werden jedoch nicht weiter betrachtet. Vgl. hierzu etwa Schoppmeyer, H. (2013), § 61 Rn. 7–54.

274 Vgl. bereits Fn. 131, Pfeifer, K.-N. (2011), § 182 Rn. 5, sowie Römermann, V./Praß, J. (2012), S. 51–52.

275 Grundsätzlich versteht man unter Private Equity sämtliche Formen der Unternehmensfinanzierung mit Eigenkapital oder eigenkapitalähnlichen Instrumenten unabhängig davon, ob es sich um private oder an einem Kapitalmarkt notierte Unternehmen handelt. Vgl. etwa Brandes, K. (2009), § 25 Rn. 1, Cendrowski, H.

Natürlich ist nicht jedes finanziell angeschlagene oder insolvente Unternehmen auch ein potentielles Ziel für auf Krisenunternehmen spezialisierte PE-Investoren. Vielmehr sind spätere Beteiligungen das Ergebnis eines ausführlichen Auswahl- und Prüfungsprozesses[276]. Neben der Lebensfähigkeit des operativen Geschäftes zählt vor allem die Möglichkeit der eindeutigen Ermittlung der Krisenursachen zu den bedeutendsten Auswahlkriterien.[277] Zu einem ähnlichen Ergebnis kommen Klockenbrink/Wömpener, in deren Untersuchung die befragten Experten angeben, dass vor allem Investments in Unternehmen, deren finanzielle Schieflage durch Finanzierungsmängel und Fehler im Management entstanden ist, besonders interessant seien.[278] Dies deckt sich insoweit mit Kraft, da in diesen Fällen die Ursachen eindeutig zu identifizieren sind und in der Folge das Unternehmen durch das spezielle Know-How des Investors saniert werden kann.[279]

Um die Sanierung des Unternehmens aktiv beeinflussen zu können, ist regelmäßig der Erwerb einer ausreichend hohen Beteiligung erforderlich.[280] Das Engagement des Investors kann dann von eher passiven Maßnahmen, etwa der Mitarbeit in Bei- oder Aufsichtsräten bzw. Gesellschafterausschüssen, über die Beratung in spezifischen Bereichen bis hin zur befristeten Unterstützung oder gar Auswechslung des Managements reichen, wobei Letzteres den Regelfall darstellen dürfte.[281]

2.6.2.3.2.4 Mezzaninkapital

Neben dem klassischen Eigen- und Fremdkapital gewinnen hybride Finanzierungsformen bzw. so genanntes Mezzaninkapital auch im Rahmen von Unternehmenssanierungen an Bedeutung.[282] Auch wenn hybride Finanzierungsformen aus (steuer-) rechtlicher Sicht immer eindeutig entweder dem Eigen- oder Fremdkapital zugeordnet

et al. (2012), S. 4–5, Fraser-Sampson, G. (2010), S. 2–3, sowie Müller, F. (2010), S. 60–64.

276 Die so genannte Due Diligence soll hier nicht weiter betrachtet werden. Einen guten Überblick für eine Due Diligence speziell in Sanierungsfällen bietet etwa Brandes, K. (2009), § 25 Rn. 15–23.

277 Vgl. Kraft, V. (2001), S. 149.

278 Vgl. Klockenbrink, U./Wömpener, A. (2007), S. 643. Ähnlich Brandes, K. (2009), § 25 Rn. 6, 8–9, sowie Hoffmann, W. (2011), S. 146–147.

279 Vgl. Fn. 277.

280 Grundsätzlich können PE-Investoren eine direkte Beteiligung am Eigenkapital erwerben oder über den Kauf von gegen das Krisenunternehmen gerichteten Forderungen mit anschließendem Debt Equity Swap an Eigenkapitalanteile gelangen. Vgl. auch Hoffmann, W. (2011), S. 147, 149–150.

281 Vgl. Brandes, K. (2009), § 25 Rn. 7, 34, sowie Schefczyk, M. (2006), S. 35.

282 Der Begriff Mezzanin wurde aus der Architektur in die Betriebswirtschaft übertragen und meint, wörtlich aus dem Italienischen („mezzanino“) übersetzt, ein Zwischengeschoss, d. h. aus ökonomischer Sicht ist hier die Zwischenstellung zwischen Eigen- und Fremdkapital gemeint. Vgl. etwa Müller-Känel, O. (2009), S. 21.

werden, haben diese je nach vertraglicher Ausgestaltung auch Attribute der jeweils anderen Kapitalart.[283] Erklärtes Ziel soll gerade die Verknüpfung der Vorteile von Eigen- und Fremdkapital sein. Die Zwischenstellung bezieht sich dabei auf das mit dem Investment verbundene Risiko sowie auf die anfallenden Kosten und potentiellen Ertragsmöglichkeiten, wobei sich die Vergütung zumeist in eine erfolgsunabhängige Grundverzinsung sowie eine erfolgsabhängige Komponente unterteilt.[284] Im Zusammenhang mit Debt Equity Swaps sind insbesondere Genussrechte sowie Wandel- und Optionsanleihen von Bedeutung[285], weswegen auf eine Darstellung weiterer gängiger Instrumente, etwa stillen Beteiligungen oder Nachrangdarlehen, verzichtet wird.

Genussrechte bzw. -scheine[286] – darunter versteht man schuldrechtliche Ansprüche von Gesellschaftern, Mitarbeitern oder anderen Dritten gegenüber dem Emittenten auf Partizipation an künftigen Gewinnen oder am Liquidationserlös[287] – haben je nach genauer Ausgestaltung eher eigenkapitalähnlichen Charakter. Damit Genussrechte handelsrechtlich als Eigenkapital klassifiziert werden dürfen, müssen verschiedene Voraussetzungen gegeben sein.[288] Die Begebung von Genussrechten ist in der Sanierungspraxis häufig anzutreffen, da es keine gesetzliche Definition und damit verbunden eine Vielzahl an flexiblen Gestaltungsmöglichkeiten, welche in den Genussrechtsbedingungen geregelt werden, gibt.[289] Gemäß § 221 Abs. 1, 3, 4 AktG sind bei der Ausgabe von Genussrechten lediglich ein Hauptversammlungsbeschluss notwendig und die Vorschriften zum Bezugsrecht der Altaktionäre einzuhalten, während sich im GmbH-Recht keinerlei Regelungen dazu finden. In Literatur und Rechtsprechung ist man sich jedoch einig, dass die Ausgabe von Genussrechten nicht auf die Rechtsform der Aktiengesellschaft beschränkt ist.[290]

Grundsätzlich können im Rahmen der Genussrechtsbedingungen Rechte auf Beteiligung am Unternehmenserfolg (Gewinn, Verlust und bzw. oder Liquidationserlös), Rechte auf Forderung von festen Beträgen sowie Benutzungs-, Wandel- und Optionsrechte geregelt und ggf. verbrieft werden[291], wobei aktive Mitgliedschafts- und

283 Vgl. von Tippelskirch, A. (2006), S. 964.

284 Vgl. Brettel, M. et al. (2008), S. 76, sowie Hettich, C. et al. (2012), S. 141.

285 Vgl. hierzu die Ausführungen in Kapitel 2.6.2.3.3.3.

286 Zwischen beiden Begriffen besteht kein inhaltlicher Unterschied. Genussrechte müssen nicht notwendigerweise verbrieft werden. Verbriefte Genussrechte bezeichnet man jedoch als Genussscheine. Vgl. Habersack, M. (2011), § 221 Rn. 63.

287 Vgl. Ebert, T. (2010), S. 78, Hettich, C. et al. (2012), S. 147, Siemers, L. (2009), § 10 Rn. 150, sowie Schwaiger, H. (2009), § 7 Rn. 220.

288 Vgl. hierzu die Ausführungen in Kapitel 3.6.1.

289 Vgl. Hofert, S./Arends, V. (2005), S. 1297.

290 Vgl. etwa Drukarczyk, J./Schöntag, S. (2010), § 3 Rn. 100, Ebert, T. (2010), S. 163, 233–243, Küting, K./Dürr, U. (2005), S. 938, Schwaiger, H. (2009), § 7 Rn. 220, sowie von Tippelskirch, A. (2006), S. 968.

291 Vgl. Habersack, M. (2011), § 221 Rn. 75–85, Kudla, R. (2005), S. 144, sowie Schwaiger, H. (2009), § 7 Rn. 220–221.

Verwaltungsrechte nicht damit verbunden sind[292]. In Sanierungssituationen sind jedoch nur ausgewählte Varianten sinnvoll, welche es durch die individuellen Genussrechtsbedingungen ermöglichen, bilanzielles oder zumindest wirtschaftliches Eigenkapital zur Abwendung der Überschuldung zu generieren bzw. durch die Ausgabe gegen insbesondere Bar-, aber auch gegen Sacheinlagen[293], die Liquiditätssituation des Krisenunternehmens zu entlasten. Zusätzlich können Genussrechte auch an Alteigenkapitalgeber, deren meist wertlose Anteile bei einer durchzuführenden Kapitalherabsetzung entwertet werden, als Ersatz ausgegeben werden. Dies kann dann sinnvoll sein, wenn für eine schnelle außergerichtliche Sanierung deren Zustimmung unentbehrlich ist.[294] Genussrechte werden in Sanierungssituationen oftmals zusätzlich mit Umtausch- bzw. Wandlungs- und Bezugs- bzw. Optionsrechten ausgestattet.[295] Bei erfolgreicher Sanierung besteht dann die Möglichkeit, nach Ausübung des Wahlrechtes die entsprechenden Anteile gewinnbringend zu veräußern.[296]

Wandelanleihen bzw. Wandelschuldverschreibungen[297] sind, analog zu den Genussrechten, in § 221 AktG[298] geregelt. Es handelt sich dabei um Anleihen, welche dem Inhaber das Recht gewähren, den schuldrechtlichen Anspruch in Aktien des emittierenden Unternehmens innerhalb einer bestimmten Frist oder zu einem bestimmten Zeitpunkt und zu einem festgelegten Umtauschverhältnis zu wandeln. Der schuldrechtliche Anspruch geht im Wandlungszeitpunkt unter.[299] Ebenso wie bei den Genussrechten sind bei der Ausgabe die entsprechenden Regelungen in § 221 AktG zu beachten.

Optionsanleihen bzw. Optionsschuldverschreibungen geben dem Gläubiger das Recht, innerhalb einer festgelegten Frist oder bei Fälligkeit zu bestimmten Konditionen Aktien zu erwerben, wobei die Ansprüche aus der Anleihe unberührt bleiben.[300]

Wandel- und Optionsanleihen können, sofern der zugrunde liegende Hauptversammlungsbeschluss keine Beschränkungen enthält, grundsätzlich gegen Bar- oder

---

292 Vgl. Hettich, C. et al. (2012), S. 148.

293 Man spricht dann von einem so genannten Debt Mezzanin Swap, welcher einen Sonderfall des Debt Equity Swap darstellt. Vgl. hierzu auch die Ausführungen in Kapitel 2.6.2.3.3.3.

294 Vgl. Habersack, M. (2011), § 221 Rn. 84.

295 Vgl. Habersack, M. (2011), § 221 Rn. 40.

296 Für Genussrechte, welche zusätzlich mit Wandel- und Optionsrechten ausgestattet sind, gelten grundsätzlich die gleichen Ausführungen, welche im Folgenden zu Wandel- und Optionsanleihen gemacht werden.

297 Die Begriffe werden in der Literatur zumeist synonym verwendet. Ein Unterschied besteht m. E. nicht.

298 Eine GmbH kann keine Wandel- oder Optionsanleihen, wie sie in diesem Abschnitt beschrieben werden, emittieren. Durch die individuelle Ausgestaltung von Genussrechten in Verbindung mit Wandel- und Optionsrechten kann jedoch ein wirtschaftlich identisches Ergebnis erzielt werden. Vgl. auch Hettich, C. et al. (2012), S. 149, sowie Mavridis, A. (2011), S. 131.

299 Vgl. Brettel, M. et al. (2008), S. 77, sowie Hettich, C. et al. (2012), S. 148.

300 Vgl. Hettich, C. et al. (2012), S. 149, sowie Seibt, C. (2010), S. 167.

Sacheinlagen ausgegeben werden.[301] Vorteile ergeben sich in Sanierungssituationen vor allem bei der Ausgabe gegen Bareinlagen: Das Krisenunternehmen kann zunächst Fremdkapital zu verhältnismäßig günstigen Konditionen aufnehmen, um zusätzliche Liquidität zu generieren. Eine drohende insolvenzrechtliche Überschuldung kann auch in diesem Fall durch die Aufnahme einer Nachrangabrede beseitigt werden. Nach erfolgreicher Sanierung können die Gläubiger entweder ihren schuldrechtlichen Anspruch auf Zinszahlungen und die Rückzahlung des Nennwertes geltend machen und bzw. oder durch Ausnutzung des Wandlungs- bzw. des Optionsrechts am Sanierungserfolg partizipieren.[302]

2.6.2.3.3 Bilanzbereinigende Sanierungsmaßnahmen

2.6.2.3.3.1 Rangrücktritt

Bilanzbereinigende Sanierungsmaßnahmen dienen im Wesentlichen der Beseitigung einer drohenden oder bereits bestehenden ökonomischen und ggf. insolvenzrechtlichen Überschuldung. Eine vergleichsweise einfache Maßnahme zur Abwendung der insolvenzrechtlichen Überschuldung ist die so genannte Rangrücktrittserklärung. Durch diesen nach § 311 Abs. 1 BGB zwischen Gläubiger und Schuldner geschlossenen Vertrag ist die bestehende Verbindlichkeit in der Überschuldungsbilanz nicht zu passivieren, auch wenn die Verbindlichkeit nicht erlischt.[303] Durch die Rangrücktrittserklärung werden die Forderungen dieses Gläubigers gemäß § 39 Abs. 2 InsO erst nachrangig nach den anderen Insolvenzgläubigern bedient. Die Sanierungsmaßnahme ist zwar geeignet, den insolvenzrechtlichen Tatbestand der Überschuldung zu beseitigen. Aus betriebswirtschaftlicher Sicht besteht das Problem einer zu hohen ökonomischen Verschuldung und der damit verbundenen Kosten jedoch weiterhin. Dementsprechend sind weitergehende Maßnahmen erforderlich.[304]

2.6.2.3.3.2 Forderungsverzicht

Durch den Forderungsverzicht können dem Schuldner nach Abschluss eines Erlassvertrages gemäß § 397 Abs. 1 BGB Zins- und Tilgungszahlungen teilweise oder vollständig erlassen werden, wodurch infolge der handelsrechtlich erfolgswirksamen Ausbuchung der Verbindlichkeit eine Überschuldung unmittelbar beseitigt und durch den Wegfall der Zahlungsverpflichtung die Liquidität mittelbar geschont wird.[305] Da dies den endgültigen und sicheren Verlust für den Gläubiger bedeuten

---

301 Vgl. Drinhausen, F./Keinath, A. (2011), S. 1736.

302 Vgl. Hettich, C. et al. (2012), S. 149, Krystek, U./Moldenhauer, R. (2007), S. 255–256, sowie Mavridis, A. (2011), S. 131–132.

303 Vgl. Krumbholz, M./Koch, G. (2012), S. 216.

304 Die folgenden Maßnahmen sind prinzipiell dazu geeignet, sowohl die ökonomische als auch die insolvenzrechtliche Überschuldung zu beseitigen. Vor diesem Hintergrund wird in Kapitel 2.6.2.3.3 vereinfachend von Überschuldung gesprochen.

305 Vgl. Becker, B./Pape, M./Wobbe, C. (2010), S. 508.

würde, kommt diese reine Form eines Forderungsverzichtes nur in den seltensten Fällen zur Anwendung. Vielmehr wird der Forderungsverzicht in der Sanierungspraxis oftmals Bestandteil eines Debt Equity Swap sein oder aber in Verbindung mit Besserungsscheinen eingesetzt.[306] Ziel eines bedingten Forderungsverzichtes, beispielsweise eines Forderungsverzichts gegen Besserungsschein, ist der temporäre Forderungsverzicht des Gläubigers, d. h. nach entsprechender Gesundung des Unternehmens lebt die Forderung wieder auf. Meist werden dazu exakte quantitative Ereignisse bzw. Kennzahlen vertraglich vereinbart, nach denen die Forderung auf ein Mal oder je nach finanzieller Lage anteilig und damit auch die Passivierungsverpflichtung wieder auflebt.[307]

2.6.2.3.3.3 Debt Equity Swap

Grundsätzlich versteht man unter dem Debt Equity Swap die Umwandlung von Fremd- in Eigenkapital.[308] Diese sehr allgemein gehaltene Definition lässt zunächst offen, welche Arten von Verbindlichkeiten gewandelt werden können. Nach h. M. in der Literatur, gestützt durch die Erfahrungen aus der Praxis, sind es i. d. R. Forderungen von Kreditinstituten oder Anleihegläubigern, welche für einen Debt Equity Swap in Frage kommen.[309] Abhängig von der verfolgten Strategie des neuen Anteilseigners kommen insbesondere (Vorzugs-)Aktien bzw. Anteile, Genussrechte oder auch Wandel- und Optionsanleihen[310] als neu auszugebende Eigenkapital- bzw. eigenkapitalähnliche Instrumente in Frage.

Ist der Unternehmensgesamtwert infolge einer Unternehmenskrise unter die Summe des Buchwerts aller Verbindlichkeiten gefallen, so ist das Unternehmen ökonomisch überschuldet. Die Anteile der Alteigentümer sind in diesen Fällen nahezu wertlos, wenngleich sich deren Marktwert dennoch regelmäßig von Null

---

306 Vgl. Tyroller, M./Nienstedt, D. (2012), S. 74.

307 Vgl. Becker, B./Pape, M./Wobbe, C. (2010), S. 507–508, Dinibütünoglu, Y. (2008), S. 61, sowie Knebel, A. (2009), S. 1095.

308 Vgl. etwa Chatterji, S./Hedges, P. (2001), S. 246, Thierhoff, M./Liebscher, M. (2012), S. 264, Wentzler, J. (2009), S. 446, sowie Wohlenberg, H./Altenkirch, G. (2006), S. 504. Wie bereits an früherer Stelle angeklungen ist es auch denkbar, dass Fremdkapitalansprüche in mezzanine Finanzierungsinstrumente gewandelt werden. Derartige Ausgestaltungen werden in der Literatur oftmals als Debt Mezzanin Swap bezeichnet.

309 Vgl. etwa Schilmar, B./Landry, J. (2011), S. 185, sowie Wentzler, J. (2009), S. 446.

310 Wandel- und Optionsanleihen sind – wie der Name bereits verrät – Anleihen, d. h. vor Ausübung des Wandlungs- bzw. Optionsrechts handelsrechtlich nicht als Eigenkapital oder eigenkapitalähnlich zu klassifizieren. In Verbindung mit einer Rangrücktrittserklärung lässt sich der insolvenzrechtliche Überschuldungsstatus dennoch beseitigen. Vgl. auch die Ausführungen zu Wandel- und Optionsanleihen in Kapitel 2.6.2.3.2.4.

unterscheidet.[311] Folglich wird zu differenzieren sein, ob die Ansprüche der Alteigentümer im Rahmen des Debt Equity Swap „nur“ verwässert werden oder diese Kapitalgebergruppe vollständig aus dem Unternehmen ausscheidet. Letzteres wird in der folgenden Abbildung 8 angenommen, welche das Grundprinzip eines Debt Equity Swap stark vereinfacht skizziert.

Abbildung 8: Grundprinzip des Debt Equity Swap[312]

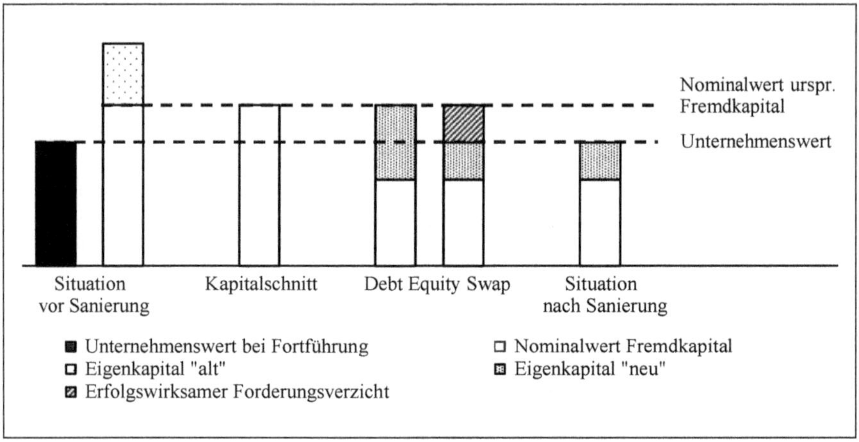

In einem ersten Schritt wird das Eigenkapital durch eine vereinfachte Kapitalherabsetzung – im beispielhaft dargestellten Fall bis auf Null – an das noch vorhandene Reinvermögen angepasst.[313] In einem zweiten Schritt wird ein ausreichender Anteil des ursprünglichen Fremdkapitals in Eigenkapital oder in eigenkapitalähnliche Instrumente gewandelt, wobei die Forderung im Wege einer Sachkapitalerhöhung in das Unternehmen eingebracht und im Gegenzug neue Anteile ausgegeben werden.[314] Nach h. M. sind jedoch nur in Höhe des werthaltigen Teils der Forderung neue Anteile auszugeben, wobei der nicht werthaltige Teil des ursprünglichen Fremdkapitals

311 Vgl. Kunz, H./Ehnert, T. (2007), S. 396 sowie die im weiteren Verlauf der Arbeit folgenden Ausführungen (Kapitel 3.2.1 bzw. 5.2).

312 Eigene Darstellung in Anlehnung an Chatterji, S./Hedges, P. (2001), S. 246. Die Abbildung ist unter Ausblendung sämtlicher Sondersachverhalte erstellt worden und soll lediglich das Grundprinzip wiedergeben, um ein erstes Verständnis für das Sanierungsinstrument zu gewinnen.

313 Vgl. Drukarczyk, J./Schöntag, S. (2010), § 3 Rn. 73, Reger, G./Stenzel, I. (2009), S. 1210, sowie Schilmar, B./Landry, J. (2011), S. 184. Bei einer Kapitalherabsetzung bis auf Null sind rechtliche Besonderheiten zu beachten. Diese sind Gegenstand von Kapitel 3.2.1.

314 Vgl. Hiltner, E./Tunda, D. (2011), S. 78.

erfolgswirksam als steuerpflichtiger Sanierungsgewinn zu vereinnahmen ist.[315] In Abhängigkeit des Wertes der Ansprüche von den Alteigenkapitalgebern werden die ursprünglichen Gläubiger entweder alleinige oder – das ist der Regelfall[316] – anteilige Anteilseigner.

Bei Durchführung eines Debt Equity Swap können künftig anfallende Zins- und Tilgungszahlungen deutlich verringert werden. Hierdurch wird nicht nur die Liquidität des Unternehmens mittelbar geschont, sondern auch der Zustand der insolvenzrechtlichen – und je nach Ausgestaltung auch der ökonomischen – Überschuldung abgewendet. Zusätzliche liquide Mittel, wie sie etwa zur Bewältigung der anfallenden Transaktionskosten oder zur Finanzierung parallel laufender operativer und strategischer Sanierungsmaßnahmen benötigt werden, fließen dem Unternehmen durch den Debt Equity Swap nicht zu.

2.7 Zusammenfassung

Die Grundlegung hat aufgezeigt, dass es keine „typische" Unternehmenskrise gibt. Daher ist es erforderlich, für jede individuelle Krisensituation ein umfassendes Sanierungskonzept mit aufeinander abgestimmten Maßnahmen zu erarbeiten. In diesem Zusammenhang ist zwar die finanzielle Sanierung des Unternehmens für den Fortbestand von zentraler Bedeutung, jedoch für die nachhaltige Sicherung der Ertragskraft und Lebensfähigkeit alleine nicht ausreichend.

Folglich wird der Wandel von Fremd- in Eigenkapital regelmäßig nur einer von mehreren Bausteinen eines Sanierungskonzeptes sein. Die Ausführungen haben verdeutlicht, dass ein Debt Equity Swap grundsätzlich zur Beseitigung einer insolvenzrechtlichen und einer ökonomischen Überschuldung – zwischen den beiden Begriffen muss spätestens seit der Entfristung des Überschuldungsbegriffes n. F. unterschieden werden – geeignet ist und die Liquidität mittelbar schont. Insbesondere aufgrund der bisher lediglich angesprochenen rechtlichen Unsicherheiten und den auftretenden Interessenkonflikten ist eine derartige Sanierungsmaßnahme mit hohen Transaktionskosten verbunden, welche im (Bewertungs-)Kalkül zu berücksichtigen sind.

Eine Sanierungslösung für das Unternehmen im Allgemeinen und die Durchführung eines Debt Equity Swap im Speziellen wird nur dann von den betroffenen Anspruchsgruppen unterstützt werden, wenn die Fortführung nicht nur für das Unternehmen als Ganzes, sondern auch aus individueller Kapitalgeberperspektive lohnt, d. h. der Fortführungswert den Liquidationswert übersteigt. Insbesondere aufgrund unterschiedlicher, teilweise konträrer Interessenlagen kann es dazu kommen, dass nicht immer die aus Unternehmensgesamtperspektive vorteilhaftere Lösung gewählt wird. Dieses Problem hat der Gesetzgeber grundsätzlich erkannt und durch eine entsprechende Ausgestaltung der InsO zu lösen versucht. Inwiefern dies gelungen ist, wird noch zu untersuchen sein.

---

315 Vgl. hierzu auch die in Fn. 409 zitierte Literatur.
316 Vgl. Fn. 311.

3 Rechtliche Rahmenbedingungen für Debt Equity Swaps

3.1 Überblick

Spezialgesetzliche Regelungen für den Debt Equity Swap existieren nicht. Folglich sind, unabhängig davon, ob die Umwandlung von Fremd- in Eigenkapital im Rahmen eines außergerichtlichen Vertrages oder eines gerichtlichen Insolvenzplans durchgeführt werden soll, die vorhandenen gesellschafts-, handels- und steuerrechtlichen Vorschriften zu beachten. Im fortgeschrittenen Krisenstadium sind u. U. die insolvenzrechtlichen Regelungen ergänzend heranzuziehen. Die folgenden Ausführungen orientieren sich an den einzelnen Schritten, welche zur Durchführung eines Debt Equity Swap erforderlich sind, wobei die Besonderheiten bei einer gerichtlichen Lösung herausgestellt werden.

Oftmals sind etwa PE-Investoren an einem Sanierungsversuch beteiligt, welche die notleidende Forderung gegenüber dem schuldnerischen Unternehmen mit deutlichem Abschlag vom Nennwert kaufen, um nach dem anschließenden Debt Equity Swap Anteile am sanierten Unternehmen zu erhalten. Probleme treten hierbei im Zusammenhang mit dem Bankgeheimnis und dem Datenschutz auf. Wenngleich der BGH in seinem Grundsatzurteil vom 27.02.2007 entschieden hat, dass einer wirksamen Abtretung von (Darlehens-)Forderungen weder das Bankgeheimnis noch das Bundesdatenschutzgesetz entgegenstehen[317], ist in diesen Fällen eine detaillierte Auseinandersetzung mit den individuellen Verträgen erforderlich, um rechtliche Probleme und Haftungsrisiken zu vermeiden.[318] Ebenso können kapitalmarktrechtliche Aspekte von Bedeutung sein: Erwirbt der Forderungsgläubiger mittelbar oder unmittelbar die Kontrolle über eine börsennotierte Aktiengesellschaft, so trifft ihn grundsätzlich die Verpflichtung zur Veröffentlichung des Sachverhalts und zur Abgabe eines Pflichtübernahmeangebots.[319] In besonderen Konstellationen ist gemäß § 37 Wertpapiererwerbs- und Übernahmegesetz (WpÜG) auf schriftlichen Antrag eine Befreiung von der Abgabe eines solchen Angebots möglich, wobei im vorliegenden Zusammenhang insbesondere das Sanierungsprivileg gemäß § 37 Abs. 1 WpÜG i. V. m. § 9 WpÜGAngebV relevant ist. Jedoch ist auch hier der individuelle Sachverhalt zu prüfen.[320] Die beiden angesprochenen Themenkomplexe

317 Vgl. BGH-Urteil vom 27.02.2007.

318 Vgl. hierzu im Detail Franke, P. (2011), S. 64–84, sowie Müller, J. (2012), S. 19–38.

319 Vgl. § 35 Abs. 1, 2 WpÜG.

320 Vgl. hierzu im Detail Diffring, P. (2012), S. 88–94, Franke, P. (2011), S. 181–229, Krause, N. (2013), S. 153–156, Müller, J. (2012), S. 143–153, sowie Schleusener, A.-K. (2012), S. 84–101.

werden nicht betrachtet, weil sie diese Arbeit nur indirekt betreffen und in den zitierten Literaturbeiträgen diskutiert sind.

Zunächst werden in Kapitel 3.2 die einschlägigen gesellschaftsrechtlichen Vorschriften zur Kapitalherabsetzung und -erhöhung erörtert, wobei insbesondere die bestehenden Offenlegungs- und Bewertungsvorschriften bei Kapitalerhöhungen gegen Sacheinlagen thematisiert werden. Kapitel 3.3 nimmt sich der Frage an, ob vor dem Hintergrund des Schutzzwecks dieser bestehenden Vorschriften eine Werthaltigkeitsprüfung beim Debt Equity Swap entbehrlich und eine Anrechnung zum Nennwert möglich sein kann. Nachdem die steuerrechtlichen Normen und die im Zusammenhang mit Unternehmenssanierungen ggf. entstehenden steuerlichen Probleme bereits angesprochen wurden, folgt eine detaillierte Erörterung relevanter Sachverhalte in Kapitel 3.4. Nach der Auseinandersetzung mit dem Eigenkapitalersatzrecht (Kapitel 3.5) und den handelsrechtlichen Vorschriften zur Bilanzierung (Kapitel 3.6) fasst Kapitel 3.7 die wesentlichen Ergebnisse zusammen.

3.2 Vereinfachte Kapitalherabsetzung und Kapitalerhöhung

3.2.1 Vereinfachte Kapitalherabsetzung

Vor der Durchführung des eigentlichen Debt Equity Swap ist zumeist eine vereinfachte Kapitalherabsetzung erforderlich.[321] Anders als bei einer ordentlichen Kapitalherabsetzung fließt bei der Vereinfachten kein Kapital ab[322], sondern das bereits im Wert geminderte Grund- bzw. Stammkapital wird lediglich um die aufgelaufenen Verluste vermindert. Die vereinfachte Kapitalherabsetzung wird in der rechtswissenschaftlichen Literatur als Sanierungsprivileg bezeichnet.[323]

Die Rahmenbedingungen für eine vereinfachte Kapitalherabsetzung sind für Aktiengesellschaften in §§ 229–236 AktG und für Gesellschaften mit beschränkter Haftung in §§ 58a-58f GmbHG geregelt. Wesentliche Voraussetzungen für deren Durchführung sind, dass die Gewinnvorträge bereits aufgebraucht sind[324] und Kapital- sowie Gewinnrücklagen vorweg aufgelöst wurden[325]. Des Weiteren ist ein Hauptversammlungs- bzw. Gesellschafterbeschluss mit einer Drei-Viertel-Mehrheit

---

321 Vgl. Krause, N. (2013), S. 146, Müller, J. (2012), S. 119, Oechsler, J. (2011), § 229 Rn. 5, Reger, G./Stenzel, I. (2009), S. 1210, sowie Scheunemann, M./Hoffmann, G. (2009), S. 983.

322 Die im Rahmen der vereinfachten Kapitalherabsetzung freiwerdenden Beträge dürfen nicht an die Aktionäre oder Gesellschafter ausgeschüttet werden. Vgl. § 230 AktG bzw. § 58b GmbHG.

323 Vgl. Diffring, P. (2012), S. 50, Oechsler, J. (2011), § 229 Rn. 1, 3, sowie Reger, G./Stenzel, I. (2009), S. 1210.

324 Vgl. § 229 Abs. 2 S. 2 AktG bzw. § 58a Abs. 2 S. 2 GmbHG.

325 Vgl. § 229 Abs. 2 S. 1 AktG bzw. § 58a Abs. 2 S. 1 GmbHG.

des vertretenen Grund- bzw. Stammkapitals erforderlich[326], welcher auch die Festsetzung, dass die vereinfachte Kapitalherabsetzung den in § 229 Abs. 1 S. 1 AktG bzw. § 58a Abs. 1 GmbHG vorgesehenen Zwecken – im vorliegenden Fall also der Sanierung – dient, enthalten muss[327].

Wenngleich der Debt Equity Swap grundsätzlich keine vorangehende vereinfachte Kapitalherabsetzung bedingt[328], wird dessen Attraktivität für die wandlungswilligen Gläubiger durch eine solche dennoch erhöht: Weil durch die vereinfachte Kapitalherabsetzung in Verbindung mit einer anschließenden Kapitalerhöhung – die Kombination wird als Kapitalschnitt bezeichnet[329] – die aufgelaufenen Verluste ausschließlich den Alteigentümern zugewiesen werden, ist das im Nachgang durch die Wandlung der eingebrachten Forderung neu geschaffene Eigenkapital nicht zur Deckung früherer Verluste gebunden.[330] Den neuen Eigentümern wird es hierdurch ermöglicht, eine, gemessen am Verhältnis des Wertes der einzulegenden Forderung zum Unternehmensgesamtwert, faire Beteiligung mit korrespondierenden Stimm- und Gewinnausschüttungsrechten zu erlangen.[331]

Bereits in Kapitel 2.6.2.3.3.3 ist angeklungen, dass je nach Krisenstadium bzw. Werthaltigkeit der Ansprüche der Alteigentümer eine Kapitalherabsetzung u. U. bis auf Null erfolgen kann. Dies bedeutet jedoch nicht, dass aus der Insolvenz eines Unternehmens zwingend die Wertlosigkeit der Geschäftsanteile bzw. der Aktien folgt.[332] Vielmehr zeigen Beobachtungen an den Kapitalmärkten, dass das Eigenkapital von sanierungsbedürftigen oder bereits insolventen Unternehmen regelmäßig nicht vollständig wertlos ist.[333] Spätestens durch Entscheidung des Bundesverfassungsgerichts

---

326 Vgl. § 229 Abs. 3 i. V. m. § 222 Abs. 1 S. 1 AktG bzw. § 58a Abs. 5 i. V. m. § 53 GmbHG. Sind in der Satzung oder im Gesellschaftsvertrag abweichende Mehrheiten vorgesehen, so sind diese ausschlaggebend.

327 Vgl. § 229 Abs. 1 S. 2 AktG. Nach dem Gesetzeswortlaut ist der Zweck der vereinfachten Kapitalherabsetzung lediglich festzusetzen, nach der h. M. sind jedoch genaue Angaben zum verfolgten Zweck zu machen. Vgl. hierzu auch Oechsler, J. (2011), § 229 Rn. 13–16. Ähnliches gilt, obwohl im Gesetz nicht explizit geregelt, nach h. M. auch für die GmbH. Vgl. hierzu auch Vetter, J. (2011), § 58a Rn. 47–49.

328 Eine vereinfachte Kapitalherabsetzung ist dann zwingend erforderlich, wenn bei der Ausgabe der neuen Anteile im Rahmen des Debt Equity Swap gegen das Verbot der Unterpari-Emission verstoßen werden würde. Vgl. hierzu etwa Müller, J. (2012), S. 124.

329 Vgl. Krause, N. (2013), S. 146, sowie Reger, G./Stenzel, I. (2009), S. 1210.

330 Vgl. Diffring, P. (2012), S. 48.

331 Vgl. Reger, G./Stenzel, I. (2009), S. 1210–1211, sowie Scheunemann, M./Hoffmann, G. (2009), S. 983.

332 Schäfer/Wüstemann erörtern in ihrem Beitrag, dass sich eine „allgemeine" Wertlosigkeit der Geschäftsanteile bzw. Aktien in Sanierungs- bzw. Insolvenzsituationen weder von Gesetzes wegen noch aus allgemeinen Bewertungsgrundsätzen ergibt. Vgl. Schäfer, C./Wüstemann, J. (2014), S. 1758–1761.

333 Vgl. Broadie, M./Mikhail, C./Sundaresan, S. (2007), S. 1345, Eberhart, A./Altman, E./Aggarwal, R. (1999), S. 1857–1858, sowie Kunz, H./Ehnert, T. (2007), S. 396. Für

vom 27.04.1999 hat die Ermittlung des Eigenkapitalwertes nicht unter Ausblendung des Börsenkurses zu erfolgen.[334] Zwar hat der BGH in seinem Beschluss vom 12.03.2001 ergänzt, dass der Börsenkurs außer Acht bleiben kann, sofern der Marktwert etwa aufgrund von fehlender Marktgängigkeit oder Manipulation nicht dem Verkehrswert entspricht.[335] Um jedoch zusätzliche Rechtsunsicherheiten und -streitigkeiten zu vermeiden, sollte der beobachtbare Marktwert als Wertuntergrenze für die Anteile der Alteigentümer verwendet werden. Letzteres führt dazu, dass auch die Alteigentümer im Regelfall einen noch zu bestimmenden Anteil am sanierten Unternehmen erhalten.

3.2.2 Kapitelerhöhung gegen Bareinlagen

Eine Herabsetzung des Grund- bzw. Stammkapitals unter die gesetzlich vorgesehene Mindestkapitalziffer ist nur zulässig, wenn diese durch eine zugleich beschlossene Barkapitalerhöhung wieder erreicht wird.[336] Einlagen dürfen bis zur Erreichung der Mindestkapitalziffer ausdrücklich nicht in Form von Sacheinlagen geleistet werden. Darüber hinaus sind jedoch Sacheinlagen festsetzbar.[337]

Bareinlagen stellen sowohl bei der AG als auch bei der GmbH eine Art der Kapitalaufbringung dar. Vereinfacht gesprochen sind Bareinlagen in „Geld" zu erbringen, d. h. der Gesellschaft fließen unmittelbar liquide Mittel zu. Die entsprechenden Regelungen finden sich für AG in §§ 27 Abs. 1, 36 Abs. 2, 36a Abs. 1 und 54 AktG und für GmbH in §§ 5 Abs. 1–3, 14 GmbHG.

Unabhängig von einer vorausgegangenen vereinfachten Kapitalherabsetzung und bzw. oder einer Zuführung von liquiden Mitteln etwa durch Bareinlagen erfolgt die Umwandlung von Fremd- in Eigenkapital i. d. R. durch die Einlage der gegen das Unternehmen gerichteten Forderung im Rahmen einer Sachkapitalerhöhung gegen Ausgabe von neuen Anteilen am Unternehmen.[338]

---

ein ausgewähltes Beispiel eines deutschen Unternehmens (Centrotherm Photovoltaics AG) wurde der Wert des Eigenkapitals bzw. der Aktienkurs vor, während und nach der Insolvenz des Unternehmens im Anhang dargestellt (Kapitel 7.6).

334 Vgl. Bundesverfassungsgericht (BVerfG)-Urteil vom 27.04.1999.

335 Vgl. BGH-Beschluss vom 12.03.2001. Zuletzt auch OLG Stuttgart, wonach die Abfindung angepasst werden kann, sofern die Planungen des Managements nicht realistisch oder nicht widerspruchsfrei sind. Vgl. Urteil des OLG Stuttgart vom 24.07.2013.

336 Vgl. § 228 Abs. 1 AktG bzw. § 58 Abs. 4 S. 1 GmbHG.

337 Vgl. Oechsler, J. (2011), § 228 Rn. 7–8.

338 Vgl. Diffring, P. (2012), S. 50, Krause, N. (2013), S. 141, Merten, M. (2012), S. 76–77, Meyer, H./Degener, J.-M. (2011), S. 847, Scheunemann, M./Hoffmann, G. (2009), S. 983, Schleusener, A.-K. (2012), S. 34, sowie Willemsen, R./Rechel, J. (2012), S. 215. Ebenso ist denkbar, dass die Alteigentümer Anteile am schuldnerischen Unternehmen an die Gläubiger veräußern, wobei die Gegenleistung in einem Forderungsverzicht besteht. Diese Alternative ist in der Praxis kaum von Bedeutung. Vgl. Scheunemann, M./Hoffmann, G. (2009), S. 983, sowie Schleusener,

3.2.3 Kapitalerhöhung gegen Sacheinlagen

3.2.3.1 Definition und Beschluss

Die Hauptversammlung einer AG bzw. die Gesellschafterversammlung einer GmbH kann durch einen satzungsändernden Beschluss eine ordentliche Kapitalerhöhung gegen Sacheinlagen beschließen, wobei analog zur vereinfachten Kapitalherabsetzung wenigstens eine Drei-Viertel-Mehrheit des vertretenen Kapitals erforderlich ist.[339]

Unter Sacheinlagen – diese sind in § 27 AktG bzw. § 5 Abs. 4 GmbHG geregelt – versteht man alle Einlagen, welche nicht durch Zahlung erbracht werden. Einlagefähig sind sämtliche Vermögensgegenstände, welche Gegenstand des Rechtsverkehrs sein können und einen wirtschaftlich feststellbaren Wert haben.[340] Den sehr weit gefassten Begriff des wirtschaftlichen Wertes gilt es zu konkretisieren: Nach h. M. kommt es dabei nicht auf die handelsrechtliche Aktivierungsfähigkeit, sondern vielmehr auf eine im Insolvenzfall grundsätzliche Verwertbarkeit des entsprechenden Vermögensgegenstandes zum Zwecke der Gläubigerbefriedigung an. Zusätzlich muss der Gegenstand auf die Gesellschaft übertragbar sein, sodass er anschließend zur freien Verfügung des Vorstands bzw. der Geschäftsführung steht.[341]

3.2.3.2 Gegen die Gesellschaft gerichtete Forderungen als Sacheinlage

Inzwischen hat sich in der h. M. der Standpunkt gefestigt, dass der „Erlaß von Gesellschaftsverbindlichkeiten [...] grundsätzlich einlagefähig ist".[342] Ein Gläubiger kann seine gegen das schuldnerische Unternehmen gerichtete Forderung im Wege

A.-K. (2012), S. 34. Weil beide Möglichkeiten zum identischen Ergebnis führen, kommt es auf die technische Ausgestaltung ohnehin nicht an.

339 Vgl. § 182 Abs. 1 S. 1–3 AktG bzw. §§ 55 Abs. 1, 53 GmbHG. Prinzipiell kommt auch eine Kapitalerhöhung aus genehmigtem Kapital gemäß §§ 202–206 AktG bzw. § 55a GmbHG in Betracht. Kapitalerhöhungen aus genehmigtem Kapital sind jedoch nur bis zu einer Höhe von 50 % des Grund- bzw. Stammkapitals zulässig. Vgl. § 202 Abs. 3 AktG bzw. § 55a Abs. 1 GmbHG. Investoren oder Forderungsgläubiger sind an einem Debt Equity Swap oftmals nur interessiert, wenn sie die Kontrolle über das Unternehmen, also mehr als 50 % der Anteile erwerben. Wenngleich durch die Verwendung von genehmigtem Kapital wertvolle Zeit eingespart werden könnte, weil ein weiterer Beschluss entbehrlich ist, dürfte diese Alternative in der Praxis nur selten durchführbar sein.

340 Vgl. Drygala, T./Staake, M./Szalai, S. (2012), S. 69, Pentz, A. (2008), § 27 Rn. 11–12, sowie Wiese, G./Matschernus, G. (2009), § 5 Rn. 45.

341 Vgl. Pentz, A. (2008), § 27 Rn. 18–19, Pfeifer, K.-N. (2011), § 183 Rn. 10–11, Wiese, G./Matschernus, G. (2009), § 5 Rn. 41, sowie Ziemons, H. (2013), § 5 Rn. 177–178.

342 BGH-Urteil vom 15.1.1990. Vgl. auch Pentz, A. (2008), § 27 Rn. 29, für das AktG sowie Märtens, M. (2010), § 5 Rn. 124, für das GmbHG.

einer Sacheinlage auf zwei verschiedene Arten einbringen:[343] Zum einen kann die Forderung gemäß § 398 BGB an die Gesellschaft abgetreten werden, sodass diese infolge der Konfusion – Gläubiger und Schuldner einer Forderung können nicht identisch sein – erlischt. Zum anderen kann die Einlage erbracht werden, indem ein entsprechender Erlassvertrag nach § 397 BGB zwischen der Gesellschaft und dem Gläubiger geschlossen wird.[344] Weil es sich bei beiden Varianten der Einbringung um eine Sacheinlage handelt, sind die einschlägigen Offenlegungs- und Bewertungsvorschriften zu beachten.

3.2.3.3 Offenlegungs- und Bewertungsvorschriften

Wegen des Grundsatzes der realen Kapitalaufbringung[345] gelten für die Durchführung von Sacheinlagen besondere Offenlegungs- und Bewertungsvorschriften, deren überblickartige[346] Kenntnis für die weitere Argumentation erforderlich ist.

Gemäß § 183 Abs. 1 AktG sind bei einer Kapitalerhöhung gegen Sacheinlagen der Gegenstand der Sacheinlage, die Person, von der die Gesellschaft den Einlagegegenstand erwirbt, sowie der Nennbetrag bzw. die Zahl der zu gewährenden Aktien in den Kapitalerhöhungsbeschluss aufzunehmen. Gleiches gilt für die Rechtsform der GmbH, bei der der Kapitalerhöhungsbeschluss den Gegenstand der Sacheinlage sowie den Nennbetrag des Geschäftsanteils, auf den sich die Sacheinlage bezieht, enthalten muss.[347]

Sowohl das AktG (§§ 183 Abs. 3, 194 Abs. 4, 205 Abs. 5 i. V. m. § 34 AktG) als auch das GmbHG (§§ 57a, 9c Abs. 1, 9 Abs. 1 GmbHG) sehen eine entsprechende Werthaltigkeitsprüfung vor. Während bei der AG der Prüfungsbericht beim Registergericht eingereicht werden muss, welcher anschließend von jedermann eingesehen werden kann, sind die Vorschriften im GmbHG etwas weniger restriktiv: Das Registergericht hat die Eintragung lediglich dann abzulehnen, wenn Sacheinlagen nicht unwesentlich überbewertet sind. Gerade weil die Bewertung von Sacheinlagen

---

343 Die folgenden Ausführungen geben lediglich einen Überblick, weil auch hier unabhängig von der technischen Einbringung das identische Ergebnis erzielt wird.

344 Vgl. BGH-Urteil vom 15.01.1990, Pentz, A. (2008), § 27 Rn. 29, sowie Märtens, M. (2010), § 5 Rn. 126.

345 Der Grundsatz der realen Kapitalaufbringung gilt sowohl für die AG als auch für die GmbH und meint, dass die übernommene Einlagepflicht nicht nur auf dem Papier bestehen soll, sondern auch tatsächlich erfüllt werden muss. Vgl. hierzu etwa Drygala, T./Staake, M./Szalai, S. (2012), S. 63–64, 382.

346 Trotz der Komplexität von Sacheinlagen und deren Ausgestaltung im Einzelfall sollen im Rahmen dieser Arbeit nur die für das Forschungsvorhaben notwendigen Aspekte erarbeitet werden. Dem Anspruch der Vollständigkeit genügt dieser Abschnitt nicht.

347 Vgl. § 5 Abs. 4 GmbHG.

nur bis zu einem gewissen Grad objektiv gelingen kann[348], sehen sowohl das AktG als auch das GmbHG eine so genannte Differenzhaftung vor.

3.2.3.4 Differenzhaftung

Vor dem Hintergrund des Grundsatzes der realen Kapitalaufbringung ist eine Unterbewertung der Sacheinlage gesellschaftsrechtlich unbedenklich, eine nicht unwesentliche Überbewertung jedoch nicht.[349] Wird also eine Sacheinlage nicht unwesentlich überbewertet und die Kapitalerhöhung dennoch durch Eintragung in das Handelsregister wirksam, so hat der Einlegende die verschuldensunabhängige Pflicht, die Differenz zwischen dem Nennwert der erworbenen Anteile und dem tatsächlichen Wert des Sacheinlagegegenstands in bar nachzuzahlen.[350] Während es bei der GmbH immer auf den Wert des Vermögensgegenstandes zum Zeitpunkt der Anmeldung der Eintragung in das Handelsregister ankommt, stellt das AktG je nach Art der durchgeführten Kapitalerhöhung auf abweichende Zeitpunkte ab.[351] Die Differenzhaftung dient folglich der Sicherung der realen Kapitalaufbringung[352] und impliziert vor dem Hintergrund der noch zu diskutierenden Bewertungsherausforderungen hohe Haftungsrisiken für den Inferenten. Das Risiko kann zwar durch die Einholung eines oder mehrerer externer Wertgutachten minimiert, jedoch nicht gänzlich beseitigt werden. Die Differenzhaftung ist in der Literatur als Sanierungshemmnis grundsätzlich anerkannt.[353]

Mit der Einführung des ESUG hat der Gesetzgeber den Debt Equity Swap im Rahmen eines Insolvenzplanverfahrens dahingehend privilegiert, dass nach der gerichtlichen Bestätigung des Plans keine Ansprüche gegen den Inferenten wegen einer Überbewertung der eingebrachten Forderung geltend gemacht werden können.[354] Die Anfechtung der Forderungsbewertung im Rahmen des Insolvenzplanverfahrens vor der gerichtlichen Bestätigung bleibt davon unberührt.[355] Ein entscheidender Vorteil ist hier also in der Beseitigung der Haftungsrisiken für sanierungswillige Gläubiger nach Austritt aus dem Insolvenzverfahren zu sehen.[356] Merten betont die

---

348 Zur Bewertung von Sacheinlagen vgl. auch die Ausführungen in Kapitel 3.3.1.

349 Vgl. Drygala, T./Staake, M./Szalai, S. (2012), S. 73. Eine (bewusste) Unterbewertung spielt im Zusammenhang mit Debt Equity Swaps regelmäßig keine Rolle.

350 Vgl. § 188 Abs. 2 S. 1 i. V. m. § 36a Abs. 2 S. 3 AktG sowie § 56 Abs. 2 i. V. m. § 9 Abs. 1 GmbHG.

351 Vgl. für AGs §§ 183 Abs. 2, 194 Abs. 2, 205 Abs. 3, 27 Abs. 3 AktG und für GmbHs §§ 56 Abs. 2, 9 Abs. 1 GmbHG. Auf welchen Zeitpunkt es bei der AG ankommt, ist im Einzelfall zu prüfen und soll im Folgenden nicht weiter diskutiert werden.

352 Vgl. Drygala, T./Staake, M./Szalai, S. (2012), S. 74.

353 Vgl. anstelle aller Bauer, A./Dimmling, A. (2011), S. 519.

354 Vgl. § 254 Abs. 4 InsO.

355 Vgl. BT-Drucksache 17/5712, S. 32.

356 Gleicher Ansicht sind etwa Bauer, A./Dimmling, A. (2011), S. 519, sowie Merten, M. (2012), S. 77–78.

Bedeutung dieser Regelung zusätzlich vor dem Hintergrund, dass die Bewertung der einzulegenden Forderung durch das Gesetz vollständig offen gelassen wird.[357]

Die Vorschrift des § 254 Abs. 4 InsO stellt jedoch klar, dass die Differenzhaftung lediglich für im Rahmen von Debt Equity Swaps eingelegte, gegen den Schuldner gerichtete Forderungen entfällt. Dies bedeutet, dass sonstige Sacheinlagen nicht unter diese Norm fallen.

3.2.3.5 Bezugsrechtsausschluss

Wenngleich das Bezugsrecht der Altaktionäre zum Schutz vor Verwässerung ihrer Anteile grundsätzlich anerkannt ist, kann es in Ausnahmefällen ausgeschlossen werden.[358] Im Allgemeinen eignet sich ein Bezugsrechtsausschluss dazu, dem Inferenten als Gegenleistung für seine Sacheinlage eine gewichtige Beteiligung am Unternehmen zu verschaffen.[359] Bei einem Debt Equity Swap kommt man ohne einen Bezugsrechtsausschluss ohnehin nicht aus, weil nur der Inferent in der Lage ist, seine gegen die Gesellschaft gerichtete Forderung einzulegen.[360]

Bezugsrechtsausschlüsse müssen verschiedene formelle und materielle Voraussetzungen erfüllen.[361] Erstere fordern im Wesentlichen eine Festsetzung des Bezugsrechtsausschlusses im Kapitalerhöhungsbeschluss, d. h. dass auch hierfür wenigstens eine Drei-Viertel-Mehrheit erforderlich ist[362], sowie eine ordnungsmäßige Bekanntmachung und Begründung i. S. des § 186 Abs. 4 AktG[363]. Zur Wahrung der berechtigten Interessen der Minderheitsgesellschafter sind zusätzlich materielle Beschlusserfordernisse einzuhalten, wobei es auf das Vorliegen eines sachlichen Grundes sowie die Geeignetheit, die Erforderlichkeit und die Verhältnismäßigkeit ankommt.[364] Ohne eine detaillierte Diskussion der einzelnen Kriterien kann festgehalten werden, dass

---

357 Vgl. Merten, M. (2012), S. 119.

358 Vgl. § 186 Abs. 1, 3–4 AktG. Im GmbHG existiert keine vergleichbare Regelung des Bezugsrechts. Nach h. M. finden jedoch die Vorschriften des AktG analog Anwendung. Vgl. Hermanns, M. (2010), § 55 Rn. 41, Lieder, J. (2011), § 55 Rn. 68, 70, 80, sowie Scheunemann, M./Hoffmann, G. (2009), S. 984.

359 Vgl. Scheunemann, M./Hoffmann, G. (2009), S. 984.

360 Vgl. Diffring, P. (2012), S. 52, sowie Scheunemann, M./Hoffmann, G. (2009), S. 984.

361 Auch die folgenden formellen Voraussetzungen zeigen, dass ein Debt Equity Swap aus genehmigtem Kapital praktisch kaum relevant sein dürfte, weil der Vorstand bzw. die Geschäftsführung regelmäßig nicht zu einem Bezugsrechtsausschluss in der Zukunft ermächtigt wird.

362 Vgl. § 186 Abs. 3 S. 1–3 AktG. Für das GmbHG vgl. Hermanns, M. (2010), § 55 Rn. 46, sowie Lieder, J. (2011), § 55 Rn. 83, wobei zu beachten ist, dass in diesem Fall keine qualifizierte Mehrheit erforderlich, sondern eine Stimmenmehrheit ausreichend ist.

363 Für das GmbHG vgl. Hermanns, M. (2010), § 55 Rn. 46, sowie Lieder, J. (2011), § 55 Rn. 83.

364 Vgl. Drygala, T./Staake, M./Szalai, S. (2012), S. 326, Hermanns, M. (2010), § 55 Rn. 47–50, Lieder, J. (2011), § 55 Rn. 86–89, sowie Pfeifer, K.-N. (2011), § 186 Rn. 71–79.

der Bezugsrechtsauschluss zu Sanierungszwecken in Literatur und Rechtsprechung grundsätzlich anerkannt ist, wenngleich dies eine Verhältnismäßigkeitsprüfung nicht entbehrlich macht.[365] Sofern sich also die Sanierung des Unternehmens auch mit aus Sicht der Alteigentümer milderen Mitteln erzielen lässt, darf kein Eingriff in das grundsätzlich bestehende Bezugsrecht erfolgen. Häufig sind jedoch Alteigentümer zu keinen weiteren (Bar-)Kapitalerhöhungen bereit oder finanziell nicht in der Lage. Sind in derartigen Konstellationen nur noch die Gläubiger zu Sanierungsbeiträgen etwa in Form eines Debt Equity Swap bereit, so dürften in diesen Fällen die materiellen Voraussetzungen erfüllt sein.[366]

Für die Praxis kann sich dennoch eine Verbindung von Bar- und Sachkapitalerhöhung anbieten, um einen unzulässigen Bezugsrechtsausschluss und eine drauf gestützte Anfechtung des Kapitalerhöhungsbeschlusses von vornherein zu vermeiden.[367] Eine Privilegierung oder Vereinfachung des Bezugsrechtsauschlusses im Rahmen von gerichtlichen Sanierungen ist nicht vorgesehen.[368]

3.2.4 Zustimmungspflichten von Anteilseignern und Gläubigern

In Literatur und Rechtsprechung ist unumstritten, dass ein Gläubiger unabhängig von den damit verbundenen Konsequenzen für das schuldnerische Unternehmen weder in außergerichtlichen noch in gerichtlichen Sanierungen zur Wandlung seines schuldrechtlichen Anspruchs in Eigenkapital gezwungen werden kann.[369] Hingegen kann ein Debt Equity Swap durch den Einbezug von Anteilseignern in das Insolvenzplanverfahren unter gewissen Rahmenbedingungen auch gegen ihren Willen durchgesetzt werden.[370] Weniger eindeutig sind die Mitwirkungspflichten der Alteigentümer im Rahmen von außergerichtlichen Sanierungen, deren Zustimmung zu der für den Debt Equity Swap erforderlichen Kapitalerhöhung unentbehrlich ist. Weil es hierzu keine spezialgesetzlichen Regelungen gibt und verbindliche Bestimmungen in Satzung bzw. Gesellschaftsvertrag regelmäßig fehlen, können sich etwaige Mitwirkungspflichten lediglich aus der gesellschaftsrechtlichen Treuepflicht ergeben.[371]

365 Vgl. Diffring, P. (2012), S. 52–53, Müller, J. (2012), S. 25–27, Scheunemann, M./Hoffmann, G. (2009), S. 984, Schmidt-Hern, K. (2009), § 17 Rn. 85, sowie Zöllner, L./Fastrich, W. (2013), § 55 Rn. 25, und die entsprechenden BGH-Urteile vom 13.03.1978, 19.04.1982 und 23.06.1997.

366 Vgl. Hermanns, M. (2010), § 55 Rn. 53, Lieder, J. (2011), § 55 Rn. 89, Pfeifer, K.-N. (2011), § 186 Rn. 90, sowie Scheunemann, M./Hoffmann, G. (2009), S. 984.

367 Vgl. Vaupel, C./Reers, U. (2010), S. 95.

368 Vgl. Willemsen, R./Rechel, J. (2012), S. 217–220.

369 Vgl. bereits Fn. 130 für die außergerichtliche und Fn. 217 für die gerichtliche Sanierung.

370 Vgl. bereits die Ausführungen in Kapitel 2.5.2.2.3.

371 Vgl. Diffring, P. (2012), S. 55–57, sowie Krause, N. (2013), S. 147.

Die gesellschaftsrechtliche Treuepflicht beinhaltet nach höchstrichterlicher Rechtsprechung sowohl eine „Verpflichtung“ der Anteilseigner gegenüber der Gesellschaft als auch gegenüber den anderen Anteilseignern.[372] Im Rahmen eines wegweisenden Urteils hat der BGH bestätigt, dass sich in Sanierungssituationen aus der gesellschaftsrechtlichen Treuepflicht eine Zustimmungspflicht ableiten kann, sofern die Sanierungsbedürftigkeit gegeben und das entsprechende Sanierungskonzept ökonomisch sinnvoll ist.[373] Ist also zur Fortführung des Unternehmens eine Kapitalerhöhung gegen Bar- und bzw. oder Sacheinlagen zwingend erforderlich, so wird von den Anteilseignern erwartet, dass sie neue Anteile zeichnen oder, sofern sie dazu nicht bereit oder in der Lage sind, wenigstens einen Bezugsrechtsausschluss akzeptieren.[374] Auch an dieser Stelle wird die Vorteilhaftigkeit der bereits empfohlenen gemischten Bar- und Sachkapitalerhöhung nochmals deutlich.[375] Sofern der Debt Equity Swap nicht die ultima ratio zur ökonomisch vorteilhaften Sanierung des Krisenunternehmens darstellt, dürfte die Zustimmungspflicht regelmäßig zu verneinen sein.[376]

Bei außergerichtlichen Sanierungen bleibt es folglich bei einer Einzelfallbetrachtung. Sind die Voraussetzungen für die Zustimmungspflicht grundsätzlich erfüllt, so gestaltet sich die prozessuale Durchsetzung dieser jedoch schwierig. Bereits aus Zeitgründen dürfte es in derartigen Fällen ratsam sein, die Anteilseigner etwa durch weitere Zugeständnisse zu einer außergerichtlichen Lösung zu bewegen. Dagegen haben auch die Gläubiger die Möglichkeit, durch die „Drohung“ mit der Fälligstellung der bestehenden Kredite die Anteilseigner zu ihrer Zustimmung zu bewegen.[377]

3.3 Bewertung der einzulegenden Forderung – Vollwertigkeitserfordernis oder Nennwertprinzip?

3.3.1 Ermittlung der Werthaltigkeit von einzulegenden Forderungen

Die bereits diskutierten, für Kapitalerhöhungen gegen Sacheinlagen geltenden Bewertungsvorschriften sehen grundsätzlich eine Werthaltigkeitsprüfung des einzulegenden Vermögensgegenstands vor. Neben dieser bestehenden rechtlichen Anforderung ist die Frage, mit welchem Wert die gegen die Gesellschaft gerichtete Forderung eingelegt werden darf, auch dann von ökonomischer Bedeutung, wenn

372 Vgl. für eine ausführliche Diskussion etwa Janke, M. (2003) sowie Krause, N. (2013), S. 147–148.

373 Vgl. BGH-Urteil vom 19.10.2009. Ähnlich bereits Lutter, M. (1995), S. 1055.

374 Vgl. Reiner, K. (2010), S. 276.

375 Vgl. bereits die Ausführungen im vorherigen Kapitel 3.2.3.5.

376 Vgl. Krause, N. (2013), S. 149–150. Im Umkehrschluss kommen Diffring, P. (2012), S. 58, sowie Schleusener, A.-K. (2012), S. 39–40, zum gleichen Ergebnis.

377 Vgl. Diffring, P. (2012), S. 59, Krause, N. (2013), S. 150, sowie Schleusener, A.-K. (2012), S. 40.

die Alteigentümer im Zuge des Debt Equity Swap nicht vollständig aus dem Unternehmen ausscheiden. In diesem Fall sind die Anteile am sanierten Unternehmen auf die Alteigentümer und die ursprünglichen Gläubiger in einem noch zu bestimmenden Verhältnis aufzuteilen. Sofern die Alteigentümer vollständig enteignet werden, entfällt die ökonomische Relevanz, weil die ursprünglichen Gläubiger nach der Sanierung unabhängig von der Werthaltigkeitsfrage ohnehin alle Anteile halten. Letzteres dürfte jedoch der Ausnahmefall sein.[378]

Zunächst gilt es zu erörtern, was unter dem Begriff der Vollwertigkeit zu verstehen bzw. wie der werthaltige Teil einer Forderung zu ermitteln ist. Der Gesetzgeber gibt keine konkreten Vorschriften zur Ermittlung der Werthaltigkeit vor. Über die begriffliche Abgrenzung der Vollwertigkeit einer Forderung besteht im Schrifttum weitgehende Einigkeit: Ist das Krisenunternehmen überschuldet oder zahlungsunfähig, so ist die Forderung nicht mehr als vollwertig anzusehen und ein entsprechender Wertabschlag vorzunehmen. Regelmäßig sind jedoch Abschläge vom Nennwert nicht erst im Falle einer Insolvenz, sondern bereits bei Auftreten erster Zweifel an der vollständigen Einbringlichkeit der Forderung erforderlich.[379]

Obwohl Einigkeit dahingehend besteht, dass die Leistungsfähigkeit des Unternehmens im Bewertungskalkül zu berücksichtigen ist[380], gibt es unterschiedliche Auffassungen hinsichtlich der Ermittlung der Werthaltigkeit derartiger Forderungen.[381] Zum einen existiert die Ansicht, dass bei der Bewertung auf den Marktwert abzustellen ist, d. h. auf den Wert, welchen auch ein fremder Dritter für die Forderung aufbringen würde.[382] Ein fremder Dritter zahlt für diese Forderung den höheren Betrag aus Fortführungs- und Liquidationswert.[383] Zum anderen existiert im Schrifttum aber auch die Ansicht, dass die Höhe des Wertabschlags von der gegenwärtigen Fähigkeit des Unternehmens, die Forderung zurückzuzahlen, abhängig ist. Die Forderung ist dann insoweit werthaltig, als dass sie durch entsprechendes

378 Vgl. hierzu bereits Fn. 333. Die folgenden Ausführungen basieren daher auf der Annahme, dass die Alteigentümer stets einen noch zu bestimmenden Anteil am sanierten Unternehmen erhalten.

379 Vgl. Cahn, A./Simon, S./Theiselmann, R. (2010), S. 242–243, Märtens, M. (2010), § 5 Rn. 127, sowie Pentz, A. (2008), § 27 Rn. 26, 29.

380 Vgl. BGH-Urteil vom 15.01.1990 sowie Hass, D./Schreiber, S./Tschauner, H. (2006), S. 847, und die dort zitierte Literatur.

381 Vgl. nur Hirte, H./Knopf, B./Mock, S. (2011), S. 642, Simon, S./Merkelbach, M. (2012), S. 123, sowie Stadler, M. (2003), S. 584.

382 Vgl. Drukarczyk, J./Schöntag, S. (2010), § 3 Rn. 78, Heidinger, A./Benz, J. (2010), § 27 Rn. 38, Märtens, M. (2010), § 5 Rn. 127, Merten, M. (2012), S. 78, Pentz, A. (2008), § 27 Rn. 29, Schleusener, A.-K. (2012), S. 55, Stadler, M. (2003), S. 584, sowie Staroßom, H. (2013), S. 559. Ähnlich Zeidler, F. (2010), § 5 Rn. 91, der von wirtschaftlicher Vollwertigkeit spricht.

383 Vgl. Hass, D./Schreiber, S./Tschauner, H. (2006), S. 847.

Gesellschaftsvermögen gedeckt ist.[384] Diese Argumentation plädiert – unabhängig von Fortführungswert und Fortführungswahrscheinlichkeit – für eine Verwendung von Zerschlagungswerten.

Die erste Alternative ist für die Gläubiger besser, wenn das Fortführungskalkül unter Berücksichtigung der zukünftigen Sanierungserfolge den Zerschlagungswert übersteigt. Gilt Letzteres nicht, weil etwa ein großer Teil der Forderungen durch bestellte Sicherheiten gedeckt ist, würden die Gläubiger einem Sanierungsversuch erheblich unaufgeschlossener gegenüberstehen und im Zweifel die Liquidationslösung bevorzugen.[385]

Unterstellt man die Bewertung zu Zerschlagungswerten, würden die Gläubiger aufgrund der hohen Wertabschläge nur sehr geringe Eigenkapitalanteile erhalten, wodurch der Debt Equity Swap deutlich an Attraktivität einbüßt. Die Verfechter der Auffassung, die Bewertung habe zu Zerschlagungswerten zu erfolgen, greifen zunächst die Argumentation aus der Begründung zum Gesetzesentwurf des ESUG auf. Dort heißt es, dass bei der Bewertung der Forderung „auch die Quotenerwartung“[386] berücksichtigt werden kann.[387] Weiterhin wird angeführt, dass § 225a Abs. 5 InsO für den Fall des Austritts eines Anteilseigners infolge des Debt Equity Swap regelt, dass für die Quantifizierung des Abfindungsanspruchs lediglich die Vermögenslage bei unterstellter Abwicklung maßgeblich sei. Daraus folgern Simon/Merkelbach, dass schon aus systematischen Gründen „für die Bewertung der in gesellschaftsrechtliche Strukturmaßnahmen einbezogenen Gläubigerforderungen“ keine anderen Regelungen gelten können.[388] Diffring argumentiert, dass die Bewertung der Forderung zum Marktwert gegen den Grundsatz der realen Kapitalaufbringung verstoße, weil dieser Wertansatz Faktoren außerhalb der Sphäre der Gesellschaft einpreist und damit nicht sichergestellt ist, dass in gleicher Höhe Aktiva im Krisenunternehmen freigesetzt werden.[389] Ähnlich stellt Ekkenga fest, dass durch diese statische Methode Rechtsunsicherheiten vermieden werden können.[390]

Die dargelegte Argumentation für eine grundsätzliche Verwendung von Zerschlagungswerten ist insgesamt nicht überzeugend. Auch wenn die Begründung zum Gesetzesentwurf des ESUG die Berücksichtigung der quotalen Befriedigung

---

384 Vgl. Diffring, P. (2012), S. 67–68, Ekkenga, J. (2012), S. 336, Römermann, V./Praß, J. (2012), S. 64–65, Schilmar, B./Landry, J. (2011), S. 187, sowie Heidinger, A./Benz, J. (2010), § 27 Rn. 38, wobei sich die zuletzt genannten Autoren m. E. widersprechen, da sie in der gleichen Rn. auch der Gegenauffassung Gewicht zusprechen.

385 Vgl. auch Schäfer, H.-B./Ott, C. (2012), S. 643.

386 Vgl. Bundesrat (BR)-Drucksache 127/11, S. 45.

387 Vgl. Hirte, H./Knopf, B./Mock, S. (2011), S. 642–643, sowie Simon, S./Merkelbach, M. (2012), S. 123–124. Die zuletzt genannten Autoren begehen jedoch einen Fehler und sprechen entgegen der zitierten BR-Drucksache von einer Pflicht, die quotalen Erwartungen in die Bewertung einzubeziehen.

388 Vgl. Simon, S./Merkelbach, M. (2012), S. 124.

389 Vgl. Diffring, P. (2012), S. 67–68.

390 Vgl. Ekkenga, J. (2012), S. 336.

vorschlägt, hat dies keinen zwingenden Charakter. Übersteigt der Zerschlagungswert den Fortführungswert, so würde ohnehin ersterer verwendet werden. Ein Debt Equity Swap wäre dann, zumindest aus betriebswirtschaftlicher Perspektive, nicht sinnvoll. Die angesprochene Quotenerwartung stellt also unter der Annahme, dass der Fortführungswert den Liquidationswert übersteigt, allenfalls das Minimum dar, mit der die einzulegende Forderung zu bewerten ist. Die Argumentation von Simon/Merkelbach ist auch insofern unschlüssig, als dass die Position ausscheidender Alteigentümer mit der von sanierungswilligen Gläubigern verglichen wird. Es ist nur konsequent, dass der Abfindungsanspruch von ausscheidenden Alteigentümern ohne die Berücksichtigung von möglichen Wertsteigerungen durch eine von ihnen nicht unterstützte Sanierung zu bemessen ist. Ganz anders verhält es sich bei den potentiell neuen Eigentümern: Deren Ansprüche sind sehr wohl unter Fortführungsgesichtspunkten und unter Berücksichtigung möglicher Wertsteigerungen durch die Sanierung zu bemessen, denn die Differenz zwischen Fortführungs- und Zerschlagungswert ist gerade das ausschlaggebende Motivationskriterium, eine Sanierungslösung zu wählen.[391]

Vorangehende Überlegungen lassen sich durch einen Vergleich, wie Forderungen gegenüber Dritten als Sacheinlage zu bewerten sind[392], bekräftigen: Für die Bewertung derartiger Forderungen ist grundsätzlich auch auf den Marktwert abzustellen.[393] Sofern ein Marktpreis existiert, kann dieser verwendet werden. Gibt es diesen nicht, so ist der Wert einer Forderung durch Barwertmodelle zu ermitteln.[394] Demnach sind die erwarteten Zins- und Tilgungszahlungen mit einem entsprechenden Zinssatz, welcher sich aus dem risikolosen Zins sowie aus Zuschlägen für Ausfallrisiko und Verwaltungskosten zusammensetzt, zu diskontieren.[395] Es lässt sich keine Argumentation aufbauen, warum in der Sache gleichartige Schuldtitel abhängig davon, ob sie gegen einen Dritten oder aber gegen die Gesellschaft selbst gerichtet sind, unterschiedlich zu bewerten sind.

---

391 Vgl. auch Urteil des Finanzgerichts (FG) Köln vom 30.01.2001, Scheunemann, M./Hoffmann, G. (2009), S. 985, Schleusener, A.-K. (2012), S. 50–51, sowie Willemsen, R./Rechel, J. (2012), S. 222–223. Alle zitierten Quellen sind der Ansicht, dass die Unternehmenszukunft explizit bei der Forderungsbewertung berücksichtigt werden muss.

392 Nach h. M. ist die Einbringung von Forderungen gegenüber Dritten im Rahmen einer Sachkapitalerhöhung ebenso unproblematisch, sofern die Forderung grundsätzlich abtretbar ist und ein wirtschaftlich feststellbarer Wert existiert. Vgl. Heidinger, A./Benz, J. (2010), § 27 Rn. 22, Märtens, M. (2010), § 5 Rn. 114, Pentz, A. (2008), § 27 Rn. 26, sowie Zeidler, F. (2010), § 5 Rn. 83.

393 Vgl. Märtens, M. (2010), § 5 Rn. 145, Pentz, A. (2008), § 27 Rn. 37, sowie Zeidler, F. (2010), § 5 Rn. 161.

394 Vgl. Drukarczyk, J./Schöntag, S. (2010), § 3 Rn. 78.

395 Vgl. Böcking, H.-J./Sittmann-Haury, C. (2003), S. 198.

Folglich ist festzuhalten, dass bei der Quantifizierung der Werthaltigkeit auf den Marktwert der einzulegenden Forderung abzustellen ist.[396] Wenn das Unternehmen fortgeführt wird (und genau darauf zielt der Debt Equity Swap ab), ist unter der Fortführungsprämisse zu bewerten.

Auf Basis der bisherigen Ausführungen ist also – so auch die h. M. – eine Einbringung der Forderung zum Nennwert (Nennwertprinzip) nur möglich, wenn von der Vollwertigkeit der Forderung auszugehen ist. Soll im Rahmen des Debt Equity Swap eine bereits im Wert geminderte Forderung eingelegt werden, so kann nach h. M. nur der werthaltige Anteil der Forderung (Vollwertigkeitsprinzip) eingebracht werden.[397] Einige Literaturbeiträge rufen das Nennwertprinzip in Erinnerung und fordern deren Anwendung aus mehreren Gründen.[398] Zum einen gewinnt der Debt Equity Swap aus Sicht des Inferenten deutlich an Attraktivität, weil dieser auch und gerade für den nicht werthaltigen Teil seiner Forderung Anteile an dem zu sanierenden Unternehmen erlangen kann. Zum anderen beseitigt man rechtliche Unsicherheiten im Zusammenhang mit der Bewertung der einzulegenden Forderung. Für eine kritische Auseinandersetzung, ob eine Nennwertanrechnung zulässig sein kann, ist es zunächst erforderlich, den Schutzzeck der existierenden Offenlegungs- und Bewertungsvorschriften, welche für Kapitalerhöhungen gegen Sacheinlagen gelten, zu diskutieren.

3.3.2 Schutzzweck der Offenlegungs- und Bewertungsvorschriften bei Kapitalerhöhungen gegen Sacheinlagen

Sinn und Zweck der in Kapitel 3.2.3.3 knapp erläuterten Regelungen für Sacheinlagen liegen, wie bereits angesprochen, im Grundsatz der realen Kapitalaufbringung verankert. Dieser Grundsatz meint die tatsächliche Aufbringung und Zuführung des

396 Vgl. auch die unterstützenden Meinungen in der Literatur, welche bereits in Fn. 382 zitiert wurden.

397 Bereits 1990 hat der BGH in einem Urteil die Anwendung des Nennwertprinzips abgelehnt. Vgl. BGH-Urteil vom 15.01.1990. Auch danach hat die Rechtsprechung stets i. S. dieses Urteils gesprochen. Vgl. Ekkenga, J. (2012), S. 332 und die dort zitierte Literatur. Ebenso Märtens, M. (2010), § 5 Rn. 127 für das GmbHG und Pentz, A. (2008), § 27 Rn. 29 für das AktG. Auch aus den Neuregelungen des ESUG geht hervor, dass Forderungen in Sanierungssituationen regelmäßig deutlich wertgemindert und damit nicht mit ihrem Nennbetrag einzubringen sind. Vgl. §§ 225a Abs. 2, 254 Abs. 4 InsO sowie BR-Drucksache 127/11, S. 45.

398 Vgl. Cahn, A./Simon, S./Theiselmann, R. (2010), S. 238, Hannemann, H. (1995), S. 2055–2056, Karollus, M. (1994), S. 589–591, Meilicke, W. (1995), S. 1061–1062, sowie Simon, S. (2010), S. 451, deren Gedankengänge sich (in Teilen) in den folgenden Ausführungen wiederfinden.

im Handelsregister eingetragenen haftenden Kapitals, dessen Einhaltung durch eine Vielzahl an gesetzlichen Reglungen sichergestellt werden soll[399].

Im Kern geht es um den Schutz von gegenwärtigen und zukünftigen Gläubigern der Gesellschaft, weil vor allem diese mit ausreichender und zutreffender Information über die Eigenkapitalausstattung des Unternehmens zu versorgen sind. Es soll verhindert werden, dass Gläubiger mit der Gesellschaft Rechtsgeschäfte auf Basis falscher Informationen eingehen, für welche sie sich bei Kenntnis der tatsächlichen wirtschaftlichen Lage nicht entschieden hätten.[400] Die Offenlegungs- und Bewertungsvorschriften sollen eine beabsichtigte Überbewertung des einzulegenden Gegenstandes, welche je nach Rechtsform und Ausgestaltung verschiedene Gefahren bergen kann, verhindern: Weil bei einer Aktiengesellschaft das Grundkapital ebenso wie die Agio-Rücklage[401] nicht für Ausschüttungen zur Verfügung stehen[402], ist zwar die Kapitalerhaltung grundsätzlich nicht in Gefahr, jedoch wird dem externen Dritten ein zu hohes, tatsächlich nicht vorhandenes Haftungskapital präsentiert. Bei einer GmbH hingegen kann eine Überbewertung zu einer Erhöhung des ausschüttungsfähigen Kapitals und damit zu einem erheblichen Nachteil für die Gesellschaftsgläubiger im Falle der Insolvenz führen, weil die gebildeten (Agio-)Rücklagen mit einem Gesellschafterbeschluss grundsätzlich aufgelöst werden können.[403] Inwiefern durch derartige Beschlüsse gesellschaftsrechtliche Treuepflichten verletzt werden würden[404], soll an dieser Stelle nicht diskutiert werden.

Ob und inwieweit die Offenlegungs- und Bewertungsvorschriften auch dem Gesellschafterschutz dienen, ist in der Literatur nicht abschließend geklärt.[405] Weil eine Sachkapitalerhöhung per Gesetz nur mit wenigstens einer Drei-Viertel-Mehrheit des bei der Beschlussfassung vertretenen Grundkapitals beschlossen werden kann[406], ist bereits ein gewisser Schutz der Eigentümer vor schädlichen Sacheinlagen gesetzlich geregelt. Überstimmte Minderheiten können die Sachkapitalerhöhung gemäß § 255 AktG anfechten, eine vergleichbare Regelung findet sich im GmbHG aber nicht.

399 Vgl. Priester, H. (2010), S. 1445.

400 Vgl. anstelle aller Drygala, T./Staake, M./Szalai, S. (2012), S. 68–75.

401 Die Agio-Rücklage ist gemäß § 272 Abs. 2 S. 1 HGB Bestandteil der Kapitalrücklage und immer dann in der Höhe zu bilden, in der der Ausgabebetrag von Anteilen den Nennbetrag bzw. den rechnerischen Wert übersteigt.

402 Vgl. § 150 Abs. 3–4 AktG.

403 Lediglich das zur Erhaltung des Stammkapitals erforderliche Vermögen darf nach § 30 Abs. 1 GmbHG nicht an die Gesellschafter ausgekehrt werden. Vgl. auch Deussen, R. (2013), § 29 Rn. 17.

404 Vgl. anstelle vieler Merkt, H. (2010), § 13 Rn. 88, sowie Würthwein, M. (2010), § 243 Rn. 158–159.

405 Vgl. anstelle aller Priester, H. (2010), S. 1447, und die dort zitierte Literatur.

406 Vgl. für AGs §§ 182 Abs. 1, 193 Abs. 1 und 202 Abs. 2 S. 1 AktG bzw. für GmbHs § 55 Abs. 1 i. V. m. § 53 GmbHG.

3.3.3 Einbringung zum Nennwert

3.3.3.1 Vollwertigkeitserfordernis aus Sicht der Gläubiger

Abschnitt 3.3.2 hat gezeigt, dass die für Sacheinlagen geltenden Offenlegungs- und Bewertungsvorschriften vor allem dem Gläubigerschutz dienen. Eine Einbringung der gegen die Gesellschaft gerichteten Forderung zum Nennwert trotz Wertminderung wäre demnach nur dann möglich, wenn sich diese nicht nachteilig auf die gegenwärtigen und künftigen Gläubiger auswirkt, den originären Schutzzweck der bestehenden Vorschriften also nicht verletzt.

Zur Vertiefung der Argumentation dient nachfolgendes Beispiel[407] einer GmbH, welche aufgrund schlechter wirtschaftlicher Entwicklung ein negatives Eigenkapital von -600 aufweist. Unter der Annahme, dass das Anlagevermögen bei Liquidation wertlos ist und keine Liquidationskosten existieren, würden die Hausbank im Falle der Zerschlagung 200 und die sonstigen Banken sowie die Alteigentümer 0 erhalten. Es wird weiterhin angenommen, dass der Unternehmenswert bei Fortführung den Liquidationswert insgesamt und je Kapitalgebergruppe übersteigt. Unter der Annahme, dass mindestens ein Umweltzustand existiert, in dem die Gläubigerforderungen vollständig bedient und die Eigenkapitalgeber einen verbleibenden Residualanspruch erhalten, ist auch der Wert des Eigenkapitals größer als 0.[408] Das Szenario der Unternehmensfortführung kann jedoch nur durch einen Debt Equity Swap erreicht werden. Die Hausbank entscheidet sich, den Debt Equity Swap anzubieten. Die Zustimmung der anderen Kapitalgebergruppen wird erteilt, da die Fortführung jeweils lohnt. Abbildung 9 fasst die Ausgangsdaten zusammen.

407 Selbst gewähltes Zahlenbeispiel mit Angabe in Geldeinheiten. Steuereffekte werden im betrachteten Beispiel ausgeblendet.

408 Vgl. hierzu bereits Fn. 333.

Abbildung 9: Bilanz der GmbH vor Sanierung

Aktiva			Passiva	
I. Anlagevermögen	600	I.	Eigenkapital	-600
			1. Stammkapital	400
II. Umlaufvermögen	200		2. Kapitalrücklage	0
			3. Bilanzgewinn/-verlust	-1.000
		II.	Verbindlichkeiten	1.400
			1. Hausbank	1.000
			2. Sonstige Banken	400
Summe	800	Summe		800

Wert (Alt-)Eigenkapital bei Fortführung:	50
Wert (Alt-)Eigenkapital bei Liquidation:	0
Wert Hausbank bei Fortführung:	600
Wert Hausbank bei Liquidation:	200
Wert Sonstige Banken bei Fortführung:	150
Wert Sonstige Banken bei Liquidation:	0

Zunächst wird – analog der h. M. in Literatur und Rechtsprechung – bei der Einbringung der Forderung vom Vollwertigkeitserfordernis ausgegangen. Demnach dürfen nur für den werthaltigen Teil der Forderung neue Anteile ausgegeben werden, der nicht werthaltige Teil ist als Sanierungsgewinn erfolgswirksam über die Gewinn- und Verlustrechnung (GuV) zu vereinnahmen.[409] Gemäß Abbildung 9 beträgt der Fortführungswert der Forderung der Hausbank 600 und übersteigt den Liquidationswert (200). Dementsprechend ist die Forderung in Höhe des Marktwertes von 600 als werthaltig anzusehen.[410] Der Differenzbetrag (400) ist nicht werthaltig und wird über die GuV erfolgswirksam vereinnahmt. Analog wird der nicht werthaltige Teil (250) der Forderung der sonstigen Banken erfolgswirksam vereinnahmt. Andere

409 Grundsätzlich wird auch die Möglichkeit, den Sanierungsgewinn als freiwillige Zuzahlung des neuen Gesellschafters in die Kapitalrücklage einzustellen, als zulässig erachtet. Vgl. auch Förschle, G./Hoffmann, K. (2012), § 272 Rn. 195, 197. Dagegen Priester, H. (2010), S. 1449, der nur eine erfolgswirksame Vereinnahmung für richtig erachtet. Auch Häuselmann, H. (2010), S. 946, Horst, A. (2013), S. 657–658, sowie Kroener, I./Momen, L. (2012), S. 829–830, halten nur die erfolgswirksame Vereinnahmung für zulässig.

410 Dabei werden die Ergebnisse aus dem vorherigen Kapitel 3.3.1 verwendet. Demnach ist die Forderung mit dem Marktwert einzubringen. Folgt man der Gegenfassung, so sind die angenommenen Liquidationswerte zu verwenden. Die Gesamtaussage dieses Kapitels ändert sich hierdurch jedoch nicht.

erfolgswirksame Effekte ausgeblendet ergibt sich ein (sonstiger) betrieblicher Ertrag, welcher im Jahresüberschuss mündet und in der Folge mit dem vorgetragenen Bilanzverlust aufgerechnet wird. Das Stammkapital der Alteigenkapitalgeber wird auf den verbleibenden Marktwert i. H. v. 50 herabgesetzt. Abbildung 10 zeigt das Ergebnis.

Abbildung 10: Bilanz der GmbH nach Sanierung (Vollwertigkeitsprinzip)

GuV

...	
(Sonstige) betriebliche Erträge	650
Jahresüberschuss/-fehlbetrag	650
Verlustvortrag	-1.000
Auflösung Rücklagen	0
Ertrag aus Kapitalherabsetzung	350
Bilanzgewinn/-verlust	0

Aktiva			Passiva
I. Anlagevermögen	600	I. Eigenkapital	650
		1. Stammkapital	650
II. Umlaufvermögen		2. Kapitalrücklage	0
		3. Bilanzgewinn/-verlust	0
		II. Verbindlichkeiten	150
		1. Hausbank	0
		2. Sonstige Banken	150
Summe	800	Summe	800

Bevor die Ergebnisse diskutiert werden, veranschaulicht Abbildung 11 das Ergebnis bei Einbringung der Forderung zum Nennwert.

Abbildung 11: Bilanz der GmbH nach Sanierung (Nennwertprinzip)

GuV	
...	
(Sonstige) betriebliche Erträge	250
Jahresüberschuss/-fehlbetrag	250
Verlustvortrag	-1.000
Auflösung Rücklagen	0
Ertrag aus Kapitalherabsetzung	350
Bilanzgewinn/-verlust	-400

Aktiva		Passiva	
I. Anlagevermögen	600	I. Eigenkapital	650
		1. Stammkapital	1.050
II. Umlaufvermögen	200	2. Kapitalrücklage	0
		3. Bilanzgewinn/-verlust	-400
		II. Verbindlichkeiten	150
		1. Hausbank	0
		2. Sonstige Banken	150
Summe	800	Summe	800

Auf den ersten Blick erkennt man keinen wesentlichen Unterschied: Die Gesellschaft wird von der Verbindlichkeit gegenüber der Hausbank befreit und das neue Eigenkapital beträgt in beiden Varianten insgesamt 650. Die sonstigen Banken sind nun die einzigen noch verbleibenden Fremdkapitalgeber mit einem „korrigierten" Nominalanspruch in Höhe von 150.

Unabhängig von der Anwendung des Vollwertigkeits- oder des Nennwertprinzips sind die verbleibenden Gläubiger im Falle einer erneut drohenden Liquidation deutlich besser gestellt, weil sie nun vorrangig vor der Hausbank (nach dem Debt Equity Swap ist die Hausbank Anteilseigner) befriedigt werden.[411] Unter Fortführungsgesichtspunkten erhalten sie in beiden Alternativen den Marktwert ihres Anspruchs in Höhe von 150.

Das Eigenkapital nach Sanierung beträgt insgesamt jeweils 650. Auf den ersten Blick mag das Argument, dass die künftigen Gläubiger durch das höhere Stammkapital bei Anwendung des Nennwertprinzips über das bei der Gesellschaft vorhandene Haftungskapital getäuscht werden, greifen. Bei genauerer Betrachtung ergibt sich jedoch auch für die künftigen Gläubiger kein Unterschied zum Vollwertigkeitsprinzip:

411 Vgl. auch Cahn, A./Simon, S./Theiselmann, R. (2010), S. 245, sowie Priester, H. (2010), S. 1449.

Nach einer weiteren vereinfachten Kapitelherabsetzung beträgt das Stammkapital auch bei Anwendung des Nennwertprinzips 650 = 1.050 – 400 und ist somit identisch zu dem bei Anwendung des Vollwertigkeitsprinzips. Zusätzlich bleibt die Anwendung der bereits in Kapitel 3.2.3.3 erörterten Offenlegungsvorschriften, welche auch Dritte über die Kapitalerhöhung gegen Sacheinlagen informieren, geboten.

Im Ergebnis zeigt sich also, dass weder die gegenwärtigen noch die künftigen Gläubiger durch die Anwendung des Nennwertprinzips schlechter gestellt werden als im Falle des Vollwertigkeitsprinzips.

3.3.3.2 Vollwertigkeitserfordernis aus Sicht der (Alt-)Eigenkapitalgeber

Obwohl in Abschnitt 3.3.2 angesprochen wurde, dass im Schrifttum nicht abschließend geklärt ist, ob die geltenden Offenlegungs- und Bewertungsvorschriften für Sacheinlagen auch dem Schutz der bestehenden Anteilseigner dienen, soll dieser mögliche Schutzzweck im Folgenden aufgegriffen werden. Zur Argumentation soll auf das Beispiel des vorangegangenen Kapitels zurückgegriffen werden. Im Fall der Liquidation gehen die Alteigentümer leer aus, weil das vorhandene Gesellschaftsvermögen nicht einmal ausreicht, um die Gläubiger vollständig zu befriedigen. Ein den Eigenkapitalgebern zustehender Residualwert verbleibt also im Fall der Zerschlagung nicht.

Da die Fortführung aus Sicht jeder Kapitalgebergruppe lohnt, wird der Debt Equity Swap durchgeführt. Weil der Anspruch der Alteigentümer – wie auch im Beispiel – regelmäßig nicht vollständig wertlos ist[412], werden diese in Abhängigkeit von der Anwendung des Vollwertigkeits- oder des Nennwertprinzips mehr bzw. weniger Anteile am sanierten Unternehmen halten.[413] Es ist also nicht von der Hand zu weisen, dass die Alteigentümer bei Anwendung des Nennwertprinzips schlechter gestellt werden als bei Zugrundelegung des Vollwertigkeitserfordernisses. Folgende Abbildung 12 stellt die Ergebnisse zusammen.

412 Vgl. hierzu bereits Fn. 333. Dass die Frage, ob das Vollwertigkeits- oder das Nennwertprinzip anzuwenden ist, im Falle eines vollständigen Ausscheidens der Alteigentümer keine ökonomische Relevanz hat, wurde bereits in Kapitel 3.3.1 dargestellt.

413 In beiden Fällen erhalten sie jedoch hinsichtlich der absoluten Höhe identische Anteile i. H. v. 50, was dem Fortführungswert ihrer Position vor Sanierung entspricht.

Abbildung 12: Kapitalanteile bei Anwendung von Vollwertigkeits- und Nennwertprinzip

Vollwertigkeitsprinzip:

		Passiva
I.	Eigenkapital	650
	1. Stammkapital	650
	a) Alteigentümer	50
	b) Neueigentümer	600
	2. Kapitalrücklage	0
	3. Bilanzgewinn/-verlust	0

Summe Anteile Alteigentümer	50	bzw.	8%
Summe Anteile Neueigentümer	600	bzw.	92%

Nennwertprinzip:

		Passiva
I.	Eigenkapital	650
	1. Stammkapital	1.050
	a) Alteigentümer	50
	b) Neueigentümer	1.000
	2. Kapitalrücklage	0
	3. Bilanzgewinn/-verlust	-400

Summe Anteile Alteigentümer	50	bzw.	5%
Summe Anteile Neueigentümer	1.000	bzw.	95%

Im Ergebnis ist festzuhalten, dass die Alteigentümer unabhängig von der Anwendung des Vollwertigkeits- oder des Nennwertprinzips stets besser gestellt werden als bei einer Liquidation, welche sich einstellt, wenn kein Gläubiger zu einem Debt Equity Swap bereit ist. Die Anwendung des Nennwertprinzips kann in bestimmten Konstellationen – so auch im Beispiel – nachteilig für die Alteigentümer sein, weil sie geringere relative Kapitalanteile erhalten. Gleichwohl sind aber auch Konstellationen denkbar, in denen das Vollwertigkeitserfordernis für die Alteigentümer nachteilig ist: Dieser Fall tritt ein, wenn der Debt Equity Swap für die grundsätzlich wandlungswilligen Gläubiger in Folge des Vollwertigkeitserfordernisses und der damit verbundenen, geringeren künftigen Cashflows nicht lohnt und sich diese für eine Liquidation entscheiden. Bei Liquidation gehen die Alteigentümer leer aus. Auf die ökonomische Tragweite dieses Problems wird in Kapitel 5.4 zurückzukommen sein.

3.3.3.3 Argumente gegen das Nennwertprinzip

In einem nächsten Schritt wird die Kritik der h. M. an der Anwendung des Nennwertprinzips aufgegriffen und vor dem Hintergrund der bisherigen Erkenntnisse diskutiert. Ausgangspunkt ist zumeist das Argument, dass mit der Einlage einer wertgeminderten Forderung der Grundsatz der realen Kapitalaufbringung verletzt werden würde.[414] Die Kapitalausstattung wird regelmäßig durch die Zuführung von Vermögenswerten realisiert.[415] Problem bei dieser Art von Sacheinlage ist in der Tat – das trifft jedoch auch bei der Einlage einer vollwertigen Forderung zu – dass der Gesellschaft im Gegensatz zur klassischen Form der Sacheinlage keine Vermögensgegenstände auf der Aktivseite zufließen, deren Wert es zu ermitteln gilt. Denn dann wäre derjenige Betrag, um den die Sacheinlage den Wert des Gesellschaftsvermögens

414 Vgl. BGH-Urteil vom 15.01.1990, Ekkenga, J. (2012), S. 333, sowie Priester, H. (2010), S. 1445–1446.

415 Vgl. Priester, H. (2010), S. 1446.

wirtschaftlich erhöht, anzusetzen.[416] In diesem Zusammenhang ist es auch unstrittig, dass Forderungen gegenüber Dritten, welche im Rahmen einer Sacheinlage eingebracht werden, nicht mit ihrem Nennwert eingebracht werden dürfen, sofern nicht von der vollständigen Einbringlichkeit auszugehen ist. In diesen Fällen ist die Forderung nach einem entsprechenden Abschlag auf den Nennwert nur mit ihrem tatsächlichen wirtschaftlichen Wert einzulegen.[417]

Priester argumentiert an dieser Stelle mit Hilfe des Neutralisierungsgedankens:[418] Die Gesellschaft wird von Verbindlichkeiten befreit. In Höhe des werthaltigen Teils der Forderungen werden dann gebundene Aktiva für andere Zwecke freigesetzt. Die Ermittlung der Werthaltigkeit habe aber nicht unter Zerschlagungsgesichtspunkten zu erfolgen, sondern die durch den Vorgang freigesetzten Aktiva sollen unter Fortführungsgesichtspunkten bewertet werden. Priesters Argument für die Verwendung der von ihm vertretenen Auffassung des Vollwertigkeitserfordernisses basiert auf einer funktionellen Auslegung. Er sieht also die Funktion des Debt Equity Swap darin, Aktiva freizusetzen, die dann wieder für andere Zwecke verwendet werden können. Die Funktion des Debt Equity Swap ist jedoch darin zu sehen, die Gesellschaft von der vollständigen und zum Nennwert passivierten Verbindlichkeit zu befreien, um eine (drohende) Überschuldung abzuwenden. Bei der dargelegten funktionellen Ermittlung der Werthaltigkeit kommt es also darauf an, welcher wirtschaftliche Wert der Gesellschaft zufließt. Wie jedoch die „andere Seite“ (i. S. der Bilanzierung der Forderung beim Gläubiger) den wirtschaftlichen Wert der gegenüber dem schuldnerischen Unternehmen bestehenden Forderung einschätzt, ist für die Sichtweise der Gesellschaft allenfalls ein Anhaltspunkt, keinesfalls jedoch ausschlaggebend oder bindend. Ein Debt Equity Swap, bei dem eine gegen die Gesellschaft gerichtete Forderung eingebracht werden soll, berührt die Aktivseite – auch bei Vollwertigkeit der Forderung – nicht.[419] Im Ergebnis ist der wirtschaftliche Wert des Debt Equity Swap darin zu sehen, dass das Gesellschaftsvermögen durch eine Verringerung der Verbindlichkeiten in gleichem Maße wie ein entsprechender Zugang bei den Aktiva vermehrt wird.[420]

Forderungen sind, egal ob gegen die Gesellschaft gerichtet oder gegenüber Dritten, identisch zu bewerten. Der Aufbau einer Argumentation, dass eine gegen die Gesellschaft gerichtete und (teilweise) nicht werthaltige Forderung bei Anwendung des Nennwertprinzips anders bewertet werden würde als eine Forderung gegenüber Dritten, gelingt nicht[421]: Während die Gesellschaft ihre Forderungen gegenüber Dritten, welche im Wert gemindert sind, entsprechend auf ihren tatsächlichen

---

416 Vgl. Märtens, M. (2010), § 5 Rn. 145.

417 Vgl. Pfeifer, K.-N. (2011), § 183 Rn. 8, 13, sowie Ziemons, H. (2013), § 5 Rn. 10, 222.

418 Vgl. für das folgende Priester, H. (2010), S. 1447.

419 Dies geht auch aus dem vereinfachten Beispiel in Kapitel 3.3.3.1 hervor.

420 Vgl. Märtens, M. (2010), § 5 Rn. 124. Dagegen Zeidler, F. (2010), § 5 Rn. 91. Ähnlich Karollus, M. (1994), S. 589, welcher von einer realen Kapitalmehrung anstatt einer realen Kapitalaufbringung spricht.

421 Dem widersprechend etwa Ekkenga, J. (2012), S. 335–336.

wirtschaftlichen Wert abzuschreiben hat, muss auch der Anspruchsinhaber der gegen die Gesellschaft gerichteten Forderung entsprechende Wertberichtigungen vornehmen. Dies ändert aber grundsätzlich nichts daran, dass die jeweiligen Schuldner den Sachverhalt zum vollen Nennwert passivieren müssen, denn rechtlich hat der Gläubiger nach wie vor den Anspruch auf die vollständige Begleichung seines schuldrechtlichen Anspruchs. Eine unterschiedliche Behandlung von in der Sache gleichartigen Forderungen kann demzufolge auch bei Anwendung des Nennwertprinzips nicht festgestellt werden. Vielmehr widerspricht der von Ekkenga und Priester vorgeschlagene Lösungsansatz, die Werthaltigkeit nicht auf den Verkehrs- oder Marktwert einer Forderung, sondern auf den Vermögensstatus der Gesellschaft abzustellen[422], dem Erfordernis der identischen Bewertung von Forderungen, egal ob diese gegenüber Dritten oder gegen die Gesellschaft selbst gerichtet ist. Ekkenga geht weiter und argumentiert, dass durch die Abstellung auf den Vermögensstatus der Gesellschaft, d. h. durch die Substanzbewertung, rechtliche Unsicherheiten vermieden werden können, die bei Verwendung von Prognosen und dynamischen Einflussfaktoren, beispielsweise bei der Vorhersage künftiger Cashflows, entstehen würden.[423] In der Tat wäre es wünschenswert, rechtliche Unsicherheiten – hier ist wohl auch die Gefahr der Differenzhaftung gemeint – zu vermeiden. Jedoch kann dies nicht auf Kosten eines Rückschritts in der (Unter-nehmens-)Bewertung gehen.[424]

Der Denkfehler bei einigen Verfechtern des Vollwertigkeitsprinzips liegt m. E. in der Ausrichtung der Sichtweise: Bei sämtlichen Sacheinlagen, welche einen Zufluss auf der Aktivseite der Gesellschaft bewirken, stellt man – korrekterweise – auf den wirtschaftlichen Wert aus Sicht der Gesellschaft ab. In einem nächsten Schritt kennt die h. M. zwar an, dass gegen die Gesellschaft gerichtete Forderungen sacheinlagefähig sind[425], wechselt dann jedoch die Perspektive und versucht eine Argumentationskette aufzubauen, wonach es bei der Bestimmung des Einlagewertes auf die Sichtweise des Gläubigers und nicht auf die des Unternehmens ankommen soll. Dass eine solche Forderung in ihrem Wert gemindert sein mag, steht nicht zur Debatte. Wenn aber die Gesellschaft von dieser Verbindlichkeit befreit wird, dann ist diese Befreiung aus Sicht der Gesellschaft gerade die wegfallende Verbindlichkeit – also den Nennwert der einzubringenden Forderung – Wert. Denn erst dann entfällt die Pflicht des Schuldners zur vollständigen Befriedigung des schuldrechtlichen Anspruchs.

Zu guter Letzt geht auch das Argument, dass die Gesellschaft die entsprechende Verbindlichkeit vom Gläubiger zu einem geringeren als den Nennbetrag zurückkaufen könnte, an der Sache vorbei: Dies ist zwar prinzipiell denkbar. Zum einen

---

422 Vgl. Ekkenga, J. (2012), S. 336, sowie Priester, H. (2010), S. 1447–1448.
423 Vgl. Ekkenga, J. (2012), S. 336.
424 Vgl. auch die Ausführungen zur Bewertung von sanierungsbedürftigen Unternehmen in Kapitel 4.
425 Vgl. bereits Fn. 342.

hat jedoch die Gesellschaft auch im Stadium der Insolvenz die Verbindlichkeit zum Nennbetrag zu passivieren, weil das eigene Kreditrisiko bei der Bilanzierung der Verbindlichkeiten nicht berücksichtigt werden darf. Zum anderen wird ein Gläubiger immer versuchen, den vollen schuldrechtlichen Anspruch geltend zu machen. Kauft ein Unternehmen dennoch die eigene und im Wert geminderte Forderung zurück, so ist diese in Höhe des werthaltigen Teils zu aktivieren. Anschließend sind Forderung und Verbindlichkeit zu saldieren. Der verbleibende Betrag auf der Passivseite ist erfolgswirksam und somit eigenkapitalerhöhend aufzulösen. Im Ergebnis stellt sich das bereits besprochene, aus Sicht des Gläubigerschutzes identische Ergebnis aus Kapitel 3.3.3.1 ein.[426]

3.3.4 Zwischenfazit

Ähnliche Ausnahmeregelungen, wie etwa in § 194 Abs. 1 S. 2 AktG, welcher die Hingabe von Schuldverschreibungen im Umtausch gegen Bezugsaktien explizit von den Vorschriften zu Sacheinlagen ausnimmt, existieren nicht. Die vorangehenden Ausführungen legen jedoch nahe, dass eine Werthaltigkeitsprüfung von in die Gesellschaft einzulegenden Forderungen zumindest vor dem Hintergrund des primären Schutzzwecks (Gläubigerschutz) entbehrlich ist.[427] Sofern man auch den Schutz der Gesellschafter als Aufgabe der bestehenden Offenlegungs- und Bewertungsvorschriften sieht, ist eine eindeutige Aussage nicht möglich. Schließt man letztere Aufgabe aus, wie es etwa Cahn/Simon/Theiselmann[428] machen, so lassen sich auch die verbleibenden Zweifel an der Entbehrlichkeit der Werthaltigkeitsprüfung beim Debt Equity Swap beseitigen. Der Grundsatz der realen Kapitalaufbringung wird durch die Anwendung des Nennwertprinzips nicht verletzt, sofern man den Debt Equity Swap korrekterweise aus der Sicht der Gesellschaft und nicht aus der Sicht des Inferenten betrachtet.

Die bestehenden Regelungen machen den Debt Equity Swap für die betreffenden Forderungsgläubiger, welche sich zu einer Umwandlung des Fremdkapitals entschließen, deutlich unattraktiver.[429] Dieses Sanierungshemmnis wurde durch die Neuregelungen des ESUG zumindest teilweise gemindert.[430] Eine konkrete Regelung seitens der Legislative, welche beispielsweise in der Form ausgestaltet sein könnte, dass auch für obige Konstellationen eine Ausnahme analog zu § 194 Abs. 1 S. 2 AktG

426 Vgl. das Beispiel in Kapitel 3.3.3.1.

427 Zu einem ähnlichen Ergebnis kommt auch Bühler, der den Sachverhalt für das schweizerische Aktienrecht analysiert. Vgl. Bühler, C. (2010), S. 448.

428 Vgl. Cahn, A./Simon, S./Theiselmann, R. (2010), S. 242.

429 Vgl. Simon, S. (2010), S. 451.

430 Diese Erkenntnis geht aus den Ausführungen in Kapitel 3.2.3.4 hervor. Die Differenzhaftung wird nach Annahme des Insolvenzplans durch § 254 Abs. 4 InsO ausgeschlossen.

geschaffen wird[431], wäre wünschenswert, jedoch nicht zwingend erforderlich, wenn man den Ausführungen dieser Arbeit folgen will.

Weil aber nach h. M. in Literatur und Rechtsprechung eine Werthaltigkeitsprüfung der im Rahmen des Debt Equity Swap einzulegenden Forderung zu erfolgen hat, wird im weiteren Verlauf der Arbeit eine Lösung vorgeschlagen, wie die Werthaltigkeit dieser Forderung zu ermitteln ist. Gleichwohl wird auf die ökonomische Relevanz der Frage, ob das Vollwertigkeits- oder das Nennwertprinzip anzuwenden ist, zurückzukommen sein.

3.4 Steuerrechtliche Aspekte

3.4.1 Relevanz ertragsteuerlicher Verlustvorträge und Mindestbesteuerung

Obwohl eine Unternehmenskrise grundsätzlich nicht zu Änderungen in der fortlaufenden Besteuerung führt, können einzelne Sanierungsmaßnahmen – und auch der Debt Equity Swap – steuerliche Folgen in vielerlei Hinsicht auslösen. In den folgenden Ausführungen werden die für den Debt Equity Swap relevanten steuerrechtlichen Rahmenbedingungen erläutert, wobei zunächst die Relevanz von steuerlichen Verlustvorträgen und die des Konzepts der Mindestbesteuerung erörtert werden.

Während es vor einigen Jahren noch Meinungen gab, wonach ertragsteuerliche Verlustvorträge[432] im Rahmen der Unternehmensbewertung nicht zu berücksichtigen sind[433], hat sich das Meinungsbild im Schrifttum geändert: Steuern führen grundsätzlich zu Auszahlungen, welche anschließend nicht mehr für anderweitige Zwecke, etwa zur Thesaurierung oder Ausschüttung, verwendet werden können. Folglich sind sämtliche Steuerentlastungen, welche unter anderem durch Verlustvorträge bedingt sein können, bewertungsrelevant.[434]

Im deutschen Steuersystem existieren drei Ertragsteuerarten, namentlich die Gewerbe-, Körperschaft- und Einkommensteuer. Gemäß § 2 Abs. 2 S. 1 i. V. m. § 2 Abs. 1 S. 1 Gewerbesteuergesetz (GewStG) unterliegen sämtliche inländischen Kapitalgesellschaften der Gewerbesteuer, sofern die Befreiungen des § 3 GewStG nicht zutreffen. Besteuerungsgrundlage ist der Gewerbeertrag, welcher grundsätzlich nach § 7 GewStG i. V. m. Hinzurechnungen nach § 8 GewStG und Kürzungen nach § 9 GewStG bemessen wird. Der Gewerbesteuersatz $\left(s^{Ge}\right)$ ist in § 11 GewStG geregelt und auch vom Hebesatz abhängig, welcher von der steuerberechtigten Gemeinde festgelegt wird. Des Weiteren sind inländische Kapitalgesellschaften gemäß

431 Ähnliches sollte ebenso in das GmbHG aufgenommen werden.

432 Im Folgenden werden ertragsteuerliche bzw. steuerliche Verlustvorträge vereinfachend als Verlustvorträge bezeichnet.

433 Vgl. etwa Ballwieser, W. (1995), S. 128, sowie Mertens, H.-J. (1992), S. 335.

434 Vgl. etwa Drukarczyk, J. (1997), S. 464, Kupke, T./Nestler, A. (2003), S. 2279, Oesterle, B. (1998), S. 835, Ostrowski, M. (2000), S. 87, Streitferdt, F. (2010), S. 1041, sowie WP-Handbuch (2002), Rn. A112.

§ 1 Abs. 1 Nr. 1 Körperschaftsteuergesetz (KStG) unbeschränkt körperschaftsteuerpflichtig, sofern die Befreiungen des § 5 KStG nicht zutreffen. Die zu entrichtende Körperschaftsteuer bemisst sich nach dem zu versteuernden Einkommen gemäß § 7 Abs. 1, 2 i. V. m. § 8 KStG und dem einheitlichen Körperschaftsteuersatz $\left(s^K\right)$ von 15 % (§ 23 Abs. 1 KStG).[435] Während man noch vor einigen Jahren persönliche Ertragsteuern bei der Ermittlung des Unternehmenswertes ausgeschlossen hat[436], ist die Wertrelevanz der Einkommensteuer und auch der entsprechenden Verlustvorträge, d. h. die steuerlichen Verhältnisse auf der Ebene der Anteilseigner, zwischenzeitlich unumstritten.[437]

Zur Wahrung des Leistungsfähigkeitsprinzips und damit der Steuergerechtigkeit[438] sehen sowohl das GewStG als auch das KStG einen (eingeschränkten) interperiodischen Verlustausgleich vor. Beim interperiodischen Verlustausgleich werden positive Ergebnisse eines oder mehrerer Veranlagungszeiträume mit negativen Ergebnissen eines oder mehrerer anderer Veranlagungszeiträume ausgeglichen, wobei zwischen Verlustvor- und Verlustrückträgen unterschieden wird. Werden vergangene Verluste in künftigen Veranlagungszeiträumen verrechnet, so spricht man von Verlustvorträgen. Umgekehrt meinen Verlustrückträge die Verrechnung eines Verlustes im vorangehenden Veranlagungszeitraum.[439]

§ 10a Nr. 1 und 2 GewStG regeln, dass der nach § 10 GewStG maßgebende Gewerbeertrag bis zu einem Betrag von TEUR 1.000 um Verlustvorträge[440] gekürzt wird. Darüber hinaus kann der maßgebende Gewerbeertrag nur bis zu 60 % um Verlustvorträge gekürzt werden, während die restlichen 40 % auch bei noch bestehenden Verlustvorträgen der Gewerbesteuerpflicht unterliegen. Dies wird als Mindestbesteuerung bezeichnet.[441] Ähnliche Regelungen finden sich im KStG: Über

435 Körperschaftsteuerfreibeträge gemäß § 24 KStG werden aus Wesentlichkeitsgründen nicht weiter betrachtet.

436 Vgl. IDW HFA 2/1983, Popp, M. (1997), S. 93, sowie WP-Handbuch (1992), S. 82.

437 Vgl. nur IDW S1 (2008), Rn. 28–31, 93, 139.

438 Sowohl auf eine ausführliche Erläuterung des Fundamentalprinzips der Leistungsfähigkeit als auch auf die Diskussion, inwieweit das deutsche Steuersystem und insbesondere die Regelungen zur Mindestbesteuerung und zur Behandlung von Sanierungsgewinnen dem Leistungsfähigkeitsprinzip gerecht werden oder gar verfassungswidrig sind, wird in dieser Arbeit verzichtet.

439 Vgl. Krengel, R. (2005), S. 67. Im weiteren Verlauf der Arbeit werden lediglich Verlustvorträge betrachtet. Wie bereits in Kapitel 2.1 angesprochen wurde, ist eine Krisensituation und das Erfordernis einer (finanziellen) Sanierung die Konsequenz mehrerer verlustbehafteter Perioden. Zum Zeitpunkt der Sanierung bestehen zumeist hohe Verlustvorträge. Im Regelfall sind vergangene Perioden mit positivem Steueraufkommen bereits endgültig geregelt und Verlustrückträge kommen nicht in Betracht.

440 Verlustvorträge meinen hier nicht berücksichtigte Fehlbeträge aus den vorangegangenen Erhebungszeiträumen i. S. des § 10a Nr. 1 GewStG. Diese sind gesondert festzustellen und vorzurollen (§ 10a Nr. 6, 7 GewStG).

441 Vgl. Wittkowski, A. (2008), S. 52–55, sowie Ziegenhagen, A./Thieme, H. (2010), S. 104.

§ 8 Abs. 1 KStG i. V. m. § 10d Abs. 2 S. 1 Einkommensteuergesetz (EStG) gelten die für die Gewerbesteuer erläuterten Regelungen analog für die Körperschaftsteuer. Die Wiedereinführung der Mindestbesteuerung auch für Körperschaften im Jahr 2004 wurde damit begründet, dass das Steueraufkommen für die öffentlichen Haushalte kalkulierbarer werden muss. Durch die neuen Regelungen wird das Steueraufkommen geglättet und der Verlustabzug lediglich zeitlich gestreckt, jedoch gehen keine Verluste endgültig unter.[442] Gerade in Krisensituationen kann jedoch die Mindestbesteuerung die finanzielle Lage verschlechtern, wenn etwa nach mehreren verlustbehafteten Perioden im ersten Jahr mit positivem Ergebnis die durch die Mindestbesteuerung ausgelöste Zahllast fremdfinanziert werden muss oder auf Kosten dringend erforderlicher Investitionen geht.[443] Auch im Liquidationsfall können sich die Befriedigungsquoten für die Gläubiger mindern, weil die Liquidationserlöse nach § 11 KStG ebenso der Körperschaftsteuer unterliegen.

Neben der Mindestbesteuerung schränken auch die Regelungen zum so genannten schädlichen Beteiligungserwerb die Nutzung von Verlustvorträgen ein: Gemäß § 8c Abs. 1 KStG, welcher über § 10a S. 10 GewStG auch für die gewerbesteuerlichen Verlustvorträge gilt, gehen die körperschaftsteuerlichen Verlustvorträge des Unternehmens in folgenden Fällen (anteilig) unter:

(1) Innerhalb von fünf Jahren werden mittelbar oder unmittelbar mehr als 25 % der „Anteile" des Unternehmens an einen Erwerber übertragen. Die Verlustvorträge gehen anteilig, also in Höhe des relativen Anteils der übertragenen Kapitalanteile am Gesamtkapital, unter.[444]
(2) Innerhalb von fünf Jahren werden mittelbar oder unmittelbar mehr als 50 % der „Anteile" des Unternehmens an einen Erwerber übertragen. Die Verlustvorträge gehen vollständig unter.[445]

Unter der Bezeichnung „Anteile" wird in diesem Zusammenhang nicht nur der Erwerb von Kapitalanteilen, sondern auch der Erwerb von Mitgliedschafts- und Beteiligungsrechten (ohne Stimmrechte) sowie von Stimmrechten verstanden. Kapitalerhöhungen – und damit fällt auch ein Debt Equity Swap darunter[446] – werden in § 8c Abs. 1 S. 4 KStG explizit der Übertragung des gezeichneten Kapitals bzw. des Stammkapitals gleichgestellt, soweit sie zu einer Veränderung der Beteiligungsquoten am Kapital des Unternehmens führen. Beide Fälle (1) und (2) erhalten einen Auffangtatbestand, der dem Gesetzgeber einen gewissen Handlungsspielraum zusichert, wenn ein „vergleichbarer Sachverhalt" vorliegt.[447] In einem Schreiben des Bundesministeriums der Finanzen (BMF) vom 04.07.2008 werden unter vergleichbaren

442 Vgl. BR-Drucksache 560/03 (2003), S. 14.
443 Ähnlich Diffring, P. (2012), S. 181.
444 Für detaillierte Bedingungen siehe § 8c Abs. 1 S. 1, 3, 4 KStG.
445 Für detaillierte Bedingungen siehe § 8c Abs. 1 S. 2, 3, 4 KStG.
446 Vgl. auch Krause, N. (2013), S. 159.
447 Vgl. § 8c Abs. 1 S. 1, 2 KStG.

Sachverhalten beispielsweise der Erwerb von Genussscheinen, Stimmrechtsvereinbarungen, Stimmrechtsbindungen und Stimmrechtsverzichten, Umwandlungen etc. subsumiert.[448] Im selben Schreiben wird ein Bundesfinanzhof (BFH)-Urteil zitiert, wonach auch die Kombination verschiedener Sachverhalte im Ergebnis zu einem schädlichen Beteiligungserwerb führen kann.[449] Verschärfend ist in § 8c Abs. 1 S. 3 KStG geregelt, dass ein schädlicher Eigentumserwerb auch dann vorliegt, wenn die Anteile auf eine Gruppe von Erwerbern mit gleichgerichteten Interessen übertragen werden.

Neben den Ausnahmeregelungen in den §§ 8c Abs. 1 S. 5[450] und 8c Abs. 1 S. 6, 8[451] KStG ist der § 8c KStG durch das Bürgerentlastungsgesetz vom 16.07.2009 um eine Sanierungsklausel (§ 8c Abs. 1a KStG) erweitert worden.[452] Die Sanierungsklausel findet über § 10a S. 10 GewStG auch für die Gewerbesteuer Anwendung. § 8c Abs. 1a KStG regelt, dass es sich nicht um einen schädlichen Beteiligungserwerb handelt und demnach § 8c Abs. 1 KStG nicht anzuwenden ist, wenn die Anteile zum Zweck der Sanierung erworben werden.[453]

Kurz nach Inkrafttreten der hier nur angesprochenen, weil – wie sogleich ersichtlich wird – bedeutungslosen, Sanierungsklausel hat die EU-Kommission ein förmliches Prüfverfahren nach Art. 108 Abs. 2 Vertrag über die Arbeitsweise der Europäischen Union (AEUV) eröffnet, weil sie Zweifel an der Vereinbarkeit mit geltendem Unionsrecht hat. Infolgedessen hat das BMF mit Schreiben vom 30.04.2010 erklärt, dass die Sanierungsklausel bis zu einem abschließenden Beschluss der Kommission nicht mehr anzuwenden ist.[454] Mit Beschluss vom 26.01.2011 hat die EU-Kommission die Unvereinbarkeit der Sanierungsklausel mit den EU-Beihilferegeln festgestellt und deren Anwendung untersagt.[455] Nachdem die Nichtigkeitsklage der deutschen Bundesregierung beim Gericht der Europäischen Union abgewiesen wurde[456], ist die Entscheidung als endgültig anzusehen.

---

448 Vgl. BMF-Schreiben vom 04.07.2008, Rn. 5.

449 Vgl. BFH-Urteil vom 22.10.2003.

450 Demnach liegt ein schädlicher Beteiligungserwerb i. S. des § 8c Abs. 1 KStG nicht vor, wenn am übertragenden und am übernehmenden Unternehmen dieselbe Person zu 100 % beteiligt ist.

451 Trotz schädlichen Beteiligungserwerbs i. S. des § 8c Abs. 1 KStG kann ein Verlustvortrag dann genutzt werden, sofern er die vorhandenen und im Inland steuerpflichtigen stillen Reserven des Unternehmens nicht übersteigt.

452 Die Sanierungsklausel gilt nach der Änderung durch das Wachstumsbeschleunigungsgesetz, welches in Folge der Finanz- und Wirtschaftskrise am 22.12.2009 erlassen wurde, zeitlich unbefristet. Vgl. Schreiben des OFD Rheinland vom 30.03.2010, Rn. 1.

453 Auch die Sanierungsklausel gilt für Beteiligungserwerbe und vergleichbare Sachverhalte, wie sie im BMF-Schreiben vom 04.07.2008, Rn. 5, erläutert wurden. Vgl. Schreiben des OFD Rheinland vom 30.03.2010, Rn. 3.

454 Vgl. BMF-Schreiben vom 30.04.2010.

455 Vgl. Beschluss IP/11/65 der EU-Kommission vom 26.01.2011.

456 An dieser Stelle sei zusätzlich angemerkt, dass die Klage erst einen Tag nach Ablauf der Klagefrist eingereicht wurde und deshalb ohne inhaltliche Stellungnahme

Auch wenn die Nutzung steuerlicher Verlustvorträge durch verschiedene Verlustverrechnungsbeschränkungen (erheblich) eingeschränkt wird, sind diese nicht sofort wertlos. Des Weiteren sind Verlustvorträge nicht isoliert, sondern insbesondere auch in Zusammenhang mit Sanierungsgewinnen[457] zu betrachten.

3.4.2 Besteuerung von Sanierungsgewinnen

Bei nur teilweiser Werthaltigkeit der im Rahmen des Debt Equity Swap einzulegenden Forderung ergibt sich in Höhe des nicht werthaltigen Anteils ein erfolgswirksam zu vereinnahmender Sanierungsgewinn, also ein Gewinn, der das Betriebsvermögen durch den vollständigen oder teilweisen Erlass von Schulden zum Zwecke der Sanierung erhöht.[458] Während Sanierungsgewinne früher gemäß § 3 Nr. 66 EStG a. F. steuerfrei waren, sind diese seit der Einführung des Gesetzes zur Fortsetzung der Unternehmensteuerreform vom 29.10.1997 ab dem Geschäftsjahr 1998 grundsätzlich steuerpflichtig.[459] In der Gesetzesbegründung heißt es jedoch explizit, dass „einzelnen [...] Härtefällen [...] im Stundungs- oder Erlaßwege begegnet“[460] werden kann. Aufgrund der Unsicherheit bei den Betroffenen hat das Bundesministerium der Finanzen reagiert und in einem BMF-Schreiben[461] Stellung zur Frage der ertragsteuerlichen Behandlung von Sanierungsgewinnen genommen. Im Ergebnis kann regelmäßig von der faktischen Nichtbesteuerung von Sanierungsgewinnen ausgegangen werden[462], wenngleich dies an bestimmte Voraussetzungen geknüpft und mit einigen Unwägbarkeiten verbunden ist.

---

abgewiesen wurde. Vgl. Beschluss T-205/11 des Europäischen Gerichtshofs (EuG) vom 18.12.2012.

457 Im Folgenden werden nur Sanierungsgewinne auf Darlehensforderungen betrachtet. Sollen etwa gegen die Gesellschaft gerichtete Forderungen aus Lieferungen und Leistungen eingebracht werden, so sind zusätzliche Besonderheiten in Zusammenhang mit der Umsatz- und Vorsteuer zu beachten. Vgl. hierzu etwa Ebbinghaus, M./Hinz, B. (2013), S. 479–484. Dieser wohl eher seltene Spezialfall wird nicht weiter verfolgt.

458 Vgl. bereits die Ausführungen und das diskutierte Beispiel in Kapitel 3.3.3.1.

459 Vgl. Gesetz zur Fortsetzung der Unternehmensteuerreform (1997), S. 2590. Für die Definition von Sanierungsgewinnen im steuerrechtlichen Sinne vgl. BMF-Schreiben vom 27.03.2003, Rn. 3. Zur Begründung: Bis 31.12.1997 waren Sanierungsgewinne nach § 3 Nr. 66 EStG a. F. steuerfrei. Dies führte u. a. dazu, dass bestehende Verlustvorträge trotz der Steuerfreiheit von Sanierungsgewinnen vorgetragen und genutzt werden konnten. Diese Doppelbegünstigung wollte der Gesetzgeber abschaffen. Vgl. BT-Drucksache 13/7480, S. 192.

460 BT-Drucksache 13/7480, S. 192.

461 Vgl. BMF-Schreiben vom 27.03.2003.

462 Das FG München war im Urteil vom 12.12.2007 der Ansicht, dass das BMF-Schreiben der Intention, mit der der Gesetzgeber die Steuerfreiheit von Sanierungsgewinnen 1997 abgeschafft hat, widerspricht und somit rechtswidrig ist. Gegen dieses Urteil wurde Revision eingelegt, jedoch hatte der BFH wegen Erledigtenerklärung

Das BMF-Schreiben erlaubt es den zuständigen Finanzbehörden[463] auch ohne explizite gesetzliche Regelung, die auf den Sanierungsgewinn zu entrichtende Steuer aus sachlichen Billigkeitsgründen abweichend festzusetzen (§ 163 Abgabenordnung (AO)), ab Fälligkeit unter Widerrufsvorbehalt zu stunden (§ 222 AO) und nach abschließender Prüfung zu erlassen (§ 227 AO)[464], sofern es sich um ein sanierungsbedürftiges und sanierungsfähiges Unternehmen handelt[465]. Die Besteuerungsgrundlage ist dabei wie folgt zu ermitteln: Unabhängig von den geltenden Einschränkungen zur Verlustverrechnung und den Regelungen zur Mindestbesteuerung ist in einem ersten Schritt der Sanierungsgewinn vollständig und vorrangig mit vorhandenen Verlustvorträgen und laufenden Verlusten, soweit diese nicht mit laufenden Einkünften der gleichen Periode verrechnet werden können, zu verrechnen.[466] Reichen diese Verluste nicht für eine vollständige Verrechnung mit dem Sanierungsgewinn aus, so wird die auf den verbleibenden Sanierungsgewinn zu entrichtende Steuer zunächst gestundet. Erwirtschaftet das Unternehmen auch in den nachfolgenden Perioden Verluste, so sind diese im Wege eines Verlustrücktrags – wiederum unabhängig von ansonsten geltenden Einschränkungen – auf den

---

der Parteien nur noch über die Kostenfrage zu entscheiden. Vgl. BFH-Urteil vom 28.02.2012 sowie Braun, E./Geist, A. (2013), S. 352. Inzwischen hat sich in der Rechtsprechung überwiegend die Meinung gefestigt, dass der Gesetzgeber lediglich die Doppelbegünstigung von Steuerfreiheit und Fortbestand der steuerlichen Verlustvorträge abschaffen wollte. Vgl. Urteil des FG Köln vom 24.04.2008 sowie BFH-Urteil vom 14.07.2010, Rn. 29, in dem der Sanierungserlass des BMF als rechtmäßig erklärt wurde.

463 Festsetzung und Erhebung sowie Stundung und Erlass der Körperschaftsteuer obliegen den zuständigen Finanzbehörden der Länder. Festsetzung und Erhebung sowie Stundung und Erlass der Gewerbesteuer obliegen dagegen ausschließlich der hebeberechtigten Gemeinde. Vgl. § 1 GewStG. Dies wird durch das BMF-Schreiben nicht berührt. Vgl. BMF-Schreiben vom 27.03.2003, Rn. 15. Die Gemeinde kann eine von der Finanzverwaltung abweichende Würdigung des identischen Sachverhalts vornehmen. Vgl. Verfügung des Landesamtes für Steuern (LfSt) Bayern vom 08.08.2006.

464 Vgl. BMF-Schreiben vom 27.03.2003, Rn. 8. Dies gilt auch nach der Reform des Unternehmen-steuergesetzes 2008. Vgl. BR-Drucksache 220/07, S. 126, sowie BT-Drucksache 16/4841, S. 76.

465 Die genauen Voraussetzungen sind im BMF-Schreiben vom 27.03.2003, Rn. 4, aufgelistet. Weil die Begriffe aber nicht eigenständig definiert sind, ist hierzu auf die Rechtsprechung zu § 3 Nr. 66 EStG a. F. zurückzugreifen. Vgl. Ziegenhagen, A./Thieme, H. (2010), S. 101. Wenn ein Sanierungskonzept vorliegt, so kann regelmäßig davon ausgegangen werden, dass die Voraussetzungen erfüllt sind. Vgl. BMF-Schreiben vom 27.03.2003, Rn. 4.

466 Vgl. BMF-Schreiben vom 27.03.2003, Rn. 8. Ebenso BFH-Urteil vom 14.07.2010, BR-Drucksache 220/07, S. 126, Gras, K. (2012), § 5 Rn. 122–123, Maus, K.-H. (2010), § 80 Rn. 39, sowie Ziegenhagen, A./Thieme, H. (2010), S. 103. Anders Braun, E./Geist, A. (2013), S. 352–353, die der Ansicht sind, dass die Mindestbesteuerung auch in diesen Fällen anzuwenden sei.

verbleibenden Sanierungsgewinn anzurechnen. In der Folge sind die abweichende Festsetzung nach § 163 AO und die Stundung nach § 222 AO anzupassen.[467] Um die Verlustverrechnungsmöglichkeiten vor einem endgültigen Erlass der verbleibenden Steuerbelastung vollständig ausschöpfen zu können, sieht die Finanzverwaltung vor, dass die Stundung mindestens bis zur nächsten noch ausstehenden Veranlagung, höchstens jedoch bis zu einem gesondert festzulegenden Zeitpunkt vorzunehmen ist.[468] Wird ein Forderungsverzicht gegen Besserungsschein vereinbart, so darf kein Erlass ausgesprochen werden, solange Zahlungen auf den Besserungsschein geleistet werden können.[469]

Trotz der Vereinheitlichung der Behandlung von ertragsteuerlichen Sanierungsgewinnen durch das BMF-Schreiben gilt es in der Praxis, verschiedene verbleibende Risiken und Unwägbarkeiten zu berücksichtigen: Bei den von den jeweils zuständigen Finanzbehörden getroffenen Entscheidungen handelt es sich um Ermessensausübungen, welche von den Finanzgerichten nur eingeschränkt überprüft werden können.[470] Einige Stimmen sehen aufgrund der im BMF-Schreiben festgelegten Verfahrensanweisung ein auf Null reduziertes Ermessen der zuständigen Finanzbehörden und sind deshalb der Meinung, dass bei Vorliegen aller Voraussetzungen ein gerichtlich durchsetzbarer Anspruch auf den Erlass der auf den verbleibenden Sanierungsgewinn zu entrichtenden Steuer bestehe.[471] Im Gegensatz dazu gibt es andere Stimmen, welche nach wie vor ein Restrisiko sehen und die Notwendigkeit einer gesetzlichen Regelung betonen, sodass die Sanierung im Zweifel nicht an den Hürden des deutschen Steuerrechts scheitert.[472] Aufgrund der bereits in Kapitel 3.4.1 angesprochenen europarechtswidrigen Sanierungsklausel des § 8c Abs. 1a KStG existiert zudem der berechtigte Einwand, dass im Falle eines von der EU-Kommission eröffneten Verfahrens auch diese Regelungen europarechtlich als rechtswidrige Beihilfe eingestuft werden könnten.[473] Derzeit gibt es jedoch keine Indizien für ein bevorstehendes Prüfverfahren nach Art. 108 Abs. 2 AEUV.

---

467 Vgl. BMF-Schreiben vom 27.03.2003, Rn. 8. Ebenso Gras, K. (2012), § 5 Rn. 122–123, sowie Ziegenhagen, A./Thieme, H. (2010), S. 103.

468 Vgl. BMF-Schreiben vom 27.03.2003, Rn. 10.

469 Vgl. BMF-Schreiben vom 27.03.2003, Rn. 11. Weil bei Debt Equity Swaps i. d. R. keine Besserungsabreden getroffen werden, werden weitere Regelungen zum Forderungsverzicht mit Besserungsabrede nicht diskutiert.

470 Vgl. Ziegenhagen, A./Thieme, H. (2010), S. 99–100.

471 Vgl. Urteil des FG Münster vom 27.05.2004, Gras, K. (2012), § 5 Rn. 116, sowie Maus, K.-H. (2010), § 80 Rn. 39, der jedoch berechtigterweise argumentiert, dass die Finanzbehörden das Vorliegen der Voraussetzungen anders als der Steuerpflichtige oder der Insolvenzverwalter beurteilen können und daher auch eine gesetzliche Regelung fordert.

472 Vgl. Braun, E./Geist, A. (2013), S. 352, 354–355, Ebbinghaus, M./Hinz, B. (2013), S. 484, Kahlert, G. (2012), S. 945, sowie Maus, K.-H. (2010), § 80 Rn. 42.

473 Vgl. Diffring, P. (2012), S. 195–201, Krause, N. (2013), S. 158–159, sowie Maus, K.-H. (2010), § 80 Rn. 42.

3.4.3 Relevanz der Zinsschrankenregelung und Abzugsfähigkeit von Fremdkapitalaufwendungen

Zur Bewertung der im Rahmen des Debt Equity Swap einzulegenden Forderung sind ebenfalls Zinsvorträge und die Zinsschrankenregelung relevant, wie im weiteren Verlauf deutlich wird. Sowohl das GewStG (§ 7 i. V. m. § 8 Nr. 1 Alt. a GewStG) als auch das KStG (§ 8 KStG) regeln, dass Entgelte für Schulden[474] grundsätzlich den Ertrag und somit die steuerliche Bemessungsgrundlage mindern. Nach der Überarbeitung der Zinsschrankenregelung mit dem Ziel, die übermäßige Fremdfinanzierung deutscher Unternehmen zu begrenzen[475], sind Zinsaufwendungen nur noch eingeschränkt steuerlich abzugsfähig: Die Zinsaufwendungen eines Unternehmens sind grundsätzlich nur in Höhe der Zinserträge des gleichen Geschäftsjahres vollständig abziehbar, darüber hinaus nur in Höhe des verrechenbaren EBITDA (Earnings before Interest, Taxes, Depreciation and Amortization), d. h. in Höhe von 30 % des steuerlichen EBITDA[476]. Übersteigt das verrechenbare EBITDA die um die Zinserträge geminderten Zinsaufwendungen (Nettozinsaufwand), so ist der verbleibende Betrag gesondert festzustellen und als EBITDA-Vortrag in die folgenden fünf Wirtschaftsjahre vorzutragen.[477] Sind Zinsaufwendungen eines Geschäftsjahres aufgrund der bisherigen Ausführungen nicht abziehbar, so sind diese bis zur Höhe der EBITDA-Vorträge aus den vorangegangenen Geschäftsjahren abziehbar.[478] Danach verbleibende Zinsaufwendungen sind gesondert festzustellen und als Zinsvorträge in die folgenden Wirtschaftsjahre vorzutragen.[479]

In verschiedenen Ausnahmefällen greift die Zinsschrankenregelung nicht und die Zinsaufwendungen sind weiterhin voll abzugsfähig: Dies gilt etwa nach § 4h Abs. 2 Alt. a EStG, wenn der Nettozinsaufwand die Freigrenze von TEUR 3.000 nicht übersteigt. Auch greift die Zinsschrankenregelung nicht, wenn das Unternehmen nicht oder nur anteilig zu einem Konzern gehört (§ 4h Abs. 2 Alt. b EStG) oder einem so genannten Eigenkapitalvergleich standhält, d. h. wenn die Eigenkapitalquote des Unternehmens die des Konzerns nicht unterschreitet (§ 4h Abs. 2 Alt. c EStG). Für Körperschaften gelten verschärfende Regelungen, sodass die beiden letzten Ausnahmefälle zusätzlich eingeschränkt werden, wenn eine schädliche Gesellschafterfremdfinanzierung in dem Sinne vorliegt, dass mehr als 10 % der die Zinserträge übersteigenden Zinsaufwendungen an einen zu mehr als 25 %

---

474 Im Folgenden wird vereinfachend von Zinsaufwendungen oder Zinsen gesprochen. Die exakte steuerrechtliche Abgrenzung findet sich in § 8 Nr. 1 Alt. a S. 1 GewStG.

475 Vgl. BR-Drucksache 220/07, S. 53.

476 Vgl. § 4h Abs. 1 S. 1 EStG. Dieser Paragraph gilt über § 7 S. 1 GewStG bzw. § 8a KStG mit verschiedenen Ausnahmen auch für die GewSt bzw. KSt. Das steuerliche EBITDA ist in § 4h Abs. 1 S. 2 EStG definiert.

477 Vgl. § 4h Abs. 1 S. 3, Abs. 4 EStG.

478 Vgl. § 4h Abs. 1 S. 4 EStG.

479 Vgl. § 4h Abs. 1 S. 5, Abs. 4 EStG.

mittel- oder unmittelbar am Nennkapital beteiligten Anteilseigner fließen.[480] Um die Zinsschrankenregelung zu umgehen, existieren zwei wesentliche Gestaltungsmöglichkeiten: Zum einen findet die Zinsschranke nach § 4h Abs. 2 Alt. b EStG keine Anwendung, wenn alle Unternehmen eines Konzerns zur selben Organschaft gehören. Denn gemäß § 15 Nr. 3 KStG gelten Organträger und Organgesellschaften als ein Unternehmen. Zum anderen können Unternehmen in mehrere rechtlich selbstständige Unternehmen aufgespalten werden, sodass jedes Unternehmen für sich die Freigrenze für den Nettozinsaufwand nicht übersteigt.[481]

Dass die Anwendung der Zinsschrankenregelung gerade bei sanierungsbedürftigen Krisenunternehmen zu erheblichen Härten auch i. S. einer zusätzlichen Liquiditätsbelastung führen kann, liegt auf der Hand: Operativ rückläufige oder gar negative Ergebnisse in Verbindung mit hohen Zinsaufwendungen können im schlechtesten Fall zu einer vollständigen Nichtabzugsfähigkeit von Zinsaufwendungen und in der Folge auch zu einer so genannten Aufwands- bzw. Substanzbesteuerung führen.[482] Zwar können nicht verrechnete Zinsaufwendungen vorgetragen werden, jedoch wird deren Nutzung analog zu den Ausführungen zum Untergang steuerlicher Verlustvorträge in Kapitel 3.4.1 durch die Regelungen zum schädlichen Beteiligungserwerb zusätzlich eingeschränkt.[483] Dies bedeutet, dass auch diese in Folge von Sanierungsmaßnahmen, etwa einem Debt Equity Swap, anteilig oder vollständig untergehen können. Aufgrund der bereits besprochenen Europarechtswidrigkeit der Sanierungsklausel (§ 8c Abs. 1a KStG) und den damit verbundenen Konsequenzen kann auch hier mit keinen Privilegierungen im Sanierungsfall gerechnet werden.

3.4.4 Zwischenfazit

Vorangehende Ausführungen haben relevante steuerrechtliche Rahmenbedingungen aufgezeigt, welche wesentlichen Einfluss auf die Bewertung des Unternehmens und damit auch auf die Werthaltigkeit der im Rahmen des Debt Equity Swap

---

480 Die vereinfachend dargestellte Regelung findet sich mit all ihren Varianten in § 8a Abs. 2, 3 KStG.

481 Vgl. Blaufus, K./Lorenz, D. (2009), S. 505, sowie Herzig, N./Lochmann, U./Liekenbrock, B. (2008), S. 594.

482 Vgl. auch Arnold, S./Lahmann, A./Schwetzler, B. (2011), S. 298, die die Zinsschrankenregelung als „Strafsteuer für unrentable Unternehmen" bezeichnen, Blaufus, K./ Lorenz, D. (2009), S. 511, Brähler, G./Kühner, P. (2012), S. 318, 321, Eilers, S./ Bühring, F. (2009), S. 137, Müller, J. (2012), S. 163–164, Pasedag, A. (2010), S. 301, Schleusener, A.-K. (2012), S. 115, sowie Ziegenhagen, A./Thieme, H. (2010), S. 127. Die Aufwands- und Substanzbesteuerung ist anhand eines Zahlenbeispiels etwa von Bachmann, C./Schultze, W. (2008), S. 17, anschaulich erläutert. Einen Überblick über die Grundsatzdiskussion, inwiefern die Zinsschranke gegen verfassungsrechtliche Regelungen stößt, liefert etwa Prinz, U. (2013), S. 1571–1572.

483 Vgl. § 4h Abs. 5 EStG i. V. m. § 8c KStG und die entsprechenden Erläuterungen in Kapitel 3.4.1.

einzulegenden Forderung haben können. Dass die Veränderungen im Steuerrecht in den letzten Jahren nicht unbedingt zur Sanierungsfreundlichkeit beigetragen haben, ist an den entsprechenden Stellen erläutert worden. Wenngleich der Gesetzgeber das Problem erkannt und durch die Einführung der Sanierungsklausel des § 8c Abs. 1a KStG zu beseitigen versucht hat, ist durch die Europarechtswidrigkeit dieser Sanierungsklausel ein bedeutender Rückschlag hinzunehmen.[484]

Die Steuerplanung ist vor allem in Krisen- und Sanierungssituationen von großer Bedeutung. Aufgrund der Vielfalt an möglichen Sanierungsmaßnahmen und bestehender Ermessensspielräume bei der Behandlung von Verlustvorträgen und Sanierungsgewinnen sollten die Finanzbehörden frühzeitig einbezogen werden, um steuerrechtliche Risiken zu minimieren. Verbleibende Unsicherheiten können durch die Einholung von verbindlichen Auskünften nach § 204 AO beseitigt werden.

3.5 Nachrangigkeit von Gesellschafterdarlehen in der Insolvenz

3.5.1 Wegfall des Eigenkapitalersatzrechts durch MoMiG und Neuregelung in der InsO

Entscheiden sich ein oder mehrere Gläubiger zur Durchführung eines Debt Equity Swap, so können sie ihre gegen das Unternehmen gerichtete Forderung entweder vollständig oder aber in Teilen einlegen. Wenn der neue Anteilseigner nach erfolgter Sanierung auch weiterhin als Gläubiger fungiert, droht bei Scheitern des Sanierungsversuchs das Risiko der Nachrangigkeit seiner Forderungen. Während früher die Regelungen zum so genannten Eigenkapitalersatz verstreut über verschiedene Gesetze geregelt und durch die laufende Rechtsprechung geprägt waren, sind diese mit Inkrafttreten des Gesetzes zur Modernisierung des GmbH-Rechts und zur Bekämpfung von Missbräuchen (MoMiG) am 1.11.2008 zentral in der Insolvenzordnung aufgenommen worden.[485]

Gemäß § 39 Abs. 1 Nr. 5 InsO sind sämtliche Gesellschafterdarlehen und wirtschaftlich dem entsprechende Rechtsgeschäfte unabhängig von Zweck und Zeitpunkt der Ausreichung bzw. dem Abschluss im Insolvenzverfahren per Gesetz

484 Ähnlich Drüen, K. (2011), S. 289, 293.

485 Das Eigenkapitalersatzrecht in seiner alten Form soll nicht Gegenstand der nachfolgenden Betrachtung sein. Dass die alten Vorschriften und die entsprechende Rechtsprechung keine Anwendung mehr finden (dürfen), hat der Gesetzgeber explizit durch § 30 Abs. 1 S. 3 GmbHG geregelt. Die Neuregelung gilt für alle Insolvenzverfahren, welche nach dem 1.11.2008 eröffnet wurden. Vgl. hierzu auch BT-Drucksache 16/6140, S. 42, 56, sowie Ehricke, U. (2013), § 39 Rn. 36–37.

nachrangig.[486] Dies gilt für sämtliche haftungsbeschränkten Rechtsformen.[487] Sofern für derartige Darlehen innerhalb der letzten zehn Jahre vor Beantragung der Eröffnung des Insolvenzverfahrens Sicherheiten gewährt[488] wurden oder innerhalb des letzten Jahres vor Antragstellung Befriedigung gewährt[489] wurde, sind diese Rechtshandlungen anfechtbar und der Insolvenzverwalter wird deren Rückgewährung zur Insolvenzmasse[490] fordern.[491] Der gesetzlich geregelte Nachrang führt unweigerlich zu zusätzlichen Risiken für sanierungswillige Gläubiger, weshalb der Gesetzgeber auch nach MoMiG sowohl ein Kleinbeteiligungs- als auch ein Sanierungsprivileg vorgesehen hat.[492]

3.5.2 Das Sanierungsprivileg

Grundsätzlich würden bei Durchführung eines Debt Equity Swap die nicht in Anteile gewandelten Forderungen eines Gläubigers unter den gesetzlichen Nachrang fallen, sofern das Kleinbeteiligungsprivileg nicht greifen würde. Von Letzterem ist regelmäßig auszugehen.[493] Der gesetzliche Nachrang für bereits bestehende oder neu gewährte Darlehen entfällt jedoch gemäß § 39 Abs. 4 S. 2 InsO, wenn der Anteilserwerb des Gläubigers zum Zweck der Sanierung des Unternehmens erfolgt.

Die Inanspruchnahme des Sanierungsprivilegs ist an verschiedene Voraussetzungen geknüpft:[494] Zunächst muss die Sanierungsbedürftigkeit des Unternehmens vorliegen. Konkret muss bereits der Zustand der drohenden Zahlungsunfähigkeit gemäß § 18 InsO bzw. der insolvenzrechtlichen Überschuldung gemäß § 19 InsO eingetreten sein. Des Weiteren muss eine Sanierungsabsicht vorliegen und die entsprechende Maßnahme – im vorliegenden Fall also der Debt Equity Swap – zur Sanierung des Unternehmens geeignet sein. Zudem darf der wandelnde Gläubiger

---

486 Vgl. hierzu auch im Detail Ehricke, U. (2013), § 39 Rn. 41–47. § 44a InsO enthält zusätzliche Regelungen für den Fall von gesellschafterbesicherten Drittdarlehen, welche im Folgenden ausgeklammert werden. Vgl. hierzu auch im Detail Bitter, G. (2013), § 44a Rn. 1–34.

487 Vgl. § 39 Abs. 3 S. 1 InsO, BT-Drucksache 16/6140, S. 56–57, sowie Drygala, T./Staake, M./Szalai, S. (2012), S. 168.

488 Vgl. § 135 Abs. 1 Nr. 1 InsO.

489 Vgl. § 135 Abs. 1 Nr. 2 InsO.

490 Vgl. §§ 135 Abs. 1 i. V. m. 143 Abs. 1 S. 1 InsO.

491 Wirtschaftlich vergleichbare Sachverhalte und Rechtshandlungen sind entsprechend geregelt. Vgl. §§ 135 Abs. 2, 3 und 143 Abs. 2, 3 InsO.

492 Vgl. für das Kleinbeteiligungsprivileg § 39 Abs. 5 InsO und für das Sanierungsprivileg § 39 Abs. 4 S. 2 InsO. Das Kleinbeteiligungsprivileg gilt grundsätzlich für Gesellschafter, welche mit 10 % oder weniger am Haftkapital beteiligt sind. Vgl. hierzu auch im Detail Drygala, T./Staake, M./Szalai, S. (2012), S. 170, sowie Ehricke, U. (2013), § 39 Rn. 57.

493 Vgl. bereits die Ausführungen in Kapitel 2.6.2.3.

494 Vgl. für das Folgende neben den zitierten Gesetzesstellen auch das BGH-Urteil vom 21.11.2005, Ehricke, U. (2013), § 39 Rn. 55–56, sowie Müller, J. (2012), S. 138–140.

nicht bereits Gesellschafter oder eine gleichgestellte Person gewesen, also unter den Anwendungsbereich des § 39 Abs. 1 Nr. 5 InsO gefallen sein. Dies gilt nicht, sofern er unter das Kleinbeteiligungsprivileg des § 39 Abs. 5 InsO gefallen ist.[495] Sind die Voraussetzungen erfüllt, so gilt das Sanierungsprivileg bis zur nachhaltigen Sanierung des Unternehmens.[496] Der Zeitpunkt der nachhaltigen Sanierung bemisst sich insbesondere an dem im Sanierungs- bzw. Insolvenzplan definierten Zeitrahmen.[497]

Interpretiert man die Vorschriften zum gesetzlichen Nachrang und Sanierungsprivileg vor dem Hintergrund der bisher gewonnen Erkenntnisse, so wird auch hier unmittelbar deutlich, dass der Gesetzgeber Anreize für einen frühzeitigen Eintritt in das Insolvenzverfahren und somit für die gerichtliche Fortführungslösung schaffen will. Zwar kann das Sanierungsprivileg grundsätzlich auch bei drohender Zahlungsunfähigkeit und außergerichtlichem Debt Equity Swap in Anspruch genommen werden. Im Falle der gescheiterten Sanierungsbemühungen ist jedoch alleine der Neugesellschafter in der Beweispflicht[498], inwiefern die Voraussetzungen erfüllt sind bzw. waren.

3.6 Bilanzierung der im Rahmen des Debt Equity Swap neu ausgegebenen Finanzinstrumente

3.6.1 Bilanzierung von handelsrechtlichem Eigenkapital

Während die Bilanzierung von im Rahmen des Debt Equity Swap ausgegebenen Aktien bzw. Geschäftsanteilen als handelsrechtliches Eigenkapital per se unstrittig ist, gestaltet sich die Zuordnung von hybriden Finanzinstrumenten zum handelsrechtlichen Eigen- bzw. Fremdkapital aufwendiger. In der Praxis ist die Wandlung von Fremd- in Hybridkapital – oftmals als Debt Mezzanin Swap bezeichnet[499] – von Bedeutung, weil hier grundsätzlich die Vorteile von Eigen- und Fremdkapital kombiniert werden können. Insbesondere ist es attraktiv, die Eigenkapitalquote durch Schaffung von handelsrechtlichem Eigenkapital zu verbessern und zugleich die Vergütungen für selbiges steuerlich als Fremdkapital geltend zu machen.[500] Aufgrund

495 Vgl. BT-Drucksache 16/6140, S. 57. Warum der Kapitaleinsatz von Altgesellschaftern nicht privilegiert werden soll, ist m. E. nicht begründbar. Zur Kritik vgl. auch Drygala, T./Staake, M./Szalai, S. (2012), S. 170–171.

496 Vgl. § 39 Abs. 4 S. 2 InsO.

497 Vgl. Ehricke, U. (2013), § 39 Rn. 56.

498 Vgl. BGH-Urteil vom 21.11.2005, in dem es hierzu heißt, dass „[...] die [regelmäßig] vorzunehmende „ex ante“ -Prognose nur auf der Grundlage eines dokumentierten Sanierungskonzepts relevant sein [kann], das zugleich den Nachweis für den subjektiven Sanierungszweck des Anteilserwerbs liefert“.

499 Vgl. bereits Fn. 308.

500 Vgl. bereits die Ausführungen in Kapitel 2.6.2.3.1 und die dort zitierte Literatur.

der beinahe unbegrenzten Zahl an Gestaltungsmöglichkeiten[501] wird für den weiteren Verlauf – auch aufgrund der steigenden Praxisrelevanz[502] – eine Einschränkung dahingehend getroffen, dass lediglich die Ausgabe von Genussrechten und deren handels- bzw. steuerrechtliche Bilanzierung in Abhängigkeit der Ausgestaltung betrachtet werden. Wenngleich die insolvenzrechtliche, nicht aber zwingend auch die ökonomische Überschuldung ebenso beispielsweise durch die Ausgabe von Wandel- und Optionsanleihen in Verbindung mit einer Nachrangabrede beseitigt werden kann, ist es bei diesen Varianten vor Inanspruchnahme des Wandlungs- bzw. Optionsrechts nicht möglich, handelsrechtliches Eigenkapital zu schaffen.

Obwohl Genussrechte unabhängig von ihrer konkreten Ausgestaltung ihren schuldrechtlichen Charakter nicht verlieren, können sie, sofern die Voraussetzungen des IDW HFA 1/1994 erfüllt sind, als handelsrechtliches Eigenkapital bilanziert werden.[503] Voraussetzung für die Qualifikation der auszugebenden Genussrechte ist eine ausreichende Haftungsqualität, wobei diese regelmäßig dann angenommen wird, wenn die aus den Genussrechten resultierenden Ansprüche nachrangig[504] bedient werden, sowohl eine Teilnahme am Verlust bis zur vollen Höhe als auch eine Erfolgsabhängigkeit der Vergütung vorgesehen sind und das überlassene Kapital dem Schuldner langfristig zur Verfügung steht.[505] Sollen die Genussrechte ohnehin mit einem Recht zur Wandlung oder zum Bezug von Aktien oder Anteilen ausgegeben werden[506], so bietet sich durch entsprechende Ausgestaltung des Vertrages bereits bei Emission die Möglichkeit, handelsrechtliches Eigenkapital zu schaffen. Schädlich für eine handelsrechtliche Qualifizierung als Eigenkapital sind insbesondere dem

---

501 Wie bereits an früherer Stelle angesprochen wurde, kann grundsätzlich jeder Fremdkapitaltitel in handelsrechtliches oder wenigstens wirtschaftliches Eigenkapital, welches in der Überschuldungsbilanz nicht anzusetzen ist (vgl. hierzu die Ausführungen in Kapitel 3.6.3), gewandelt werden.

502 Für die zunehmende Praxisrelevanz von Genussrechten auch in Verbindung mit Debt Equity Swaps vgl. etwa Bosse, M./Hultsch, C. (2011), S. 48, Schilmar, B./ Landry, J. (2011), S. 191–192, sowie Stadler, M. (2003), S. 579. Inwiefern die Ausgabe von Genussrechten vorteilhaft sein kann, wird in den folgenden Ausführungen erläutert.

503 Die Anwendung des IDW HFA 1/1994 zur Bilanzierung von Genussrechten entspricht auch der h. M. in der Literatur. Vgl. Haarmann, W. (2013), S. 47, Kozikowski, M./Schubert, W. (2012), § 247 Rn. 228, Kroener, I./Momen, L. (2012), S. 830, Oelke, H./Wöhlert, H.-T./Degener, S. (2010), S. 301, sowie Stadler, M. (2003), S. 580.

504 Die Nachrangigkeit richtet sich nach § 39 Abs. 2 InsO.

505 Die einzelnen Kriterien sind im IDW HFA 1/1994 ausführlich erläutert. Auf eine vertiefende Betrachtung wird verzichtet.

506 Unter Ausschluss des Bezugsrechts der Altaktionäre wird zur Bedienung des Wandlungs- oder Optionsrechts bedingtes Kapitel gemäß §§ 221 Abs. 3 i. V. m. 192 Abs. 1 AktG geschaffen. Obwohl Genussrechte nicht im GmbHG geregelt sind, sind diese auch im Recht der GmbH verbreitet und zulässig. Vgl. bereits die in Fn. 290 zitierte Literatur.

Inhaber gewährte Kündigungsrechte, weil dadurch eine Rückzahlungsverpflichtung des schuldnerischen Unternehmens in voller Höhe entsteht.[507]

Weil auch Genussrechte, welche handelsrechtlich als Eigenkapital zu klassifizieren sind, als separater Posten in der Bilanz ausgewiesen werden müssen[508] und umfangreiche Pflichten zu Angaben im Anhang des Jahresabschlusses resultieren[509], ist der vermeintliche Vorteil einer Verbesserung der Eigenkapitalquote als eingeschränkt zu betrachten. Insbesondere wird die Kreditwürdigkeit des Unternehmens in Folge dieser einzelnen Maßnahme nicht ohne Weiteres steigen, weil sowohl Ratingagenturen als auch Kreditgeber aus dem Umstand der vergangenen Sanierung und der Darstellung der Genussrechte im Jahresabschluss zurückhaltend agieren werden.

3.6.2 Bilanzierung von steuerrechtlichem Fremdkapital

Ein wesentlich bedeutenderes Motiv für die Entscheidung zur Emission von Genussrechten im Rahmen des Debt Equity Swap sind die steuerrechtlichen Implikationen. Sofern es gelingt, handelsrechtliches oder wenigstens wirtschaftliches Eigenkapital[510] zu schaffen und zugleich eine Umqualifizierung des bisherigen Fremdkapitals in der Steuerbilanz zu vermeiden, können die in Kapitel 3.4 diskutierten, negativen steuerrechtlichen Konsequenzen eines Debt Equity Swap u. U. umgangen werden. Sofern also der Debt Equity Swap lediglich die Wandlung einer Darlehensvereinbarung in eine Fremdkapitalgenussrechtsvereinbarung darstellt, findet – unabhängig von der Werthaltigkeit der einzulegenden Darlehensforderung – ein steuerneutraler Passivtausch statt.[511] In der Folge gehen weder Zins- und Verlustvorträge unter, noch fällt ein steuerpflichtiger Sanierungsgewinn an.[512]

Für die steuerrechtliche Qualifizierung von Genussrechten als Eigen- oder Fremdkapital stellt die h. M. auf § 8 Abs. 3 S. 2 Alt. 2 KStG ab.[513] Danach sind Vergütungen

507 Vgl. bereits Fn. 505.

508 Vgl. Ellrott, H./Krämer, A. (2012), § 266 Rn. 191.

509 Vgl. § 16 Abs. 1 Nr. 6 AktG, welcher regelt, dass Angaben im Anhang auch über Genussrechte zu machen sind. Weil Genussrechte nach h. M. auch für GmbH zulässig sind, gilt diese Vorschrift analog. Zusätzlich sieht § 264 Abs. 2 HGB gesonderte Angaben im Anhang vor, wenn Umstände dazu führen, dass der Jahresabschluss kein den tatsächlichen Verhältnissen entsprechendes Bild der Vermögens-, Finanz- und Ertragslage wiedergibt. Aufgrund der Vielzahl an möglichen Gestaltungsalternativen und dem Zusammenhang mit der Sanierung werden hier wohl umfangreiche zusätzliche Angaben erforderlich.

510 Zur Schaffung von wirtschaftlichem Eigenkapital vgl. die Ausführungen im folgenden Kapitel 3.6.3.

511 Ähnlich Haarmann, W. (2010), S. 48, sowie Häuselmann, H. (2010), S. 947.

512 Ebenso Oelke, H./Wöhlert, H.-T./Degener, S. (2010), S. 301.

513 Vgl. Haarmann, W. (2013), S. 48–49, Hofert, S./Möller, C. (2009), S. 531, Kroener, I./Momen, L. (2012), S. 830–831, Küting, K./Kessler, H. (1994), S. 2104, Mückl, N. (2009), S. 505, Oelke, H./Wöhlert, H.-T./Degener, S. (2010), S. 301.

für Genussrechte steuerlich abzugsfähig, sofern mit den Genussrechten entweder das Recht auf Beteiligung am Gewinn des Unternehmens oder aber das Recht auf Beteiligung am Liquidationserlös, nicht aber beide Rechte zugleich, verbunden ist.[514] In der Praxis wird regelmäßig das Recht auf Beteiligung am Liquidationserlös ausgeschlossen. Wenn die entsprechenden Aufwendungen steuerlich abzugsfähig sind, ist die Qualifikationsentscheidung hinsichtlich der Art des Kapitals getroffen.[515]

Entgegen der h. M. hat sich die Oberfinanzdirektion (OFD) Rheinland in einer Kurzinformation gegen diese Einschätzung ausgesprochen, weil die Vorschrift des § 8 Abs. 3 S. 2 Alt. 2 KStG keine Aussage zur steuerbilanziellen Zuordnung von Genussrechten treffe, sondern lediglich eine Regelung zur Einkommensermittlung enthielte. Aufgrund des Maßgeblichkeitsprinzips der Handelsbilanz für die Steuerbilanz, so die OFD Rheinland, folge aus einer handelsrechtlichen Umqualifizierung von Fremd- in Eigenkapital ebenso eine steuerrechtliche Zuordnung zum Eigenkapital.[516] Eine der Einschätzung der OFD Rheinland ähnelnde Auffassung wurde bereits in anderem Zusammenhang durch den Auffangtatbestand im BMF-Schreiben vom 04.07.2008 Kund getan, wonach auch ein mit dem Debt Equity Swap vergleichbarer Sachverhalt als schädlicher Beteiligungserwerb eingestuft werden kann und in der Folge Zins- und Verlustvorträge anteilig oder vollständig untergehen können.[517] Insgesamt wird auch bei dieser Konstellation deutlich, mit welchen steuerrechtlichen Unsicherheiten ein Wandel von Fremdkapital in Genussrechte verbunden ist.

Um etwaige steuerrechtliche Risiken bei der Durchführung von Debt Mezzanin Swaps zu umgehen, kann auch an dieser Stelle nur empfohlen werden, die zuständigen Finanzbehörden frühzeitig in die Sanierung einzubinden und eine verbindliche Auskunft nach § 204 AO einzuholen. Eine grundsätzliche Empfehlung von Debt Mezzanin Swaps zur Umgehung von möglicherweise auftretenden negativen steuerlichen Konsequenzen kann nicht ausgesprochen werden.

3.6.3 Bilanzierung von wirtschaftlichem Eigenkapital

Ist der vermeintliche Vorteil einer Verbesserung der Eigenkapitalquote durch Schaffung von handelsrechtlichem Eigenkapital nicht von Bedeutung, so reicht es zur Abwendung der Unternehmensinsolvenz aus, wirtschaftliches Eigenkapital zu generieren. Schuldrechtliche Ansprüche müssen gemäß § 19 Abs. 2 S. 2 InsO nicht bei der Ermittlung der Überschuldungsbilanz angesetzt werden, sofern ein Rangrücktritt

---

514 Vgl. § 8 Abs. 3 S. 2 Alt. 2 KStG und das richtungsweisende Urteil des BFH vom 19.01.1994.

515 Vgl. Fn. 513.

516 Vgl. Kurzinformation der OFD Rheinland vom 14.12.2011. Wenngleich diese Kurzinformation nicht bindend ist, können sich die zuständigen Finanzbehörden auf diese Argumentation berufen. Entsprechende Urteile zu dieser Thematik oder ein entsprechendes BMF-Schreiben zur Vereinheitlichung der Vorgehensweise gibt es m. W. (noch) nicht.

517 Vgl. hierzu bereits die Ausführungen in Kapitel 3.4.2.

hinter die in § 39 Abs. 1 Nr. 1–5 InsO geregelten Ansprüche zwischen Gläubiger und Schuldner vereinbart ist.

Werden nachträglich eine Verlustteilnahme und damit einhergehend in den meisten Fällen auch eine Partizipation an künftigen Gewinnen vereinbart, so wird durch diese Vertragsänderung der Darlehenscharakter aufgegeben und das überlassene Kapital in Genussrechte gewandelt. Das identische Ergebnis kann durch eine Novation, also eine Ersetzung des ursprünglichen Darlehensvertrages durch eine neue Vereinbarung mit den abweichenden Bedingungen, erzielt werden.[518] Um ihre Ansprüche abzusichern, werden die Genussrechtsvereinbarungen verschiedene Finanzierungseinschränkungen, welche beispielsweise die Neuverschuldung zum Schutz vor Verwässerung der Mezzanin-Ansprüche begrenzen, oder weitere Einschränkungen bzw. Zustimmungs- und Informationspflichten vorsehen.[519]

3.7 Zusammenfassung

Vorangehende Ausführungen haben die Vielzahl an rechtlichen Rahmenbedingungen aufgezeigt, die es bei der Planung und Durchführung von Debt Equity Swaps zu beachten gilt. Als zentrales Problem wurde die Bewertung der vom Gläubiger einzulegenden Forderung herausgestellt. Wenngleich sich die Kritik an der Anwendung des Nennwertprinzips entkräften lässt, wird dessen Anwendung von Literatur und Rechtsprechung nach wie vor abgelehnt. Die ökonomischen Folgen sind u. a. Gegenstand von Kapitel 5.4.

In der Folge ist die im Rahmen des Debt Equity Swap einzulegende Forderung einer Werthaltigkeitsprüfung zu unterziehen, wobei nur für den werthaltigen Teil neue Anteile ausgegeben werden dürfen und der nicht werthaltige Teil erfolgswirksam über die Gewinn- und Verlustrechnung zu vereinnahmen ist. Die Ermittlung des werthaltigen Teils der Forderung richtet sich dabei nach dem Marktwert, d. h. nach demjenigen Betrag, welchen auch ein außenstehender Dritter für die Forderung am Markt bezahlen würde.

Verschiedene rechtliche Risiken im Zusammenhang mit dem Debt Equity Swap können seit dem ESUG im Falle einer gerichtlichen Sanierung beseitigt werden, wobei insbesondere der Wegfall der Differenzhaftung und die Möglichkeit einer Durchsetzung auch gegen den Willen der Alteigentümer hervorzuheben sind. Sanierungshemmnisse befinden sich nach wie vor im Steuerrecht, was u. a. auch auf die Europarechtswidrigkeit der vom Gesetzgeber implementierten Sanierungsprivilegien zurückzuführen ist. Auch vom „klassischen“ Debt Equity Swap abweichende Gestaltungen wie etwa die Ausgabe von Genussrechten im Tausch gegen die eingelegte Forderung garantieren keine steuerrechtlichen Privilegierungen. Zusammenfassend sind also in Sanierungssituationen insbesondere auch die steuerrechtlichen Konsequenzen zu berücksichtigen, welche Einzug im Bewertungskalkül finden werden.

---

518 Vgl. nur Kroener, I./Momen, L. (2012), S. 829.

519 Vgl. hierzu auch Oelke, H./Wöhlert, H.-T./Degener, S. (2010), S. 301–303.

4 Prüfung der Vorteilhaftigkeit des Sanierungsversuchs aus Unternehmensgesamtperspektive

4.1 Überblick

Ausgangspunkt einer jeden Sanierung ist die Prüfung, inwieweit die Fortführung des Unternehmens gegenüber der Liquidation aus Unternehmensgesamtperspektive lohnt. Sofern weder rechtliche noch vertragliche Regelungen zu einer Fortführung oder Liquidation verpflichten, ist die Fortführungsentscheidung unter betriebswirtschaftlichen Gesichtspunkten zu treffen. Wenngleich derartige Entscheidungen in der Praxis auch von nicht finanziellen Aspekten, etwa dem Erhalt von Arbeitsplätzen oder systemrelevanten Unternehmen bzw. Banken, geprägt sind, sollen in den folgenden Ausführungen ausschließlich monetäre Ziele verfolgt und die dementsprechenden Verfahren betrachtet werden.[520]

Die Bedeutung des ermittelten Fortführungs- und Liquidationswertes ist hoch und die Konsequenzen sind weitreichend. Daher ist es nicht verwunderlich, dass unterschiedliche Anspruchsgruppen divergierende Interessen und Vorstellungen über die Zukunft des schuldnerischen Unternehmens haben, welche sich u. a. in der subjektiven Einschätzung des Wertes von dem in die Krise geratenen Unternehmen ausdrückt.[521] Auch deshalb werden zur Prüfung der Sanierungsfähigkeit eines Unternehmens regelmäßig unabhängige Gutachten in Auftrag gegeben.[522]

Wie bei fast allen betriebswirtschaftlichen Entscheidungen muss auch bei der Unternehmensbewertung eine der individuellen Situation angemessene Kombination

520 Dies entspricht auch der Zielsetzung des Insolvenzverfahrens, eine möglichst hohe Befriedigung der Gläubigeransprüche zu erreichen. Vgl. hierzu bereits die Ausführungen in Kapitel 2.2.

521 Vgl. hierzu bereits die Ausführungen in Kapitel 2.4.

522 Wie der Wortlaut bereits zeigt, soll die Bewertung dann die Funktion eines neutralen Gutachtens erfüllen. In der Literatur ist anerkannt, dass es nicht den einen richtigen Unternehmenswert gibt. Vgl. Coenenberg, A./Schultze, W. (2002), S. 599, Drukarczyk, J./Schüler, A. (2009), S. 87, IDW S1 (2008), Rn. 1, sowie Popp, M. (1997), S. 11, welche zumeist auf den Ausführungen von Moxter, A. (1983), S. 6, basieren. Es existieren zweckgerichtete Unternehmenswerte. Im vorliegenden Fall liegt der Zweck der Unternehmensbewertung darin, auf Basis objektivierter Informationen eine Entscheidung über die Fortführung bzw. Liquidation des Unternehmens zu treffen und in einem Gutachten zusammenzufassen. Das Objektivierungskriterium, welches auch Gegenstand des zitierten IDW S1 ist, wird im weiteren Verlauf nicht näher diskutiert. Des Weiteren wird die Berater- und Schiedsgutachterfunktion unterschieden, welche ebenso nicht Gegenstand der Betrachtung sind. Vgl. hierzu etwa IDW S1 (2008), Rn. 12.

zwischen der Vereinfachung des verwendeten Modells und einer möglichst vollständigen Abbildung der Realität gefunden werden. Je detaillierter und umfassender eine Unternehmensbewertung ist, desto fundierter kann die Fortführungs- oder Liquidationsentscheidung getroffen werden. Vor allem im fortgeschrittenen Krisenstadium sind aber auch schnelle Entscheidungen gefragt, um die noch vorhandenen Potentiale und Ressourcen nicht unnötig zu belasten.

Zunächst stellt Kapitel 4.2 die in der Literatur gängigen Bewertungsverfahren vor und prüft deren Eignung für eine Anwendung in Sanierungssituationen. Anschließend werden die Ermittlung des Liquidations- (Kapitel 4.3) und die des Fortführungswertes (Kapitel 4.4) mit den bereits identifizierten Besonderheiten diskutiert. Kapitel 4.5 fasst zusammen.

4.2 Bewertungsverfahren

4.2.1 Kategorisierung der Bewertungsverfahren

Wie vorangehende Ausführungen nur angedeutet haben, können sich je nach Zweck und Funktion der Unternehmensbewertung unterschiedliche Anforderungen ergeben. Hierzu wurden verschiedene Bewertungsverfahren erforscht und kontinuierlich weiterentwickelt, deren Zusammenfassung Abbildung 13 liefert.

Abbildung 13: Kategorisierung der Bewertungsverfahren[523]

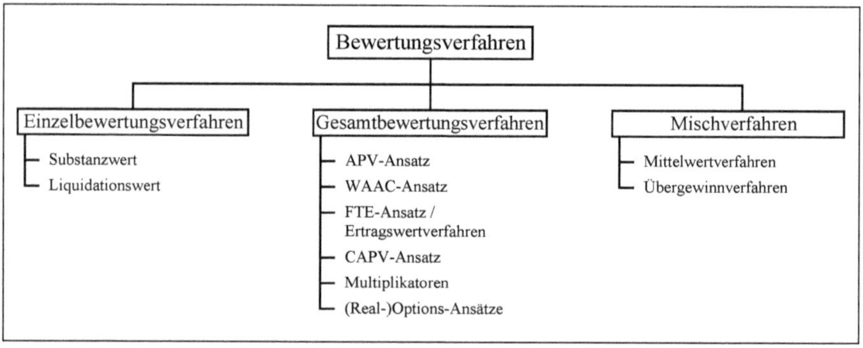

Im Compressed Adjusted Present Value-Ansatz (CAPV-Ansatz) werden Capital Cashflows, welche die Zahlungsüberschüsse an die Eigen- und Fremdkapitalgeber nach Unternehmensteuern zusammenfassen, mit den Eigenkapitalkosten bei unterstellter Eigenfinanzierung diskontiert. Wie Kapitel 4.2.4 zeigen wird, geht hierbei ein entscheidender Vorteil des APV-Ansatzes verloren. Vor diesem Hintergrund

523 Eigene Abbildung in Anlehnung an Ballwieser, W. (2007), S. 8, Coenenberg, A./Schultze, W. (2002), S. 599, 602, sowie Drukarczyk, J./Schüler, A. (2009), S. 89.

wird der CAPV-Ansatz nicht weiter betrachtet.[524] Auch die Mischverfahren, welche Methoden der Einzel- und Gesamtbewertung miteinander verknüpfen, werden aufgrund ihrer untergeordneten Bedeutung nicht näher erläutert.[525] Optionsbasierte Ansätze werden zunächst ausgeblendet und zu einem späteren Zeitpunkt (Kapitel 5.2) diskutiert.

4.2.2 Einzelbewertungsverfahren

Im Mittelpunkt der Bewertung stehen sowohl beim Substanzwert- als auch beim Liquidationswertverfahren die einzelnen Vermögensgegenstände des Unternehmens. Während beim Substanzwertverfahren ein Nachbau des zu bewertenden Unternehmens fingiert wird, unterstellt das Liquidationswertverfahren – wie der Name bereits verrät – die Zerschlagung des Unternehmens.[526]

Die Unternehmensbewertung mit Hilfe der Substanzwertmethode geht von der Annahme aus, dass das Unternehmen i. S. der Gesamtheit aller Vermögensgegenstände nachgebaut werden kann. Demzufolge wird der Unternehmenswert ermittelt, indem die Summe der Wiederbeschaffungskosten der für den Betrieb notwendigen Aktiva angesetzt wird. Nach Subtraktion der Nominal- bzw. Ablösewerte für die Verbindlichkeiten verbleibt der Wert des Eigenkapitals. Das Problem der Substanzwertmethode liegt bereits in der Vorstellung, dass ein Unternehmen identisch nachgebaut werden kann. Auch wenn einzelne Gegenstände des Sachanlagevermögens reproduziert werden können, wird es bei der „Wiederbeschaffung" von (nicht bilanzierten) immateriellen Vermögensgegenständen, etwa einem vorhandenen Kundenstamm, Marken und dem damit verbundenen Image oder auch der vorhandenen Zusammensetzung von qualifizierten Mitarbeitern, deutlich schwieriger.[527] Theoretisch stellt der Wiederbeschaffungswert den Höchstpreis für einen potentiellen Käufer dar, weil er zu diesem Preis das potentielle Kaufobjekt reproduzieren könnte. In der Praxis hat dieser Ansatz jedoch kaum Bedeutung.

Im Gegensatz zum Substanzwertverfahren wird beim Liquidationswertverfahren die Fortführungsprämisse nicht unterstellt. Der Liquidationswert entspricht der Summe der am Absatzmarkt erzielbaren Verkaufserlöse für die einzelnen

---

524 Dennoch sei auf die weiterführende Literatur, insbesondere der Begründer Kaplan, S./Ruback, R. (1995), S. 1059–1093, sowie Ruback, R. (2002), S. 85–103, verwiesen.

525 Während sich Ballwieser, W. (2007), S. 192–197, noch knapp mit den Mischverfahren beschäftigt, werden diese von Drukarczyk, J./Schüler, A. (2009), S. 89, nur noch angesprochen.

526 In der Literatur werden die Begriffe Substanz- und Liquidationswert vereinzelt als Synonyme verwendet. Dies ist abzulehnen, weil der Substanzwert unter der Annahme der Unternehmensfortführung ermittelt wird.

527 Vgl. Ballwieser, W. (2007), S. 190, Pawelzik, K. (2012), S. 1885, Schultze, W. (2003), S. 153, sowie Timmreck, C. (2003), S. 16, 17.

Vermögensgegenstände des Unternehmens abzüglich der hierfür anfallenden Transaktions- und Liquidationskosten.[528]

Bei den Gesamtbewertungsverfahren stehen nicht die einzelnen Vermögensgegenstände des Unternehmens im Mittelpunkt, sondern die den Eigen- und Fremdkapitalgebern zufließenden Zahlungsüberschüsse, welche dem Bewertungsobjekt in der Zukunft entzogen werden können. Diese bewertungsrelevanten Einzahlungsüberschüsse werden als Free Cashflows (FCF) bezeichnet und sind auf den Bewertungsstichtag zu diskontieren, um deren Barwert zu erhalten.[529]

4.2.3 Gesamtbewertungsverfahren

4.2.3.1 Adjusted Present Value-Verfahren (APV)

Das Grundprinzip, welches hinter dem APV-Ansatz steckt, sieht eine komponentenweise Bewertung des Gesamtunternehmens vor.[530] Unabhängig von der tatsächlichen Kapitalstruktur wird in einem ersten Schritt der Wert des Unternehmens bei unterstellter Eigenfinanzierung $\left(V^E\right)$ ermittelt. V^E ergibt sich durch Diskontierung der künftigen FCF bei unterstellter Eigenfinanzierung $\left(FCF^E\right)$ nach Abzug der Unternehmensteuern (einfacher Gewinnsteuersatz s) – $FCF^E \cdot (1-s)$ kann im Grundmodell unendlich lange vereinnahmt werden – mit den Eigenkapitalkosten bei unterstellter Eigenfinanzierung $\left(k^E\right)$.[531]

$$(1) \quad V^E = \frac{FCF^E \cdot (1-s)}{k^E}$$

Weil k^E am Kapitalmarkt nicht direkt beobachtbar ist, müssen die Eigenkapitalkosten eines vollständig eigenfinanzierten Unternehmens anderweitig ermittelt

528 Vgl. IDW S1 (2008), Rn. 141, Reichert, J./Weller, M.-P. (2010), § 14 Rn. 36, sowie Timmreck, C. (2003), S. 17.

529 Vgl. Moxter, A. (1983), S. 79.

530 Vgl. Myers, S. (1974), S. 19–25. Ausgangspunkt der Überlegungen sind die beiden Literaturbeiträge der Nobelpreisträger Modigliani und Miller aus den Jahren 1958 und 1963. Die Autoren haben in ihren Ausführungen belegt, dass unter den sehr restriktiven Annahmen einer Welt mit vollkommenem Kapitalmarkt ohne Steuern und ohne Insolvenzkosten die Kapitalstruktur eines Unternehmens keinen Einfluss auf den Unternehmenswert hat. Im weiteren Verlauf implementieren Modigliani und Miller eine Unternehmensteuer in ihr Kalkül und zeigen, dass durch die Steuervorteile der Fremdfinanzierung der Unternehmenswert positiv beeinflusst werden kann. Vgl. Modigliani, F./Miller, M. (1958), S. 261–297, sowie Modigliani, F./Miller, M. (1963), S. 433–443. Für die folgende Erläuterung des Grundmodells vgl. auch Ballwieser, W. (2007), S. 118–119, Damodaran, A. (2006), S. 211–212, Drukarczyk, J./Schüler, A. (2009), S. 125–126, Luehrman, T. (1997), S. 145–146, sowie Strauch, J. (2005), S. 78–80.

531 Es sei ein vollkommener Kapitalmarkt unterstellt. k^E sei im Zeitablauf konstant.

werden.[532] In Literatur und Praxis wurden verschiedene Ansätze entwickelt, um die Risikoäquivalenz zwischen (vermeintlich) sicheren Staatsanleihen, welche mit dem risikolosen Zinssatz verzinst werden, und den unsicheren Auszahlungen aus einer eigenfinanzierten Unternehmung mit Hilfe eines Risikoabschlags im Zähler oder eines Risikozuschlags im Nenner, herzustellen. Die damit verbundenen Herausforderungen und Probleme werden an späterer Stelle diskutiert.

In einem zweiten Schritt wird der Wertbeitrag der gewählten Kapitalstruktur $\left(V^{St}\right)$, welcher aus Steuervorteilen durch die Abzugsfähigkeit der Zinsaufwendungen resultiert, hinzuaddiert. Im Grundmodell wird dabei angenommen, dass das Fremdkapital nicht ausfallgefährdet ist. In der Folge entspricht der Buchwert FK dem Marktwert F des Fremdkapitals und die Steuervorteile können risikolos vereinnahmt werden. Wenn i den risikolosen Zinssatz bezeichnet, folgt für V^{St} Formel (2).

$$(2)\quad V^{St} = \frac{s \cdot i \cdot FK}{i} = s \cdot FK$$

Durch Addition von (1) und (2) erhält man den Unternehmensgesamtwert bei anteiliger Fremdfinanzierung $\left(V^{F}\right)$.

$$(3)\quad V^{F} = V^{E} + V^{St} = \frac{FCF^{E} \cdot (1-s)}{k^{E}} + s \cdot FK$$

Der Marktwert des Eigenkapitals bei anteiliger Fremdfinanzierung (E) ist dann die Residualgröße, die nach Abzug des Marktwerts des Fremdkapitals vom Unternehmensgesamtwert verbleibt.

$$(4)\quad E = V^{F} - F = \frac{FCF^{E} \cdot (1-s)}{k^{E}} + s \cdot FK - F$$

4.2.3.2 Weighted Average Cost of Capital-Verfahren (WACC)

Verwendet man den WACC-Ansatz zur Lösung des identischen Bewertungskalküls, so ergibt sich der Unternehmensgesamtwert V^{F} durch Diskontierung der künftigen FCF^{E} nach Unternehmensteuern mit den gewichteten durchschnittlichen Kapitalkosten WACC.[533]

$$(5)\quad V^{F} = \frac{FCF^{E} \cdot (1-s)}{WACC}$$

Der Zähler enthält „falsche“ Einzahlungsüberschüsse, weil die Auswirkungen der steuerlichen Abzugsfähigkeit der Zinsaufwendungen nicht berücksichtigt sind. Die „Korrektur“ erfolgt im WACC-Ansatz nicht durch die separate Berechnung des

532 Vgl. Miles, J./Ezzell, R. (1980), S. 720.

533 Für die folgende Erläuterung des Grundmodells vgl. Arditti, F. (1973), S. 1001–1004, Ballwieser, W. (2007), S. 145–146, Damodaran, A. (2006), S. 196–197, Drukarczyk, J./Schüler, A. (2009), S. 127–128, sowie Strauch, J. (2005), S. 81–82.

Barwerts der Steuervorteile, sondern durch die Anpassung des Diskontierungssatzes: Die gewichteten durchschnittlichen Kapitalkosten sind das arithmetische Mittel zwischen den Kosten für das Fremdkapital $\left(i \cdot (1-s)\right)$ und den Kosten für das Eigenkapital bei anteiliger Fremdfinanzierung $\left(k^F\right)$, wobei die Gewichtung durch die jeweiligen Anteile der Eigen- und Fremdkapitalgeber vorgegeben wird.

$$(6)\quad WACC = i \cdot (1-s) \cdot \frac{F}{V^F} + k^F \cdot \frac{E}{V^F}$$

Der Wert des Eigenkapitals wird anschließend analog zum APV-Ansatz berechnet, in dem vom Unternehmensgesamtwert der Marktwert des Fremdkapitals subtrahiert wird.

$$(7)\quad E = V^F - F = \frac{FCF^E \cdot (1-s)}{i \cdot (1-s) \cdot \frac{F}{V^F} + k^F \cdot \frac{E}{V^F}} - F$$

Setzt man die Formeln (3) und (5) gleich, so ergibt sich unmittelbar, dass k^E und WACC identisch sind, sofern kein FK eingesetzt wird oder s Null beträgt.

$$(8)\quad \frac{FCF^E \cdot (1-s)}{k^E} + s \cdot FK = \frac{FCF^E \cdot (1-s)}{WACC}$$

Sobald jedoch Fremdfinanzierung stattfindet und eine Steuer erhoben wird, wird der WACC die k^E unterschreiten. Dass auch der WACC-Ansatz im vorliegenden Idealfall die identische Lösung wie der APV-Ansatz liefert, zeigt sich, wenn man die noch zu erläuternde Formel (10) in obige Formel (7) einsetzt und anschließend nach E auflöst.[534]

4.2.3.3 Flow to Equity-Verfahren (FTE) bzw. Ertragswertverfahren

Anders als beim APV- und WACC-Ansatz geht der FTE-Ansatz nicht den – im vorliegenden Fall jedoch ohnehin erforderlichen – Umweg über die Bewertung des gesamten Unternehmens, sondern ermittelt den Wert des Eigenkapitals direkt.[535] Die mit den Eigenkapitalkosten bei anteiliger Fremdfinanzierung diskontierten FCF^F, die den Eigentümern nach Bedienung der Gläubigeransprüche und Begleichung der Steuerlast bleiben, ergeben den Wert des Eigenkapitals.

$$(9)\quad E = \frac{\left(FCF^E - i \cdot FK\right) \cdot (1-s)}{k^F}$$

534 Der Beweis ist im Anhang (Kapitel 7.1) dargestellt.

535 Für die folgende Erläuterung des Grundmodells vgl. Ballwieser, W. (2007), S. 175, Damodaran, A. (2006), S. 174–177, Drukarczyk, J./Schüler, A. (2009), S. 130, sowie Strauch, J. (2005), S. 80–81.

Durch Zusammenführung von Formel (9) und (4) kann k^F abgeleitet werden.[536]

$$(10)\quad k^F = k^E + \left(k^E - i\right)\cdot\left(1-s\right)\cdot\frac{F}{E}$$

Da im vorliegenden Idealfall Buch- und Marktwert des Fremdkapitals übereinstimmen, kann der Unternehmensgesamtwert durch Addition von E und FK ermittelt werden.

Einige Literaturbeiträge differenzieren zwischen dem Ertragswertverfahren und den aus den USA stammenden Discounted Cashflow (DCF)-Kalkülen, insbesondere dem FTE-Ansatz. Auf diese Diskussion wird nicht eingegangen, weil beide Varianten auf der gleichen konzeptionellen Grundlage basieren. Unterstellt man identische Annahmen bzw. Vereinfachungen, so führen alle Verfahren zum gleichen Ergebnis.[537]

4.2.3.4 Multiplikatorverfahren

Eine weitere Möglichkeit zur Ermittlung von Unternehmens- und Eigenkapitalwerten ist das Multiplikatorverfahren.[538] Das Verfahren ist auf den ersten Blick wenig komplex: Zunächst werden vergleichbare Unternehmen (Peer-Group) identifiziert. Nach Auswertung der verfügbaren Informationen über vergangene Transaktionen (transaktionsorientierte Variante) oder Börsenpreise (marktorientierte Variante) werden Multiplikatoren abgeleitet und nach geeigneter Skalierung auf das Bewertungsobjekt übertragen, um so Unternehmensgesamt- und Eigenkapitalwert abzuleiten. Zur Veranschaulichung soll lediglich ein möglicher Multiplikator, namentlich die Price Earnings-Ratio (PER), vorgestellt werden.[539]

Unternehmen A und Unternehmen B betreiben ein identisches operatives Geschäft. Unternehmen A ist börsennotiert, sodass die PER wie folgt berechnet werden kann.

$$(11)\quad \text{PER} = \frac{\text{Marktwert des Eigenkapitals}^A}{\text{Jahresüberschuss}^A}$$

536 Der Beweis ist im Anhang (Kapitel 7.2) dargestellt.

537 Vgl. Ballwieser, W. (2007), S. 183–186, IDW S1 (2008), Rn. 101, Strauch, J. (2005), S. 57–59, sowie Rams, A. (1999), S. 351.

538 Für die folgende Erläuterung des Grundmodells vgl. Altman, E./Hotchkiss, E. (2006), S. 105–109, Damodaran, A. (2006), S. 222–238, 259–260, Drukarczyk, J./Schüler, A. (2009), S. 453–454, Schreiner, A. (2007), S. 48–56, Schultze, W. (2003), S. 158–167, sowie Strauch, J. (2005), S. 86–92.

539 Auf eine abschließende Darstellung aller Multiplikatoren – sofern eine solche möglich wäre – wird verzichtet. Weitere Möglichkeiten werden etwa von Damodaran, A. (2006), S. 236–238, 259–266, 301–304, sowie Schüler, A. (2014b), S. 1146–1158, erörtert.

Durch die Anwendung der errechneten PER auf Unternehmen B kann der Wert des Eigenkapitals wie folgt ermittelt werden.

(12) Marktwert des Eigenkapitals^B = PER · Jahresüberschuss^B

Die am Markt beobachtbare „Erfahrung" bei Unternehmen A, dass der Marktwert des Eigenkapitals ein Vielfaches des Jahresüberschusses ist, wurde auf das Vergleichsunternehmen B übertragen. Das Ergebnis ist eine Schätzung, wie der Markt das Eigenkapital des Unternehmens B, etwa bei einem Börsengang, bewerten würde.

Die mit dem Multiplikatoransatz verbundenen Herausforderungen liegen auf der Hand: In einem ersten Schritt ist eine geeignete Peer-Group zu identifizieren. Da es keine identischen Unternehmen gibt, sind hier verschiedene zutreffende Kriterien zu definieren. Bei der Berechnung des Multiplikators sind nicht-operative und außerordentliche Effekte auszublenden. Auch die anschließende Berechnung des Multiplikators kann unterschiedlich durchgeführt werden, je nachdem ob vergangenheitsbezogene Daten über einen längeren Zeitraum, aktuelle Daten oder erwartete Zukunftswerte verwendet werden.

4.2.4 Kritische Würdigung der Verfahren unter Berücksichtigung der besonderen Rahmenbedingungen in Sanierungssituationen

Vorangehende Ausführungen haben gezeigt, dass der Zerschlagungswert eines Unternehmens nur mit Hilfe des Liquidationswertverfahrens zu ermitteln ist. Kapitel 4.3 nimmt sich dieser Aufgabe an. Um eine fundierte Aussage zur Sanierungsfähigkeit des Unternehmens treffen zu können, ist der Fortführungswert dem Liquidationswert gegenüberzustellen. Da jedoch eine Bandbreite an unterschiedlichen Bewertungsverfahren zur Ermittlung des Fortführungswertes zur Verfügung steht, muss hinterfragt werden, welches Verfahren am besten geeignet ist. Dazu werden die konzeptionellen Vor- und Nachteile der einzelnen Methoden in Verbindung mit den bereits erläuterten Rahmenbedingungen einer Sanierungssituation erörtert.

Obwohl die Merkmale eines Krisenunternehmens je nach Stadium und individuellem Kontext variieren, sind die Auswirkungen auf finanzieller Ebene zumeist identisch: Vor Beginn der Sanierung findet man ein Unternehmen mit angesammelten (steuerlichen) Verlustvorträgen, welche das Eigenkapital deutlich reduziert oder gänzlich aufgezehrt haben. Bestehende Rücklagen wurden bereits zur Deckung von Verlusten aufgebraucht oder anderweitig aufgelöst. Der angestiegene Verschuldungsgrad des Unternehmens, welcher mit hohen Zins- und Tilgungszahlungen verbunden ist, kann weitere finanzielle Belastungen, welche unter dem Begriff der indirekten und direkten CoFD zusammengefasst werden, nach sich ziehen.[540] Sofern die Sanierungsprüfung positiv ausfällt, sind im weiteren Verlauf insbesondere die rechtlichen und steuerrechtlichen Rahmenbedingungen zu berücksichtigen. Verschiedene

540 Vgl. hierzu auch die Ausführungen in Kapitel 2.5.3.

Privilegierungen des Insolvenzrechts können sich positiv auf den Fortführungswert auswirken, während einige Einschränkungen wie etwa die Besteuerung von Sanierungsgewinnen oder der Untergang von steuerlichen Verlustvorträgen negative Wertbeiträge liefern können. Alle angesprochenen Sachverhalte finden, sofern sie auf das Bewertungsobjekt zutreffen, Eingang in das Bewertungskalkül.

Das Substanzwertverfahren betrachtet ausschließlich die Wiederbeschaffungskosten der einzelnen bilanzierten Vermögensgegenstände. Verbundeffekte zwischen den einzelnen Vermögensgegenständen werden genauso wie immaterielle Vermögensgegenstände und die angesprochenen Rahmenbedingungen einer Sanierungssituation nicht berücksichtigt. Der Substanzwert ist in diesem Zusammenhang ohne jegliche Aussagekraft und wird daher nicht weiter betrachtet.[541]

Bereits die den Multiplikatorverfahren zu Grunde liegende Idee, am Markt oder in anderen Transaktionen bezahlte Preise für ein vergleichbares Unternehmen auf das zu bewertende Objekt zu übertragen, zeigt die entscheidende Schwachstelle des Verfahrens: In den beobachtbaren Preisen sind subjektive Faktoren berücksichtigt, die ein externer Dritter nicht ohne Weiteres isolieren kann.[542] Ziel der Sanierungsprüfung ist aber gerade die Ermittlung eines Fortführungswertes, welcher subjektive Einflussfaktoren außer Acht lässt. Auch die angesprochenen Herausforderungen bei der Ermittlung von Peer-Groups und geeigneten Multiplikatoren sind in Sanierungssituationen noch kritischer zu sehen. Obwohl dem Multiplikatorverfahren – und das zeigen auch empirische Untersuchungen[543] – in anderen Zusammenhängen sehr wohl Bedeutung beigemessen wird, sind die erzielbaren Ergebnisse unter diesen besonderen Umständen wenig aussagekräftig.[544]

Geeigneter zur Bewertung von sanierungsbedürftigen Unternehmen erscheinen die auf erwarteten Cashflows basierenden Bewertungsmodelle. Gerade in Unternehmenskrisen rückt der Cashflow ohnehin in den Vordergrund, um eine (erneute) Unternehmensinsolvenz aufgrund von Zahlungsunfähigkeit zu vermeiden.[545] Die Grundlegung zu den DCF-Verfahren unter der sehr restriktiven Annahme des Rentenfalls hat gezeigt, dass grundsätzlich sowohl APV- als auch WACC- und FTE-Ansatz identische Ergebnisse liefern, ineinander überleitbar und daher als gleichwertig anzusehen sind.[546] Legt man die realistischere Annahme des

541 Die Schlussfolgerungen wurden aus den Ausführungen in Kapitel 4.2.2 und der dort zitierten Literatur abgeleitet. Zu einem ähnlichen Ergebnis kommen auch Drukarczyk, J./Schüler, A. (2013), § 19 Rn. 101, 131.

542 Vgl. auch Popp, M. (1997), S. 10.

543 Vgl. nur Gantenbein, P./Gehrig, M. (2007), S. 604.

544 Die Schlussfolgerungen wurden aus den Ausführungen in Kapitel 4.2.3.4 und der dort zitierten Literatur abgeleitet.

545 Ähnlich Drukarczyk, J./Schüler, A. (2013), § 19 Rn. 132, sowie Nestler, C. (2008), S. 47.

546 Sofern im Folgenden keine anderen Quellen zitiert werden, sind die Ergebnisse aus den Ausführungen in Kapitel 4.2.3 und der dort zitierten Literatur abgeleitet worden.

Nicht-Rentenfalls zu Grunde, so kann die Ergebnisidentität nur dann hergestellt werden, wenn der Verschuldungsgrad im Zeitablauf konstant bleibt (atmende Finanzierung) oder die Eigenkapitalkosten verschuldungsgradabhängig angepasst werden.[547] Eine atmende Finanzierungsstrategie impliziert, dass bei sinkendem Unternehmenswert – also gerade in wirtschaftlich schlechten Zeiten – Fremdkapital zurückbezahlt werden muss. Weil diese Implikation in der Realität nicht zutrifft, wird eine Sanierung erst erforderlich, deren Ziel u. a. auch im Abbau von Fremdkapital liegt.[548] Insbesondere in Krisen- und Turnaround-Situationen wird sich der Fremdkapitalbestand sehr stark periodenabhängig verändern (autonome Finanzierungsstrategie). Eine Ergebnisidentität der DCF-Methoden kann dann nur durch eine verschuldungsgradabhängige Anpassung der Eigenkapitalkosten erfolgen, welche jedoch sowohl beim WACC- als auch beim FTE-Ansatz zum bekannten Zirkularitätsproblem führen, d. h. zur Berechnung des Ergebnisses wird bereits das Ergebnis benötigt.[549] Obwohl sich dieses Problem etwa durch Iterationsverfahren oder pragmatisch durch vereinfachende Annahmen lösen lässt, spielt dieser Sachverhalt beim APV-Ansatz (zunächst) keine Rolle.[550] Unterstellt man also – wie in Sanierungssituationen üblich – eine autonome Finanzierungsstrategie, so arbeitet nur der APV-Ansatz eigenständig, während WACC- und FTE-Ansatz auf die Ergebnisse des APV-Ansatzes zurückgreifen müssen.[551]

Der entscheidende Vorteil bei der Anwendung des APV-Ansatzes ist das Grundprinzip „Zerlege und bewerte!“[552]. Dies bedeutet, dass verschiedene Bestandteile

---

547 Vgl. Ballwieser, W. (2007), S. 183.

548 Vgl. Drukarczyk, J./Schüler, A. (2009), S. 138–139.

549 Bei Betrachtung von Formel (7) wird ersichtlich, dass zur Berechnung von E mit Hilfe des WACC-Ansatzes Kenntnis über E bzw. V^F vorausgesetzt ist. Dasselbe Problem ergibt sich bei Anwendung des FTE-Ansatzes, wenn man die Formeln (9) und (10) betrachtet.

550 Aus Gründen der Vollständigkeit sei angemerkt, dass der APV-Ansatz bei unterstellter atmender Finanzierungsstrategie auch am Zirkularitätsproblem leidet, weil der Barwert der Steuervorteile und somit der Unternehmensgesamtwert vom Fremdkapital abhängen, deren Bestand wiederum an den Unternehmensgesamtwert gekoppelt ist. Jedoch wurde die atmende Finanzierungsstrategie für den weiteren Verlauf ausgeschlossen, weil diese als Annahme bei Unternehmensbewertungen in Sanierungssituationen nicht tragbar ist. Weitere mögliche Interdependenzprobleme insbesondere bei der Bewertung von Krisenunternehmen werden an den entsprechenden Stellen diskutiert.

551 Vgl. hierzu insbesondere Schüler, A. (2013a), S. 394. Die Aussage, dass DCF-Verfahren ganz allgemein nach der unterstellten Finanzierungsstrategie auszuwählen sind, findet sich auch in der Literatur wieder. Vgl. Altman, E./Hotchkiss, E. (2006), S. 109, Castedello, M./Davidson, R./Schlumberger, E. (2004), S. 372, Damodaran, A. (2006), S. 215, 230, Förster, H./Stöckl, S./Brenken, H. (2009), S. 986, Kruschwitz, L./Löffler, A. (2003), S. 251, sowie bereits deutlich früher Miles, J./Ezell, R. (1980), S. 727–728.

552 Drukarczyk, J./Schüler, A. (2009), S. 148.

des Gesamtunternehmenswertes separat dargestellt und mit unterschiedlichen Zinssätzen diskontiert werden können. In der Literatur wird der Unternehmensgesamtwert regelmäßig nur in zwei Bausteine zerlegt, namentlich dem Barwert des unverschuldeten Unternehmens und dem der steuerlichen Vorteile einer anteiligen Fremdfinanzierung. Damodaran ergänzt zusätzlich die CoFD als negativen Wertbeitrag, weil höhere Fremdfinanzierung das Ausfallrisiko und die damit verbundenen Kosten wahrscheinlicher machen.[553] Insbesondere Luehrman stellt den Vorteil des APV-Ansatzes, wenn auch am Beispiel eines geplanten Unternehmenserwerbes, zutreffend dar und berücksichtigt weitere „financing side effects".[554] Er stellt heraus, dass beim APV-Ansatz durch die Komponentenidee Bewusstsein dafür geschaffen werden kann, welche Bestandteile Wert schaffen und welche Wert vernichten. Die Ausführungen des Autors sind grundsätzlich auf eine Sanierungssituation übertragbar: Ausgangspunkt ist der Wert des sanierungsbedürftigen Unternehmens bei unterstellter Eigenfinanzierung, welcher durch die separat darzustellenden Effekte negativ (Besteuerung von Sanierungsgewinnen, Umwandlung der Rechtsform) oder positiv (Steuervorteile, Sanierungserfolge) beeinflusst werden kann. Des Weiteren können verschiedene Sanierungsoptionen miteinander verglichen und deren Auswirkungen isoliert betrachtet werden.[555] Bachmann/Schultze argumentieren weiter, dass aufgrund der zunehmenden Komplexität des deutschen Steuersystems – und das gilt insbesondere auch in Sanierungssituationen, wie bereits die theoretischen Ausführungen in Kapitel 3.4 gezeigt haben – die exakte Herausarbeitung und gesonderte Darstellung der Steuervorteile und somit die Anwendung des APV-Ansatzes erforderlich und die praktische Anwendbarkeit von WACC- und FTE-Ansatz deutlich eingeschränkt werden.[556]

Insgesamt lässt sich also festhalten, dass unter den angesprochenen Rahmenbedingungen dem APV-Ansatz der Vorzug zu geben ist. Wie eine mögliche Erweiterung dieser DCF-Methode zur Bewertung von sanierungsbedürftigen Unternehmen aussehen kann, wird Gegenstand von Kapitel 4.4 sein.

553 Vgl. Damodaran, A. (2006), S. 212–213. Er sieht hier jedoch ein Problem bei der Anwendung des APV-Ansatzes, weil die CoFD nur schwer quantifizierbar sind. Dieses Argument überzeugt jedoch nicht: In der Tat besteht die Herausforderung bei der Anwendung des APV-Ansatzes in der Quantifizierung dieser Kosten, welche jedoch auch im WACC- und FTE-Ansatz berücksichtigt werden müssen. Denn sonst wäre – ceteris paribus – die Ergebnisidentität nicht gegeben.

554 Vgl. Luehrman, T. (1997), S. 145–146. Den Ausführungen des Autors zustimmend Brealy, R./Myers, S./Allen, F. (2008), S. 547.

555 Ähnlich Ballwieser, W. (2011), S. 135, sowie Schüler, A. (2013a), S. 393.

556 Vgl. Bachmann, C./Schultze, W. (2008), S. 28–29.

4.3 Ermittlung des Liquidationswertes mit Hilfe des Liquidationswertverfahrens

4.3.1 Ermittlung des Liquidationswertes

In einem ersten Schritt ist zu eruieren, wie hoch die für die Vermögensgegenstände erzielbaren Veräußerungspreise sind. Obwohl sich die Publikationen zu diesem Themenkomplex in Grenzen halten, u. a. weil die Aufbringung der erforderlichen Daten sehr aufwendig und schwierig ist[557], liefern insbesondere die Beiträge von Shleifer/Vishny sowie von Williamson Anhaltspunkte zur Ermittlung von Zerschlagungswerten.[558] Dreh- und Angelpunkt der Argumentation bildet die von Williamson intuitiv einleuchtende Aussage, dass die im Unternehmen befindlichen Vermögensgenstände einen höheren Liquidationswert haben, wenn diese auch durch Dritte wiederverwendbar sind.

Folgendes Beispiel[559] soll den Zusammenhang zwischen der Wiederverwendbarkeit eines Vermögensgegenstandes und seinem Liquidationswert verdeutlichen: Ein Unternehmen, welches mit der eigens dafür angeschafften Maschine Glasflaschen produziert, wird liquidiert. Als potentieller Käufer kommen ein anderes Unternehmen in derselben Branche, ein Finanzinvestor oder ein fremder Dritter in Betracht. Das andere Unternehmen in derselben Branche könnte die Maschine wie ihr Vorbesitzer zur Produktion von Glasflaschen verwenden. Ein Finanzinvestor könnte den Gegenstand kaufen und das Geschäft der Glasflaschenproduktion selbst betreiben. Er wird aber z. B. mit Agency-Kosten konfrontiert, weil er das genaue Geschäftsmodell, die Marktsituation und den Zustand der Maschine nicht einschätzen kann. Ein fremder Dritter könnte den Vermögensgegenstand in abgewandelter Form nutzen: Sollte die Maschine etwa zur Produktion von Trinkgläsern ähnlich gut geeignet sein, so wird ein fremder Dritter einen Preis dafür zahlen, der u. U. nicht wesentlich unter dem Wert der Maschine in der ursprünglichen Verwendung liegt.[560]

Eine zum Zwecke der Glasflaschenproduktion angeschaffte Maschine wird folglich nur unter Beibehaltung des originären Zwecks, also bei Verkauf an ein anderes Unternehmen derselben Branche, optimal verwendet werden können. Ob ein zweites Unternehmen die Maschine erwerben will und kann, hängt von den Rahmenbedingungen ab: Ist die Liquidation des ursprünglichen Unternehmens etwa in Folge einer Rezession auf dem Markt für Glasflaschen zurückzuführen, so leidet wohl die

---

557 Vgl. Giambona, E./Harding, J./Sirmans, C. (2008), S. 112, Pulvino, T. (1998), S. 940, sowie Ramey, V./Shapiro, M. (2001), S. 959.

558 Sofern keine anderweitigen Quellen genannt werden, beruhen die folgenden Gedankengänge auf den Ausführungen von Shleifer, A./Vishny, R. (1992), S. 1343–1346, sowie Williamson, O. (1988), S. 567–592.

559 Das frei gewählte Beispiel kann auf jede beliebige Branche übertragen werden.

560 Ist dies jedoch nicht der Fall, so verursacht die Anpassung der Maschine an den neuen Verwendungszweck zusätzliche Kosten beim Erwerber, welcher dann im Umkehrschluss einen geringeren Kaufpreis zahlen wird.

gesamte Branche unter dieser Entwicklung. Unter ökonomischen Gesichtspunkten wird in diesem Fall auch kein Finanzinvestor in das Geschäft einsteigen, wodurch lediglich die Veräußerung an einen fremden Dritten verbleibt. Shleifer/Vishny fassen das Problem unter dem „general equilibrium problem“[561] zusammen und meinen damit, dass gerade in Krisensituationen die meistbietenden Käufer nicht in der Lage sind, den Vermögensgegenstand zu erwerben und daher andere den Zuschlag bekommen. Folglich ist der Veräußerungswert geringer als der Fortführungswert unter Beibehaltung des originären Verwendungszwecks.[562]

In einem zweiten Schritt sind bei der Liquidationswertermittlung weitere Faktoren, etwa die Liquidationsdauer t_{Liq}, die Liquidationsintensität sowie die damit verbundenen Kosten K_{Liq}, zu berücksichtigen.[563] Unter der Liquidationsdauer wird die zur Verfügung stehende Zeit zur Verwertung der Vermögensgegenstände verstanden. Die Zerschlagungsintensität meint die Anzahl der Einzelveräußerungen, bis das vollständige Vermögen der Gesellschaft verwertet ist. Unter der Annahme, dass eine längere Liquidationsdauer mit einer größer möglichen Liquidationsintensität verbunden ist, lassen sich die in Abbildung 14 skizzierten Zusammenhänge aufstellen.

Abbildung 14: Einflussfaktoren auf den Liquidationswert

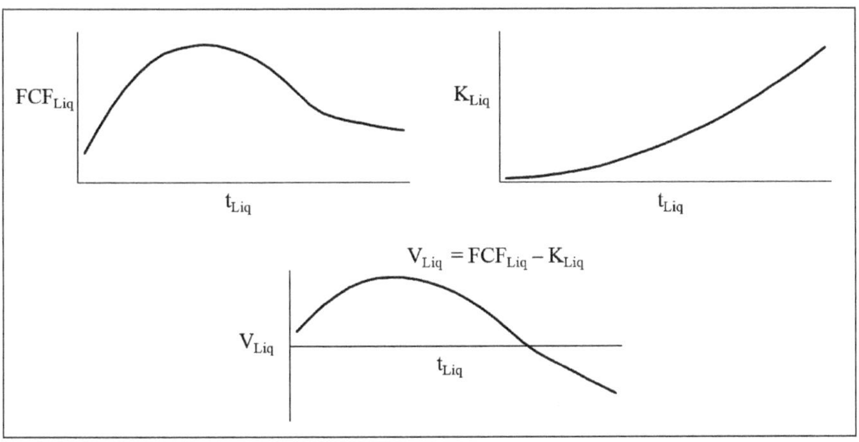

Der erste Graph in Abbildung 14 verdeutlicht den Zusammenhang zwischen dem erzielbaren Veräußerungserlös $\left(FCF_{Liq}\right)$ und der Liquidationsdauer $\left(t_{Liq}\right)$. Im Zeitablauf kann zum einen die Liquidationsintensität gesteigert werden, zum anderen kann unter den potentiellen Käufern – anders als bei einem Notverkauf in sehr

561 Shleifer, A./Vishny, R. (1992), S. 1346.
562 Ebenso Pulvino, T. (1998), S. 972.
563 Vgl. Drukarczyk, J./Schüler, A. (2013), § 19 Rn. 106, 108.

kurzer Zeit – derjenige Käufer identifiziert werden, welcher den Vermögensgegenstand am höchsten bewertet.[564] Ramey/Shapiro analysieren in ihrer Untersuchung die Liquidation dreier luftfahrttechnischer Betriebe in den USA[565] und leiten aus ihrer Datenanalyse[566] folgende zentrale Ergebnisse ab.

(1) Der Marktwert von liquidierten Vermögensgegenständen beträgt in ihrem Datensample durchschnittlich 28 % der Wiederbeschaffungskosten. Während bei weniger spezialisierten Gegenständen bis zu 40 % der Wiederbeschaffungskosten bei der Veräußerung erzielt werden konnten, sind bei hoch spezialisierten Vermögensgegenständen deutlich höhere Abschläge beobachtbar.[567]
(2) Obwohl bei einem Verkauf an einen Branchenexternen höhere Wertabschläge zu beobachten sind, werden durchschnittlich nur 25 % der verkauften Vermögensgegenstände an Brancheninterne veräußert. Dabei sind je nach Veräußerungsart deutliche Unterschiede zu beobachten: Während bei privaten Liquidationsverkäufen ca. 67 % der Vermögensgegenstände an Brancheninterne gehen, sind es bei öffentlichen Auktionen lediglich 10 %.[568]
(3) Je „dünner“ die Märkte für die entsprechenden Gegenstände sind, desto schwieriger und zeitintensiver ist es, denjenigen Käufer zu finden, der dem Gegenstand den höchsten Wert beimisst.[569]

Insgesamt bestätigen die Ergebnisse, dass der erzielbare Verkaufserlös davon abhängt, an wen die Vermögensgegenstände übergehen. Je spezifischer der Vermögensgegenstand ist, desto mehr Zeit braucht das Unternehmen, um den Vermögensgegenstand bestmöglichst zu verkaufen. Bis zu einem gewissen Zeitpunkt steigt also der maximal erzielbare Verkaufserlös an. Zu ähnlichen Ergebnissen kommt auch Pulvino in seiner Untersuchung.[570] Auch aus der Immobilienbranche ist bekannt, dass Notverkäufe mit deutlichen Werteinbußen gegenüber dem eigentlichen

---

564 Vgl. hierzu auch die vorangehenden Ausführungen zum „general equilibrium problem“.

565 Vgl. Ramey, V./Shapiro, M. (2001), S. 958–992.

566 Für ein Unternehmen liegen den Autoren neben verschiedenen anderen Werten sowohl der Anschaffungspreis der einzelnen Vermögensgegenstände als auch der Wiederbeschaffungs- und Verkaufspreis vor. Für die beiden anderen Unternehmen liegt ihnen kein Anschaffungspreis vor. Vgl. Ramey, V./Shapiro, M. (2001), S. 965.

567 Vgl. Ramey, V./Shapiro, M. (2001), S. 961–962, 975–976, 978, 980.

568 Vgl. Ramey, V./Shapiro, M. (2001), S. 966–969.

569 Vgl. Ramey, V./Shapiro, M. (2001), S. 959, 962–96.

570 Die Studie ist im Zusammenhang mit diesen Ausführungen jedoch mit Vorsicht zu genießen. Zum einen untersucht der Autor die Veräußerung von Luftfahrzeugen, welche per se grundsätzlich nur zum Transport von Personen oder Fracht verwendet und somit nicht an Branchenexterne weiteräußert werden. Zum anderen liegen seiner Untersuchung nicht ausschließlich Verkäufe im Rahmen von Liquidationen zu Grunde. Der Autor untersucht etwas allgemeiner, ob es „asset fire sales“ (Notverkäufe) gibt und wie diese mit der Kapitalstruktur von Unternehmen zusammenhängen. Vgl. Pulvino, T. (1998), S. 972–973.

Marktwert verbunden sind.[571] Nach dem optimalen Zeitpunkt wird der maximal erzielbare Erlös sinken und sich der Wertlosigkeit annähern, weil etwa die Vermögensgegenstände veralten und ausgesondert werden müssen.[572]

Der zweite Graph stellt die Liquidationskosten dar, welche im Zeitablauf steigen. Werden die Vermögensgegenstände beispielsweise in einer öffentlichen Auktion veräußert, welche im besten Fall nur wenige Tage in Anspruch nimmt, so kann man die Kosten minimieren. Dafür nimmt man aber größere Abschläge in Kauf, weil die Differenzen zwischen den Anforderungen der Käufer und den Charakteristika der Vermögensgegenstände steigen.[573] Der Anstieg im Zeitablauf resultiert beispielsweise aufgrund einer höheren Liquidationsintensität sowie aufgrund anderer Faktoren, etwa der anfallenden Aufwendungen für Werbung und Auktionen oder auch aufgrund der Opportunitätskosten, weil das im zur Veräußerung vorgehaltenen Vermögensgegenstand gebundene Kapital nicht arbeitet. Obige Ergebnisse (2) und (3) von Ramey/Shapiro belegen auch diesen Zusammenhang indirekt, weil die privaten Liquidationsverkäufe zeit- und somit kostenintensiver sind. Auch Pulvino teilt die Einschätzung dieses Zusammenhangs indirekt:[574] In seinem Beitrag kommt er u. a. auch zu dem Ergebnis, dass Liquidationskosten in besser funktionierenden Märkten geringer sind als in sehr „dünnen" Märkten für spezifizierte Gegenstände. Die Veräußerung eines Vermögensgegenstandes, für den ein sehr guter Markt existiert, wird schneller möglich sein und folglich auch geringere Kosten nach sich ziehen. Ob der Anstieg jedoch unter-, über- oder proportional ausfällt, hängt vom individuellen Vermögensgegenstand ab und kann nicht pauschal geklärt werden.

Vorangehende Ausführungen verdeutlichen, dass im Zusammenhang mit der Ermittlung des Liquidationswertes viele Annahmen und Schätzungen getroffen werden müssen.[575] Dennoch kann grundsätzlich festgestellt werden, dass der Liquidationswert $\left(V_{Liq}\right)$ einer Unternehmung im Wesentlichen davon abhängt, welchen Spezifikationsgrad die Vermögensgegenstände haben und welche Zeit für die Liquidation des Unternehmens zur Verfügung steht.[576] Der dritte Graph in Abbildung 14 fasst die Erkenntnisse zusammen: Tendenziell steigt der Liquidationswert zunächst bei größerer Liquidationsdauer an, kann jedoch in Abhängigkeit von den damit verbundenen Kosten auch negativ werden.

Zu guter Letzt ist aufgrund der geltenden steuerrechtlichen Vorschriften zu beachten, dass auch Liquidationserlöse grundsätzlich der Besteuerung unterliegen.

---

571 Vgl. Giambona, E./Harding, J./Sirmans, C. (2008), S. 112–113, 136.

572 Auch wenn diese Aussage nicht Gegenstand der genannten Untersuchungen war, ist dies der einzig logische Umkehrschluss zu der Tatsache, dass grundsätzlich alle Vermögensgegenstände eine wirtschaftliche Nutzungsdauer haben und anschließend wertlos sind.

573 Vgl. Ramey, V./Shapiro, M. (2001), S. 963.

574 Vgl. Pulvino, T. (1998), S. 972.

575 Ähnlich Ballwieser, W. (2007), S. 189.

576 Ähnlich Altman, E./Hotchkiss, E. (2006), S. 116, sowie Eisfeldt, A./Rampini, A. (2006), S. 369–399.

Weil regelmäßig steuerliche Verlustvorträge existieren, kann die zu entrichtende Steuer zwar reduziert, wegen der Mindestbesteuerung aber nicht ohne Weiteres ausgeschlossen werden.[577] Zudem ist anzumerken, dass auch der Liquidationswert auf den Bewertungsstichtag zu diskontieren ist.

4.3.2 Relevanz des Liquidationswertes

Der Liquidationswert stellt die Wertuntergrenze eines Unternehmens dar.[578] Vor diesem Hintergrund ist er insbesondere in Sanierungssituationen von Bedeutung, wenn es um die Frage der Unternehmensfortführung geht. Liegt der Liquidationswert des Unternehmens über dem Fortführungswert, so wird man sich unter ökonomischen Gesichtspunkten grundsätzlich gegen eine Unternehmensfortführung entscheiden. Die Veräußerung der einzelnen Vermögensgegenstände maximiert dann die Zahlungen, welche an die Gläubiger und – zumindest theoretisch – an die Unternehmenseigner fließen. Zusätzlich wird das Liquidationswertverfahren auch zur Bewertung von nicht betriebsnotwendigen Aktiva verwendet. Durch deren Veräußerung kann zusätzliches Kapital generiert werden.

In vielen Umfragen zur Bedeutung und Nützlichkeit einzelner Unternehmensbewertungsverfahren in der Praxis liest man, dass die Einzelbewertungsverfahren nur von nachrangiger Bedeutung sind.[579] Diese Ergebnisse verdeutlichen, dass der Ermittlung des Liquidationswertes verhältnismäßig wenig Bedeutung geschenkt wird. Auch in den eingesehenen Insolvenzplänen[580] finden sich nur absolute Zahlen zum Liquidationswert, während detaillierte Angaben über die zugrunde liegenden Annahmen, die Liquidationsdauer und die damit verbundenen Werteinbußen bei der Veräußerung fehlen. Empirische Beobachtungen legen nahe, dass der Liquidationswert von Vermögensgegenständen regelmäßig überschätzt bzw. die bei der Zerschlagung entstehenden Kosten unterschätzt werden.[581]

Die Ausführungen in Kapitel 4.3.1 zeigen aber gerade, dass der Liquidationswert insbesondere vom Spezifikationsgrad der Vermögensgegenstände und der Ursache für die Krise abhängig ist und nicht ohne Weiteres angegeben werden kann. Vor dem Hintergrund der weitreichenden Implikationen der Sanierungsprüfung und -entscheidung ist eine sorgfältige Ermittlung des Liquidationswertes gerade bei

---

577 Vgl. hierzu bereits die Ausführungen in Kapitel 3.4.1.

578 Vgl. Deilmann, B. (2011), § 305 Rn. 67, sowie Paulsen, A.-J. (2010), § 305 Rn. 140 im Zusammenhang mit der Abfindung von Aktionären. Allgemein zum Liquidationswert als Unternehmenswertuntergrenze vgl. IDW S1 (2008), Rn. 140, sowie Leuner, R. (2012), S. 1040–1041.

579 Vgl. etwa Gantenbein, P./Gehrig, M. (2007), S. 604–605.

580 Vgl. Insolvenzplan der Centrotherm Photovoltaics AG (2013), Insolvenzplan der Herlitz AG (2002), Insolvenzplan der Herlitz PBS AG (2002) sowie Safeguard-Plan Eurotunnel (2007). Aufgrund des eingeschränkten Zugangs liegen dem Autor keine weiteren Insolvenzpläne vor.

581 Vgl. Grunert, J. (2010), S. 1306, 1320–1321.

Krisenunternehmen unverzichtbar, um nicht ein fortführungswürdiges Unternehmen in einem Schnellschuss zu liquidieren oder umgekehrt nicht mehr lebensfähige Unternehmen auf Kosten der Stakeholder (befristet) fortzuführen.[582]

4.4 Ermittlung des Fortführungswertes mit Hilfe des APV-Ansatzes

4.4.1 Konzeptioneller Ansatz

In der Standardliteratur zur Unternehmensbewertung werden spezielle Sachverhalte wie etwa Sanierungsgewinne, steuerliche Verlustvorträge oder Insolvenzrisiken vereinfacht dargestellt oder wegen ihres „Sonderstatus“ ausgeklammert. Dass Sanierungsfälle jedoch längst keinen Sonderstatus mehr haben, wurde bereits in den einleitenden Worten verdeutlicht. Die Wahl des APV-Ansatzes war Gegenstand von Kapitel 4.2.4 und die dort geführte Argumentation wird im weiteren Verlauf untermauert. Inspiriert von den Beiträgen der Autoren Luehrman und Schüler[583] wird nachfolgend gezeigt, wie der APV-Ansatz an die speziellen Umstände in Sanierungssituationen angepasst werden kann. Abbildung 15 gibt einen einführenden Überblick.

Abbildung 15: Erweiterter APV-Ansatz zur Bewertung sanierungsbedürftiger Unternehmen[584]

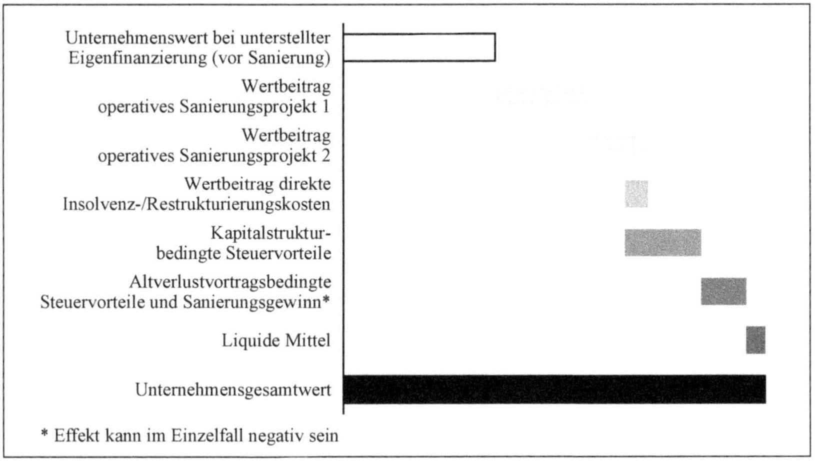

582 Vgl. auch Chatterji, S./Hedges, P. (2001), S. 142.
583 Vgl. Luehrman, T. (1997) sowie Schüler, A. (2012).
584 Schematische Darstellung eines frei gewählten Zahlenbeispiels. Der Vollständigkeit wegen sei angemerkt, dass zur Ermittlung des Unternehmensgesamtwertes der Liquidationswert von nicht betriebsnotwendigen Aktiva hinzuzurechnen ist.

Durch die Anwendung des APV-Ansatzes gelingt es, den Wertbeitrag einzelner entscheidungsrelevanter Vorgänge bzw. Sanierungsalternativen zu isolieren. Ändern sich Einschätzungen im Zeitablauf oder sollen die Auswirkungen alternativer Sanierungsmöglichkeiten miteinander verglichen werden, so ist durch den modularen Aufbau des APV-Ansatzes eine Neubewertung des vollständigen Unternehmens nicht erforderlich. Vielmehr ist es ausreichend, den Wertbeitrag einzelner Sanierungselemente anzupassen, auszublenden oder hinzuzufügen.[585]

Der mit dem Standardfall vergleichbare Baustein des Unternehmenswertes bei Eigenfinanzierung vor Sanierung (Kapitel 4.4.3) wird nur überblickartig diskutiert. Hingegen werden relevante Aspekte zur Berücksichtigung von leistungswirtschaftlichen Sanierungsprojekten (Kapitel 4.4.4), durch Fremdfinanzierung bedingte Steuervorteile (Kapitel 4.4.5), Altverlustvorträge und Sanierungsgewinne (Kapitel 4.4.6) sowie Insolvenzrisiken und -kosten (Kapitel 4.4.7) detailliert betrachtet.

4.4.2 Annahmen

Zunächst sind einige grundlegende Annahmen zu treffen.

Annahme 1: Der vollkommene Kapitalmarkt ohne Informations- und Transaktionskosten ist arbitragefrei.[586]

Annahme 2: Es existiert ein risikoloser Zinssatz i, zudem Mittel in beliebiger Höhe aufgenommen und angelegt werden können. Diese Annahme wird in Kapitel 4.4.7 aufgegeben, weil sich der Verschuldungszinssatz im fortgeschrittenen Krisenstadium erhöht.

Annahme 3: Die bewertungsrelevanten Überschüsse lassen sich am Kapitalmarkt perfekt duplizieren, indem entsprechend gehandelte Finanztitel gekauft bzw. verkauft werden.[587]

Annahme 4: Es existieren ein unverschuldetes und ein verschuldetes Unternehmen, welche abgesehen von der Kapitalstruktur identisch sind, d. h. insbesondere identische operative Cashflows aufweisen. Diese Annahme basiert auf den bereits zitierten Beiträgen von Modigliani/Miller[588] und ist insbesondere vor dem Hintergrund von CoFD kritisch zu hinterfragen (Kapitel 4.4.7).

585 Ähnlich Schüler, A. (2013a), S. 394.

586 Diese Annahme impliziert, dass Eigen- und Fremdkapitalgeber über denselben Informationsstand verfügen. Wenngleich die Annahme in der Realität nicht zutrifft, ist sie dennoch tragbar, weil sich Fremdkapitalgeber im fortgeschrittenen Krisenstadium etwa durch entsprechende Ausgestaltung der Kreditverträge den Erhalt von erforderlichen Informationen sichern.

587 Diese in der Unternehmensbewertung gängige Annahme wird auch hier verwendet.

588 Vgl. bereits Fn. 530.

Annahme 5: Das verschuldete Unternehmen verfolgt eine autonome Finanzierungspolitik.[589]

Annahme 6: Die Investitions- und Abschreibungspolitik ist stets optimal und unabhängig von der gewählten Kapitalstruktur.[590] Analog zu Annahme 4 ist auch diese Annahme vor dem Hintergrund von CoFD kritisch zu hinterfragen (Kapitel 4.4.7).

Annahme 7: Es gelte das deutsche Steuersystem, wobei nur uneingeschränkt steuerpflichtige deutsche Kapitalgesellschaften betrachtet werden. Die Höhe von steuerlichen Zins- und Altverlustvorträgen ist im Entscheidungszeitpunkt durch eine vorliegende verbindliche Auskunft der zuständigen Finanzbehörden bekannt.[591] Diese beinhaltet auch, dass der Sanierungserlass auf einen im Entscheidungszeitpunkt anfallenden Sanierungsgewinn angewendet werden darf. Steuerliche Neuverluste bzw. Neuverlustvorträge können nur aufgrund der gewählten Kapitalstruktur entstehen.[592]

Annahme 8: Aufwendungen und Auszahlungen sowie Erträge und Einzahlungen sind periodengleich und fallen stets am Ende einer Periode an.

Annahme 9: Die unter Berücksichtigung der zum Entscheidungszeitpunkt dokumentierten Sanierungsmaßnahmen erzielbaren finanziellen Überschüsse werden im Jahr ihrer Entstehung ausgeschüttet.

Sofern einzelne restriktive Annahmen im weiteren Verlauf der Arbeit nicht aufgegeben werden, sollen deren Implikationen auf die Bewertungspraxis diskutiert werden.

---

589 Vgl. hierzu bereits die Ausführungen in Kapitel 4.2.4.

590 Annahme 5 und 6 implizieren eine starre Investitions- und Finanzierungspolitik, weil alle künftigen Maßnahmen im Bewertungszeitpunkt endgültig festgelegt sind. Diese in der Unternehmensbewertung gängige Annahme abstrahiert von der Möglichkeit, dass das Unternehmen etwa aufgrund neuerer Informationen in der Zukunft seine Investitions- und Finanzierungspolitik ändert. Diese starre Abbildung in den DCF-Methoden wird in der Literatur stellenweise als Schwachpunkt kritisiert. Vgl. etwa Bonduelle, Y./Schmoldt, I./Scholich, M. (2003), S. 6, sowie Schulmerich, M. (2003), S. 68.

591 Wegen der Irrelevanz von steuerlichen EBITDA-Vorträgen bei sanierungsbedürftigen Unternehmen wurde auf deren Modellierung verzichtet.

592 Diese Annahme impliziert, dass die operativen Ergebnisse nicht negativ werden können. Der vorgestellte Ansatz funktioniert auch, wenn man negative operative Ergebnisse zulässt. In der Folge wäre jedoch zwischen Neuverlusten, welche im operativen Geschäft erwirtschaftet werden und solchen, die kapitalstrukturbedingt sind, zu unterscheiden. Dies würde die folgenden Ausführungen deutlich komplexer machen, ohne dabei einen Mehrwert für die im Rahmen dieser Arbeit verfolgte Zielsetzung zu generieren.

4.4.3 Unternehmenswert bei unterstellter Eigenfinanzierung vor Sanierung

4.4.3.1 Zur Ermittlung der bewertungsrelevanten Überschüsse

4.4.3.1.1 Empirische Relevanz und Vorgehensweise

Eine Unternehmensbewertung mit Hilfe der DCF-Verfahren setzt die Prognose der künftigen finanziellen Überschüsse, welche dem Unternehmen entzogen werden können und in den Verfügungsbereich der Kapitalgeber gelangen, voraus.[593] Obwohl die Zukunft nicht vorhersehbar ist, sind die sorgfältige Analyse von Unternehmen, Markt und Vergangenheit sowie die Berücksichtigung einiger wesentlicher Zusammenhänge und Besonderheiten in Sanierungssituationen Grundvoraussetzungen, um einen „korrekten" Unternehmenswert zu erhalten.[594]

Tabelle 3: Vergleich der vom Management im Chapter 11-Verfahren prognostizierten mit den tatsächlich beobachteten operativen Überschüssen[595]

	t = 0	t = 1	t = 2
All firms			
Median difference	-58,2%	-80,6%	-71,9%
Percentage < 0	71,8%	72,9%	65,9%
No. of observations	39	59	44
Firms retaining CEO			
Median difference	-156,0%	-105,4%	-87,3%
Percentage < 0	88,2%	76,7%	69,6%
No. of observations	17	30	23
Firms replacing CEO			
Median difference	-23,4%	-59,5%	-71,3%
Percentage < 0	59,1%	69,0%	61,9%
No. of observations	22	29	21
Nonmanagement group			
Median difference	-68,0%	-155,0%	-113,6%
Percentage < 0	75,0%	80,0%	75,0%
No. of observations	4	5	4

t = 0 repräsentiert das Jahr, in dem der Insolvenzplan nach dem Chapter 11-Verfahren bestätigt wurde.
Median difference meint den Median der Abweichung von tatsächlichen und prognostizierten operativen Überschüssen.
Percentage < 0 meint den Anteil an Abweichungen, d. h. wenn (tatsächlich - prognostiziert) < 0 gilt.

So zeigt etwa eine von Hotchkiss durchgeführte, in Tabelle 3 zusammengefasste Untersuchung von im Rahmen des amerikanischen Chapter 11-Verfahrens erstellten Prognoserechnungen, dass die vom Management im Rahmen der Sanierungsprüfung geschätzten operativen Überschüsse in der Mehrzahl der Fälle nicht erreicht

593 Vgl. IDW S1 (2008), Rn. 24–26. Vgl. für das so genannte Zuflussprinzip auch Moxter, A. (1983), S. 79–80.

594 Der ermittelte Unternehmenswert kann stets nur so gut sein wie die zugrunde liegende Überschussprognose. Vgl. Altman, E./Hotchkiss, E. (2006), S. 117.

595 Abgewandelte Darstellung der Ergebnisse von Hotchkiss, E. (1995), S. 13.

werden konnten und sich der in jedem Jahr negative Median des Fehlers signifikant von Null unterscheidet.[596]

Eine DCF-Bewertung basiert auf ineinander abgestimmten Plan-Bilanzen, Plan-Gewinn- und Verlustrechnungen sowie Finanzplanungen.[597] Systematik und Grundregeln bei der Erstellung von integrierten Planungsrechnungen bei sanierungsbedürftigen Unternehmen unterscheiden sich grundsätzlich nicht von denen gesunder Firmen. Dennoch sind einige Besonderheiten zu berücksichtigen, welche Gegenstand folgender Ausführungen sind. Das vereinfachte Grundschema zur Ableitung der bewertungsrelevanten Überschüsse zeigt Abbildung 16.

Abbildung 16: Ableitung der bewertungsrelevanten Überschüsse bei unterstellter Eigenfinanzierung[598]

	Einzahlungen von Kunden für den Verkauf von Erzeugnissen, Waren und Dienstleistungen
-	Auszahlungen an Lieferanten
-	Auszahlungen an Beschäftigte
+	Sonstige Einzahlungen außerhalb der Investitions- und Finanzierungstätigkeit
-	Sonstige Auszahlungen außerhalb der Investitions- und Finanzierungstätigkeit
=	**Cashflow aus laufender Geschäftstätigkeit**
+	Einzahlungen aus dem Abgang von Gegenständen des Anlagevermögens
-	Auszahlungen für die Anschaffung von Gegenständen des Anlagevermögens
=	**Cashflow aus Investitionstätigkeit**
+	Einzahlungen aus der Eigenfinanzierungstätigkeit (Kapitalerhöhungen)
-	Auszahlungen aus der Eigenfinanzierungstätigkeit (Kapitalherabsetzungen, Ausschüttungen)
=	**Cashflow aus Eigenfinanzierungstätigkeit**
=	**Free Cashflow bei unterstellter Eigenfinanzierung(FCF^E)**

596 Vgl. Hotchkiss, E. (1995), S. 11–14. Dort wird auch der verwendete Signifikanztest erläutert. Ähnliche Ergebnisse liefert eine Studie von Kaplan, S. (1989), S. 217–254, welche eine empirische Untersuchung von Management Buyouts beinhaltet. Vergleichbare Untersuchungen für den deutschsprachigen Raum existieren m. W. nicht.

597 Vgl. IDW S1 (2008), Rn. 27.

598 Eigene Abbildung in Anlehnung an Förschle, G./Kroner, M. (2012), § 297 Rn. 59–68, IDW S1 (2008), Rn. 127–128, Knabe, M. (2012), S. 32, sowie Spremann, K. (2004), S. 191.

4.4.3.1.2 Umsatzerlöse und betriebliche Aufwendungen

Weil die Ableitung der bewertungsrelevanten Überschüsse mit der Erstellung der Plan-Gewinn- und Verlustrechnungen beginnt und fast alle zu planenden Bestandteile direkt oder indirekt mit den Umsatzerlösen in Verbindung stehen[599], sollte deren Prognose eine wesentliche Bedeutung beigemessen werden. Zur Prognose der künftig erzielbaren Umsatzerlöse eines Unternehmens unterscheiden Koller/Goedhart/Wessels den top down- und den bottom up-Ansatz.[600] Während beim top down-Ansatz das Marktumfeld, der vom Unternehmen gehaltene Marktanteil und die erwartete Preisentwicklung im Vordergrund stehen, zielt der bottom up-Ansatz mehr auf die vom Unternehmen gewonnen Erkenntnisse – auch aus der Vergangenheit – über Nachfrage, Kundenabwanderung und künftiges Neukundenpotential ab. Unter Berücksichtigung der Besonderheiten bei Krisenunternehmen ließen sich gegen beide theoretischen Konzepte eine Reihe von Vor- und Nachteilen zusammentragen.[601] Dass es an dieser Stelle aber keine richtige oder falsche Lösung gibt, zeigen auch die interpretationsbedürftigen Ausführungen des IDW S1. Dort heißt es lediglich, dass aufbauend auf der Vergangenheitsanalyse die künftigen finanziellen Überschüsse zu prognostizieren sind, wobei eine Analyse der erwarteten leistungs- und finanzwirtschaftlichen Entwicklungen des Unternehmens unter Berücksichtigung der erwarteten Markt- und Umweltentwicklungen erforderlich ist.[602]

Das Problem der Unsicherheit und des damit verbundenen Risikos muss also entsprechend modelliert werden. Während in der Standardliteratur und in der Bewertungspraxis oftmals lediglich ein einziger, erwarteter Wert je Periode angesetzt und damit Quasi-Sicherheit unterstellt wird[603], ist gerade in Krisensituationen die Anwendung mehrwertiger Verfahren zwingend geboten.[604] Neben der Szenarioanalyse,

---

599 Vgl. Koller, T./Goedhart, M./Wessels, D. (2005), S. 232–233, Pasedag, A. (2010), S. 306, sowie Schwartz, E./Moon, M. (2001), S. 12.

600 Vgl. für das Folgende Koller, T./Goedhart, M./Wessels, D. (2005), S. 235–236.

601 Eine Diskussion von Vor- und Nachteilen der beiden Konzepte findet sich in verschiedenen Lehrbüchern und soll nicht wiedergegeben werden. Vgl. nur Koller, T./Goedhart, M./Wessels, D. (2005), S. 235–236.

602 Vgl. IDW S1 (2008), Rn. 75.

603 Aufgrund der weiten Verbreitung in der Praxis wird die DCF-Methode bei unterstellter Quasi-Sicherheit auch in dieser Arbeit als „traditionell" bezeichnet. Ähnlich Rams, A. (1999), S. 362, sowie Meyer, B. (2005), S. 157.

604 Ähnlich Damodaran, A. (2006), S. 154. Auch IDW S1 (2008), Rn. 80, führt aus, dass es sich empfehlen kann, „mehrwertige Planungen, Szenarien oder Ergebnisbandbreiten darzustellen, um das Ausmaß der Unsicherheit der künftigen finanziellen Überschüsse zu verdeutlichen". Auch Schwartz/Moon betonen in ihrem Beitrag zur Bewertung von Wachstumsunternehmen, dass die Dynamik der zentralen Werttreiber – im vorliegenden Fall werden beispielsweise die Umsatzerlöse als zentraler Werttreiber definiert sowie weiter unten der Personal- und Materialaufwand – durch die Modellierung von stochastischen Prozessen erfasst werden muss. Vgl. Schwartz, E./Moon, M. (2000), S. 75, sowie Schwartz, E./Moon, M. (2001), S. 7.

bei der nach Definition von unterschiedlichen Szenarien, z. B. best, average und worst case, und deren Eintrittswahrscheinlichkeiten die Ergebnisse zu einem Wert komprimiert werden, kann es auch durch den Einsatz von Simulationslösungen, etwa der Monte-Carlo-Simulation, gelingen, Unsicherheit in der Prognose zu berücksichtigen. Auf Basis von festzulegenden Zuständen und Eintrittswahrscheinlichkeiten wird ein Risikoprofil aufgebaut, welches angibt, mit welcher Wahrscheinlichkeit ein bestimmter Wert über- oder unterschritten wird.[605] Weil die Entwicklung von Umsatzerlösen i. d. R. sowohl von der Vergangenheit des Unternehmens als auch von anderen Einflussfaktoren, etwa der allgemeinen Marktentwicklung, exogenen Schocks oder durchgeführten Marketingmaßnahmen, abhängig ist, kann die Entwicklung der Umsatzerlöse $\widetilde{UE}_t$ allgemein wie folgt modelliert werden.[606]

$$(13)\quad \widetilde{UE}_t = (1+\phi_t)\cdot UE_{t-1} \text{ mit } \phi_t = \gamma\cdot\phi_{t-1} + (1-\gamma)\cdot\widetilde{\phi}_t$$

Das Umsatzwachstum ϕ_t ist gemäß Formel (13) abhängig von der Vorjahresausprägung ϕ_{t-1} und einer Zufallsvariablen $\widetilde{\phi}_t$, für die eine beliebige Verteilung modelliert werden kann. Die beiden Komponenten werden mit einem so genannten Trägheitsfaktor γ bzw. $(1 - \gamma)$ gewichtet. In der Zufallsvariablen $\widetilde{\phi}_t$ können sowohl marktbasierte als auch individuelle Einfluss- bzw. Störfaktoren, welche das Wachstum der Umsatzerlöse positiv oder negativ beeinflussen, modelliert werden. Zu Recht wird kritisiert, dass die Ergebnisse von Simulationslösungen nur so gut sind wie die verwendeten, wiederum auf Basis von Vergangenheits- oder Marktdaten geschätzten Parameter, also im vorliegenden Fall die Schätzung für den Trägheitsfaktor γ und für Verteilung, Erwartungswert und Standardabweichung der Zufallsvariablen $\widetilde{\phi}_t$.[607]

Die Anwendung von Szenario- und Simulationsmodellen liefert nicht zwangsweise korrekte oder bessere Bewertungsergebnisse. Weil durch eine Vielzahl an Simulationsläufen aber nicht ein einziger Wert, sondern eine Verteilung generiert wird, kann in jedem Fall ein deutlich besseres Bewusstsein für die gerade nicht vernachlässigbare Unsicherheit geschaffen werden[608], von der etwa bei einer unreflektierten Fortschreibung der historischen Umsatzerlöse mit der von Analysten geschätzten (Branchen-)Wachstumsrate nur scheinbar abstrahiert wird. Dass insbesondere in Sanierungssituationen Szenario- bzw. Simulationslösungen erforderlich sind, um

605 Vgl. Damodaran, A. (2006), S. 155–156, Meyer, B. (2005), S. 62, sowie Strauch, J. (2005), S. 62.

606 Vgl. Pasedaq, A. (2010), S. 306. Eine ähnliche Entwicklung von Umsatzerlösen bzw. allgemeiner bewertungsrelevanten Überschüssen verwenden etwa Lodowicks, A. (2007), S. 21–22, sowie Kruschwitz, L./Löffler, A. (2006), S. 34–37. Auch Schwartz, E./Moon, M. (2001), S. 9, verwenden einen stochastischen Prozess, um die Umsatzerlöse und deren Wachstum in das DCF-Kalkül zu integrieren.

607 Vgl. anstelle aller Damodaran, A. (2006), S. 155–156, der das Problem zutreffend mit „garbage in, garbage out“ beschreibt, Meyer, B. (2005), S. 121–129, sowie Schwartz, E./Moon, M. (2001), S. 26.

608 Vgl. auch Adams, M./Rudolf, M. (2005), S. 210–211, die nach ihren Ausführungen zur Bewertung von Wachstumsunternehmen eine ähnliche Aussage treffen.

zum einen den Wert der erzielbaren periodischen Steuervorteile und zum anderen den Wert des Eigenkapitals bestimmen zu können, wird in den Kapiteln 4.4.5.2 bzw. 5.2 untermauert werden.

Zur Planung von Personal- und Materialaufwand wird zumeist eine Kopplung an die prognostizierten Umsatzerlöse vorgeschlagen, wobei der von der Branche bzw. vom individuellen Geschäftsmodell abhängige Fixkostenanteil zu beachten ist.[609] Dabei sind die historischen Personal- und Materialaufwandsquoten des Unternehmens zu analysieren und um Sondereffekte zu bereinigen. Insbesondere bei Krisenunternehmen ist eine Verwendung etwa von branchenüblichen Quoten nicht angebracht, weil die Unternehmenskrise u. U. auch und gerade durch schlechte operative Ergebnisse und Strukturen verursacht sein kann. Grundsätzlich sind die möglichen Auswirkungen von im Rahmen der laufenden Sanierung beschlossenen leistungswirtschaftlichen Sanierungsmaßnahmen bei der Ermittlung des Unternehmenswertes zu berücksichtigen. Wie jedoch in den Ausführungen zur konzeptionellen Vorgehensweise bereits angeklungen ist, sollten diese Effekte separat erfasst und bewertet werden.[610]

4.4.3.1.3 Ausschüttungsrestriktionen

Aufgrund der aufgelaufenen (handelsrechtlichen) Verluste bei Krisenunternehmen ist weiterhin zu prüfen, inwiefern gesellschaftsrechtliche oder gesetzliche Ausschüttungsrestriktionen greifen.[611] Nicht ausschüttungsfähige Beträge müssen zwangsthesauriert werden und mindern folglich die bewertungsrelevanten Überschüsse.[612] Der zwangsthesaurierte Betrag kann grundsätzlich für zusätzliche Realinvestitionen, zum Aufbau von Wertpapierbeständen oder anderen Finanzanlagen sowie zur zusätzlichen Tilgung von Fremdkapital verwendet werden.[613] Letztere Möglichkeit scheidet aufgrund der autonomen Finanzierungsstrategie des Unternehmens aus. Ebenso verfolgt das Unternehmen annahmegemäß bereits die optimale Investitionsstrategie, d. h. das Unternehmen hat alle Projekte mit positivem Net Present Value (NPV) realisiert. Folglich verbleibt lediglich die Kapitalmarktanlage auf Unternehmensebene.[614] Sowohl der angelegte Betrag als auch die dadurch zusätzlich

---

609 Vgl. Copeland, T./Koller, T./Murrin, J. (2000), S. 240, Koller, T./Goedhart, M./Wessels, D. (2005), S. 236–238, sowie Schwartz, E./Moon, M. (2001), S. 10, welche den Aufwand als Umsatz-, Vertriebs-, Verwaltungs- und sonstige Kosten definieren und sowohl einen variablen, d. h. von den Umsatzerlösen abhängigen, als auch einen fixen Teil modellieren.

610 Vgl. hierzu die Ausführungen in Kapitel 4.4.4.

611 Für das Folgende wird unterstellt, dass die Ausschüttungsrestriktionen nicht umgangen werden können.

612 Vgl. Fn. 593.

613 Vgl. Drukarczyk, J. (1997), S. 466–467, IDW S1 (2008), Rn. 26, sowie Scherer, F. (2002), S. 24.

614 Auch andere Autoren verwenden diese Annahme. Vgl. etwa Drukarczyk, J. (1997), S. 466–467, Scherer, F. (2002), S. 24, sowie Schwetzler, B. (1998), S. 93–94. Auch für

erwirtschafteten Überschüsse gelangen dann zu einem späteren Zeitpunkt, also wenn Restriktionen nicht mehr greifen, zur Ausschüttung. Im Vergleich zu anderen Themenbereichen wird die Wertrelevanz von handelsrechtlichen Verlustvorträgen und damit verbundenen Ausschüttungsrestriktionen in der Literatur nur selten thematisiert.[615]

Ausschüttungsrestriktionen können jedoch nur dann vernachlässigt werden, wenn dem betrachteten Unternehmen eine Anlagemöglichkeit zur Verfügung steht, deren Rendite mit der Renditeforderung der Anteilseigner übereinstimmt. Scherer begründet diese Annahme damit, dass sich das Unternehmen an der Renditeforderung der Eigentümer orientiert und darauf basierend eine geeignete Anlagemöglichkeit auswählt.[616] Da die steuerliche Behandlung einer Investition auf der Ebene der Anteilseigner und auf der Ebene des Unternehmens abhängig vom Hebesatz der gewerbesteuerberechtigten Gemeinde unterschiedlich ist, können Ausschüttungsrestriktionen trotz der etwa von Scherer getroffenen Annahme regelmäßig nicht unberücksichtigt bleiben.[617]

Folgendes Beispiel soll den Zusammenhang verdeutlichen: Der in Periode t = 0 erwirtschaftete FCF vor Abgeltungsteuer (ASt.) beträgt $FCF_0^{v.\,ASt.} = 1.000{,}0$, die identische Rendite der Kapitalmarktanlagemöglichkeit von Anteilseignern und Unternehmen beträgt $k^F = 0{,}1$ und es gelte das deutsche Steuersystem mit $s^{Ge} = 0{,}14$[618], $s^K = 0{,}15$ und $s^A = 0{,}25$. Tabelle 4 zeigt den Barwert des „Projektes“ für den Fall, dass keine Ausschüttungsrestriktionen (AR) greifen.

den Fall, dass zwangsthesaurierte Beträge zur zusätzlichen Tilgung von Fremdkapital oder für zusätzliche Realinvestitionen verwendet werden, kann analog zu den noch folgenden Ausführungen gezeigt werden, dass diese wertrelevant sind.

615 Die Wertrelevanz von Ausschüttungsrestriktionen wird – in den meisten Fällen jedoch nur am Rande – etwa bei Drukarczyk, J. (1997), S. 465–469, Hachmeister, D. (2009), S. 64–68, Kofler, P./Baumgartner, M. (2010), S. 33–47, sowie Zwirner, C. (2011), S. 2564–2565, thematisiert.

616 Vgl. Scherer, F. (2002), S. 24.

617 Ähnliche Ergebnisse hat bereits Schwetzler für das alte Steuersystem erarbeitet. Vgl. Schwetzler, B. (1998), S. 94.

618 Dies impliziert einen gewerbesteuerlichen Hebesatz von 400: $s^{Ge} = \frac{Hebesatz \cdot 3{,}5}{10.000} = 0{,}14$. Vgl. §§ 11, 14 und 16 GewStG.

Tabelle 4: Barwert des beispielhaften Projektes ohne Ausschüttungsrestriktion[619]

t	0	1	2
FCF v. ASt.	1.000,0	0,0	0,0
AR	0,0	0,0	0,0
Dividende v. ASt.	1.000,0	0,0	0,0
ASt.	-250,0	0,0	0,0
Dividende n. St.	**750,0**	**0,0**	**0,0**
Barwert (ohne Ausschüttungsrestriktion) =			750,0

Dürfen in den Perioden t = 0 und t = 1 aufgrund von Ausschüttungsrestriktionen keine Dividenden gezahlt werden, so müssen die erwirtschafteten $FCF_0^{v. ASt.}$ und $FCF_1^{v. ASt.}$ zwangsthesauriert und auf Unternehmensebene angelegt werden. Tabelle 5 zeigt das resultierende Ergebnis.

Tabelle 5: Barwert des beispielhaften Projektes mit Ausschüttungsrestriktion

t	0	1	2
FCF v. St.		100,0	107,1
S^{Ge}		-14,0	-15,0
S^{K}		-15,0	-16,1
FCF v. ASt.	1.000,0	71,0	76,0
AR	-1.000,0	-71,0	0,0
Dividende v. ASt.	0,0	0,0	1.147,0
ASt.	0,0	0,0	-286,8
Dividende n. St.	**0,0**	**0,0**	**860,3**
Barwert (mit Ausschüttungsrestriktion) =			744,4

Im gewählten Zahlenbeispiel verringern die Ausschüttungsrestriktionen in Periode t = 0 und t = 1 den erzielbaren Barwert. Lediglich bei einem gewerbesteuerlichen Hebesatz von H = 285,7 haben Ausschüttungsrestriktionen keine Wertrelevanz für das Bewertungskalkül, weil $s^{Ge} + s^{K} = s^{A} = 0{,}25$ gilt. Dagegen könne für Hebesätze

619 Der für die Berechnung des Barwertes verwendete Diskontierungszins beträgt $k \cdot (1 - s^{A}) = 0{,}075$.

H < 285,7 positive und für Hebesätze H > 285,7 negative Werteinflüsse von Ausschüttungsrestriktionen beobachtet werden.

Schwetzler betont, dass die Kapitalmarktanlage getrennt, also im vorliegenden Fall als weiterer, separater Baustein im APV-Ansatz zu erfassen ist, wenn sich die Risikostruktur der Kapitalmarktanlage von der des Unternehmens unterscheidet, weil ansonsten die Kapitalkosten des Unternehmens angepasst werden müssten.[620] Voranstehende Ausführungen unterstreichen also, dass es gerade in Krisensituationen erforderlich wird, zwischen den potentiell zur Ausschüttung zur Verfügung stehenden Beträgen und den gesetzlich bzw. gesellschaftsrechtlich zulässigen Ausschüttungen zu unterscheiden. Um Bewertungsfehler zu vermeiden, sind nur Letztere im Kalkül zu berücksichtigen.[621]

4.4.3.1.4 Prognosezeitraum

In Literatur und Praxis gliedert sich die Überschussprognose regelmäßig in zwei Phasen:[622] In der Detailplanungsphase, welche in der Regel einen Zeitraum von etwa drei bis fünf Jahren umfasst, werden detaillierte Planungsrechnungen mit vollständigen Plan-Bilanzen und Plan-Gewinn- und Verlustrechnungen erarbeitet. Ebenso werden Investitionsauszahlungen und die zugehörigen Abschreibungen, geplante Kapitalmaßnahmen und die entsprechenden Steuerwirkungen detailliert prognostiziert. Am Ende der Detailplanungsphase geht man in die Phase der ewigen Rente über, in der i. d. R. die zuletzt modellierten Einzahlungsüberschüsse als konstant angenommen oder mit einem kontinuierlichen Wachstum versehen und entsprechend fortgeschrieben werden.

Für die Bewertung von sanierungsbedürftigen Unternehmen sind im Folgenden zwei Besonderheiten zu diskutieren: Zum einen ist zu thematisieren, inwiefern die Detailplanungsphase an die Gegebenheiten anzupassen und wann bzw. ob ein Übergang in die Phase der ewigen Rente sinnvoll ist. Zum anderen ist, auch basierend auf den Erkenntnissen aus Tabelle 3, zu diskutieren, inwiefern die Gefahr einer (erneuten) Insolvenz im Kalkül berücksichtigt werden muss.

---

620 Vgl. Schwetzler, B. (1998), S. 96.

621 Ähnlich IDW S1 (2008), Rn. 26. Auch Spremann führt aus, dass die bei den DCF-Verfahren betrachteten bewertungsrelevanten Überschüsse tatsächlich ausgeschüttet oder als Substitut von Ausschüttungen i. S. der Kapitalgeber verwendet werden müssen. Vgl. Spremann, K. (2004), S. 176. Ist dies nicht der Fall, so gilt im Umkehrschluss, dass eine Anpassung des DCF-Kalküls erfolgen muss. Ebenso Schwartz, E./Moon, M. (2001), S. 11, die argumentieren, dass das entscheidende Maß der freie Cashflow, welcher zur Ausschüttung bereit steht, darstellt. Vgl. zusätzlich die in Fn. 615 zitierte Literatur.

622 Vgl. Arzac, E. (2005), S. 14–15, Damodaran, A. (2006), S. 118–121, IDW S1 (2008), Rn. 77–80, Kehrel, U. (2011), S. 373, Kofler, P./Baumgartner, M. (2010), S. 2, Koller, T./Goedhart, M./Wessels, D. (2005), S. 229–230, sowie Peemöller, V./Kunowski, S. (2012), S. 309–310. Auch die folgende kurze Erörterung des Zweiphasen-Modells basiert auf den angegebenen Referenzen.

Das IDW betont, dass der Ermittlung der finanziellen Überschüsse in der zweiten Phase der ewigen Rente wegen des starken Gewichtes eine besondere Bedeutung beigemessen wird.[623] Ein Übergang in die Phase der ewigen Rente fügt sich jedoch erst dann konsistent in das Bewertungskalkül, wenn das Unternehmen einen Gleichgewichtszustand erreicht hat, d. h. die operativen Überschüsse wachsen mit einer konstanten Wachstumsrate und Reinvestitions- sowie Abschreibungsquote bleiben ebenso wie die Reinvestitionsrendite konstant etc.[624] Insbesondere bei Krisenunternehmen dürfte ein Gleichgewichtszustand im Regelfall nicht nach drei bis fünf Jahren zu erreichen sein. Deshalb wird die Implementierung einer zwischengeschalteten Phase, der so genannten Konvergenzphase, erforderlich. Wenngleich für diese Phase keine detaillierten Schätzungen möglich sein werden, kann der abzudeckende mittelfristige Prognosezeitraum dennoch dazu genutzt werden, eine Überleitung zum geplanten, langfristigen Wachstums- und Rentabilitätsniveau und damit zur Phase der ewigen Rente herzustellen.[625] Die Erweiterung auf das Dreiphasen-Modell wird insbesondere auch bei Vorliegen von hohen Zins- und Altverlustvorträgen im Entscheidungszeitpunkt erforderlich, deren Verwendung in der Phase der ewigen Rente nicht adäquat geplant werden kann.[626]

Mit dem Übergang in die Phase der ewigen Rente wird implizit angenommen, dass die Fortführung des Unternehmens für eine unbegrenzte Lebensdauer möglich ist.[627] Im Umkehrschluss bedeutet dies, dass eine mögliche Insolvenz und die damit verbundenen Kosten nicht berücksichtigt werden, das Unternehmen also überbewertet wird. Diesem Problem widmet sich Kapitel 4.4.7.

---

623 Vgl. IDW S1 (2008), Rn. 79. Auch in der Literatur ist die Bedeutung der zumeist als terminal value, horizon value oder continuation value bezeichneten Phase der ewigen Rente unumstritten. Vgl. nur Damodaran, A. (2002), S. 319–320, sowie Schüler, A./Lampenius, N. (2007), S. 233.

624 Vgl. anstelle aller Koller, T./Goedhart, M./Wessels, D. (2005), S. 230.

625 Vgl. Drukarczyk, J./Schüler, A. (2014), S. 22, 34–35. Auch das WP-Handbuch führt in der neuesten Auflage auf, dass die Ausweitung auf ein Dreiphasen-Modell erforderlich werden kann. Vgl. WP-Handbuch (2014), Rn. A233–A238. Zur Veranschaulichung der Bedeutung der Konvergenzphase und der möglichen Auswirkungen auf den Unternehmenswert vgl. Drukarczyk, J./Schüler, A. (2014), S. 37–49.

626 Ähnlich Kupke, T./Nestler, A. (2003), S. 2283. Die Ausführungen zum Wert der periodischen Steuervorteile aus der Fremdfinanzierung (Kapitel 4.4.5.2) und aus der Altverlustverrechnung (Kapitel 4.4.6.2) verdeutlichen den Zusammenhang.

627 Vgl. IDW S1 (2008), Rn. 85–86. In Ausnahmefällen wird, etwa wenn vertragliche Gründe dafür sprechen, mit einer begrenzten Lebensdauer gerechnet. In diesem Fall wird der Liquidationswert im Liquidationszeitpunkt zusätzlich berücksichtigt. Vgl. IDW S1 (2008), Rn. 85–87.

4.4.3.2 *Zur Ermittlung der Eigenkapitalkosten bei unterstellter Eigenfinanzierung*

Die prognostizierten bewertungsrelevanten Überschüsse sind dadurch gekennzeichnet, dass sie unsicher sind. In Literatur und Praxis werden zur Integration von Unsicherheit und dem damit verbundenen Risiko sowohl die Sicherheitsäquivalenz- als auch die Risikozuschlagsmethode verwendet.[628] Mit beiden Ansätzen ist es möglich, Unsicherheit auf marktmäßig-objektivierter oder auf individualistisch-subjektiver Basis zu berücksichtigen. Letzteres wird bereits an dieser Stelle ausgeschlossen, weil das subjektive Kalkül gerade nicht Eingang in die Fortführungsentscheidung finden soll.[629]

Die Risikoabschlagsmethode berücksichtigt die Unsicherheit bzw. das Risiko im Zähler des Kalküls, indem ein Abschlag auf den Erwartungswert der unsicheren Zahlungen $E\left(\widetilde{FCF}\right)$ gebildet wird. Zur Berücksichtigung des Zeiteffekts wird das ermittelte, so genannte Sicherheitsäquivalent[630] $SÄ\left(\widetilde{FCF}\right)$ mit dem risikolosen Zins i auf den Bewertungszeitpunkt diskontiert. Im Gegensatz dazu werden bei der Risikozuschlagsmethode sowohl die Unsicherheit mit Hilfe eines Risikozuschlags z als auch der Zeiteffekt im Nenner berücksichtigt und zu den so genannten Kapitalkosten k zusammengefasst. Bei korrekter Anwendung führen beide Methoden zum gleichen Ergebnis[631], weswegen nachfolgende Identität gilt[632].

$$(14)\quad V_0 = \sum_{t=1}^{T} \frac{SÄ\left(\widetilde{FCF}_t\right)}{(1+i)^t} = \sum_{t=1}^{T} \frac{E\left(\widetilde{FCF}_t\right)}{(1+k)^t}$$

628 Weckbach zählt zusätzlich den Ansatz der risikoneutralen Wahrscheinlichkeiten sowie die Risikoprofilmethode auf und weist außerdem auf ältere, nicht mehr gängige Methoden hin. Vgl. Weckbach, S. (2004), S. 93. Auch Schüler führt die Methode der risikoneutralen Wahrscheinlichkeiten und darüber hinaus den Time-State-Preference-Ansatz und die Black'sche Simple Discounting Rule auf und zeigt, dass alle Ansätze bei aufgeklärter Anwendung zum identischen Ergebnis führen. Vgl. Schüler, A. (2014a), S. 1–8. Auf die Methode der risikoneutralen Wahrscheinlichkeiten wird an späterer Stelle zurückgegriffen.

629 Vgl. bereits die Ausführungen in Kapitel 4.1 und 4.2.4. Grundlagen zu individualistisch-subjektiven Ansätzen kann der interessierte Leser etwa bei Drukarczyk, J./Schüler, A. (2009), S. 41–55, nachlesen.

630 Unter Sicherheitsäquivalent versteht man also denjenigen sicheren Betrag, für den ein Investor eine Verteilung von unsicheren Nettoeinzahlungen verkauft oder für die Befreiung von unsicheren Auszahlungsverpflichtungen bezahlt. Vgl. nur Kruschwitz, L. (2001), S. 2409.

631 Vgl. anstelle aller Drukarczyk, J./Schüler, A. (2009), S. 40–41.

632 Formel (14) gilt unter der Annahme, dass i und k – also auch das Risiko des Projektes bzw. des Unternehmens – im Zeitablauf konstant sind. Vgl. zu dieser Annahme die Ausführungen am Ende dieses Kapitels.

Zur marktmäßigen Objektivierung von Risikoabschlägen bzw. -zuschlägen wird regelmäßig auf das Capital Asset Pricing-Model (CAPM) zurückgegriffen[633], welches im Ergebnis Formel (15) zur Ableitung der erwarteten Rendite[634] für ein bestimmtes Projekt oder Unternehmen liefert.

$$(15)\quad E\left(\tilde{r}_P\right) = i + \beta_P \cdot \left(\tilde{r}_M - i\right) \text{ mit } \beta_P = \frac{\operatorname{cov}\left(\tilde{r}_P; \tilde{r}_M\right)}{\sigma_M^2}$$

Die erwartete Rendite eines Projektes $E\left(\tilde{r}_P\right)$ entspricht dem risikolosen Zins zuzüglich eines Risikozuschlags, der sich aus dem Produkt des projektspezifischen Beta-Faktors β_P und der Marktrisikoprämie $\left(\tilde{r}_M - i\right)$ ergibt, wobei β_P das systematische und nicht diversifizierbare Risiko des betrachteten Projektes im Verhältnis zum Marktrisiko wiedergibt.[635] Die dargestellte Ermittlung der Kapitalkosten mit Hilfe des CAPM mag zunächst trivial erscheinen, ist es aber in der Praxis keinesfalls: Zu jedem einzelnen Parameter gibt es seit Begründung des Modells zahlreiche Beiträge und empirische Untersuchungen, auf deren Darstellung und Würdigung nicht eingegangen wird. Eine umfassende Arbeit zum Kapitalisierungszinssatz in der Unternehmensbewertung, welche alle Bestandteile von Formel (15) umfasst und diskutiert, liefert etwa Metz.[636] Dennoch wurde auf die vorangehende knappe Darstellung nicht verzichtet, um einen Nachteil des APV-Ansatzes herauszustellen: Am Markt sind regelmäßig nur die Eigenkapitalrenditen bei anteiliger Fremdfinanzierung zu beobachten, nicht jedoch diejenigen bei unterstellter Eigenfinanzierung.[637] Mit dem in Formel (16) dargestellten Zusammenhang gelingt es theoretisch, durch eine Anpassung des Beta-Faktors auch die Eigenkapitalkosten bei reiner Eigenfinanzierung zu ermitteln.[638]

---

633 Vgl. etwa IDW S1 (2008), Rn. 92, sowie Meyer, B. (2005), S. 14. Aufgrund der Fülle an Veröffentlichungen werden weder das CAPM erläutert noch die damit verbundenen Annahmen und Probleme diskutiert. Für die Modellbeschreibung werden die Beiträge der Begründer Lintner, Mossin und Sharpe empfohlen. Vgl. Lintner, J. (1965), S. 13–37, Mossin, J. (1966), S. 768–783, sowie Sharpe, W. (1964), S. 425–442. Eine kritische Auseinandersetzung mit dem CAPM und einen Überblick über empirische Untersuchungen liefert etwa Metz, V. (2007), S. 188–202. Einen alternativen Ansatz, der jedoch im europäischen Raum kaum diskutiert wird, haben Fama/French mit ihrem Drei-Faktoren-Modell geliefert. Vgl. Fama, E./French, K. (1992), S. 427–465.

634 Gängige Auffassung in der Literatur ist, dass erwartete Renditen und Kapitalkosten identisch sind. Eine Auseinandersetzung mit den beiden Begriffen und einen Literaturüberblick liefert etwa Weckbach, S. (2004), S. 75–77.

635 Vgl. anstelle aller Ross, S. et al (2008), S. 306–309.

636 Vgl. Metz, V. (2007), S. 203–232.

637 Vgl. anstelle aller Förster, H./Stöckl, S./Brenken, H. (2009), S. 999.

638 Vgl. Ross, S. et al. (2008), S. 350–351, sowie Ruback, R. (2002), S. 96–98. Die dargestellte Formel enthält verschiedene Annahmen wie etwa die vollständige und

$$(16)\quad \beta_P^F = \frac{E + F \cdot (1-s)}{E} \cdot \beta_P^E \text{ bzw. } \beta_P^E = \frac{\beta_P^F \cdot E}{E + F \cdot (1-s)}$$

β_P^E bzw. β_P^F bezeichnen die Beta-Faktoren des Projektes bei ausschließlicher Eigenfinanzierung (E) bzw. bei anteiliger Fremdfinanzierung (F). Auch beim APV-Ansatz entsteht an dieser Stelle ein Interdependenzproblem, weil zur Ermittlung von β_P^E bereits die Kenntnis über den Marktwert von Eigen- und Fremdkapital erforderlich ist.[639] In der Praxis werden die Beta-Faktoren β_P^E meist aus der Analyse von Vergangenheitsdaten abgeleitet, etwa aus den eigenen Daten, aus den Daten von Vergleichsunternehmen (Peer-Group-Beta) oder der gesamten Branche (Industry-Beta).[640]

Allen auf den CAPM-Überlegungen basierenden Bewertungsansätzen ist gemein, dass sich – wie obige Ausführungen bereits vermuten lassen – sämtliche Parameter im Zeitablauf verändern werden. Anhand eines einfachen Beispiels könnte nun das in der Literatur[641] ausführlich diskutierte und in der Praxis zumeist pragmatisch gelöste Problem der Verwendung von im Zeitablauf konstanten Kapitalkosten gezeigt werden.[642] Deren Verwendung ist nur dann problemangemessen, wenn die unsicheren bewertungsrelevanten Zahlungsüberschüsse zu jedem zukünftigen Zeitpunkt den gleichen Erwartungswert und die gleiche Volatilität wie das (im Zeitablauf identische) Vergleichsportfolio aufweisen.[643] Obwohl man sich in der Literatur einig ist, dass dies nur in den seltensten Fällen zutrifft, wird die Verwendung von im Zeitablauf konstanten Kapitalkosten zumeist dann als adäquate Lösung hingenommen, sofern sich das Geschäftsmodell und die operative Ausrichtung des

---

sofortige Abzugsfähigkeit der Zinsaufwendungen und kein Ausfallrisiko beim Fremdkapital.

639 Vgl. anstelle aller Metz, V. (2007), S. 205. Ein Beispiel für die Ermittlung von Equity-Betas liefern etwa Kaplan/Ruback, die für ihre empirische Untersuchung Equity-Betas unabhängig voneinander auf Basis von Unternehmensdaten, Branchendaten und Marktdaten schätzen, um im Ergebnis die mit dem APV-Ansatz ermittelten Werte mit den tatsächlichen Marktwerten zu vergleichen. Vgl. Kaplan, S./Ruback, R. (1995), S. 1065–1066.

640 Vgl. Aders, C./Wagner, M. (2004), S. 33. In der Bewertungspraxis wird man regelmäßig auf von Finanzdienstleistern veröffentlichte Beta-Werte zurückgreifen, deren Eignung jedoch vom Bewerter zu würdigen ist. Vgl. IDW S1 (2008), Rn. 121. Letzteres wird insbesondere bei der Anwendung auf sanierungsbedürftige Unternehmen erforderlich, weil das Risiko deutlich etwa von dem der Branche abweichen kann.

641 Vgl. nur Drukarczyk, J./Schüler, A. (2009), S. 68–72, Grinblatt, M./Titman, S. (2002), S. 397–398, Hachmeister, D. (2006), S. 147–148, Kürsten, W. (2002), S. 132–136, sowie Weckbach, S. (2004), S. 120–122.

642 Dies ist Bestandteil jedes guten Lehrbuchs, daher wird im Rahmen dieser Arbeit darauf verzichtet.

643 Vgl. Hachmeister, D. (2006), S. 147.

Bewertungsobjekts nicht wesentlich ändern.[644] Dies ist u. a. auch darauf zurückzuführen, dass keine allgemeingültigen Aussagen darüber getroffen werden können, wie das Risiko der mit einem Projekt oder Unternehmen erzielbaren Cashflows im Zeitablauf variiert.[645]

Gerade in Sanierungssituationen kann es erforderlich werden, die verwendeten Kapitalkosten etwa aufgrund einer geänderten operativen Ausrichtung des Unternehmens anzupassen. Bleibt jedoch das Geschäftsmodell grundlegend identisch und werden lediglich einzelne leistungswirtschaftliche Sanierungsprojekte mit abweichender Risikostruktur realisiert, so bietet der APV-Ansatz die Möglichkeit, deren Wertbeitrag separat zu bewerten, wie das folgende Kapitel 4.4.4 verdeutlicht.

4.4.4 Berücksichtigung von leistungswirtschaftlichen Sanierungsprojekten

Dass der Einfluss von im Entscheidungszeitpunkt bereits eingeleiteten oder hinreichend konkretisierten (Sanierungs-)Maßnahmen bei der Ermittlung des Unternehmenswertes berücksichtigt werden muss, ist unstrittig.[646] Die für die leistungswirtschaftlichen Sanierungsmaßnahmen erforderlichen Investitionsauszahlungen sowie die damit verbundenen prognostizierten Einzahlungsüberschüsse sind jedoch als separater Baustein im APV-Ansatz zu erfassen. Bereits aus anderen Zusammenhängen ist bekannt, dass ein Unternehmen beispielsweise dann nicht in einem einzigen Kalkül bewertet werden kann, wenn es mehrere Geschäftsbereiche mit unterschiedlichen operativen Risiken gibt.[647] Gleiches gilt, wenn die Risikostruktur der eingeleiteten Sanierungsmaßnahmen nicht mit der des eigentlichen Geschäftsmodells übereinstimmt. Das nachfolgend stark vereinfachte Zahlenbeispiel soll den Zusammenhang verdeutlichen.

Es existiert ein einperiodiges Unternehmen, dessen Umsatzerlöse im Zustand u $\widetilde{UE}_{1,u} = 120,0$ bzw. im Zustand d $\widetilde{UE}_{1,d} = 70,0$ betragen. Der Personalaufwand beträgt in beiden Zuständen $PA_1 = 50,0$. Des Weiteren gelten $k^E = 0,1$, $i = 0,05$ und $p = 0,4$. Zusätzlich besteht die Möglichkeit, dass ein Mitarbeiter gegen eine Abfindungszahlung in Höhe von $I_0^{Sanierung} = 10,0$ das Unternehmen verlässt, wodurch der Personalaufwand in Periode $t = 1$ um 10,5 auf $PA_1^{Sanierung} = 39,5$ gesenkt werden kann. Abbildung 17 zeigt die Bewertung des Unternehmens sowohl ohne als auch mit integriertem Sanierungsprojekt. Schenkt man diesen Ausführungen Glauben, so würde durch das „Sanierungsprojekt" Wert in Höhe von 36,4 – 25,9 = 0,5 vernichtet werden.

644 Vgl. etwa Drukarczyk, J./Honold, D. (1999), S. 344, Eberl, S. (2009), S. 254, Förster, H./Stöckl, S./Brenken, H. (2009), S. 999, sowie Schüler, A. (2013a), S. 394.

645 Vgl. Hachmeister, D. (2006), S. 147–148.

646 Vgl. IDW S1 (2008), Rn. 32.

647 Dies ergibt sich bereits aus dem Umkehrschluss der in Fn. 644 zitierten Literatur.

Abbildung 17: Einfluss leistungswirtschaftlicher Sanierungsprojekte bei integrierter Betrachtung

Wert ohne Sanierungsprojekt

Bewertungsrelevante Überschüsse:

t = 1	Zustand u	Zustand d
UE	120,0	70,0
PA	50,0	50,0
FCF^E	70,0	20,0

Unternehmensgesamtwert:

$$V_0^E = \frac{0{,}4 \cdot 70{,}0 + 0{,}6 \cdot 20{,}0}{1 + 0{,}1} = 36{,}4$$

Wert mit Sanierungsprojekt bei integrierter Betrachtung

Bewertungsrelevante Überschüsse:

t = 1	Zustand u	Zustand d
UE	120,0	70,0
PA	39,5	39,5
FCF^E	80,5	30,5

Unternehmensgesamtwert:

$$V_0^E = -10{,}0 + \frac{0{,}4 \cdot 80{,}5 + 0{,}6 \cdot 30{,}5}{1 + 0{,}1} = 35{,}9$$

Aufgrund der abweichenden Risikostruktur des operativen Geschäfts von dem des Sanierungsprojekts enthalten die obigen Ausführungen einen Bewertungsfehler, welcher nur durch eine separate Betrachtung verhindert werden kann. Weil das beispielhaft gewählte „Sanierungsprojekt" einen Barwert von genau Null hat, darf sich der Unternehmensgesamtwert nicht verändern. Abbildung 18 zeigt den korrekt berechneten Gesamtwert.

Abbildung 18: Einfluss leistungswirtschaftlicher Sanierungsprojekte bei separater Betrachtung

Wert mit Sanierungsprojekt bei separater Betrachtung

Bewertungsrelevante Überschüsse:

t = 1	Zustand u	Zustand d
UE	120,0	70,0
PA	50,0	50,0
FCF^E	70,0	20,0

t = 1	Zustand u	Zustand d
Δ PA	10,5	10,5
FCF^{San}	10,5	10,5

Unternehmensgesamtwert:

$$V_0^E = \frac{0{,}4 \cdot 70{,}0 + 0{,}6 \cdot 20{,}0}{1 + 0{,}1} = 36{,}4$$

$$V_0^{San} = -10{,}0 + \frac{0{,}4 \cdot 10{,}5 + 0{,}6 \cdot 10{,}5}{1 + 0{,}05} = 0{,}0$$

$$V_0^{Gesamt} = V_0^E + V_0^{San} = 36{,}4$$

Die Erkenntnisse können analog auf leistungswirtschaftliche Sanierungsprojekte, welche ein höheres Risiko als das eigentliche operative Geschäft aufweisen, übertragen werden.

Zusammenfassend kann festgehalten werden, dass die wesentlichen leistungswirtschaftlichen Sanierungsprojekte mit abweichender Risikostruktur zur korrekten

Bewertung separat erfasst werden müssen. Als zusätzlicher Vorteil der vorgestellten Modifikation des APV-Ansatzes ist zu werten, dass etwa zu optimistische Planungen des Managements, in denen beispielsweise Personal- und Materialaufwandsquoten bereits nach wenigen Perioden wieder auf dem Niveau der branchenüblichen Werte geplant werden, identifiziert werden können. Durch die Darstellung von unterschiedlichen Szenarien oder durch die Anwendung von Simulationsmodellen können auch hier Zustände modelliert werden, in denen die eingeleiteten Sanierungsmaßnahmen nicht in jedem Zustand den vom Management erwarteten (bzw. oftmals zutreffender den erhofften) Erfolg einbringen. In komplexen Bewertungskalkülen wird also mit mehreren stochastischen Größen gearbeitet, um die Unsicherheit und die damit verbundene Vielzahl an Entwicklungsmöglichkeiten in der Zukunft adäquat abbilden zu können. Zur Bestimmung der bewertungsrelevanten Überschüsse und des risikoäquivalenten Diskontierungssatzes gelten die Ausführungen aus den Kapiteln 4.4.3.1 bzw. 4.4.3.2 analog.

4.4.5 Werteinfluss von Steuervorteilen unter Berücksichtigung der Zinsschrankenregelung

4.4.5.1 Überblick

Auch in Krisensituationen resultiert grundsätzlich ein steuerlicher Vorteil aus der Fremdfinanzierung, weil der bewertungsrelevante Überschuss verschuldeter Unternehmen aufgrund der steuerlichen Abzugsfähigkeit der Zinsaufwendungen höher ist als der eines identischen, unverschuldeten Unternehmens. Der periodische Steuervorteil, der im Lehrbuchfall zumeist ausschließlich von der gewählten Kapitalstruktur bzw. der Menge an eingesetztem Fremdkapital abhängig ist, wird als SV_t^{FF} bezeichnet. Gerade in Sanierungssituationen ist es erforderlich, den Standardfall zu erweitern: Insbesondere wird sich zeigen, dass die periodischen Steuervorteile zustandsabhängig $\left(\widetilde{SV}_t^{FF}\right)$ variieren können. Zudem wird auch der Barwert der periodischen Steuervorteile $V_0^{SV,FF}$ geringer ausfallen, wenn etwa negative steuerliche Bemessungsgrundlagen, also $\widetilde{BMG}_t < 0$, in einzelnen Perioden und Umweltzuständen vorkommen und infolgedessen die mit der Fremdfinanzierung verbundenen Steuervorteile nicht sofort, sondern erst im Rahmen eines Verlustausgleichs in späteren Perioden gehoben werden können. Analog kann die Zinsschrankenregelung eine Verlagerung der erzielbaren Vorteile in zukünftige Perioden bewirken, die gerade bei Krisenunternehmen – mit schwächelnden operativen Ergebnissen und aufgrund der Schuldenlast hohen Zinsaufwendungen – mit zusätzlichen Verwerfungen verbunden sein kann. Weil die Hebung der periodischen Steuervorteile im Wesentlichen von den zustandsabhängigen $\widetilde{BMG}_t$ abhängig sein wird, können diese nicht mehr risikolos vereinnahmt werden. In der Folge werden auch die risikoäquivalenten Diskontierungssätze anzupassen sein.[648]

---

648 Ähnlich Schüler, A. (2013a), S. 393–394.

Zur Quantifizierung des Wertbeitrags der Fremdfinanzierung wird grundsätzlich analog zum Standardfall vorgegangen: In einem ersten Schritt sind die zukünftigen Fremdkapitalbestände FK_t sowie die damit verbundenen Veränderungen $\Delta FK_t = FK_t - FK_{t-1}$ und Zinsaufwendungen $ZA_t = i \cdot FK_{t-1}$ zu planen.[649] Ausgehend von den zustandsabhängigen künftigen $\widetilde{EBITDA}_t$ ist für jede Periode der steuerrechtlich maximal abzugsfähige Zinsaufwand $\widetilde{Z_t^{MAX}}$ unter Berücksichtigung der Zinsschrankenregelung und ggf. vorhandener Zinsvorträge $\widetilde{ZV}_{t-1}$ zu errechnen. Sodann sind die tatsächlich gewerbesteuerlich $\left(\widetilde{Z_t^{Ge}}\right)$ und körperschaftsteuerlich $\left(\widetilde{Z_t^{K}}\right)$ abzugsfähigen Beträge für jeden zustandsabhängigen Pfad zu ermitteln. Im letzten Schritt folgen Überlegungen zum risikoäquivalenten Diskontierungssatz, sodass letztendlich der Wertbeitrag bzw. der Barwert der aus der Fremdfinanzierung erzielbaren Steuervorteile $\widetilde{V_0^{SV,FF}}$ im Bewertungskalkül berücksichtigt werden kann.[650]

4.4.5.2 Ermittlung der periodischen Steuervorteile aus der begrenzten Abzugsfähigkeit von Fremdkapitalaufwendungen

Es gelten die in Kapitel 3.4.3 erläuterten steuerrechtlichen Rahmenbedingungen und die Annahmen aus Kapitel 4.4.2, wobei abweichend davon der Umweltzustand einer jeden künftigen Periode t zunächst mit Sicherheit bekannt sein soll.[651]

Aufgrund der steuerrechtlichen Zinsschrankenregelung sind Zinsaufwendungen ZA_t einer jeden Periode t grundsätzlich nur in Höhe der Zinserträge ZE_t uneingeschränkt steuerlich abzugsfähig.[652]

(17) $Z_t^{MAX} = ZA_t \text{ für Fall } 1: ZA_t \leq ZE_t$

Die Differenz zwischen ZA_t und ZE_t soll als Zinssaldo ZS_t bezeichnet werden, wobei $ZS_t = \max(0; ZA_t - ZE_t)$ gilt. Sofern ZS_t die Freigrenze von TEUR 3.000 nicht übersteigt, ist auch ZS_t vollständig steuerlich abzugsfähig.

(18) $Z_t^{MAX} = ZE_t + ZS_t = ZE_t - ZE_t + ZA_t = ZA_t$
$\text{für Fall } 2: ZS_t \leq 3.000$

649 Die Frage, wie viel Fremdkapital im Rahmen des Debt Equity Swap gewandelt werden soll bzw. wie viel Verschuldungskapazität das Unternehmen nach der Sanierung „verträgt", wird an anderer Stelle (Kapitel 5.3) diskutiert.

650 Die folgenden Ausführungen untersuchen lediglich Unternehmensteuereffekte. Abgeltungsteuereffekte treten regelmäßig bei der Aufnahme oder Tilgung von Fremdkapital auf. Vgl. hierzu Drukarczyk, J./Schüler, A. (2009), S. 155–157.

651 Diese Annahme wird im weiteren Verlauf aufgegeben, verbessert aber zunächst den Lesefluss.

652 Die verwendete Notation wurde an Bachmann, C./Schultze, W. (2008) sowie Förster, H./Stöckl, S./Brenken, H. (2009) angelehnt und ggf. erweitert.

Sofern ZS_t die Freigrenze von TEUR 3.000 übersteigt[653], ist ZS_t nur bis zur Höhe von 30 % des um die Abschreibungen Ab_t und ZA_t erhöhten und um die ZE_t verminderten EBT_t steuerlich abzugsfähig, d. h. das so genannte steuerlich verrechenbare EBITDA beträgt $0{,}3 \cdot EBT_t + Ab_t + ZA_t - ZE_t = 0{,}3 \cdot EBITDA_t$.[654]

$$(19)\quad Z_t^{MAX} = ZE_t + \min\left(\max\left(0;0{,}3 \cdot EBITDA_t\right);ZS_t\right)$$

für Fall 3: $ZS_t > 3.000$[655]

Formel (20) fasst alle Fälle 1 bis 3 zusammen und zeigt den maximal zulässigen Zinsabzug Z_t^{MAX} einer jeden Periode.[656]

$$(20)\quad Z_t^{MAX} = \underbrace{ZE_t}_{\text{Fall 1}} + \underbrace{\left[\left(1-\min\left(\max\left(0;ZS_t-3.000\right);1\right)\right)\cdot ZS_t\right]}_{\text{Fall 2}} + \underbrace{+\left[\min\left(\max\left(0;0{,}3\cdot EBITDA_t\right);\right.\right.}_{\text{Fall 3}} \underbrace{\left.\left.\left(1-\min\left(\max\left(0;3.001-ZS_t\right);1\right)\right)\cdot ZS_t\right)\right]}_{\text{Fall 3}}$$

Können aufgrund der greifenden Zinsschranke die Zinsaufwendungen ZA_t nicht vollständig in einer Periode t steuerlich geltend gemacht werden, also wenn $ZA_t > Z_t^{MAX}$ gilt, so kann der nicht berücksichtigte Betrag $ZA_t - Z_t^{MAX}$ auf Folgeperioden vorgetragen werden. § 4h Abs. 1 S. 5, 6 EStG regelt, dass Zinsvorträge ZV_t aus

653 Die Zinsschrankenregelung soll im Folgenden immer dann greifen, sofern die Freigrenze von TEUR 3.000 überschritten wird. Die weiteren Ausnahmeregelungen des § 4h Abs. 2 Alt. b und c EStG sollen nicht greifen.

654 Vgl. § 4h Abs. 1 S. 2 EStG. Aus Vereinfachungsgründen werden geringwertige Wirtschaftsgüter und steuerrechtliche Sammelposten ausgeblendet.

655 Vgl. auch Arnold, S./Lahmann, A./Schwetzler, B. (2012a), S. 66, sowie Bachmann, C./Schultze, W. (2008), S. 16. Analog auch Förster, H./Stöckl, S./Brenken, H. (2009), S. 988, die jedoch aufgrund eines Gleichungsfehlers auch negative Steuerersparnisse zulassen.

656 In der Literatur werden aus Vereinfachungsgründen oftmals die Zinsschranke vernachlässigt (vgl. Dierkes, S./Diedrich, R./Gröger, H.-C. (2009), S. 24, sowie Richter, F. (2007), S. 14.), die Freigrenze nicht modelliert (vgl. Arnold, S./Lahmann, A./Schwetzler, B. (2011), S. 294–296, Förster, H./Stöckl, S./Brenken, H. (2009), S. 988, Mai, J. (2008), S. 41, sowie Eberl, S. (2009), S. 265–275) oder eine Reihe von Fallunterscheidungen getroffen (vgl. Bachmann, C./Schultze, W. (2008), S. 16, 21–23). Ziel der Ausführungen ist jedoch eine integrierte Bewertungsformel, welche sämtliche Fallkonstellationen abgreift. Insbesondere ist die Freigrenze explizit zu modellieren, weil gerade diese dazu führt, dass die Zinsschranke nur für ca. 0,5 % der deutschen Kapitalgesellschaften (vgl. Kapitel 3.4.3) relevant ist. Die Funktionsweise der Formel wird im Anhang (Kapitel 7.3) anhand eines Zahlenbeispiels erläutert.

den Vorjahren die Zinsaufwendungen der folgenden Wirtschaftsjahre, nicht aber den maßgeblichen Gewinn erhöhen. Formel (20) gilt also unverändert, lediglich die Berechnung von ZS_t ist anzupassen.[657]

$$(21) \quad ZS_t = \max\left(0; ZV_{t-1} + ZA_t - ZE_t\right)$$

Die Zinsvorträge schreiben sich nach Formel (22) fort.[658]

$$(22) \quad ZV_t = ZV_{t-1} + ZA_t - Z_t^{MAX}$$

Sofern $EBIT_t + ZE_t - Z_t^{MAX} \geq 0$ gilt, kann Z_t^{MAX} sowohl gewerbe- als auch körperschaftsteuerlich in derselben Periode geltend gemacht werden und der periodische Steuervorteil aus dem Zinsabzug $\left(SV_t^{ZA}\right)$ ermittelt sich nach Formel (23).

$$(23) \quad SV_t^{ZA} = \left(0{,}75 \cdot s^{Ge} + s^K\right) \cdot Z_t^{MAX}$$

An dieser Stelle enden die Ausführungen einiger Autoren, welche stets ausreichend positive Ergebnisse und somit eine periodengerechte Vereinnahmung der Steuervorteile unterstellen.[659] Zwar wurde in Kapitel 4.4.2 aus Gründen der Komplexitätsreduktion die Annahme, dass die operativen Ergebnisse nicht negativ werden, unterstellt (Annahme 7). Aufgrund der Fremdfinanzierung können aber steuerliche Bemessungsgrundlagen BMG_t einzelner Perioden, also im Falle der Gewerbesteuer $BMG_t^{Ge} = EBIT_t + ZE_t - 0{,}75 \cdot Z_t^{MAX}$ und im Falle der Körperschaftsteuer $BMG_t^K = EBIT_t + ZE_t - Z_t^{MAX}$, durchaus negativ werden. Durch die getroffenen Annahmen sind erwirtschaftete Neuverluste ausschließlich der gewählten Kapitalstruktur zuzuschreiben, wodurch Neuverluste bei unterstellter Eigenfinanzierung nicht separat modelliert werden mussten.[660]

Der mit Z_t^{MAX} verbundene Steuervorteil kann nicht (vollständig) in derselben Periode t gewerbesteuerlich bzw. körperschaftsteuerlich geltend gemacht werden, wenn $EBIT_t + ZE_t - 0{,}75 \cdot Z_t^{MAX} < 0$ bzw. $EBIT_t + ZE_t - Z_t^{MAX} < 0$ gilt. Daher sind in einem nächsten Schritt die gewerbe- bzw. körperschaftsteuerlich wirksamen Zinsabzugsbeträge Z_t^{Ge} bzw. Z_t^K wie folgt zu ermitteln.[661]

$$(24) \quad Z_t^{Ge} = \min\left(0{,}75 \cdot Z_t^{MAX}; EBIT_t + ZE_t\right)$$

$$(25) \quad Z_t^K = \min\left(Z_t^{MAX}; EBIT_t + ZE_t\right)$$

Infolgedessen ist Formel (23) anzupassen.

657 Vgl. auch Förster, H./Stöckl, S./Brenken, H. (2009), S. 989.

658 Durch die entsprechende Definition von Z_t^{MAX} und ZS_t kann ZV_t nicht negativ werden.

659 Vgl. etwa Förster, H./Stöckl, S./Brenken, H. (2009), S. 989, sowie Arnold, S./Lahmann, A./Schwetzler, B. (2011), S. 294.

660 Vgl. für diese Vorgehensweise bereits die Begründung in Fn. 592.

661 Ähnlich Herzig, N./Bohn, A. (2007), S. 3–4, sowie Mai, J. (2008), S. 41.

$$(26)\quad SV_t^{ZA} = s^{Ge} \cdot Z_t^{Ge} + s^K \cdot Z_t^K$$

Die gewerbe- bzw. körperschaftsteuerlich nicht wirksamen Zinsabzugsbeträge $0{,}75 \cdot Z_t^{MAX} - Z_t^{Ge}$ bzw. $Z_t^{MAX} - Z_t^K$ werden als Neuverlustvorträge $VV_t^{Neu,\,Ge}$ bzw. $VV_t^{Neu,\,K}$ in die künftigen Perioden vorgetragen.

Die bisherigen Ausführungen verdeutlichen den Zusammenhang von Zins- (ZV_t) und Verlustvorträgen (VV_t^{Neu}):[662] In bestimmten Konstellationen können ZV_t anteilig oder vollständig in Verlustvorträge gewandelt werden, wenn beispielsweise $ZS_t = \max(0; ZV_{t-1} + ZA_t - ZE_t) = \max(0; ZV_{t-1} + 0 - 0) = ZV_{t-1} \leq 3.000$ (die Zinsschranke greift aufgrund der Freigrenze nicht) und gleichzeitig $EBIT_t + ZE_t = 0$ gelten. Wie sich an späterer Stelle (Kapitel 4.4.6) zeigen wird, ergeben sich durch diesen Zusammenhang auch Auswirkungen auf den Barwert steuerlicher Altverlustvorträge.

Die Neuverlustvorträge VV_t^{Neu} sowie der periodische Steuervorteil SV_t^{VVNeu} aus der Nutzung dieser Neuverlustvorträge definieren sich wie folgt[663], wobei aufgrund der Hinzurechnungsvorschrift des § 8 Abs. 1 Alt. a GewStG zwischen GewSt und KSt unterschieden werden muss.[664]

$$\begin{aligned}(27)\quad SV_t^{VVNeu,\,Ge} &= s^{Ge} \cdot \max\left(0; VV_{t-1}^{Neu,\,Ge} - VV_t^{Neu,\,Ge}\right) \text{ mit} \\ VV_t^{Neu,\,Ge} &= \max\Big(0; VV_{t-1}^{Neu,\,Ge} - \min\left(1.000; BMG_t^{Ge}\right) \\ &\quad - 0{,}6 \cdot \max\left(0; BMG_t^{Ge} - 1.000\right)\Big) \text{ und} \\ BMG_t^{Ge} &= EBIT_t + ZE_t - 0{,}75 \cdot Z_t^{MAX}\end{aligned}$$

$$\begin{aligned}(28)\quad SV_t^{VVNeu,\,K} &= s^{K} \cdot \max\left(0; VV_{t-1}^{Neu,\,K} - VV_t^{Neu,\,K}\right) \text{ mit} \\ VV_t^{Neu,\,K} &= \max\Big(0; VV_{t-1}^{Neu,\,K} - \min\left(1.000; BMG_t^{K}\right) \\ &\quad - 0{,}6 \cdot \max\left(0; BMG_t^{K} - 1.000\right)\Big) \text{ und} \\ BMG_t^{K} &= EBIT_t + ZE_t - Z_t^{MAX}\end{aligned}$$

662 Vgl. auch Mai, J. (2008), S. 42.

663 In der Literatur unberücksichtigt bleibt der Einfluss von Sanierungsgewinnen auf den Wert von Neuverlustvorträgen, weil aufgrund des BMF-Schreibens zumeist die Steuerfreiheit von Sanierungsgewinnen unterstellt wird. Vgl. etwa Homburg, C./Stephan, J./Weiß, M. (2004), S. 280, sowie Rapp, M. (2006), S. 777. Dass dies jedoch an verschiedene Bedingungen geknüpft ist, wird zumeist vernachlässigt. Kapitel 4.4.6.3 nimmt sich diesem Problem explizit an.

664 Die Formeln (27) und (28) werden in Kapitel 4.4.6.2 hergeleitet. Die Herleitung erfolgt nicht bereits an dieser Stelle, um den eigentlichen Gedankengang nicht zu unterbrechen.

Nach Zusammenfassung der Formeln (26), (27) und (28) und unter Berücksichtigung der Abgeltungsteuer erhält man den vollständigen Steuervorteil SV_t^{FF}, der sich durch die gewählte Kapitalstruktur erzielen lässt.

$$(29)\quad SV_t^{FF} = \left(SV_t^{ZA} + SV_t^{VVNeu,Ge} + SV_t^{VVNeu,K}\right) \cdot \left(1 - s^A\right)$$

An dieser Stelle soll die vereinfachende Annahme einer Welt unter Sicherheit aufgegeben und die realistischere Annahme von unsicheren Umweltzuständen verwendet werden. Unabhängig davon, wie viele Umweltzustände in einer jeden Periode t modelliert und welche Wahrscheinlichkeitsverteilung unterstellt wird, gibt es grundsätzlich zwei Möglichkeiten, den erwarteten Nominalwert der periodischen Steuervorteile zu ermitteln: In Variante 1 wird für jeden Umweltzustand einer Periode t die zugehörige Steuerersparnis $\widetilde{SV_t^{FF}}$ durch Einsetzen der zustandsabhängigen Parameter in Formel (29) errechnet und anschließend zu einem Erwartungswert $E\left(\widetilde{SV_t^{FF}}\right)$ zusammengefasst. In Variante 2 werden zunächst die einzelnen Erwartungswerte für alle benötigten Parameter je Periode ermittelt und anschließend in Formel (29) eingesetzt. Während im Lehrbuchfall aufgrund der Vernachlässigung der Zinsschrankenregelung und Mindestbesteuerung beide Varianten den identischen und korrekten Wert liefern, resultieren im vorliegenden Fall abweichende Ergebnisse. Aufgrund der Beschaffenheit obiger Funktionen liefert nur Variante 1 das exakte Ergebnis, während Variante 2 eine Vereinfachung darstellt. Letztere ist mit einer Ungenauigkeit verbunden, weil sie die Pfadabhängigkeit nicht korrekt wiedergibt.[665]

Auch zur Ermittlung von periodischen Steuervorteilen kann auf mathematische Simulationsverfahren zurückgegriffen werden.[666] Basierend auf optionstheoretischen Kalkülen und risikoneutralen Wahrscheinlichkeiten leiten etwa Arnold/Lahmann/ Schwetzler eine Bewertungsgleichung für die fremdfinanzierungsbedingten Steuervorteile bei Gültigkeit der Zinsschrankenregelung her.[667] Unter Vorgabe einer gewählten Wahrscheinlichkeitsverteilung – von der Güte der Verteilung hängt wiederum das Ergebnis ab[668] – wird für das $\widetilde{EBITDA_t}$ als Ausgangspunkt des Kalküls eine große Zahl an Simulationsläufen durchgeführt, wobei für jede Ausprägung

665 Dieses Problem ist aus der Statistik bestens bekannt: Oftmals ist nicht der Erwartungswert E(X) einer Zufallsvariablen X, sondern der Erwartungswert E(g(X)) einer Funktion g der Zufallsvariablen von Interesse. Vgl. Schira, J. (2005), S. 273–274. Vgl. hierzu auch Piehler, M./Schwetzler, B. (2010), S. 70–73, sowie Meyer, B. (2005), S. 150.

666 Weil eine detaillierte Betrachtung verschiedener und komplexer Simulationslösungen über diese Arbeit und deren Zielsetzung hinausgehen würde, soll lediglich das Grundprinzip vorgestellt und auf die weiterführende Literatur verwiesen werden. Sämtliche Zusammenhänge sind auch im später verwendeten Binomialmodell ersichtlich.

667 Vgl. Arnold, S./Lahmann, A./Schwetzler, B. (2012b), S. 117–153.

668 Vgl. auch die Ausführungen in Kapitel 4.4.3.1.

die fremdfinanzierungsbedingte Steuerersparnis pro Periode ermittelt und deren Barwert berechnet wird. Durch Wiederholung der Simulationsläufe lässt sich eine Verteilung der Barwerte der Steuerersparnisse ableiten. Im zitierten Beitrag unberücksichtigt bleiben jedoch Verlustvorträge und Sanierungsgewinne sowie eine Modellierung der für die Zinsschranke geltenden Freigrenze in Höhe von TEUR 3.000. Auch Streitferdt liefert einen ähnlichen Vorschlag, jedoch wiederum unter Vernachlässigung der Freigrenze.[669]

4.4.5.3 Zur Diskontierung und Barwertermittlung der periodischen Steuervorteile aus der begrenzten Abzugsfähigkeit von Fremdkapitalaufwendungen

4.4.5.3.1 Korrekte Lösung des Bewertungsproblems

Die abgeleiteten Gleichungen zur Ermittlung der aus der Fremdfinanzierung resultierenden periodischen Steuervorteile berücksichtigen explizit diejenigen, in Krisensituationen durchaus realistischen Fälle, in denen unzureichende steuerliche Bemessungsgrundlagen und bzw. oder die Zinsschrankenregelung zu einem unsicheren und damit zustandsabhängigen Steuervorteil führen. Im Ergebnis kann – unabhängig davon, dass bisher noch keine Insolvenzrisiken in das Bewertungskalkül integriert wurden – festgehalten werden, dass die periodischen Steuervorteile nicht mehr risikolos vereinnahmt werden können, weil deren Höhe von der Ausprägung des $\widetilde{EBITDA}_t$ und damit vom operativen Ergebnis abhängig ist. Im Falle von Zins- und bzw. oder Neuverlustvorträgen ist der periodische Steuervorteil zudem von den Ausprägungen des $\widetilde{EBITDA}_t$ der Vorperioden abhängig. Dass eine Anpassung des Diskontierungssatzes an die veränderte Risikostruktur in Folge der strengen Pfadabhängigkeit des periodischen Steuervorteils erforderlich wird, ist auch in der Literatur unumstritten.[670] Zur Lösung des Bewertungsproblems wird in der Literatur vorgeschlagen, mit Hilfe risikoneutraler Wahrscheinlichkeiten ein marktbasiertes Sicherheitsäquivalent zu ermitteln, welches zur Bestimmung des Barwertes mit dem risikolosen Zinssatz diskontiert werden kann.[671] Die Methode der risikoneutralen Wahrscheinlichkeiten wird zunächst aufgegriffen und vorgestellt. Die Bewertung

---

669 Vgl. Streitferdt, F. (2010), S. 1059–1061.

670 Vgl. Aders, C./Wagner, M. (2004), S. 34, Arnold, S./Lahmann, A./Schwetzler, B. (2011), S. 298–299, Bachmann, C./Schultze, W. (2008), S. 28, Brennan, M./Schwarz, S. (1978), S. 104, Castedello, M./Davidson, R./Schlumberger, E. (2004), S. 372, Eberl, S. (2009), S. 271, 275, 278, Förster, H./Stöckl, S./Brenken, H. (2009), S. 991, Gleißner, W. (2011), S. 248, Mai, J. (2008), S. 36, 48, Schüler, A. (2013a), S. 394, sowie Streitferdt, F. (2010), S. 1059–1061.

671 Vgl. Arnold, S./Lahmann, A./Schwetzler, B. (2011), S. 294, Arnold, S./Lahmann, A./Schwetzler, B. (2012a), S. 68–73, Mai, J. (2008), S. 38–39, 43, 48, Rapp, M. (2006), S. 775–776, sowie Streitferdt, F. (2010), S. 1060.

fremdfinanzierungsbedingter Steuervorteile wird durch ein anschließendes Beispiel veranschaulicht.

Die Methode der risikoneutralen Wahrscheinlichkeiten[672] stellt eine Ausprägung der Sicherheitsäquivalenzmethode dar. Das Sicherheitsäquivalent wird bei diesem Ansatz nicht durch Anpassung des (realen) Erwartungswertes der zustandsabhängig erzielbaren Cashflows, sondern durch die Verwendung von risikoneutralen Wahrscheinlichkeiten ermittelt. Sofern als Alternativanlage des risikoaversen Investors eine Investition in das Marktportfolio, dessen Rendite im „up"-Zustand $\widetilde{r_{M,t}^{up}}$ bzw. im „down"-Zustand $\widetilde{r_{M,t}^{down}}$ beträgt[673], unterstellt wird, berechnen sich die risikoneutralen Eintrittswahrscheinlichkeiten q_t bzw. $1 - q_t$ für die Umweltzustände „up" bzw. „down" wie folgt.

$$(30)\quad q_t = \frac{(1+i_t) - \left(1+\widetilde{r_{M,t}^{down}}\right)}{\left(1+\widetilde{r_{M,t}^{up}}\right) - \left(1+\widetilde{r_{M,t}^{down}}\right)} \text{für bzw. } 1-q_t$$ [674]

Zur weiteren Modellierung gelten grundsätzlich die Annahmen aus Kapitel 4.4.2, wobei einige Vereinfachungen vorgenommen werden: Die steuerliche Bemessungsgrundlage des zunächst rein eigenfinanzierten Unternehmens sei $\widetilde{EBIT_t}$, wobei sowohl Abschreibungen als auch Zinserträge Null betragen, d. h. es gilt $\widetilde{EBITDA_t} = \widetilde{EBIT_t}$. Die Abgeltungsteuer wird ausgeblendet. Weiterhin stimmen die Risikoeigenschaften des $\widetilde{EBIT_t}$ und die der an die Anteilseigner ausschüttbaren $\widetilde{FCF_t}$ überein. Das $\widetilde{EBIT_t}$ entwickelt sich gemäß $\widetilde{EBIT_t} \in \left\{u_t \cdot \widetilde{EBIT_t};\, d_t \cdot \widetilde{EBIT_t}\right\}$, wobei p_t bzw. $1 - p_t$ die Wahrscheinlichkeiten für den guten Zustand „up", in dem sich das $\widetilde{EBIT_t}$ mit dem Veränderungsfaktor u_t entwickelt, bzw. den schlechten Zustand „down", in dem sich das $\widetilde{EBIT_t}$ mit dem Veränderungsfaktor d_t entwickelt, bezeichnen und $t \in 1,2,\ldots, T$ sowie $\widetilde{EBIT_t} > 0$ gelten.

672 Das Modell der risikoneutralen Wahrscheinlichkeiten geht auf einen Beitrag von Cox/Ross/Rubinstein zurück. Vgl. Cox, J./Ross, S./Rubinstein, M. (1979), S. 232–241. In der Literatur ist allgemein anerkannt, dass sich Investoren nicht risikoneutral verhalten, sondern eine Risikoprämie verlangen, wenn sie etwa in Aktien anstatt in sichere Anlagemöglichkeiten investieren. Weil der höheren Risikoprämie auch ein höherer Diskontierungsfaktor gegenübersteht und sich die Effekte exakt aufheben, ist das Modell auch in einer Welt mit risikoscheuen Investoren anwendbar. Vgl. auch Hull, J. (2009), S. 289, sowie Merk, A. (2011), S. 37. Auch Schüler zeigt, dass die Methode der risikoneutralen Wahrscheinlichkeiten zur Bewertung risikobehafteter Projekte oder Unternehmen geeignet ist. Vgl. Schüler, A. (2014a), S. 4. Die folgende Grundlegung basiert auf den Beiträgen von Cox, J./Ross, S./Rubinstein, M. (1979), 232–241 sowie Schüler, A. (2014a), S. 4.

673 Es gelte $\left(1+\widetilde{r_M^{down}}\right) \le (1+i) \le \left(1+\widetilde{r_M^{up}}\right)$, da ansonsten Arbitrageprozesse am Kapitalmarkt einsetzen würden. Vgl. Cox, J./Ross, S./Rubinstein, M. (1979), S. 232.

674 Vgl. Cox, J./Ross, S./Rubinstein, M. (1979), S. 234, sowie Schüler, A. (2014a), S. 4.

Jetzt kann das marktbasierte Sicherheitsäquivalent $E^Q\left(\widetilde{FCF_t}\right)$ einer jeden Periode t ermittelt und mit dem risikolosen Zinssatz i auf den Bewertungszeitpunkt diskontiert werden. Man erhält den Barwert des rein eigenfinanzierten Unternehmens V_0^E.

$$(31)\quad V_0^E = \sum_{t=1}^{T} \frac{E^Q\left(\widetilde{FCF_t}\right)}{(1+i)^t} = \sum_{t=1}^{T} \frac{q_t \cdot \left(u_t \cdot \widetilde{FCF_{t-1}}\right) + (1-q_t) \cdot \left(d_t \cdot \widetilde{FCF_{t-1}}\right)}{(1+i)^t}$$ [675]

Anhand der Überlegungen in Kapitel 4.4.5.2 kann nun für alle Perioden und Zustände der aus der Fremdfinanzierung resultierende Steuervorteil ermittelt werden. Durch die Anwendung der mit Formel (30) ermittelten risikoneutralen Wahrscheinlichkeiten wird dann der Barwert der periodischen Steuervorteile $V_0^{\widetilde{SV,FF}}$ berechnet.[676]

$$(32)\quad V_0^{\widetilde{SV,FF}} = \sum_{t=1}^{T} \frac{E^Q\left(\widetilde{SV_t^{FF}}\right)}{(1+i)^t}$$

Ein zunächst einperiodiges Beispiel soll die Wertermittlung anhand risikoneutraler Wahrscheinlichkeiten verdeutlichen, wobei für die Ausgangsparameter $EBITDA_0 = EBIT_0 = 10.000,0$, $u_1 = 1,4$, $d_1 = \frac{1}{1,4}$, $FK_0 = 5.000,0$, $i = 0,05$ und $ZV_0 = 3.500,0$ gelte und Zinserträge nicht erzielt werden. Die Eintrittswahrscheinlichkeiten des „up"- bzw. des „down"-Zustands betragen $p_1 = 0,6$ bzw. $1 - p_1 = 0,4$. Als Alternativanlage wird eine Investition in das Marktportfolio unterstellt, dessen Rendite $\widetilde{r_{M,t}^{up}} = 0,15$ bzw. $\widetilde{r_{M,t}^{down}} = -0,05$ beträgt. Die risikoneutralen Wahrscheinlichkeiten berechnen sich gemäß Formel (30) und lauten $q_1 = 0,50$ bzw. $1 - q_1 = 0,50$. Die zustandsabhängigen periodischen Steuervorteile sowie die dafür benötigten Werte wurden nach den Gleichungen in Kapitel 4.4.5.2 berechnet. Die Ergebnisse sind in Abbildung 19 zusammengefasst.

675 Vgl. Cox, J./Ross, S./Rubinstein, M. (1979), S. 234, sowie Schüler, A. (2014a), S. 4.

676 Vgl. auch Mai, J. (2008), S. 43–44, sowie Piehler, M./Schwetzler, B. (2010), S. 65–66. Diese Formel funktioniert bei unterstellter Abhängigkeit in mehrperiodigen Kalkülen nicht. In diesen Fällen ist das Roll-Back-Verfahren anzuwenden. Vgl. hierzu auch die Ausführungen im Anhang (Kapitel 7.4).

Abbildung 19: Periodische Steuervorteile im einperiodigen Beispiel

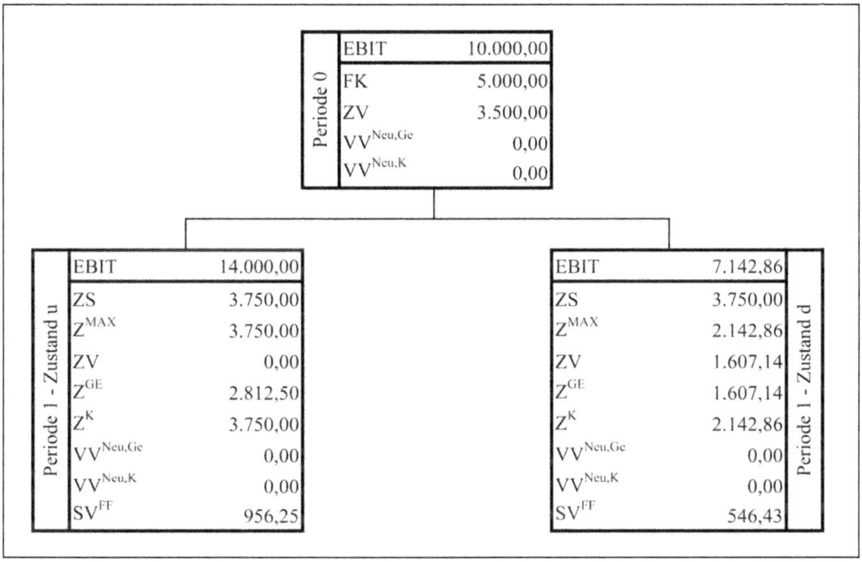

Durch Verwendung von Formel (32) berechnet sich der Barwert der periodischen Steuervorteile zu $V_0^{\widetilde{SV},\widetilde{FF}} = \frac{E^Q\left(\widetilde{SV}_1^{FF}\right)}{(1+i)^1} = \frac{(0{,}50 \cdot 956{,}25) + (0{,}50 \cdot 546{,}43)}{(1+0{,}05)^1} = 715{,}56$. Anschließend können die risikoäquivalenten Kapitalkosten ermittelt werden, welche $k_1^{\widetilde{SV},\widetilde{FF}} = \frac{(0{,}6 \cdot 956{,}25) + (0{,}4 \cdot 546{,}43)}{715{,}56} - 1 \approx 0{,}11$ betragen.[677]

Der verwendete, jedoch in Teilen sehr restriktive Annahmenkatalog ermöglicht eine methodisch exakte Lösung des Bewertungsproblems. Einige Beiträge in der Literatur kritisieren die erläuterte Vorgehensweise, weil die Annahmen in praxisrelevanten Bewertungskalkülen nicht haltbar sind.[678]

---

677 Zur Kontrolle könnte nun der Erwartungswert auf Basis des realen Wahrscheinlichkeitsmaßes P mit den risikoäquivalenten Kapitalkosten diskontiert werden. Das Ergebnis ist natürlich identisch: $V_0^{\widetilde{SV},\widetilde{FF}} = \sum_{t=1}^{1} \frac{E^P\left(\widetilde{SV}_t^{FF}\right)}{(1+i)^t} = \frac{(0{,}6 \cdot 956{,}25) + (0{,}4 \cdot 546{,}43)}{(1+0{,}11)^1}$ $\approx 715{,}56$.

678 Vgl. Förster, H./Stöckl, S./Brenken, H. (2009), S. 987, 991, sowie Kruschwitz, L./Löffler, A. (2005), S. 25, 33. Letztere bezeichnen die Modellierung mit risikoneutralen Wahrscheinlichkeiten als ebenso schön wie nutzlos.

4.4.5.3.2 Näherungsversuche zur Lösung des Bewertungsproblems und kritische Würdigung

Dass eine Diskontierung mit dem risikolosen Zins im vorliegenden Bewertungsfall nicht zum korrekten Ergebnis führen kann, lassen die bisherigen Ausführungen bereits vermuten. Im verwendeten Beispiel würde sich der mit dem risikolosen Zinssatz diskontierte Erwartungswert der zustandsabhängigen Steuerersparnisse gemäß $V_0^{\widetilde{SV},FF} = \frac{E^P\left(\widetilde{SV_1^{FF}}\right)}{(1+i)^1} = \frac{(0{,}6 \cdot 956{,}25) + (0{,}4 \cdot 546{,}43)}{(1+0{,}05)^1} = 754{,}59$ berechnen und somit zu einer Überbewertung führen.

Homburg/Stephan/Weiß[679] argumentieren, dass die periodischen Steuervorteile und das Fremdkapital mit dem gleichen Risiko behaftet sind und diese somit mit den vertraglich festgelegten Fremdkapitalkosten zu diskontieren sind. In ihrem Beitrag weichen die vertraglichen Fremdkapitalkosten i^V aufgrund des damit verbundenen Risikos vom risikolosen Zinssatz i ab. Unabhängig davon, dass bisher noch keine Insolvenzrisiken modelliert wurden, haben die voranstehenden Ausführungen und insbesondere auch das Beispiel gezeigt, dass das Risiko der Steuervorteile wohl eher mit dem des operativen $\widetilde{EBITDA}_t$ vergleichbar ist.

Infolgedessen wäre es naheliegend, die Kapitalkosten des unverschuldeten Unternehmens k^E zu verwenden.[680] An dieser Stelle soll das Modell der risikoneutralen Wahrscheinlichkeiten erneut aufgegriffen werden. Weil unabhängig davon, ob die Bewertung von unsicheren Auszahlungen mit Hilfe der marktbasierten Ermittlung eines Risikoabschlages im Zähler oder eines Risikozuschlags im Nenner durchgeführt wird, beide Methoden bei korrekter Anwendung zum identischen Ergebnis führen, gilt die in Formel (33) gezeigte Identität.[681]

$$(33)\quad \frac{p_t \cdot u_t + (1-p_t) \cdot d_t}{1+k_t^E} = \frac{q_t \cdot u_t + (1-q_t) \cdot d_t}{1+i_t}$$

Nach Umformen von Gleichung (33) ermittelt sich k^E wie folgt.

$$(34)\quad k_t^E = \frac{(1+i) \cdot \left(p_t \cdot u_t + (1-p_t) \cdot d_t\right)}{q_t \cdot u_t + (1-q_t) \cdot d_t} - 1$$

679 Vgl. Homburg, C./Stephan, S./Weiß, M. (2004), S. 276, 282–283, wobei die Ausführungen bereits einige Jahre zurückliegen und deshalb die Mindestbesteuerung und Zinsschrankenregelung des deutschen Steuersystems noch nicht berücksichtigen konnten. Dennoch dem zustimmend Kofler, P./Baumgartner, M. (2010), S. 85–86. Auch IDW S1 (2008), Rn. 137, schreibt die Kapitalisierung mit dem Fremdkapitalzinssatz vor, sofern die Steuervorteile so sicher sind wie das Fremdkapital.

680 So auch der Vorschlag etwa von Damodaran, A. (2006), S. 30, Kaplan, S./Ruback, R. (1995), S. 1059–1093, sowie Ruback, R. (2002), S. 85–103.

681 Vgl. anstelle aller Richter, F. (2003), S. 138.

Für das verwendete Beispiel ergeben sich Eigenkapitalkosten bei reiner Eigenfinanzierung in Höhe von $k_1^E = \frac{(1+0{,}05)\cdot(0{,}6\cdot 1{,}4+0{,}4\cdot 1{,}4^{-1})}{0{,}5\cdot 1{,}4+0{,}5\cdot 1{,}4^{-1}} - 1 \approx 0{,}12$. Verwendet man diesen Diskontierungssatz zur Ermittlung des Barwertes der Steuervorteile, so erhält man $V_0^{\widetilde{SV},FF} = \frac{E^P\left(\widetilde{SV}_1^{FF}\right)}{\left(1+k_1^E\right)^1} = \frac{(0{,}6\cdot 956{,}25)+(0{,}4\cdot 546{,}43)}{(1+0{,}12)^1} \approx 708{,}63$. Der tatsächliche Wert der Steuervorteile wird dadurch unterbewertet.

Eberl argumentiert, dass es bei unveränderter Anwendung der Eigenkapitalkosten bei unterstellter Eigenfinanzierung zu Bewertungsfehlern kommen kann, weil sich das operative Risiko des unverschuldeten Unternehmens auf die gesamte Wahrscheinlichkeitsverteilung des $\widetilde{EBIT}_t$ bezieht. Selbst wenn man unterstellt, dass $ZE_t + \widetilde{EBITDA}_t$ – denn darauf bezieht sich die Zinsschranke – denselben Risikogehalt wie die $\widetilde{EBIT}_t$ aufweisen, ist die Streuung des Steuervorteils prinzipiell geringer, weil der periodische Steuervorteil nach oben (sämtliche Zinsaufwendungen einer Periode und der Zinsvortrag sind abzugsfähig) und unten (Null) begrenzt ist. Der Autor folgert, dass ein Diskontierungssatz zwischen dem risikolosen Zins und den unverschuldeten Eigenkapitalkosten zu verwenden ist.[682] Durch eine Sensitivitätsanalyse für das verwendete einperiodige Beispiel lässt sich der Vorschlag von Eberl anschaulich erläutern. Abbildung 20 zeigt die Veränderung des risikoäquivalenten Diskontierungssatzes $k_1^{\widetilde{SV},FF}$ in Abhängigkeit von $EBIT_0$ und Abbildung 21 in Abhängigkeit von ZV_0.

Abbildung 20: Veränderung von $k_1^{SV,FF}$ in Abhängigkeit von $EBIT_0$ im einperiodigen Beispiel

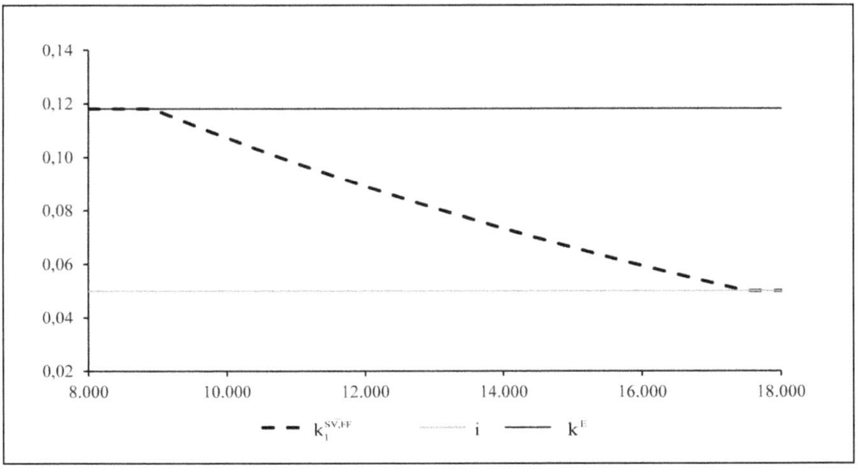

682 Vgl. Eberl, S. (2009), S. 274–275.

Abbildung 21: Veränderung von $k_1^{\widetilde{SV,FF}}$ in Abhängigkeit von ZV_0 im einperiodigen Beispiel

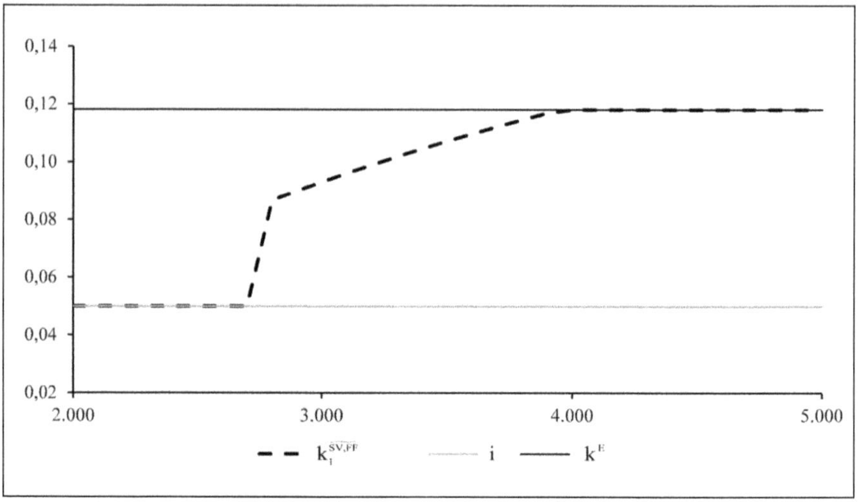

Auch bei Vorliegen von Verlustvorträgen im Entscheidungszeitpunkt oder anderen vorgegebenen Fremdkapitalbeständen ändert sich die Bandbreite nicht. Eberl behält Recht, weil für den Diskontierungssatz in allen Variationen $i \leq k_1^{\widetilde{SV,FF}} \leq k^E$ gilt. Dieser Zusammenhang gilt immer dann, wenn die Zinsschrankenregelung in jeder Periode bindend greift oder nicht greift.[683] Gilt die Zinsschrankenregelung nicht in jeder Periode bindend, weil sich in Folge der Sanierung die künftigen Fremdkapitalbestände ändern oder ein bestehender Zinsvortrag abgebaut werden kann, so trifft Eberls Aussage nicht mehr zu. Bereits in einem zweiperiodigen Beispiel unter grundsätzlich identischen Prämissen zeigt die anschließend durchgeführte Sensitivitätsanalyse, dass in bestimmten Fallkonstellationen das mit den Steuervorteilen verbundene Risiko deutlich höher als k^E ausfallen kann.[684]

683 In vielen Literaturbeiträgen greift die Zinsschranke immer, weil etwa die Freigrenze nicht modelliert wurde. Dies wurde bereits in Fn. 656 mit entsprechender Begründung kritisiert.

684 Das zweiperiodige Beispiel befindet sich im Anhang (Kapitel 7.4).

Abbildung 22: Veränderung von $k_1^{SV,FF}$, $k_{2,u}^{SV,FF}$ und $k_{2,d}^{SV,FF}$ in Abhängigkeit von $EBIT_0$ im zweiperiodigen Beispiel

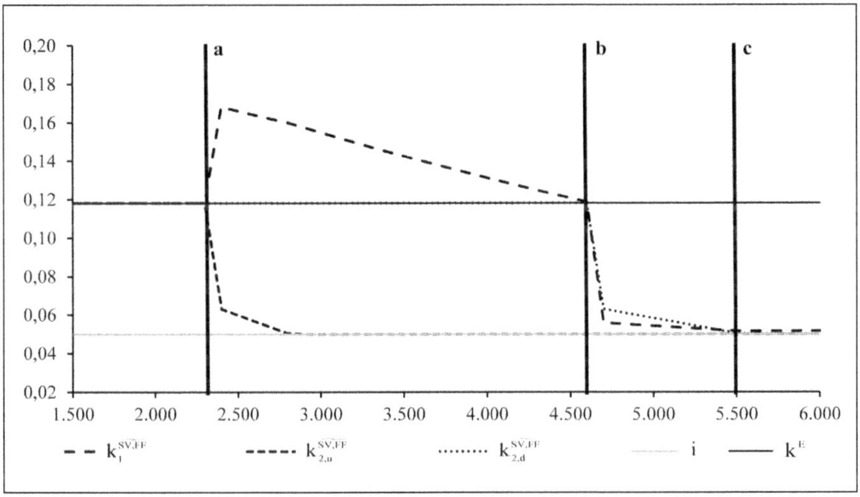

Abbildung 22 zeigt, dass im Falle $EBIT_0 \in [a;b]$ die risikoäquivalenten Kapitalkosten $k_1^{\widetilde{SV,FF}}$ deutlich über den periodenunabhängigen k^E liegen. Für $EBIT_0 \in]0;a[$ greift die Zinsschranke in Periode 2 bindend, d. h. in allen denkbaren Umweltzuständen (2,uu), (2,ud), (2,du) und (2,dd), während für $EBIT_0 \in [a;b]$ die Zinsschranke nur in den Umweltzuständen (2,du) und (2,dd) greift. Für $EBIT_0 \in]b;\infty[$ greift die Zinsschranke in keinem der Umweltzustände, wobei für $EBIT_0 \in]b;c]$ das $\widetilde{EBIT}_2$ nicht in allen Umweltzuständen zur sofortigen Verlustverrechnung ausreicht und die steuerliche Abzugsfähigkeit eines Anteils am Zinsaufwand erst in späteren Perioden erfolgen kann. Ähnliche Ergebnisse erhält man, wenn man die Sensitivität bezüglich des Zinsvortrags ZV_0 untersucht (Abbildung 23).

Abbildung 23: Veränderung von $k_1^{SV,FF}$, $k_{2,u}^{SV,FF}$ und $k_{2,d}^{SV,FF}$ in Abhängigkeit von ZV_0 im zweiperiodigen Beispiel

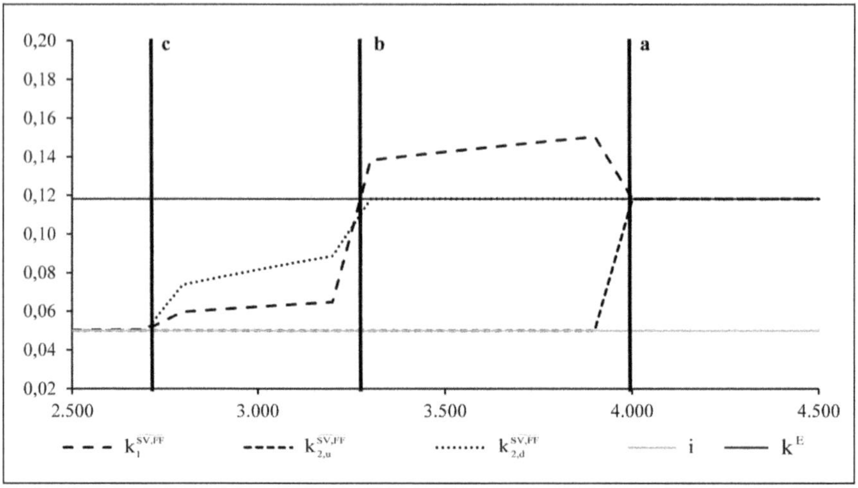

Förster/Stöckl/Brenken haben in einem Beitrag die effektiven Kapitalkosten der Steuervorteile über mehrere Perioden modelliert und ähnliche Ergebnisse erhalten.[685] Jedoch haben die Autoren sowohl die Modellierung von Verlustvorträgen als auch die Freigrenze für die Zinsschranke in ihren Ausführungen ausgeklammert. Förster/Stöckl/Brenken teilen die periodischen Steuervorteile in zwei Komponenten auf, wobei die erste Komponente den Steuervorteil aus dem in der jeweiligen Periode abziehbaren Zinsaufwand und die zweite Komponente den zusätzlich realisierbaren Vorteil aus dem Abzug von Zinsvorträgen beschreibt. Unter Verwendung früherer Ergebnisse von Drukarczyk/Honold[686] und Kaplan/Ruback[687] argumentieren die Autoren, dass die Diskontierung der ersten Komponente mit den Eigenkapitalkosten

685 Vgl. Förster, H./Stöckl, S./Brenken, H. (2009), S. 994, 1000–1001.

686 In ihrem Beitrag unterteilen Drukarczyk/Honold die Steuervorteile in eine sichere und eine unsichere Komponente. Der sicheren Komponente werden der risikolose Zins und der unsicheren Komponente die Eigenkapitalkosten bei unterstellter Fremdfinanzierung zugewiesen. Vgl. Drukarczyk, J./Honold, D. (1999), S. 345.

687 Kaplan/Ruback schlagen die Verwendung eines modifizierten APV-Ansatzes vor, bei dem die Nachsteuerüberschüsse (die Steuervorteile sind also bereits enthalten) mit den Eigenkapitalkosten bei unterstellter Eigenfinanzierung diskontiert werden. Vgl. Kaplan, S./Ruback, R. (1995), S. 1062. In einer empirischen Untersuchung stark fremdfinanzierter Unternehmenstransaktionen zeigen die Autoren, dass die tatsächlichen Transaktionswerte mit den Ergebnissen bei Verwendung ihres Ansatzes vergleichbar sind. Vgl. Kaplan, S./Ruback, R. (1995), S. 1076–1078, 1091–1092.

bei unterstellter Eigenfinanzierung und der zweiten Komponente mit den Eigenkapitalkosten bei unterstellter Fremdfinanzierung die beste verfügbare Lösung sei.

In der Literatur wird zur Ermittlung der korrekten Lösung des vorliegenden Bewertungsproblems einheitlich auf die Ermittlung marktbasierter Sicherheitsäquivalente mit Hilfe risikoneutraler Wahrscheinlichkeiten zurückgegriffen. Im Gegensatz zu den bisherigen Literaturbeiträgen konnte das Bewertungskalkül um die Integration von Verlustvorträgen und der Freigrenze für die Zinsschranke erweitert werden. Distanziert man sich von den getroffenen Annahmen, so ist eine exakte Lösung des Bewertungsproblems nicht möglich und man kann sich verschiedener Näherungslösungen bedienen.

Neben der Anwendung des pragmatischen Lösungsvorschlags von Förster/Stöckl/Brenken ist auch die Angabe einer Bandbreite des Barwerts der periodischen Steuervorteile denkbar. Dazu untersucht etwa Mai, inwiefern es einfach zu bestimmende Unter- und Obergrenzen zur Angabe einer Bandbreite gibt, um auf eine exakte Lösung des Problems verzichten zu können:[688] Der Autor schlägt eine Wertuntergrenze von Null vor und ermittelt die Wertobergrenze anhand eines fiktiven Unternehmens mit identischen Ausgangsdaten, welches allerdings keinen Zins- und Verlustverrechnungsrestriktionen unterliegt. Beide Grenzen sind nicht falsch, jedoch kann zumindest die Wertobergrenze unter Verwendung der bisherigen Ergebnisse weiter eingegrenzt werden: Durch Diskontierung der erwarteten Steuervorteile mit dem risikolosen Zinssatz erhält man eine in jedem Fall korrekte Wertobergrenze.

$$(35)\quad V_{0,\text{Obergrenze}}^{\widetilde{SV},FF} = \sum_{t=0}^{T} \frac{E^P\left(\widetilde{SV_t^{FF}}\right)}{\left(1+i\cdot\left(1-s^A\right)\right)^t}$$

Eine adäquate Wertuntergrenze – sofern man eine Einschätzung treffen kann, ob die Zinsschranke in jeder künftigen Periode bindend wirken wird oder nicht – erhält man durch Diskontierung der periodischen Steuervorteile mit den Eigenkapitalkosten bei unterstellter Eigenfinanzierung.

$$(36)\quad V_{0,\text{Untergrenze}}^{\widetilde{SV},FF} = \sum_{t=0}^{T} \frac{E^P\left(\widetilde{SV_t^{FF}}\right)}{\left(1+k^E\cdot\left(1-s^A\right)\right)^t}$$

Tendenziell dürfte sich der Diskontierungssatz am unteren Rand bewegen, wenn die Zinsschranke – etwa aufgrund der Freigrenze – voraussichtlich nicht greift und die operativen Ergebnisse den periodischen Zinsaufwand übersteigen. Können die periodischen Zinsaufwendungen aufgrund schwacher operativer Ergebnisse in Verbindung mit der Wirkung der Zinsschrankenregelung nur anteilig oder

688 Vgl. Mai, J. (2008), S. 46–47. Eine ähnliche Argumentation findet sich bei Eberl, S. (2009), S. 274.

nicht verrechnet werden, so dürfte sich der Diskontierungssatz am oberen Rand bewegen.[689]

Selbst wenn man von im Zeitablauf konstanten k^E ausgehen kann, wird es wohl auch in der Zukunft aufgrund der Pfadabhängigkeit und der damit verbundenen komplexen Risikostruktur der periodischen Steuervorteile keinen einheitlichen Diskontierungssatz geben, der zum korrekten Ergebnis führt. Es bleibt also dem Anwender überlassen, ob die hier präferierte, methodisch exakte Berechnung gewählt wird oder eine Schätzung – denn mehr leisten die alternativ vorgeschlagenen Ansätze nicht – ausreichend ist.

4.4.6 Werteinfluss von steuerlichen Altverlustvorträgen und Sanierungsgewinnen

4.4.6.1 Überblick

Während es in früheren Jahren noch Auffassungen gab, dass Verlustvorträge eines Unternehmens unabhängig von diesem einen Wert haben[690], hat sich inzwischen die h. M. durchgesetzt, dass Verlustvorträge isoliert betrachtet – auch weil sie nicht durch Rechtsgeschäft übertragbar sind – keinen Wert haben. Verlustvorträge wirken sich nur dann positiv auf das Bewertungskalkül aus, wenn das Unternehmen diese selbst durch Verrechnung mit zukünftigen steuerpflichtigen Gewinnen nutzen kann.[691] Die optimale Nutzung steuerlicher Verlustvorträge bewirkt einerseits einen Liquiditätsvorteil, weil das Unternehmen von Steuerzahlungen entlastet wird. Andererseits kann auch ein Zinsvorteil generiert werden, je früher die dadurch freigewordenen Mittel auf Unternehmensebene oder nach Ausschüttung auf privater Ebene reinvestiert werden können.[692] Durch die restriktiven Verlustverrechnungsmöglichkeiten im deutschen Steuersystem fallen beide möglichen Vorteile geringer aus.

In Rechtsprechung und Literatur existieren verschiedene Vorschläge zur Bewertung von im Entscheidungszeitpunkt vorhandenen Altverlustvorträgen. Popp[693] schlägt deren Integration in den Prozess der Unternehmensplanung und -bewertung vor und erachtet eine separate Wertermittlung für problematisch. Basierend auf den Ausführungen von Lutz[694] plädieren einige Autoren für die Anwendung

---

689 Ähnlich Eberl, S. (2009), S. 274, jedoch ohne Berücksichtigung von Neuverlustvorträgen.

690 Vgl. etwa Urteil des OLG Düsseldorf vom 11.04.1988 und darauf aufbauend WP-Handbuch (2002), Rn. A117.

691 Vgl. Becker, J./Loitz, R./Stein, V. (2009), S. 22, Drukarczyk, J. (1997), S. 464, Kupke, T./Nestler, A. (2003), S. 2284–2285, Küting, K./Zwirner, C. (2007), S. 559, Oesterle, B. (1998), S. 835, sowie Popp, M. (1997), S. 92, 95.

692 Vgl. Becker, J./Loitz, R./Stein, V. (2009), S. 25.

693 Vgl. Popp, M. (1997), S. 167–197, 212–213.

694 Vgl. Lutz, H. (1993), S. 66–78.

der vergleichenden Ermittlung:[695] Mithilfe der DCF-Methode werden jeweils die Unternehmenswerte zweier identischer Unternehmen ermittelt, wobei nur eines der beiden Unternehmen steuerliche Verlustvorträge hat. Der Wert der Verlustvorträge entspricht dann genau der Differenz der beiden Gesamtunternehmenswerte. In einem Urteil des OLG Düsseldorf[696] bestimmt sich der Wert von Verlustvorträgen in Höhe des Barwerts der erzielbaren Steuerersparnisse, welcher um einen auch bei Gewinnprognosen üblichen Risikoabschlag zu mindern ist. Dieser direkten Ermittlung schließen sich ebenfalls mehrere Autoren, wenn auch in unterschiedlicher Form, an.[697] Insbesondere Drukarczyk weist aber darauf hin, dass in Krisensituationen neben steuerlichen Verlustvorträgen in den meisten Fällen auch handelsrechtliche Verlustvorträge in ähnlicher Höhe existieren, wodurch es zu Ausschüttungsrestriktionen kommt. Infolgedessen müssen (auch) die Steuervorteile zunächst im Unternehmen verbleiben. Der Autor zeigt, dass der Wert der steuerlichen Verlustvorträge in derartigen Fällen unter dem diskontieren Wert der erzielbaren Steuervorteile liegen kann.[698]

Von Seiten des IDW existieren keine konkreten Regelungen zur Quantifizierung des Wertes von Altverlustvorträgen im Rahmen von Unternehmensbewertungen. Der Gesetzgeber hat durch die Rahmenbedingungen zur Aktivierung von latenten Steuern auf steuerliche Verlustvorträge (§ 274 HGB) Anhaltspunkte für die handelsrechtliche Bewertung gegeben: Nach § 274 Abs. 1 S. 4 HGB sind steuerliche Verlustvorträge bei der Berechnung aktiver latenter Steuern in Höhe der erwarteten Verlustverrechnung innerhalb der nächsten fünf Jahre zu berücksichtigen. Steuerentlastungen aus der Nutzung von Verlustvorträgen sind mit dem unternehmensindividuellen Steuersatz zum Zeitpunkt ihres Abbaus zu bewerten.[699] Weil Änderungen in den Steuersätzen regelmäßig nicht antizipiert werden können, erfolgt die Berechnung zu den am Stichtag geltenden Steuersätzen.[700] Eine Diskontierung der künftigen Steuerentlastungen ist nicht erlaubt.[701] Sowohl die Ausführungen in der neueren Literatur[702] als auch die Regelungen zur Berechnung aktiver latenter Steuern auf steuerliche Verlustvorträge lassen sich grundsätzlich in Einklang bringen, wenn man von den Beschränkungen des HGB, dass lediglich ein

695 Vgl. Drukarczyk, J. (1997), S. 465, Kupke, T./Nestler, A. (2003), S. 2285, sowie Ostrowski, M. (2000), S. 88–93.
696 Vgl. Urteil des OLG Düsseldorf vom 11.04.1988.
697 Vgl. Becker, J./Loitz, R./Stein, V. (2009), S. 26–28, 51–58, Kofler, P./Baumgartner, M. (2010), S. 52, welche den Wert steuerlicher Verlustvorträge ähnlich, jedoch sehr stark vereinfacht in den APV-Ansatz integrieren, Oesterle, B. (1998), S. 837–841, Piehler, M./Schwetzler, B. (2010), S. 61, 67, sowie Streitferdt, F. (2010), S. 1042, 1061–1062.
698 Vgl. Drukarczyk, J. (1997), S. 468–469.
699 Vgl. § 274 Abs. 2 S. 1 HGB.
700 Vgl. WP-Handbuch (2012), Rn. F196.
701 Vgl. § 274 Abs. 2 S. 1 HGB.
702 Vgl. Fn. 695, 696 und 697.

Prognosezeitraum von fünf Jahren zu berücksichtigen[703] und eine Diskontierung nicht erlaubt ist[704], absieht.

Der Wert der steuerlichen Altverlustvorträge kann durch die gewählte Sanierungsalternative wesentlich beeinflusst werden, wenn beispielsweise der Debt Equity Swap steuerrechtlich als schädlicher Beteiligungserwerb eingestuft wird oder im Zusammenhang mit einer solchen Transaktion Sanierungsgewinne anfallen. Vor diesem Hintergrund ist es empfehlenswert, deren Wertbeitrag als gesonderten Baustein im APV-Ansatz darzustellen. Im Ergebnis können verschiedene Sanierungsalternativen besser miteinander verglichen werden. In der folgenden direkten Ermittlung werden in einem ersten Schritt die periodischen Steuerentlastungen ermittelt. Aufgrund der Interdependenz mit steuerlichen Verlustvorträgen wird das Kalkül um ggf. anfallende Sanierungsgewinne erweitert, bevor nach den Ausführungen zum relevanten Diskontierungssatz der Barwert ermittelt werden kann.[705]

4.4.6.2 Ermittlung der periodischen Steuervorteile aus der Altverlustverrechnung

Es gelten die in Kapitel 3.4.1 erläuterten steuerrechtlichen Rahmenbedingungen[706] und die Annahmen aus Kapitel 4.4.2.

Der zustandsabhängige periodische Steuervorteil $\widetilde{SV_t^{VVAlt,Ge}}$, der sich aus der Verrechnung von gewerbesteuerlichen Altverlustvorträgen $\widetilde{VV_{t-1}^{Alt,Ge}}$ mit positiven $\widetilde{BMG_t^{Ge}} \geq 0$ ergibt, ermittelt sich unter Berücksichtigung der Mindestbesteuerung gemäß nachfolgender Formel (37).

$$(37)\quad \widetilde{SV_t^{VVAlt,Ge}} = \left(s^{Ge} \cdot \left(\min\left(1.000; \widetilde{BMG_t^{Ge}}\right) + 0{,}6 \cdot \max\left(0; \widetilde{BMG_t^{Ge}} - 1.000\right)\right)\right) \cdot$$
$$\cdot \left(1 - s^A\right) \text{für } \widetilde{VV_{t-1}^{Alt,Ge}} \geq \widetilde{BMG_t^{Ge}} \geq 0$$

Weil die steuerlichen Altverlustvorträge irgendwann aufgebraucht sind, ist Formel (37) um die Überlegung, ob bereits $\widetilde{BMG_t^{Ge}} > \widetilde{VV_{t-1}^{Alt,Ge}} \geq 0$ gilt, zu erweitern.

---

703 Die Beschränkung auf einen Prognosezeitraum von fünf Jahren ist ein Ausfluss des im HGB verankerten Vorsichtsprinzips. Vgl. WP-Handbuch (2012), Rn. F186. In den internationalen Rechnungslegungsstandards findet sich eine vergleichbare Regelung nicht. Vgl. IAS 12.

704 Im WP-Handbuch ist dazu erläutert, dass die Diskontierung aufgrund der Schwierigkeit und Komplexität der Bestimmung des Abbauzeitpunkts nicht durchgeführt wird. Vgl. WP-Handbuch (2012), Rn. F198. Dieses Argument überzeugt nicht.

705 Ausschüttungsrestriktionen und deren Werteinfluss werden nicht erneut diskutiert, weil die Ausführungen aus Kapitel 4.4.3.1 unverändert gelten.

706 Bei der internationalen Verlustnutzung ergeben sich aufgrund verschiedener nationaler Einschränkungen zusätzliche Herausforderungen. Für eine übersichtliche Darstellung der Problemfelder vgl. etwa Becker, J./Loitz, R./Stein, V. (2009), S. 140–201. Für den weiteren Verlauf der Arbeit werden lediglich die Verlustverrechnungsvorschriften nach deutschem Recht berücksichtigt.

$$(38)\quad \widetilde{SV_t^{VVAlt,Ge}} = \left(s^{Ge} \cdot \left(\min\left(1.000;\widetilde{BMG_t^{Ge}};\widetilde{VV_{t-1}^{Alt,Ge}}\right) + \max\left(0;\min\left(0{,}6 \cdot \left(\widetilde{BMG_t^{Ge}} - 1.000\right);\widetilde{VV_{t-1}^{Alt,Ge}} - 1.000\right)\right)\right)\right) \cdot \left(1 - s^A\right)$$

$$\text{für } \widetilde{BMG_t^{Ge}} \geq 0$$

Gerade in Turnaround-Situationen kann es jedoch vorkommen, dass Jahresergebnis und steuerliche Bemessungsgrundlagen einzelner Perioden trotz durchgeführter Sanierung negativ ausfallen $\left(\widetilde{BMG_t^{Ge}} < 0\right)$. Eine Steuerrückerstattung erfolgt in diesen Fällen nicht und obige Formel (38) ist anzupassen.

$$(39)\quad \widetilde{SV_t^{VVAlt,Ge}} = \left(s^{Ge} \cdot \max\left(0;\left(\min\left(1.000;\widetilde{BMG_t^{Ge}};\widetilde{VV_{t-1}^{Alt,Ge}}\right) + \max\left(0;\min\left(0{,}6 \cdot \left(\widetilde{BMG_t^{Ge}} - 1.000\right);\widetilde{VV_{t-1}^{Alt,Ge}} - 1.000\right)\right)\right)\right)\right) \cdot \left(1 - s^A\right)$$

Nicht verrechnete Altverlustvorträge werden auf die Folgeperiode fortgeschrieben.

$$(40)\quad \widetilde{VV_t^{Alt,Ge}} = \max\left(0;\widetilde{VV_{t-1}^{Alt,Ge}} - \max\left(0;\min\left(1.000;\widetilde{BMG_t^{Ge}}\right) + 0{,}6 \cdot \max\left(0;\widetilde{BMG_t^{Ge}} - 1.000\right)\right)\right)$$

Der periodische Steuervorteil $\widetilde{SV_t^{VVAlt,Ge}}$ kann alternativ in Abhängigkeit der Veränderung der Altverlustvorträge von Periode t – 1 auf Periode t definiert werden.[707]

$$(41)\quad \widetilde{SV_t^{VVAlt,Ge}} = \left(s^{Ge} \cdot \max\left(0;\widetilde{VV_{t-1}^{Alt,Ge}} - \widetilde{VV_t^{Alt,Ge}}\right)\right) \cdot \left(1 - s^A\right) \text{ mit}$$

$$\widetilde{VV_t^{Alt,Ge}} \text{ gemäß Formel}(40)$$

Formel (41) impliziert, dass Altverlustvorträge im Bewertungskalkül nicht um Neuverluste, also wenn $\widetilde{BMG_t^{Ge}} < 0$ gilt, fortgeschrieben werden. In künftigen Perioden erwartete Neuverluste sind zwar grundsätzlich bewertungsrelevant und werden daher als Neuverlustvorträge $\widetilde{VV_t^{Neu,Ge}}$ gesondert fortgeschrieben[708], den Nominalwert der mit den im Entscheidungszeitpunkt vorhandenen Altverlusten $VV_{-1}^{Alt,Ge}$ erzielbaren Steuerersparnisse dürfen diese jedoch nicht erhöhen.[709] Unterstellt man,

---

707 Das Ergebnis bleibt identisch, jedoch wird der Lesefluss verbessert.

708 Die Auswirkungen der Neuverluste wurden bereits berücksichtigt. Vgl. hierzu die Ausführungen in Kapitel 4.4.5.2.

709 Denn vergleicht man den Wert eines Unternehmens A (Altverlustvorträge sind vorhanden) mit dem eines sonst identischen Unternehmens B (Altverlustvorträge

dass Neuverlustvorträge vorrangig vor Altverlustvorträgen verrechnet werden[710], so sinkt der Barwert der steuerlichen Altverlustvorträge, weil diese erst zu einem späteren Zeitpunkt verrechnet werden können. Der Bewertungskalkül ist wie folgt anzupassen.

$$(42)\quad \widetilde{SV_t^{VVAlt,Ge}} = \left(s^{Ge} \cdot \max\left(0; \widetilde{VV_{t-1}^{Alt,Ge}} - \widetilde{VV_t^{Alt,Ge}}\right)\right) \cdot \left(1 - s^A\right) \text{ mit}$$

$$\widetilde{VV_t^{Alt,Ge}} = \max\left(0; \widetilde{VV_{t-1}^{Alt,Ge}} + \min\left(0; \widetilde{VV_{t-1}^{Neu,Ge}} - \min\left(1.000; \widetilde{BMG_t^{Ge}}\right) + -0{,}6 \cdot \max\left(0; \widetilde{BMG_t^{Ge}} - 1.000\right)\right)\right)$$

Für die Körperschaftsteuer gelten die angestellten Überlegungen analog.

$$(43)\quad \widetilde{SV_t^{VVAlt,K}} = \left(s^{K} \cdot \max\left(0; \widetilde{VV_{t-1}^{Alt,K}} - \widetilde{VV_t^{Alt,K}}\right)\right) \cdot \left(1 - s^A\right) \text{ mit}$$

$$\widetilde{VV_t^{Alt,K}} = \max\left(0; \widetilde{VV_{t-1}^{Alt,K}} + \min\left(0; \widetilde{VV_{t-1}^{Neu,K}} - \min\left(1.000; \widetilde{BMG_t^{K}}\right) + -0{,}6 \cdot \max\left(0; \widetilde{BMG_t^{K}} - 1.000\right)\right)\right)$$

Die Fortschreibung der Neuverluste wurde bereits in Formel (27) für die Gewerbesteuer und in Formel (28) für die Körperschaftsteuer definiert. Diese haben verdeutlicht, dass sich die gewerbe- und körperschaftsteuerlichen Verlustvorträge aufgrund der Hinzurechnungsvorschrift des § 8 Abs. 1 Alt. a GewStG regelmäßig unterscheiden und daher getrennt zu bewerten sind.

4.4.6.3 Einfluss von Sanierungsgewinnen

In der Bewertungsliteratur zumeist unberücksichtigt bleibt der Einfluss von Sanierungsgewinnen[711], obwohl sich der Wert der steuerlichen Alt- und auch Neuverlustvorträge in diesen Fällen wesentlich verändern kann. Der Einfluss des

---

sind nicht vorhanden), so liegt der Wertunterschied unter den getroffenen Annahmen lediglich im Barwert der durch Ausnutzung der Altverlustvorträge erzielbaren Steuervorteile. Vgl. auch Streitferdt, F. (2010), S. 1052.

710 Diese Annahme ist gerechtfertigt. Die Ausführungen in Fn. 709 sind Ausgangspunkt der Erläuterung: Auch Unternehmen B kann Neuverluste erleiden und wird versuchen, die hierdurch entstandenen Neuverlustvorträge so bald wie möglich zu verrechnen, um den Unternehmenswert zu maximieren. Vgl. auch Streitferdt, F. (2010), S. 1052. Hier wird die Interdependenz zum Wert der steuerlichen Vorteile aus der Fremdfinanzierung deutlich. Vgl. hierzu auch die Ausführungen in Kapitel 4.4.5.2.

711 Siehe Fn. 663. Lediglich Gleißner spricht das Problem an, lässt die Lösung aufgrund der Komplexität jedoch weg. Vgl. Gleißner, W. (2011), S. 249. Arzac spricht das

Sanierungsgewinns ist abhängig davon, wie eine verbindliche Zusage nach § 204 AO der zuständigen Finanzbehörden ausgefallen ist. Im Folgenden wird angenommen, dass der Sanierungserlass und dementsprechend die geltenden steuerrechtlichen Rahmenbedingungen Anwendung finden.[712]

Aufgrund des BMF-Schreibens vom 23.03.2003 ist der Sanierungsgewinn SG_0[713] in Periode t = 0 zunächst vollständig mit den vorhandenen steuerlichen Altverlustvorträgen $VV_{-1}^{Alt,Ge}$ ohne die geltenden Verlustverrechnungseinschränkungen zu verrechnen. Reichen diese aus, gilt also $VV_{-1}^{Alt,Ge} - SG_0 > 0$, so errechnet sich der verbleibende periodische Steuervorteil aus der Altverlustverrechnung durch Anpassung von Formel (42) wie folgt.[714]

$$(44)\quad \widetilde{SV_t^{VVAlt,Ge}} = \left(s^{Ge} \cdot \max\left(0;\widetilde{VV_{t-1}^{Alt,Ge}} - \widetilde{VV_t^{Alt,Ge}}\right)\right) \text{ mit}$$

$$\widetilde{VV_t^{Alt,Ge}} = \max\left(0;\widetilde{VV_{t-1}^{Alt,Ge}} - SG_t + \min\left(0;\widetilde{VV_{t-1}^{Neu,Ge}} + \right.\right.$$

$$\left.\left. - \min\left(1.000;\widetilde{BMG_t^{Ge}}\right) - 0{,}6 \cdot \max\left(0;\widetilde{BMG_t^{Ge}} - 1.000\right)\right)\right)$$ [715]

Die Anpassung für die Körperschaftsteuer sieht analog aus.

$$(45)\quad \widetilde{SV_t^{VVAlt,K}} = \left(s^{K} \cdot \max\left(0;\widetilde{VV_{t-1}^{Alt,K}} - \widetilde{VV_t^{Alt,K}}\right)\right) \text{ mit}$$

$$\widetilde{VV_t^{Alt,K}} = \max\left(0;\widetilde{VV_{t-1}^{Alt,K}} - SG_t + \min\left(0;\widetilde{VV_{t-1}^{Neu,K}} + \right.\right.$$

$$\left.\left. - \min\left(1.000;\widetilde{BMG_t^{K}}\right) - 0{,}6 \cdot \max\left(0;\widetilde{BMG_t^{K}} - 1.000\right)\right)\right)$$ [716]

Problem auch im US-amerikanischen „Sanierungsrecht“, in dem vergleichbare Regelungen gelten, an, ohne es jedoch zu lösen. Vgl. Arzac, E. (2005), S. 248–249.

712 Ist das Gegenteil der Fall, d. h. die Finanzbehörden widersprechen der Anwendung des Sanierungserlasses, so ist der Sanierungsgewinn der Regelbesteuerung zu unterwerfen, also wie jeder andere steuerpflichtige Ertrag in das Bewertungskalkül aufzunehmen.

713 An dieser Stelle wird ein im Entscheidungszeitpunkt bekannter Sanierungsgewinn vorgegeben. Weil sich aber der werthaltige Teil – und im Umkehrschluss auch der nicht werthaltige Teil und somit der steuerrechtlich relevante Sanierungsgewinn – erst nach der Bewertung des Unternehmens ermitteln lässt, ergibt sich an dieser Stelle ein zusätzliches Interdependenzproblem. Diese „Schwäche“ trifft auf alle Verfahren zu und ist nicht auf den APV-Ansatz begrenzt. Zur Lösung des Problems ist wiederum auf das Iterationsverfahren zurückzugreifen.

714 Ist der Sanierungsgewinn Null, so kann $SG_0 = 0$ eingesetzt werden und es ergeben sich die identischen Ergebnisse wie mit Formel (42).

715 Aus technischen Gründen wurde in der Formel der Sanierungsgewinn periodenabhängig definiert. Annahmegemäß gilt jedoch $SG_t = 0 \ \forall \ t \neq 0$.

716 Fn. 715 gilt analog.

Reichen die steuerlichen Altverlustvorträge nicht zur vollständigen Verrechnung mit dem Sanierungsgewinn aus, also wenn $VV_{-1}^{Alt,Ge} - SG_0 < 0$ gilt, so rechnet sich die Summe der periodischen Steuervorteile aus der Altverlustverrechnung, wie in Formel (44) bzw. (45) definiert, zu Null. Auf den verbleibenden Betrag $VV_{-1}^{Alt,Ge} - SG_0$ werden anschließend künftige Verluste im Rahmen eines uneingeschränkten Verlustrücktrags solange angerechnet, bis die von den Finanzbehörden festgelegte Anrechnungsdauer T abgelaufen ist. In Kapitel 4.4.5.2 wurde bereits ausgeführt, wie eine Neuverlustverrechnung im Bewertungsfall ohne Sanierungsgewinn abgebildet wird. Durch die Anrechnung künftiger Neuverluste auf den verbleibenden Sanierungsgewinn werden – gegenüber dem Referenzfall ohne Sanierungsgewinn – Teile der aufgrund der Fremdfinanzierung erzielbaren Steuervorteile vernichtet. Dieser negative Wertbeitrag (Steuernachteil aus dem Sanierungsgewinn $\widetilde{SN_t^{SG}}$) ist wie folgt zu berücksichtigen.

$$(46)\quad \widetilde{SN_t^{SG,Ge}} = \widetilde{SV_t^{VVNeu,SG,Ge}} - \widetilde{SV_t^{VVNeu,Ge}} \text{ mit}$$

$$\widetilde{SV_t^{VVNeu,SG,Ge}} = s^{Ge} \cdot \max\left(0; \widetilde{VV_{t-1}^{Neu,SG,Ge}} - \widetilde{VV_t^{Neu,SG,Ge}}\right) \text{ und}$$

$$\widetilde{VV_t^{Neu,SG,Ge}} = \max\left(0; \min\left(0; VV_{-1}^{Alt,Ge} - SG_0 - \sum_{T=1}^{t-1} \min\left(0; \widetilde{BMG_T^{Ge}}\right)\right) + \right.$$
$$\left. + \widetilde{VV_{t-1}^{Neu,SG,Ge}} - \min\left(1.000; \widetilde{BMG_t^{Ge}}\right) - 0{,}6 \cdot \max\left(0; \widetilde{BMG_t^{Ge}} - 1.000\right)\right)$$

Für die Körperschaftsteuer gelten die angestellten Überlegungen analog.

$$(47)\quad \widetilde{SN_t^{SG,K}} = \widetilde{SV_t^{VVNeu,SG,K}} - \widetilde{SV_t^{VVNeu,K}} \text{ mit}$$

$$\widetilde{SV_t^{VVNeu,SG,K}} = s^{K} \cdot \max\left(0; \widetilde{VV_{t-1}^{Neu,SG,K}} - \widetilde{VV_t^{Neu,SG,K}}\right) \text{ und}$$

$$\widetilde{VV_t^{Neu,SG,K}} = \max\left(0; \min\left(0; VV_{-1}^{Alt,K} - SG_0 - \sum_{T=1}^{t-1} \min\left(0; \widetilde{BMG_T^{K}}\right)\right) + \right.$$
$$\left. + \widetilde{VV_{t-1}^{Neu,SG,K}} - \min\left(1.000; \widetilde{BMG_t^{K}}\right) - 0{,}6 \cdot \max\left(0; \widetilde{BMG_t^{K}} - 1.000\right)\right)$$

Insgesamt lässt sich der aus der Berücksichtigung von im Entscheidungszeitpunkt vorhandenen Altverlustvorträgen $VV_{-1}^{Alt,Ge}$ und anfallenden Sanierungsgewinnen SG_0 resultierende periodische Steuereffekt $\widetilde{SE_t^{VVAlt,SG}}$ gemäß Formel (48) darstellen.

$$(48)\quad \widetilde{SE_t^{VVAlt,SG}} = \left(\widetilde{SV_t^{VVAlt,Ge}} + \widetilde{SV_t^{VVAlt,K}} + \widetilde{SN_t^{SG,Ge}} + \widetilde{SN_t^{SG,K}}\right)\cdot\left(1-s^A\right)$$ [717]

Voranstehende Modellierung zeigt, dass sich die Abschaffung des § 3 Nr. 66 EStG a. F., also der Steuerfreiheit von Sanierungsgewinnen, negativ auf den Unternehmensgesamtwert und somit auf die Fortführungsentscheidung auswirken kann. Sind die Voraussetzungen für die Anwendung des Sanierungserlasses erfüllt, so kann zwar eine zusätzliche Liquiditätsbelastung für das Unternehmen im Entscheidungszeitpunkt verhindert werden. Dies ist aber nicht – wie in Praxis und Literatur oftmals fälschlicherweise angenommen wird[718] – mit einer Steuerfreiheit zu vergleichen, denn durch den Untergang von Altverlustvorträgen und ggf. auch von noch nicht entstandenen Neuverlusten wird Wert vernichtet.[719] Die Abschaffung der grundsätzlichen Steuerfreiheit von Sanierungsgewinnen verfolgte das Ziel, so zumindest die Begründung im zugrunde liegenden Regierungsentwurf, die nach den Grundprinzipien des Einkommensteuerrechts systemwidrige Doppelbegünstigung durch Steuerfreiheit und Nutzbarkeit der aufgelaufenen Verlustvorträge abzuschaffen.[720] Jedoch hat der BFH bereits im Jahr 1968 aufgeführt, dass die Steuerfreiheit des Sanierungsgewinns unabhängig von der Existenz und dem Fortbestand von Verlustvorträgen sei.[721] Zwar hat der Gesetzgeber durch § 1 InsO ausdrücklich das Ziel der Erhaltung von fortführungswürdigen Unternehmen in die InsO integriert, der Beitrag des Fiskus hierzu wird jedoch durch die bestehende Rechtslage zum Sanierungsgewinn reduziert.[722] Vögerli veranschaulicht das Problem zutreffend wie folgt: „Mit der InsO [wird] das beschädigte schuldnerische Haus repariert [...] und anschließend [droht] der Abriss durch die steuerliche Fallbirne [...].“[723] Insgesamt wäre eine weitergehende, explizite gesetzliche Regelung – ökonomisch am sinnvollsten i. S. einer Steuerfreiheit von Sanierungsgewinnen – wünschenswert.[724]

4.4.6.4 Zur Diskontierung und Barwertermittlung der periodischen Steuervorteile aus der Altverlustverrechnung

Aufgrund der Ausgestaltung der steuerrechtlichen Regelungen zur Verlustvortragsverrechnung und Mindestbesteuerung sind deutliche Parallelen und Interdependenzen

---

717 Sofern $SG_0 = 0$ oder $VV_{-1}^{Alt,Ge} - SG_0 > 0$ gilt, kann diese Formel dennoch verwendet werden und liefert die identischen Ergebnisse wie die Formeln (42) bzw. (43) des vorherigen Kapitels 4.4.6.2.

718 Vgl. Fn. 663.

719 Dieses Grundprinzip gilt auch für das US-amerikanische Recht. Vgl. hierzu etwa Arzac, E. (2005), S. 248–249.

720 Vgl. BT-Drucksache 13/7480, S. 192.

721 Vgl. BFH-Urteil vom 15.07.1968.

722 Vgl. auch Wiesmann, W. (2003), S. 143–145, 147–158, der das Problem detaillierter beleuchtet.

723 Vögeli, A. (2000), S. 146.

724 So auch in vielen Literaturbeiträgen gefordert. Vgl. anstelle aller Eilers, S./Bühring, F. (2009), S. 141.

zur Zinsschrankenregelung zu erkennen[725], sodass auch die Erkenntnisse aus Kapitel 4.4.5.3 grundsätzlich gelten und zur Ableitung des relevanten Diskontierungssatzes verwendet werden können.

Piehler/Schwetzler[726] schlagen auch an dieser Stelle die Anwendung eines Binomialmodells auf Basis risikoneutraler Wahrscheinlichkeiten und die anschließende Diskontierung mit dem risikolosen Zinssatz vor und zeigen, dass die Anwendung des Diskontierungsfaktors k^E zu abweichenden Ergebnissen führen kann. Komplexere Kalküle können wiederum mit Hilfe von Simulationsmodellen gelöst werden.[727]

Lehnt der Bewerter die Annahme eines risikoneutralen Wahrscheinlichkeitsmaßes ab oder liegen ihm die erforderlichen Daten nicht vor, so sind vereinfachende Annahmen zu treffen, welche jedoch zu Bewertungsfehlern führen können: Drukarczyk[728] und Kofler/Baumgartner[729] gehen von risikolosen steuerlichen Bemessungsgrundlagen in der Zukunft aus und verwenden dementsprechend den risikolosen Zinssatz zur Barwertermittlung. Großfeld[730], Popp[731] und Oesterle[732] sprechen sich genauso wie das Oberlandesgericht (OLG) Düsseldorf[733] für die Verwendung der Eigenkapitalkosten als Diskontierungssatz aus, weil das Risiko künftiger Steuerentlastungen aufgrund der Abhängigkeit von den einzelnen $\widetilde{BMG}_t$ mit dem Risiko künftig entziehbarer Überschüsse vergleichbar ist. Für letztere Meinung würde auch sprechen, dass im Falle einer wie von Popp[734] geforderten und zumeist durchgeführten integrierten Betrachtung, d. h. steuerliche Verlustvorträge werden nicht separat, sondern im „normalen" Planungs- und Unternehmensbewertungsprozess integriert bewertet, ebenso die Eigenkapitalkosten des Unternehmens angewendet werden würden.

Verzichtet man – aus welchen Gründen auch immer – auf eine exakte Lösung des Bewertungsproblems, so kann auch an dieser Stelle nur mit Schätzungen gearbeitet werden. Weil die zustandsabhängigen periodischen Steuerbemessungsgrundlagen

---

725 Dies haben bereits die Ausführungen zur Ermittlung der periodischen Steuervorteile gezeigt. Gleicher Ansicht sind etwa Herzig, N./Bohn, A. (2007), S. 4–6, 8, sowie Pasedag, A. (2010), S. 303–304, 311.

726 Vgl. Piehler, M./Schwetzler, B. (2010), S. 64–68, 73–74, 79, 88–89. Die Autoren blenden die Mindestbesteuerung aus und lassen keine Neuverluste zu. Diese Erweiterungen wurden bereits diskutiert und berücksichtigt. Vgl. Kapitel 4.4.5.2 und 4.4.6.2. Ähnlich Streitferdt, F. (2004), S. 678–679, der eine risikoäquivalente Anpassung des Diskontierungssatzes fordert, eine explizite Lösung jedoch schuldig bleibt.

727 Vgl. Piehler, M./Schwetzler, B. (2010), S. 79–81, sowie Streitferdt, F. (2010), S. 1042, 1053–1058.

728 Vgl. Drukarczyk, J. (1997), S. 467.

729 Vgl. Kofler, P./Baumgartner, M. (2010), S. 52.

730 Vgl. Großfeld, B. (2002), S. 174.

731 Vgl. Popp, M. (1997), S. 211.

732 Vgl. Oesterle, B. (1998), S. 839.

733 Vgl. Urteil des OLG Düsseldorf vom 11.04.1988.

734 Vgl. Fn. 693.

durch die greifende oder nicht greifende Zinsschranke beeinflusst werden, können auch hier risikoäquivalente Diskontierungssätze deutlich über k^E beobachtet werden. Infolgedessen kann wiederum durch Diskontierung mit i eine exakte Wertobergrenze angegeben werden, eine bindende Wertuntergrenze bei zustandsabhängigem Greifen der Zinsschranke jedoch nicht.[735]

Unabhängig von den gewählten Prämissen und dem gewählten Diskontierungssatz sollte man sich gerade in Sanierungssituationen mit diesem Thema intensiv beschäftigen, weil die möglichst zeitnahe und umfassende Verrechnung bereits entstandener Altverluste das Gesamtkalkül – und somit auch die Sanierungsprüfung – positiv beeinflussen kann.[736] Abschließend ist festzuhalten, dass u. U. die Erweiterung der Detailplanungsphase bzw. das Hinzuziehen einer weiteren Phase (Konvergenzphase) bei Vorliegen von hohen gewerbe- bzw. körperschaftsteuerlichen Verlustvorträgen erforderlich werden kann[737], weil insbesondere durch die Mindestbesteuerung und ggf. auftretende Neuverluste die Verlustverrechnungsmöglichkeiten für Altverluste in die Zukunft verlagert werden.

4.4.7 Berücksichtigung von Insolvenzrisiken und -kosten in der Unternehmensbewertung

4.4.7.1 Bedeutung von Insolvenzrisiko und -kosten in der Unternehmensbewertung

In ihren Beiträgen haben Modigliani/Miller[738] gezeigt, dass unter verschiedenen Prämissen der Unternehmenswert $\left(V^F(MM)\right)$ in einer Welt mit Steuern bei zunehmendem Fremdkapitaleinsatz steigt. Unter Ausblendung von Insolvenzkosten haben Laitenberger/Lodowicks bewiesen, dass die Erkenntnisse von Modigliani/Miller auch in einer Welt mit ausfallgefährdetem Fremdkapital ihre Gültigkeit behalten.[739] Zu Recht beschäftigt man sich deswegen in Praxis und Literatur intensiv mit dem Wertbeitrag der aus der Fremdfinanzierung resultierenden Steuervorteile. Aus der Praxis ist jedoch auch bekannt, dass Unternehmen nicht die nach dieser Theorie wertmaximierende Strategie einer vollständigen Fremdfinanzierung verfolgen, was im Wesentlichen auf die Existenz von mit einer Insolvenz verbundenen Kosten zurückzuführen sein dürfte. Eine mögliche Kapitalstrukturtheorie[740], welche sowohl Steuervorteile $\left(V^{St}\right)$ auf der einen Seite als auch die Insolvenzwahrscheinlichkeit und die damit verbundenen CoFD $\left(V^{CoFD}\right)$ auf der anderen Seite verbindet, ist die Trade-Off-Theorie: Zwar steigt mit zunehmender Verschuldung der Unternehmenswert

735 Vgl. hierzu die Ausführungen im Anhang (Kapitel 7.5).
736 Vgl. Becker, J./Loitz, R./Stein, V. (2009), S. 23.
737 Vgl. Kupke, T./Nestler, A. (2003), S. 2283, sowie die Ausführungen in Kapitel 4.4.3.1.
738 Vgl. bereits Fn. 530.
739 Vgl. Laitenberger, J./Lodowicks, A. (2005), S. 145–149.
740 Weitere Kapitalstrukturtheorien sollen nicht beleuchtet werden. Vgl. hierzu etwa Altman, E./Hotchkiss, E. (2006), S. 128–133, sowie Jaeger, S. (2012), S. 12–66.

$\left(V^F(\text{Trade}-\text{Off})\right)$ aufgrund größerer erzielbarer Steuervorteile, jedoch impliziert dies auch eine steigende Ausfallwahrscheinlichkeit, deren Kosten den Wert der Steuervorteile nach dem optimalen Verschuldungsgrad überkompensieren.[741] Abbildung 24 fasst zusammen.

Abbildung 24: Der optimale Verschuldungsgrad nach der Trade-Off-Theorie[742]

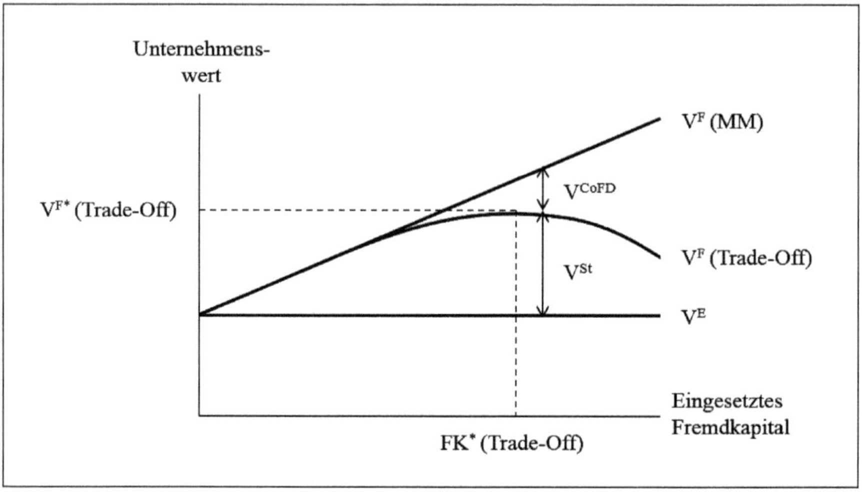

In der Literatur ist es gängige Auffassung, dass die Vernachlässigung von Insolvenzrisiken und den damit verbundenen Kosten zu nicht unerheblichen Bewertungsfehlern führen kann.[743] Aus diesem Grund sind mögliche Auswirkungen auf den Unternehmenswert gerade in Sanierungssituationen zu berücksichtigen, denn hier dürfte die Gefahr der (erneuten) Insolvenz weitaus höher sein als bei anderen Bewertungsanlässen. Auch nach durchgeführter Sanierung ist ein Unternehmen nicht vor weiteren Krisensituationen geschützt, wie etwa der Fall Eurotunnel – dort waren gleich mehrere Sanierungen innerhalb von gut zehn Jahren erforderlich – zeigt.[744] Auch Hotchkiss

741 Die Trade-Off-Theorie geht auf einen Beitrag von Kraus/Litzenberger zurück. Vgl. Kraus, A./Litzenberger, R. (1973), S. 911–922.

742 Eigene Abbildung in Anlehnung an Ross, S. et al. (2008), S. 465.

743 Vgl. etwa Almeida, H./Philippon, T. (2007), S. 2557–2559, Altman, E./Hotchkiss, E. (2006), S. 101, Drukarczyk, J./Schüler, A. (2009), S. 731–734, Gleißner, W. (2011), S. 251, Homburg, C./Stephan, J./Weiß, M. (2004), S. 276, Kehrel, U. (2011), S. 376, Metz, V. (2007) S. 103, Robicheck, A./Myers, S. (1966), S. 19, sowie Weckbach, S. (2004), S. 62. Dagegen etwa Kruschwitz, L./Lodowicks, A./Löffler, A. (2005), S. 233–234, sowie Laitenberger, J./Lodowicks, A. (2005), S. 145–149, die unter restriktiven Prämissen zeigen, dass eine Insolvenz keinen Einfluss auf den Unternehmenswert hat.

744 Vgl. Schüler, A. (2013b), S. 456–458.

und Denis/Rodgers kommen in ihren empirischen Untersuchungen von 197 bzw. 141 Unternehmen, die das amerikanische Chapter 11-Verfahren erfolgreich durchlaufen haben, zu dem Ergebnis, dass 35 bzw. 17 davon erneut Insolvenz anmelden, 23 bzw. 7 ihre Schulden außergerichtlich restrukturieren und 5 bzw. 4 endgültig liquidiert werden mussten.[745] Die Probleme im Zusammenhang mit der Quantifizierung von direkten und indirekten CoFD wurden bereits in Kapitel 2.5.3 diskutiert.

Bis zu diesem Zeitpunkt im Bewertungskalkül unberücksichtigt blieben diejenigen Fälle, in denen die operativen Zahlungsüberschüsse nach ggf. geplanten Kapitalmaßnahmen einzelner Umweltzustände einer zukünftigen Periode nicht zur vertragsmäßigen Bedienung der Zins- und Tilgungszahlungen ausreichen. Gilt also $\widetilde{FCF}_t^E + \widetilde{SV}_t^{FF} + \Delta FK_t < i^V \cdot FK_{t-1}$, so ist das Unternehmen in diesem Umweltzustand zahlungsunfähig und somit insolvent.[746] Dass gerade in Krisen- und Turnaround-Situationen die Gefahr einer (erneuten) Insolvenz bewertungsrelevant ist, wurde bereits veranschaulicht. Auch in der Literatur festigt sich zunehmend die Meinung, dass das Insolvenzszenario unabhängig vom Zustand des Unternehmens nicht nur im Kapitalisierungszinssatz, sondern vor allem auch bei der Überschussprognose und bei der Ermittlung der erzielbaren Steuervorteile explizit zu berücksichtigen ist.[747] Im Folgenden wird deshalb dargestellt, wie Insolvenzrisiko und die damit verbundenen CoFD sowohl in den bewertungsrelevanten Überschüssen (Kapitel 4.4.7.2.1) als auch im Kapitalisierungszinssatz (Kapitel 4.4.7.2.2) zu berücksichtigen sind.

4.4.7.2 Modifikation des APV-Ansatzes zur Berücksichtigung von Insolvenzrisiken und -kosten

4.4.7.2.1 Einfluss von Insolvenzrisiko und -kosten auf die Überschussprognose und die periodischen Steuervorteile

Der Literatur sind zwei verschiedene Ansätze zur Berücksichtigung des Ausfallsszenarios in der Überschussprognose zu entnehmen: Zum einen besteht die Möglichkeit, dass die zukünftigen bewertungsrelevanten Überschüsse erwartungstreu geschätzt werden, d. h. die Insolvenzwahrscheinlichkeit und die damit verbundenen

---

745 Vgl. Denis, D./Rodgers, K. (2007), S. 115, sowie Hotchkiss, E. (1995), S. 15.

746 Eigenkapitalgeber besitzen damit eine implizite Abbruchoption, weil es auch aufgrund gesellschaftsrechtlicher Treuepflichten bei Kapitalgesellschaften keine Nachschusspflicht gibt. Vgl. bereits die Ausführungen in Kapitel 3.2.4. Gleiches gilt für Fremdkapitalgeber. Durch Annahme 5 wurde die Kapitalstruktur bereits im Entscheidungszeitpunkt festgelegt, es wird also zunächst nicht zu einer weiteren Fremdkapitalaufnahme kommen, sondern in der Insolvenz des Unternehmens münden, an die sich eine erneute Fortführungsentscheidung anschließen wird. Aufgrund der Neufassung des insolvenzrechtlichen Überschuldungsbegriffes (§ 19 InsO) hat dieser Insolvenztatbestand an Bedeutung verloren und wird daher nicht separat berücksichtigt. Vgl. hierzu auch die Ausführungen in Kapitel 2.1.4.5.

747 Vgl. etwa Gleißner, W. (2011), S. 243–244, Kehrel, U. (2011), S. 372, Knabe, M. (2012), S. 38, 84–85, sowie Metz, V. (2007), S. 98.

Kosten bereits implizit enthalten sind.[748] In diesem Fall könnte auf eine weitere Anpassung des Zählers verzichtet werden. Zum anderen ist aber auch bekannt, dass das worst case-Szenario einer möglichen Insolvenz in der Praxis oftmals ausgeblendet und gerade nicht berücksichtigt wird. In diesem Fall sind die Erwartungswerte als bedingte Erwartungswerte – die Bedingung ist der Nichteintritt der Insolvenz – zu interpretieren. Eine nachträgliche Integration einer möglichen Insolvenz in das Bewertungskalkül könnte dahingehend erfolgen, dass der bedingte Erwartungswert mit der entsprechenden Überlebenswahrscheinlichkeit gewichtet wird.[749] Unabhängig von dem gewählten Ansatz sind in beiden Varianten Kenntnisse über Ausfallwahrscheinlichkeit und Höhe der CoFD erforderlich. Auf die Ermittlung der Insolvenzwahrscheinlichkeit wird im Folgenden nicht weiter eingegangen, sondern auf die weiterführende Literatur verwiesen.[750] Vielmehr soll untersucht werden, wie die direkten und indirekten CoFD in das Bewertungskalkül aufzunehmen sind.

Zwar existieren mittlerweile verschiedene konzeptionelle Möglichkeiten zur Berücksichtigung von direkten und indirekten CoFD in der Unternehmensbewertung: Beispielsweise modellieren Baule/Ammann/Tallau die annahmegemäß konstanten direkten CoFD im Zeitpunkt der Insolvenz und die indirekten CoFD in Abhängigkeit von der Insolvenzwahrscheinlichkeit bzw. dem Rating.[751] Lodowicks modelliert ausschließlich indirekte Insolvenzkosten ab dem Zeitpunkt des Ausfalls, indem er die darauf folgenden bewertungsrelevanten Überschüsse in Höhe eines konstanten Anteils mindert.[752] Damodaran bildet einen separaten dritten Baustein im APV-Ansatz, welcher den Barwert der erwarteten CoFD darstellt und negativ in das Kalkül eingeht.[753] Vor dem Hintergrund der in Kapitel 2.5.3 dargestellten Probleme bei der Quantifizierung der CoFD bleibt es jedoch bei den konzeptionellen Vorschlägen. Handlungsempfehlungen, in welcher Höhe die CoFD anzusetzen sind, gibt es dagegen kaum.

Weil die direkten CoFD vergleichsweise unbedeutend sind[754], werden diese im Bewertungskalkül oftmals ausgeblendet.[755] Dies ist auch vor dem Hintergrund, dass im Insolvenzfall die direkten CoFD von den (sanierungswilligen) Gläubigern zu tragen sind, nachvollziehbar.[756] Weil die Gläubiger dies in ihren Kreditkonditionen – etwa

748 Vgl. nur Gleißner, W. (2011), S. 244.

749 Vgl. Gleißner, W. (2011), S. 246–247, sowie Knabe, M. (2012), S. 88–89.

750 Eine umfassende Darstellung und Würdigung von Möglichkeiten zur Bestimmung von Insolvenzwahrscheinlichkeiten sowie ein Literaturüberblick finden sich etwa bei Knabe, M. (2012), S. 111–207.

751 Vgl. Baule, R./Ammann, K./Tallau, C. (2006), S. 62–65.

752 Der Autor geht folglich stets von einer Unternehmensfortführung aus. Vgl. Lodowicks, A. (2007), S. 44–45.

753 Vgl. Damodaran, A. (2006), S. 630–631. Ähnlich Knabe, M. (2012), S. 93–94.

754 Vgl. Fn. 231.

755 Vgl. etwa Lodowicks, A. (2007), S. 40, und die dort zitierte Literatur.

756 Vgl. Knabe, M. (2012), S. 13–14.

in einen höheren Zinssatz – einpreisen werden[757], könnte dies u. U. zu einer doppelten Berücksichtigung führen, weil steigende Finanzierungkosten Bestandteil der indirekten CoFD sind. Zwar sollten die im Entscheidungszeitpunkt mit Sicherheit bekannten Aufwendungen, welche in Zusammenhang mit der laufenden Sanierung stehen, berücksichtigt werden. Bei der Modellierung eines zukünftigen (erneuten) Insolvenzszenarios müssen diese jedoch aus bereits diskutierten Gründen nicht angesetzt werden. Da eine exakte Abgrenzung von indirekten CoFD mit Ausnahme der gestiegenen Finanzierungskosten beinahe unmöglich ist, wäre eine Anwendung der im vorherigen Abschnitt diskutierten konzeptionellen Vorschläge zu deren Integration gefährlich und eher mit aus der Luft gegriffenen, subjektiven Anpassungen zu vergleichen, die sowohl zu einer Unter- als auch zu einer Überbewertung des Unternehmens führen können.[758]

Die folgenden Ausführungen sollen daher untersuchen, inwiefern wesentliche Elemente der indirekten CoFD im verwendeten APV-Ansatz durch „gewissenhafte" Anwendung bereits berücksichtigt werden können. Als bedeutendste indirekte CoFD konnten in der Literatur die Rückgänge von Umsatzerlösen als Folge des Vertrauensverlustes der Kunden sowie die steigenden Finanzierungskosten identifiziert werden.[759]

Ausgangspunkt einer jeden Überschussprognose ist die kritische Analyse der in der Vergangenheit erzielten Umsatzerlöse. Unter Anwendung der bisherigen Erkenntnisse liegt die Vermutung nahe, dass zumindest die in der näheren Vergangenheit erzielten Umsatzerlöse durch indirekte CoFD belastet waren. Dies gilt nicht nur für die Umsatzerlöse, sondern etwa auch für den Personal- oder Materialaufwand: So könnten etwa Personalaufwand aufgrund von Mitarbeiterfluktuation und fehlender Motivation sowie Materialaufwand in Folge geringerer Abnahmemengen und einer schlechteren Verhandlungsposition über den üblichen Branchenwerten liegen. Eine Auseinandersetzung damit, wie die Ist-Zahlen in der Vergangenheit bei Abwesenheit von indirekten CoFD ausgesehen hätten, bringt nicht nur keinen Mehrwert für das Bewertungskalkül, sondern ist ohnehin nicht abschließend möglich. Ausgehend von den Vergangenheitsdaten sind bei der Schätzung der künftigen Umsatzerlöse für jede einzelne Periode alle möglichen Szenarien zu berücksichtigen, d. h. auch ein oftmals vom Management ignoriertes, vor allem bei Krisenunternehmen aber durchaus mögliches worst case-Szenario mit weiter sinkenden Umsatzerlösen, welches in letzter Konsequenz (erneut) in der Insolvenz enden kann.[760] Denn für die Share- und Stakeholder ist es zunächst irrelevant, ob

757 Vgl. Altman, E./Hotchkiss, E. (2006), S. 93, sowie Gleißner, W. (2011), S. 248.

758 Vgl. hierzu auch die Ausführungen in Kapitel 4.3, die für das Beispiel von „Asset Fire Sales" als Bestandteil von indirekten CoFD zeigen, wie unterschiedlich hoch diese etwa in Abhängigkeit von Zeit, Branche und Markt ausfallen können.

759 Vgl. Fn. 232.

760 Auch der IDW S1 (2008), Rn. 29, fordert die Berücksichtigung von allen möglichen Zukunftsszenarien. Ähnlich Damodaran, A. (2006), S. 614–615, Gleißner, W. (2011), S. 251, sowie Metz, V. (2012), S. 73, 98, 103, 117. In der Literatur findet sich

etwa vergangene bzw. künftige Umsatzerlöse aufgrund von verlorenem Vertrauen oder aus anderen Gründen, beispielsweise wegen technischer Überholung des Produktes, ausgeblieben sind bzw. ausbleiben.[761] Weil eine Separierung der CoFD, wie bereits eingehend diskutiert wurde, ohnehin unmöglich ist, führen alle – theoretisch nachvollziehbaren und gelungenen – konzeptionellen Vorschläge zur separaten Darstellung von indirekten CoFD in der praktischen Anwendung ins Leere.[762] Eine Fortschreibung der vergangenen Umsatzerlöse mit pauschalierten (Branchen-) Wachstums-raten und die Berücksichtigung geschätzter Abschläge für indirekte CoFD können folglich nicht zielführend sein. Eine stochastische Modellierung der Umsatzerlöse sowie der zusätzlichen bewertungsrelevanten Überschüsse, die aus den leistungswirtschaftlichen Projekten erzielbar sind, sind ohnehin notwendig, um den Wert von steuerlichen Vorteilen aus der Fremdfinanzierung und Altverlustverrechnung exakt (i. S. von modellkonform) zu ermitteln.[763] Eine mögliche Insolvenz wird durch die stochastische Modellierung implizit berücksichtigt, weil es in einigen Pfaden „automatisch" zur Insolvenz kommen wird[764], wenn etwa Umsatzerlöse und/oder der Erfolg der leistungswirtschaftlichen Sanierungsprojekte ausbleiben. Dies gilt unabhängig davon, ob ein einfacheres Binomialmodell oder ein komplexeres Simulationsmodell gewählt wird. Die integrierte Planungsrechnung ist also so flexibel auszugestalten, dass neben der autonomen Investitions- und Finanzierungsplanung verschiedene Szenarien für die wesentlichen Werttreiber – im vorliegenden Beispiel wären es die Umsatzerlöse, die leistungswirtschaftlichen Sanierungsprojekte und die pfadabhängigen Steuervorteile aus Fremdfinanzierung und Altverlustverrechnung – zugelassen werden.[765] Eine Isolierung von indirekten CoFD bringt eine zusätzliche Schätzung in das Kalkül, welche keinen Mehrwert liefert

keine Argumentation gegen diesen Ansatz. Zu Recht wird jedoch von einigen Autoren kritisiert, dass das theoretische Vorgehen nicht immer dem Vorgehen in Praxis und Rechtsprechung entspricht. Vgl. nur Gleißner, W. (2011), S. 244. Metz führt weiterhin aus, dass in der Rechtsprechung das Insolvenzrisiko als Teil des außergewöhnlichen Risikos angesehen wird und in Form eines expliziten Risikozuschlags im Kapitalisierungszins zu berücksichtigen ist. Dagegen die Ausführungen in Kapitel 4.4.7.2.2. Eine explizite Berücksichtigung im Zähler wird oftmals nicht in Betracht gezogen, weil das Risiko als Bestandteil des allgemeinen Unternehmensrisikos nicht einzeln greifbar ist. Vgl. Metz, V. (2012), S. 99, und die dort zitierte Literatur. Im Ergebnis lehnt auch Metz die abweichende Auffassung in der Rechtsprechung ab und befürwortet eine explizite Berücksichtigung in der Überschussprognose.

761 Dass die Ursachenforschung zur nachhaltigen Genesung des Unternehmens nicht irrelevant ist und insbesondere für die Ausgestaltung leistungswirtschaftlicher Sanierungsmaßnahmen von Bedeutung ist, wurde bereits an früherer Stelle betont.

762 Vgl. auch Kruschwitz, L./Lodowicks, A./Löffler, A. (2005), S. 224.

763 Vgl. die Ergebnisse aus den Kapiteln 4.4.5 und 4.4.6.

764 Vgl. auch Pasedag, A. (2010), S. 307.

765 Ähnlich Koller, T./Goedhart, M./Wessels, D. (2005), S. 229.

und durch eine aufgeklärte Anwendung auch bei allen anderen DCF-Methoden ohne Weiteres vermieden werden kann.

Als weitere wesentliche Komponente der indirekten CoFD wurden die gestiegenen Finanzierungskosten identifiziert, welche sich zunächst auf die periodischen Steuervorteile auswirken. Auch hierzu existieren verschiedene Ansätze, die vom risikolosen Zinssatz abweichenden Kreditzinssätze in das Bewertungskalkül zu integrieren. So koppeln etwa Arnold/Lahmann/Schwetzler die Fremdkapitalzinsen $\widetilde{i}_t^V$ an die periodischen und zustandsabhängigen $\widetilde{EBITDA}_t$.[766] Andere Autoren unterstellen die im Entscheidungszeitpunkt verhandelten Konditionen als im Zeitablauf konstant.[767] Existieren mehrere verschiedene Arten von Fremdkapital mit unterschiedlichen Konditionen, so ist ein durchschnittlicher Fremdkapitalzinssatz etwa mit Hilfe des gewichteten Durchschnitts zu ermitteln.[768]

Tritt der Insolvenzfall in einem Zustand einer Periode ein, so ist dies für die Hebung des Steuervorteils der betreffenden Periode zunächst irrelevant, weil es für die Festsetzung der zu entrichtenden Steuer nicht von Bedeutung ist, ob die Zinsaufwendungen tatsächlich gezahlt werden (können). Es ist lediglich relevant, in welcher Höhe die Zinsaufwendungen steuerlich geltend gemacht werden können – und das entspricht gerade den Beträgen Z_t^{Ge} und Z_t^K, die in Kapitel 4.4.5.2 ermittelt wurden.[769] Für die folgenden Perioden nach dem Eintritt der Insolvenz ist vom Bewerter eine Annahme zu treffen, wie mit den Steuervorteilen zu verfahren ist:[770] Arnold/Lahmann/Schwetzler unterstellen beispielsweise, dass in der Periode der Insolvenz der Steuervorteil vollständig gehoben werden kann und das Unternehmen danach eigenfinanziert fortgeführt wird.[771] Auch Brennan/Schwartz nehmen an, dass im Falle einer Insolvenz zukünftig keine Steuervorteile mehr gehoben werden können.[772] Andere Autoren treffen abweichende Annahmen, sodass die Steuervorteile auch nach einer Insolvenz gehoben werden können.[773] Eine Empfehlung kann in diesem Zusammenhang grundsätzlich nicht ausgesprochen werden, weil im Zeitpunkt t = 0 keine allgemeingültige Aussage darüber getroffen werden kann, ob und ggf. wie eine Fortführungs- oder Liquidationsentscheidung in der Zukunft aussehen wird. Die Fortführungsentscheidung ist in jedem künftigen Insolvenzfall neu zu

766 Vgl. Arnold, S./Lahmann, A./Schwetzler, B. (2012b), S. 117–153.

767 Vgl. Hart, O./Moore, J. (1995), S. 582, Homburg, C./Stephan, J./Weiß, M. (2004), S. 277, Knabe, M. (2012), S. 104–107, sowie Lodowicks, A. (2007), S. 24.

768 Für eine praktische Anwendung im Fall Eurotunnel vgl. Schüler, A. (2013b), S. 461.

769 Dagegen Homburg, C./Stephan, J./Weiß, M. (2004), S. 278, 281, sowie Knabe, M. (2012), S. 102, bei denen die Steuervorteile annahmegemäß von den tatsächlich geleisteten Zinsen abhängen. Diese Annahme steht schlichtweg im Widerspruch zum deutschen Steuersystem.

770 Vgl. Gleißner, W. (2011), S. 248.

771 Vgl. Fn. 766.

772 Vgl. Brennan, M./Schwartz, E. (1978), S. 103–114.

773 Vgl. Kruschwitz, L./Lodowicks, A./Löffler, A. (2005), S. 228, Lodowicks, A. (2007), S. 35–36, Rapp, M. (2006), S. 777, sowie Streitferdt, F. (2010), S. 1048.

treffen.[774] Folgt man jedoch der Annahme, dass nach dem Insolvenzzeitpunkt keine Steuervorteile mehr gehoben werden können, so ist die Trade-Off-Theorie besser abgebildet: Der Marktwert der erzielbaren Steuervorteile sinkt mit zunehmendem Verschuldungsgrad und es ist nicht mehr optimal, sich maximal zu verschulden.[775]

Weil der APV-Ansatz direkt auf den Erkenntnissen von Modigliani/Miller fußt[776], kann er auch nur dann ein korrektes und konsistentes Bewertungsergebnis liefern, wenn das MM-Theorem auch für den Fall von ausfallgefährdetem Fremdkapital gilt. Unter der Bedingung, dass im Falle einer Insolvenz keine zusätzlichen Kosten für die nicht privat haftenden Eigentümer entstehen und ein Investor das unternehmensspezifische Fremdkapitalrisiko am Kapitalmarkt nachbilden kann, zeigen Laitenberger/Lodowicks in ihrem Beitrag, dass das MM-Theorem, also die Irrelevanz der Kapitalstruktur auf den Unternehmenswert in einer Welt ohne Steuern sowie der mit zunehmenden Fremdkapital steigende Unternehmenswert aufgrund der erzielbaren Steuervorteile in einer Welt mit Steuern, seine Gültigkeit behält.[777] Aus den Erkenntnissen kann gefolgert werden, dass der APV-Ansatz auch bei Verwendung eines vom sicheren Zinssatz i abweichenden Fremdkapitalzinssatzes i^V ein korrektes Bewertungsergebnis liefert.

Der kritische Leser könnte an dieser Stelle argumentieren, dass die getroffenen Annahmen 4 und 6, also dass die operativen Cashflows sowie die Investitions- und Abschreibungspolitik unabhängig von der gewählten Kapitalstruktur sind, vor dem Hintergrund von indirekten CoFD nicht tragbar sind. Unbestritten dürfte sein, dass ein (Groß-)Teil der CoFD auf die gewählte Kapitalstruktur zurückzuführen ist.[778] Auch dieser Anteil kann jedoch nicht quantifiziert und somit auch nicht modelliert werden, weswegen die vereinfachenden Annahmen in Ermangelung besserer Erkenntnisse hingenommen werden.[779] CoFD können aber auch bei rein eigenfinanzierten Unternehmen auftauchen: So erläutern etwa Ross et al. das Beispiel zweier eigenständiger, jedoch gleichnamiger Unternehmen in New York City. Nachdem eines der beiden Unternehmen insolvent wurde, blieben auch die Kunden beim

774 Wegen der vereinfachenden Annahme 7 kann das eigenfinanzierte Unternehmen nicht insolvent werden. Setzt man diese Annahme abweichend fest, so ist auch für den Fall einer Insolvenz beim eigenfinanzierten Unternehmen eine Annahme zu treffen, ob grundsätzlich fortgeführt oder liquidiert wird. Zur Fortführungsprämisse, die der IDW S1 grundsätzlich fordert, vgl. auch die Ausführungen in Kapitel 4.4.3.1.

775 Vgl. Brennan, M./Schwartz, E. (1978), S. 109.

776 Vgl. auch Altman, E./Hotchkiss, E. (2006), S. 113. Für die Erkenntnisse von Modigliani/Miller vgl. Fn. 530.

777 Vgl. Laitenberger, J./Lodowicks, A. (2005), S. 145–149.

778 Vgl. auch Denis, D./Rodgers, K. (2007), S. 102.

779 Vgl. Kruschwitz, L./Lodowicks, A./Löffler, A. (2005), S. 224, und die Ausführungen in Kapitel 2.5.3.

Anderen aus. Nach kurzer Zeit wurde auch das zweite Unternehmen insolvent.[780] Die getroffenen Annahmen 4 und 6 ermöglichen die dargestellte Anwendung des APV-Ansatzes. Weil es für die Share- und Stakeholder irrelevant ist, ob indirekte CoFD als solche explizit oder implizit im Bewertungskalkül berücksichtigt werden, verhindern diese getroffenen Annahmen ein korrektes und konsistentes Bewertungsergebnis nicht.

4.4.7.2.2 Einfluss von Insolvenzrisiko und -kosten auf die risikoäquivalenten Kapitalkosten

Durch die in der Standardversion des CAPM verwendete Annahme einer risikolosen Anlage- und Verschuldungsmöglichkeit wird unmittelbar die Vermutung aufgeworfen, dass bei deren Verwendung keinerlei Insolvenzrisiken berücksichtigt sind.[781] Weil auch und insbesondere Fremdkapitalgeber das Ausfallrisiko antizipieren und in die Kreditkonditionen einpreisen, wird eine Verschuldung nicht mehr zum risikolosen Zinssatz möglich sein. Black ersetzt in einer Erweiterung des CAPM die risikolose Anlage- und Verschuldungsmöglichkeit durch die erwartete Rendite eines zum Marktportfolio unkorrelierten Zero-Beta-Portfolios und zeigt, dass das CAPM auch bei Verzicht auf einen risikolosen Zinssatz seine uneingeschränkte Gültigkeit behält.[782] Die Annahme von ausfallgefährdetem Fremdkapital mit dem einhergehenden, über dem risikolosen Zinssatz liegenden Vertragszinssatz i^V impliziert jedoch, dass nun die Fremdkapitalgeber einen Teil des zuvor vollständig von den Eigenkapitalgebern getragenen Risikos übernehmen und sich dies in Form eines so genannten Credit Spreads in Höhe der Differenz von $i^V - i$ bezahlen lassen. Weil die Fremdkapitalgeber einen Teil des operativen Risikos übernehmen – die Befriedigung der vertraglich zugesicherten Zins- und Tilgungszahlungen ist nun auch abhängig von den unsicheren künftigen Überschüssen und nicht mehr in allen Umweltzuständen garantiert – verringert sich das von den Eigenkapitalgebern getragene Risiko.[783] Die Ermittlung des Asset-Beta β_P^E aus Formel (16) ist daher anzupassen.[784]

$$(49)\quad \beta_P^F = \beta_P^E + (1-s)\cdot\left(\beta_P^E - \beta_{FK}\right)\cdot\frac{F}{E} \text{ bzw. } \beta_P^E = \frac{\beta_{FK}\cdot(1-s)\cdot\frac{F}{E} + \beta_P^F}{1+(1-s)\cdot\frac{F}{E}}$$

780 Vgl. Ross, S. et al. (2008), S. 459. Auch Arzac führt die meisten Krisensituationen auf operative Probleme der Unternehmen zurück. Vgl. Arzac, E. (2005), S. 243. Ähnliche Ergebnisse lieferte Tabelle 1.

781 Vgl. Knabe, M. (2012), S. 53.

782 Vgl. Black, F. (1972), S. 446–452. Ähnlich Arzac, E. (2005), S. 36, sowie Metz, V. (2007), S. 238–239.

783 Vgl. Aders, C./Wagner, M. (2004), S. 31, 33–34.

784 Vgl. Brealy, R./Myers, S./Allen, F. (2008), S. 545, sowie Hamada, R. (1972), S. 435–452.

Der Beta-Faktor für das Fremdkapital β_{FK} (Debt-Beta) kann grundsätzlich analog zum Beta-Faktor des Eigenkapitals ermittelt werden. In der Praxis ergeben sich jedoch Probleme, weil Unternehmen in den meisten Fällen auf Bankdarlehen von Kreditinstituten zurückgreifen und daher entsprechende Marktdaten fehlen. Mit Hilfe der CAPM-Grundgleichung für das „Projekt Fremdkapital" kann β_{FK} über die Refinanzierungskonditionen des Unternehmens, der Vergleichsunternehmen oder der Branche ermittelt werden.[785]

$$(50)\quad E\left(\widetilde{r_{FK}}\right) = i^V = i + \beta_{FK} \cdot \left(\widetilde{r_M} - i\right) \Leftrightarrow \beta_{FK} = \frac{i^V - i}{\widetilde{r_M} - i}$$

Das in sich geschlossene Modell weißt jedoch die gleichen Interdependenzprobleme auf, wie sie schon in Kapitel 4.4.3.2 diskutiert wurden.

Verwendet man – mangels Alternativen – das zwar in sich geschlossene, in der Praxis aber auch an einigen Stellen mit Problemen verbundene CAPM, so sind in den mit diesem Modell ermittelten risikoäquivalenten Kapitalkosten die nach vollständiger Diversifikation verbleibenden, systematischen Insolvenzrisiken ausreichend berücksichtigt: Zum einen wird der anhand von Staatsanleihen – auch solche sind ausfallgefährdet, weil es ansonsten keine Ratings oder Ausfallversicherungen für Staatsanleihen geben würde – ermittelte Basiszinssatz i bereits eine Risikoprämie enthalten, welche einen möglichen Ausfall kompensiert.[786] Ebenso sind die systematischen Insolvenzrisiken in der Marktrisikoprämie abgebildet, welche durch den Beta-Faktor an die unternehmensspezifischen Risiken angepasst werden.[787] Ermessensspielräume treten regelmäßig bei einer auf historischen Daten basierenden Ermittlung der „korrekten" Beta-Faktoren auf, weil das Ergebnis insbesondere durch die Wahl der Länge des Beobachtungszeitraums, der Peer-Group und der verwendeten Regressionsmethode beeinflusst wird.[788] Dagegen sind unsystematische (Insolvenz-)Risiken bei der Ermittlung des Unternehmenswertes nicht zu berücksichtigen.[789]

Bereits an früherer Stelle wurde gezeigt, dass die periodischen Steuervorteile – unabhängig vom Zustand des Unternehmens – aufgrund der Zinsschranken- und Verlustverrechnungsregelungen im deutschen Steuersystem nicht in jedem Fall sicher vereinnahmt werden können. Die Erkenntnisse ändern sich auch bei ausfallgefährdetem Fremdkapital nicht. Die Modellierung der periodischen Steuervorteile (Kapitel 4.4.5.2) sowie die Ausführungen zum risikoäquivalenten Diskontierungssatz (Kapitel 4.4.5.3) behalten ihre uneingeschränkte Gültigkeit, lediglich der risikolose

785 Vgl. Aders, C./Wagner, M. (2004), S. 34–35, Arzac, E. (2005), S. 36, Gilson, S./Hotchkiss, E./Ruback, R. (2000), S. 51–52, sowie Knabe, M. (2012), S. 75.

786 Vgl. Arzac, E. (2005), S. 36, Knabe, M. (2012), S. 54–60, 80–81, sowie Koller, T./Goedhart, M./Wessels, D. (2005), S. 296.

787 Vgl. Knabe, M. (2012), S. 67–81.

788 Vgl. Aders, C./Wagner, M. (2004), S. 34–35, Damodaran, A. (2006), S. 618–619, Knabe, M. (2012), S. 64–81, sowie Metz, V. (2007), S. 205–210.

789 Vgl. IDW S1 (2008), Rn. 114–122.

Zinssatz i ist durch den gestiegenen Fremdkapitalzinssatz i^V zu ersetzen. Auch und insbesondere bei ausfallgefährdetem Fremdkapital wird von der Verwendung eines pauschalen Diskontierungssatzes, wie ihn etwa Knabe in Höhe der Eigenkapitalkosten bei unterstellter Fremdfinanzierung als „eine im Rahmen der Komplexitätsreduktion konforme Vereinfachung“ empfiehlt[790], aus den bekannten Gründen abgeraten.

4.5 Zusammenfassung

Um eine fundierte Fortführungsentscheidung treffen zu können, werden die DCF-Verfahren zur Schätzung[791] des Unternehmenswertes bei unterstellter Going Concern-Prämisse in der Literatur empfohlen. Dabei ist dem APV-Ansatz aus mehreren Gründen der Vorzug zu geben: Zum einen stellt er die einzige DCF-Variante dar, welche bei – in Sanierungssituationen regelmäßig zu unterstellender – autonomer Finanzierungsstrategie eigenständig arbeitet. WACC- und FTE-Ansatz führen bei aufgeklärter Anwendung zwar grundsätzlich zum identischen Ergebnis, sind aber auf die mit Hilfe des APV-Ansatzes gewonnenen Ergebnisse angewiesen. Zum anderen gelingt es durch entsprechende Erweiterungen des modularen APV-Ansatzes, wesentliche leistungs- und finanzwirtschaftliche Sanierungsmaßnahmen separat darzustellen. Verschiedene Sanierungsalternativen und deren Auswirkungen auf die einzelnen Bausteine des Unternehmenswertes können unabhängig voneinander berechnet und anschließend miteinander verglichen werden, ohne dass eine erneute vollständige Bewertung erforderlich wird.

Die durchgeführte Unternehmensbewertung kann nur so gut sein wie die zugrunde liegen Überschussprognose. Gerade in Turnaround-Situationen wird es daher erforderlich, vom traditionellen einwertigen Kalkül hin zu mehrwertigen Verfahren zu wechseln. Durch Szenarioanalysen bzw. Simulationslösungen, Sensitivitätsanalysen und die abweichende Festsetzung wesentlicher Annahmen kann nicht in jedem Fall ein besseres Bewertungsergebnis erreicht, jedenfalls aber ein gesteigertes Bewusstsein dafür geschaffen werden, wie sich der Unternehmenswert entwickeln kann. Dass das Bewertungskalkül in finanziell angespannten Situationen durch die handels- und steuerrechtlichen Rahmenbedingungen komplexer wird, haben die vorangehenden Ausführungen aufgezeigt und gleichzeitig entsprechende Lösungsansätze präsentiert. Ebenso kann im Ergebnis festgehalten werden, dass die exakte Ermittlung der für jeden Baustein relevanten, risikoäquivalenten Diskontierungsfaktoren nur unter sehr restriktiven Bedingungen möglich ist. Das Problem der korrekten Barwertermittlung ist jedoch allen Bewertungsmethoden, welche künftig erzielbare Überschüsse betrachten, gemein. Durch den modularen Aufbau des APV-Ansatzes wird der Bewerter explizit dazu aufgefordert, sich über jeden Baustein Gedanken zu machen, ggf. geeignete Einschränkungen

---

790 Vgl. Knabe, M. (2012), S. 104.

791 „Discounted cash flow [...] is a forward-looking approach that estimates firm value [...].“ (Altman, E./Hotchkiss, E. (2006), S. 109).

bzw. Vereinfachungen vorzunehmen und die Ergebnisse entsprechend zu dokumentieren. Die angesprochenen Herausforderungen treten, wie bereits erwähnt, auch bei Anwendung des WACC- oder FTE-Ansatzes auf, bei denen ein Verstecken der für das Bewertungskalkül wesentlichen Elemente und der damit verbundenen Probleme aber deutlich einfacher und somit „gefährlicher" ist.

Insgesamt ist eine fundierte Ermittlung von Liquidations- und Fortführungswert nicht nur für die aus Unternehmensgesamtperspektive betriebswirtschaftlich richtige Entscheidung über die Zukunft des Unternehmens erforderlich. Beide Werte sind ebenso Ausgangspunkt für die Ermittlung des Liquidations- und Fortführungswertes der Ansprüche der einzelnen Kapitalgebergruppen.

5 Prüfung der Vorteilhaftigkeit des Sanierungsversuchs aus der Perspektive von Alteigentümern und Gläubigern

5.1 Überblick

Die Entscheidung über Fortführung oder Liquidation des schuldnerischen Unternehmens wird nicht auf Basis der Ergebnisse in Kapitel 4 aus einer übergeordneten Perspektive getroffen, sondern obliegt den beteiligten Kapitalgebergruppen. Bereits die Ausführungen in Kapitel 2.4 haben gezeigt, dass die möglicherweise auftretenden Interessenkonflikte zwischen Eigentümern und erstrangigen bzw. zweitrangigen Gläubigern dazu führen können, dass aus betriebswirtschaftlicher Gesamtperspektive nachteilige Sanierungslösungen gewählt bzw. vorteilhaftere Alternativen abgelehnt werden. Deshalb wird im weiteren Verlauf des Kapitels die Entscheidungssituation der einzelnen Anspruchsgruppen modelliert und deren Entscheidungsverhalten untersucht.

Um widerspruchsfreie und in sich konsistente Bewertungsergebnisse zu erhalten, ist es erforderlich, dass der Ermittlung der Werthaltigkeit der einzelnen Kapitalgeberansprüche die Ergebnisse aus Unternehmensgesamtperspektive zugrunde liegen. Basierend auf diesen Erkenntnissen sind der verbleibende Wert des Eigenkapitals der Alteigentümer (Kapitel 5.2), der Wert der im Rahmen des Debt Equity Swap einzulegenden Forderung (Kapitel 5.3) und der Wert aller sonstigen, gegen die Gesellschaft gerichteten Ansprüche unter der Going Concern-Prämisse zu ermitteln. Es muss also sichergestellt sein, dass die Summe der Fortführungswerte der individuellen Anspruchsgruppen dem Unternehmensgesamtwert bei unterstellter Fortführung entspricht. Im Folgenden gilt, dass die Werte bei unterstellter Fortführung ohne finanzielle Sanierung als Ausgangspunkt der Verhandlungen dienen[792], also in gewisser Weise als „Eintrittskarten“[793] in das zu sanierende Unternehmen anzusehen sind.

Im Anschluss wird in Kapitel 5.4 die ökonomische Vorteilhaftigkeit – auch i. S. einer möglichen negativen Ausprägung – insbesondere des Debt Equity Swap für die beteiligten Anspruchsgruppen analysiert, wobei zwischen der außergerichtlichen und der gerichtlichen Variante differenziert wird. Zusätzlich werden die ökonomischen Implikationen von Vollwertigkeits- und Nennwertprinzip untersucht. Unter Berücksichtigung der gewonnenen Erkenntnisse folgt in Kapitel 5.5 eine Ableitung von Handlungsempfehlungen und eine Zusammenfassung der zentralen Ergebnisse.

---

792 Die „Annahme“ soll an dieser Stelle ohne kritische Würdigung hingenommen und zu einem späteren Zeitpunkt (Fn. 826) wieder aufgegriffen werden.

793 Ähnlich Bebchuk, L. (1988), S. 776.

5.2 Bewertung der Eigenkapitalanteile

Bereits in Kapitel 3.2.1 wurde diskutiert, dass das Eigenkapital von sanierungsbedürftigen bzw. bereits insolventen Unternehmen i. d. R. nicht vollständig wertlos ist. Der Wert des Eigenkapitals unterscheidet sich immer dann von Null, wenn es wenigstens einen möglichen (wenn auch vergleichsweise unwahrscheinlichen) Umweltzustand gibt, in dem die Fremdkapitalgeberansprüche vollständig bedient und ein den Eigenkapitalgebern zustehender Residualanspruch ausgeschüttet werden können. Dieser Optionscharakter des Eigenkapitals[794] soll in den folgenden Ausführungen aufgegriffen und anschließend auf das betrachtete Bewertungskalkül übertragen werden.[795]

Durch den Kauf einer so genannten Call-Option hat der Käufer das Recht, jedoch nicht die Pflicht, während (amerikanische Option) oder am Ende (europäische Option) der Optionslaufzeit (Ausübungszeitpunkt) ein Wertpapier (Basiswert) zu dem vertraglich festgelegten Preis (Ausübungspreis) zu kaufen.[796]

Abbildung 25: Optionscharakter des Eigenkapitals

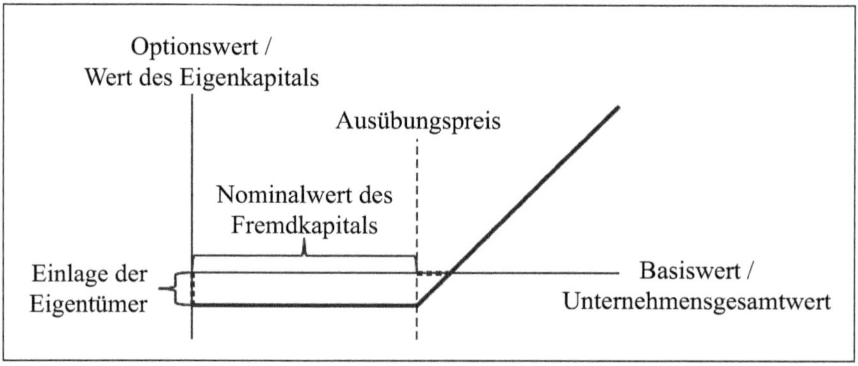

---

794 Vgl. auch Damodaran, A. (2002), S. 817, Merton, R. (1974), S. 453–454 sowie Myers, S. (1977), S. 152–153.

795 Einschränkend sei bereits an dieser Stelle erwähnt, dass im Rahmen dieser Arbeit keine vollständige und umfassende Diskussion der Optionspreistheorie, der in Praxis und Literatur relevanten Methoden und deren Verwendungsmöglichkeiten in der Unternehmensbewertung geführt wird. Einen Überblick und eine Erläuterung der gängigen Verfahren liefert etwa Merk, A. (2011), S. 20–25. Vielmehr sollen die grundlegenden Zusammenhänge erläutert, auf das vorliegende Bewertungskalkül übertragen und Rückschlüsse für deren Mehrwert u. a. im Zusammenhang mit der Bewertung von Debt Equity Swaps erläutert werden. Für den interessierten Leser finden sich an den entsprechenden Stellen zusätzliche Literaturhinweise.

796 Vgl. Brealy, R./Myers, S./Allen, F. (2008), S. 565–566, sowie Cox, J./Ross, S./Rubinstein, M. (1979), S. 229.

Diese Definition wurde in Abbildung 25 auf das Eigenkapital des zu bewertenden Unternehmens übertragen, wobei der Basiswert dem Unternehmensgesamtwert und der Ausübungspreis dem Nominalwert des Fremdkapitals entspricht. Das Eigenkapital – definiert i. S. einer europäischen Call-Option – hat nur dann einen positiven Barwert, wenn der Unternehmensgesamtwert am Tag der Ausübung die aufgelaufenen Fremdkapitalforderungen und die von den Eigentümern geleisteten Einlagen übersteigt.[797] In allen anderen Fällen geht die geleistete Einlage teilweise bzw. vollständig und unwiderruflich verloren. Aufgrund der beschränkten Haftung kann also im schlechtesten Fall die geleistete Einlage der Eigentümer verloren gehen, während sie im Erfolgsfall unbegrenzt am Unternehmenserfolg partizipieren.[798]

Die gebräuchlichste Methode zur Bewertung von Optionen in mehrperiodigen und diskreten Marktmodellen ist das Binomialmodell von Cox/Ross/Rubinstein (CRR-Modell).[799] Diese Erkenntnisse können aufgrund des Optionscharakters des Eigenkapitals nach einigen Anpassungen auf das vorliegende Bewertungskalkül übertragen werden. Hierzu wird zunächst angenommen, dass der in $t = 0$ bekannte Unternehmensgesamtwert V_0 mit der Wahrscheinlichkeit p bzw. $1 - p$ um den konstanten Faktor g ("good") bzw. b ("bad") steigt bzw. sinkt. Der Unternehmensgesamtwert zu einem beliebigen Zeitpunkt t errechnet sich dann gemäß $\widetilde{V_t} \in \left\{ g \cdot \widetilde{V_{t-1}}; b \cdot \widetilde{V_{t-1}} \right\}$.[800] Wenn die Zufallsvariable j die Anzahl der Aufwärtsbewegungen g innerhalb der Optionslaufzeit wiedergibt und mit B(T;q) binomialverteilt ist, dann beschreibt folgende Formel (51) den zustandsabhängigen Unternehmensgesamtwert im Ausübungszeitpunkt T.

$$(51)\quad \widetilde{V_T} = V_0 \cdot g^j \cdot b^{T-j}$$

Annahmegemäß werden Zins- und Tilgungszahlungen endfällig geleistet. Der vom eingetretenen Umweltzustand unabhängige Ausübungspreis berechnet sich dann durch Aufzinsung des Fremdkapitals FK_0 um T Perioden.

---

797 Im weiteren Verlauf wird die Einlage der Eigentümer ausgeblendet.

798 Der Optionscharakter des Eigenkapitals gilt nur bei Betrachtung von haftungsbeschränkten Unternehmen. Weil per Annahme 7 nur deutsche Kapitalgesellschaften betrachtet werden, kann das Eigenkapital als Option betrachtet werden.

799 Vgl. nur Merk, A. (2011), S. 26. Die folgende Erläuterung basiert auf den Beiträgen von Bäuerle, N./Veraart, L. (2011), S. 26–35, Cox, J./Ross, S./Rubinstein, M. (1979), S. 229–241, sowie Merk, A. (2011), S. 26–28. Bereits einige Jahre früher haben Black/Scholes ein analytisches Modell zur Optionspreisbewertung ermittelt. Vgl. Black, F./Scholes, M. (1973), S. 637–659. Geht man von einer unbegrenzten Anzahl von Teilperioden und einer stetigen Wertentwicklung des Basiswertes aus, so stellt das Black-Scholes-Modell einen Grenzfall des Binomialmodells dar. Vgl. hierzu etwa Bäuerle, N./Veraart, L. (2011), S. 35–36, sowie Merk, A. (2011), S. 32. Das Black-Scholes-Modell und die Vielzahl an Erweiterungen sollen im weiteren Verlauf jedoch nicht Gegenstand der Betrachtung sein.

800 Auch hier soll die Arbitragefreiheit für das gewählte Modell gelten, d. h. $g \geq 1 + i \geq b \geq 0$. Vgl. bereits Fn. 673.

(52) $FK_T = FK_0 \cdot (1+i)^T$

Der Wert der Call-Option bzw. des Eigenkapitals im Ausübungszeitpunkt berechnet sich in Abhängigkeit des Umweltzustandes gemäß Formel (53).

(53) $\widetilde{E_T} = \max\left(0;\widetilde{V_T} - FK_T\right) = \max\left(0; V_0 \cdot g^j \cdot b^{T-j} - FK_0 \cdot (1+i)^T\right)$

Durch Gewichtung mit den kumulierten risikoneutralen Wahrscheinlichkeiten und unter Berücksichtigung des Zeiteffekts durch Diskontierung mit i kann der Wert des Eigenkapitals E_0 im Entscheidungszeitpunkt berechnet werden.

$$(54)\quad E_0 = \frac{\sum_{j=0}^{T} \left(\frac{t!}{j! \cdot (T-j)!}\right) \cdot q^j \cdot (1-q)^{T-j} \cdot \max\left(0;\widetilde{V_T} - FK_T\right)}{(1+i)^T}$$

Zur Berechnung des Eigenkapitalwerts müssen folglich der Unternehmensgesamtwert als Basiswert und dessen künftige Volatilität bekannt sein. Sofern man den Eigenkapitalwert wie im vorliegenden Fall als europäische Option betrachtet, muss zusätzlich die Zeitspanne bis zur Fälligkeit der Option festgelegt werden.[801] Während der Ausübungszeitpunkt abhängig vom individuellen Bewertungsobjekt definiert werden kann[802], sind die beiden anderen Voraussetzungen i. d. R. nicht gegeben. Der Unternehmenswert kann mit Hilfe der bereits diskutierten Bewertungsverfahren ermittelt werden, die künftige Volatilität des Unternehmenswertes wird jedoch nur schwer zu messen bzw. zu prognostizieren sein.[803] Eine explizite Schätzung der Volatilität des Unternehmenswertes ist jedoch nicht erforderlich, weil die Entwicklung des Unternehmensgesamtwertes auf Basis der stochastisch modellierten $\widetilde{FCF_t}$ „vorgegeben" ist.[804]

Die bisher angestellten Überlegungen sind also derart anzupassen, dass nicht der Unternehmensgesamtwert V_0 und die zugehörigen Wachstumsfaktoren g und b, sondern der in t = 0 beobachtete FCF_0 und die zugehörigen Wachstumsfaktoren u und d als Basiswert dienen. Nach dem Ausübungszeitpunkt T sollen keine weiteren Ein- oder Auszahlungen anfallen, d. h. das Unternehmen hat eine begrenzte Lebensdauer. Unter der Annahme, dass bis zum Ausübungszeitpunkt keine Ausschüttungen vorgenommen und die Überschüsse $\widetilde{FCF_t}\ \forall\, t \in 1,\dots,T-1$ auf Unternehmensebene

801 Vgl. Kraft, V. (2001), S. 197.

802 Legt man den Ausübungszeitpunkt wesentlich vor den (fiktiven) Übergang in den Gleichgewichtszustand, so kann es zu Fehlbewertungen kommen. An dieser Stelle sei auf die Ausführungen zum Planungshorizont in Kapitel 4.4.3.1.4 verwiesen.

803 Vgl. Kraft, V. (2001), S. 196, sowie Nestler, C. (2008), S. 104–105.

804 Blendet man das Steuersystem nicht – wie im späteren Beispiel aufgrund der vereinfachenden Annahme – aus, so ist die Entwicklung des Unternehmensgesamtwertes z. B. auf Basis der stochastisch modellierten $\widetilde{EBIT_t}$ und der daraus abgeleiteten, erzielbaren Steuervorteile „vorgegeben".

zum risikolosen Zinssatz i am Kapitalmarkt angelegt werden[805], berechnet sich der zustandsabhängige Unternehmensgesamtwert im Ausübungszeitpunkt wie folgt.[806]

$$(55)\quad \widetilde{V_T} = \sum_{t=1}^{T-1} \widetilde{FCF_t} \cdot (1+i)^{T-t} + FCF_0 \cdot u^j \cdot d^{T-j}$$

Formel (55) zeigt, dass sich $\widetilde{V_T}$ aus zwei Komponenten zusammensetzt: Zum einen werden die in der Vergangenheit erzielten, zustandsabhängigen Free Cashflows auf Unternehmensebene zum risikolosen Zinssatz angelegt. Diese liquiden Mittel betragen in t = T $\sum_{t=1}^{T-1} \widetilde{FCF_t} \cdot (1+i)^{T-t}$ und kommen zur Ausschüttung. Zum anderen wird der in Periode T erzielte, wiederum zustandsabhängige Free Cashflow $\left(\widetilde{FCF_T} = FCF_0 \cdot u^j \cdot d^{T-j}\right)$ ausgeschüttet. Nach der Ausschüttung an die Kapitalgebergruppen beträgt der Unternehmenswert Null, da nach dem Ausübungszeitpunkt T annahmegemäß keine weiteren Ein- und Auszahlungen anfallen.

Weil sich die aufgelaufenen Gläubigerforderungen unabhängig vom eingetretenen Umweltzustand fortschreiben, können diese weiterhin mit Formel (52) berechnet werden, sodass sich der Wert des Eigenkapitals im Ausübungszeitpunkt wie folgt ermittelt.

$$(56)\quad \widetilde{E_T} = \max\left(0; \widetilde{V_T} - FK_T\right) = \max\left(0; \left(\sum_{t=1}^{T-1} \widetilde{FCF_t} \cdot (1+i)^{T-t} + FCF_0 \cdot u^j \cdot d^{T-j}\right) + \right.$$
$$\left. - FK_0 \cdot (1+i)^T \right)$$

Die kumulierte risikoneutrale Wahrscheinlichkeit für einen Umweltzustand U in Periode T wird mit $\widetilde{\rho_T^U}$ bezeichnet[807] und ergibt sich durch Multiplikation der einzelnen risikoneutralen Wahrscheinlichkeiten, die auf dem jeweiligen Pfad bis zum betrachteten Zustand in Periode T durchlaufen wurden. Nach Anpassung von Formel (54)[808] ermittelt sich der korrekte Wert des Eigenkapitals E_0 gemäß Formel (57).

---

805 Alternativ könnten die nicht ausgeschütteten Beträge für Fremdkapitaltilgung und zusätzliche Realinvestitionen verwendet werden. Dies ist jedoch aufgrund der getroffenen Annahmen ausgeschlossen. Vgl. bereits die Ausführungen zu Ausschüttungsrestriktionen in Kapitel 4.4.3.1.3.

806 Der Cashflow in der Periode t = 0 in Höhe von FCF_0 wird bei der Bewertung nicht berücksichtigt, weil er annahmegemäß bereits ausgeschüttet oder anderweitig verwendet wurde. FCF_0 dient lediglich als Ausgangspunkt, von dem aus die zukünftigen unsicheren $\widetilde{FCF_t}$ multiplikativ ermittelt werden. Vgl. hierzu auch Timmreck, C. (2006), S. 79.

807 Insgesamt gibt es im beispielhaft betrachteten Binomialmodell 2^T Umweltzustände.

808 Weil für die Modellierung der FCF als Ausgangsparameter im Zeitablauf konstante Veränderungsfaktoren u und d unterstellt wurden, ergibt sich ein so genannter

$$(57)\quad E_0 = \frac{\sum_{U=0}^{2^T} \widetilde{\rho_T^U} \cdot \max\left(0; \widetilde{V_T} - FK_T\right)}{(1+i)^T} \text{ mit } \widetilde{\rho_T^U} = q^j \cdot (1-q)^{T-j}$$

Voranstehende Ausführungen belegen also formal, dass sich der Wert des Eigenkapitals immer dann von Null unterscheidet, wenn es nur einen möglichen Umweltzustand U gibt, in dem die dann aufgelaufenen Gläubigerforderungen FK_T vollständig bedient und ein Residualwert $\widetilde{E_T}$ an die Eigentümer ausgeschüttet werden kann. Mit fortschreitendem Krisenstadium dürfte ein solches Szenario zunehmend unwahrscheinlicher werden und der „Hoffnungswert" des Eigenkapitals sinken.

Zur Veranschaulichung werden die voranstehenden konzeptionellen Überlegungen nun auf ein zweiperiodiges Binomialbeispiel angewendet, wobei folgende Parameter gegeben sind: $FCF_0 = EBITDA_0 = EBIT_0 = 10.000{,}0$, $u = 1{,}4$ bzw. $d = \frac{1}{1{,}4}$, $FK_0 = 21.000{,}0$, $i = i^V = 0{,}05$[809] und $p = 0{,}6$ bzw. $1 - p = 0{,}4$. Als Alternativanlage wird eine Investition in das Marktportfolio unterstellt, dessen Rendite $\widetilde{r_{M,t}^{up}} = 0{,}15$ bzw. $\widetilde{r_{M,t}^{down}} = -0{,}05$ beträgt. Die risikoneutralen Wahrscheinlichkeiten betragen dann $q_1 = 0{,}50$ bzw. $1 - q_1 = 0{,}50$. Nach Periode $t = 2$ fallen keine weiteren Zahlungen an. Zins- und Tilgungszahlungen sind endfällig zu entrichten und das Steuersystem wird aus Vereinfachungsgründen ausgeblendet, woraus $\widetilde{EBIT_t} = \widetilde{FCF_t}$ folgt. Abbildung 26 fasst die Ergebnisse zusammen, wobei die Berechnungen für den ersten Pfad beispielhaft dargestellt sind.

---

rekombinierender Binomialbaum. Nach Transformation des FCF-Binomialbaums in einen V-Binomialbaum – dieser gibt die Entwicklung der Unternehmenswerte wieder – wird man erkennen, dass sich der Unternehmenswert pfadabhängig entwickelt. Der V-Binomialbaum ist folglich nicht mehr rekombinierend, wodurch die Berechnung des Barwertes hinsichtlich der Wahrscheinlichkeiten angepasst werden muss. Für eine anschauliche Darstellung mit einem Zahlenbeispiel vgl. auch Timmreck, C. (2006), S. 76–95.

809 Im verwendeten Beispiel wird vereinfachend unterstellt, dass die Fremdkapitalgeber das Ausfallrisiko im Entscheidungszeitpunkt etwa aufgrund von Informationsasymmetrien nicht antizipieren und durch Anpassung des vertraglichen Zinssatzes kompensieren können. Die folgenden Ausführungen können auch auf Kalküle übertragen werden, in denen der vertragliche Zinssatz vom risikolosen Zinssatz abweicht. Vgl. hierzu bereits die Ausführungen in Kapitel 4.4.7.2.

Abbildung 26: Berechnung des Eigenkapitalwerts durch Modellierung einer europäischen Option

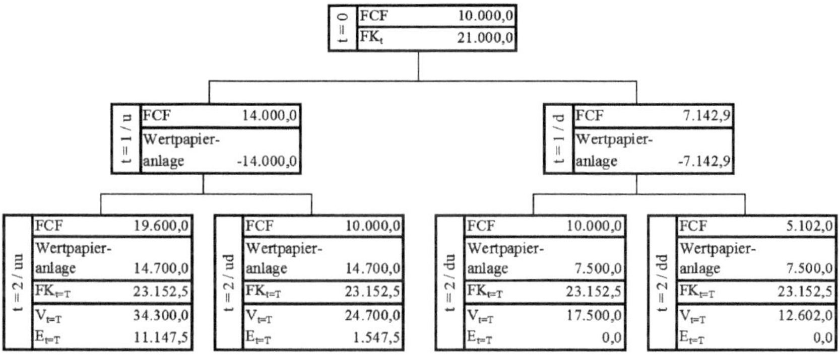

$$FK_{t=T} = FK_0 \cdot (1+i)^T = 21.000,0 \cdot (1+0,05)^2 = 23.152,5$$

$$\widetilde{V_{t=T}^{Pfad\,t=2,uu}} = \sum_{t=1}^{T-1} \widetilde{FCF_t} \cdot (1+i)^{T-t} + FCF_0 \cdot u^j \cdot d^{T-j} = 14.000,0 \cdot (1+0,05)^1 + 10.000,0 \cdot 1,4^2 \cdot (1.4^{-1})^0 = 34.300,0$$

$$\widetilde{E_{t=T}^{Pfad\,t=2,uu}} = \max\left(0; \widetilde{V_{t=T}^{Pfad\,t=2,uu}} - FK_{t=T}\right) = \max(0; 34.300,0 - 23.152,5) = 11.147,5$$

$$E_0 = \frac{\sum_{U=0}^{2^T} \widetilde{\rho_T^U} \cdot \widetilde{E_{t=T}^{Pfad\,t=2,U}}}{(1+i)^T} = \frac{0,50^2 \cdot 0,50^0 \cdot 11.147,5 + 0,50^1 \cdot 0,50^1 \cdot 1.547,5 + 0 + 0}{(1+0,05)^2} = 2.878,7$$

Ohne den Umweg der expliziten Modellierung von Optionen kann das identische und korrekte Bewertungsergebnis auch erzielt werden, indem die Pfadabhängigkeit im DCF-Kalkül explizit berücksichtigt wird. Letzteres ist in Tabelle 6 erfolgt.

Tabelle 6: Berechnung des Eigenkapitalwerts bei stochastischer Modellierung der bewertungsrelevanten Überschüsse

Pfad U	Pfad t = 2, uu	Pfad t = 2, ud	Pfad t = 2, du	Pfad t = 2, dd	Erwartungswert
$\widetilde{\rho_2^U}$	0,25	0,25	0,25	0,25	1,0
V_0	31.111,1	22.403,6	15.873,0	11.430,4	20.204,5
FK_0	21.000,0	21.000,0	21.000,0	21.000,0	21.000,0
F_0	21.000,0	21.000,0	15.873,0	11.430,4	17.325,9
E_0	10.111,1	1.403,6	0,0	0,0	2.878,7

Abbildung 27 veranschaulicht das Ergebnis grafisch.

Abbildung 27: Eigenkapitalwert bei stochastischer Modellierung der bewertungsrelevanten Überschüsse

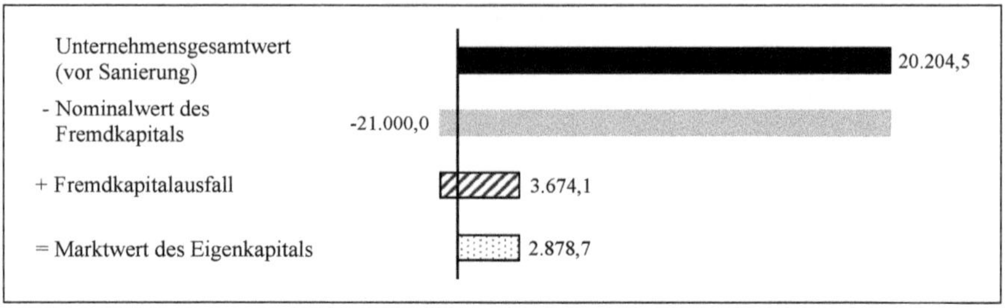

In der Literatur ist die Anwendung von Optionspreismodellen zur Bewertung des Eigenkapitals bei sanierungsbedürftigen Unternehmen anerkannt.[810] Die separate Modellierung des Eigenkapitals als Option ist jedoch nicht zwingend erforderlich. Wie anhand des vereinfachten Beispiels gezeigt wurde, führt auch das DCF-Kalkül bei Berücksichtigung der Pfadabhängigkeit zum korrekten Eigenkapitalwert. Nur die Verwendung von erwarteten bewertungsrelevanten Überschüssen $E\left(\widetilde{FCF}\right)$ reicht hingegen nicht aus. Bei aufgeklärter Anwendung und identischen Prämissen führen also alle (diskutierten) Bewertungsverfahren zum gleichen Bewertungsergebnis.[811]

5.3 Bewertung der einzulegenden Forderung und Quantifizierung des zu wandelnden Anteils

Nach h. M. in Literatur und Rechtsprechung ist die im Rahmen eines Debt Equity Swap einzulegende Forderung einer Werthaltigkeitsprüfung zu unterziehen. Ein außenstehender Dritter wird für die Forderung grundsätzlich den Barwert der

810 Vgl. Adams, M./Rudolf, M. (2009), S. 361–362, Chatterji, S./Hedges, P. (2001), S. 266–267, Damodaran, A. (2002), S. 817–818, Deibert, V./Schellenberger, D. (1998), S. 436, Kraft, V. (2001), S. 197, Nestler, C. (2008), S. 103, 136–137, sowie Rams, A. (1999), S. 364. In der neueren Literatur wird zudem versucht, durch die Modellierung von Realoptionen Flexibilität zu bewerten: So kann etwa das Management durch die Nutzung von Handlungsspielräumen das Unternehmen an das sich verändernde Umfeld anpassen, um Verlustrisiken einzugrenzen und Gewinnchancen besser nutzen zu können. Die Modellierung von Flexibilität soll im weiteren Verlauf nicht dargestellt werden, weil sich verschiedene Literaturbeiträge umfassend damit beschäftigen. Vgl. hierzu etwa Adams, M./Rudolf, M. (2009), S. 359–381, Meyer, B. (2006), S. 161–222, Nestler, C. (2008), S. 47–137, sowie Rams, A. (1999), S. 249–364.

811 Vgl. hierzu Schüler, A. (2014a), S. 1–8, sowie die entsprechenden Ausführungen in Kapitel 4.4.5.3.1.

erwarteten bewertungsrelevanten Überschüsse aufbringen. Wenngleich subjektive Einflussfaktoren dazu führen können, dass der Erwerber etwa eine zusätzliche Kontrollprämie bezahlt oder der Veräußerer einen weiteren Preisabschlag in Kauf nimmt, sind diese bei der Werthaltigkeitsprüfung auszuklammern.[812] Unter Verwendung der Annahmen und Erkenntnisse aus dem vorherigen Kapitel 5.2 errechnet sich der zustandsabhängige Wert der Forderung im Ausübungszeitpunkt T gemäß Formel (58).[813]

$$(58)\quad \widetilde{F_T} = \max\left(0;\min\left(\widetilde{V_T};FK_T\right)\right)$$

Nach Gewichtung aller Umweltzustände mit den kumulierten risikoneutralen Wahrscheinlichkeiten und Diskontierung auf den Entscheidungszeitpunkt ergibt sich der Wert des Fremdkapitals vor finanzieller Sanierung[814] und somit die Werthaltigkeit der einzulegenden Forderung.

$$(59)\quad F_0 = \frac{\sum_{U=0}^{2^T} \widetilde{\rho_T^U} \cdot \max\left(0;\min\left(\widetilde{V_T};FK_T\right)\right)}{(1+i)^T} \text{ mit } \widetilde{\rho_T^U} = q^j \cdot (1-q)^{T-j}$$

Aufgrund von $V_0 = E_0 + F_0$ kann F_0 auch durch $F_0 = V_0 - E_0$ ermittelt werden. Dieser Zusammenhang ist trivial, unterstreicht aber die Erkenntnis, dass der Fortführungswert als Ganzes und sowohl der verbleibende Wert des Eigenkapitals als auch der des Fremdkapitals in einem geschlossenen Modell zu ermitteln sind.[815]

Sofern im Rahmen des Debt Equity Swap die gesamte Forderung gewandelt werden soll, dürfen in Höhe von F_0 neue Anteile ausgegeben werden. Die Differenz zwischen FK_0 und F_0 ist als Sanierungsgewinn erfolgswirksam zu vereinnahmen. Jedoch ist es auch möglich, lediglich einen Teil des bestehenden Fremdkapitals (Wandlungsquote) in neues Eigenkapital zu wandeln. Bei der Ausgestaltung wird der Quantifizierung des zu wandelnden Anteils aus zwei Gründen eine wesentliche Bedeutung beigemessen:[816] Aus Unternehmensgesamtperspektive ist es zunächst ratsam, einen möglichst hohen Anteil des Fremdkapitals zu wandeln, um das Ausfallrisiko der anschließend noch verbleibenden Zins- und Tilgungszahlungen zu minimieren bzw. zu beseitigen.[817] Aus individueller Perspektive ist wiederum zu

812 Vgl. hierzu die Ausführungen in Kapitel 3.3.

813 Im verwendeten Beispiel existiert aus Vereinfachungsgründen nur eine Gläubigergruppe. Die Idee ist analog übertragbar auf Konstellationen, in denen es mehrere Gläubigergruppen gibt. Vgl. hierzu die Ausführungen in Kapitel 5.4.

814 Vgl. Fn. 792.

815 Vgl. Schäfer, C./Wüstemann, J. (2014), S. 1768.

816 Die folgenden Interessenkonflikte treten, nachdem man gegen eine Liquidation und für eine Unternehmensfortführung entschieden hat, zusätzlich auf.

817 So kommt Hotchkiss in ihrer empirischen Untersuchung zu dem Ergebnis, dass ein – trotz vorangegangenem Insolvenzverfahren nach Chapter 11 – zu hoher Fremdkapitalanteil in 32 % der Fälle erneut die Ursache für eine finanzielle Schieflage darstellt.

differenzieren:[818] Die Alteigentümer bevorzugen – sofern sie im Rahmen der Sanierung nicht vollständig enteignet werden – eine geringe Wandlungsquote, um die Verwässerung ihrer Anteile zu minimieren und den Ertrag im Erfolgsfall zu maximieren. Die erstrangigen Gläubiger präferieren hingegen eine hohe Wandlungsquote, um die Gefahr einer Folgekrise, in der ihre Sicherheiten womöglich nicht mehr oder in geringerem Umfang werthaltig sind, zu minimieren. Die zweitrangigen Gläubiger befinden sich im Zwiespalt: Zum einen tendieren sie zu einer geringen Wandlungsquote, sodass ihr Sanierungsbeitrag nicht bzw. nicht nur den nachrangigen Gläubigern – sofern hinter den zweitrangigen Gläubigern noch eine weitere Gruppe ist – zum Vorteil gereicht. Zum anderen tendieren sie zu einer hohen Wandlungsquote, um im Erfolgsfall überproportional partizipieren zu können. Folgendes Kapitel 5.4 nimmt sich den Interessenkonflikten an und versucht eine möglichst umfassende Modellierung der Entscheidungssituation.

5.4 Modellierung der Entscheidungssituation

5.4.1 Ausgangssituation

Im Folgenden wird ein einperiodiges Binomialmodell unter Unsicherheit mit insgesamt drei Kapitalgebergruppen bzw. deren (Nominal-)Ansprüchen, namentlich den (Alt-)Eigenkapitalgebern (EK) sowie den erstrangigen $\left(FK^{1st}\right)$ und den zweitrangigen $\left(FK^{2nd}\right)$ Fremdkapitalgebern, betrachtet. Per Annahme haben alle Kapitalgebergruppen homogene Erwartungen.[819] Ausgehend von dem in Periode t = 0 beobachteten FCF_0 kann in der Periode t = 1 mit der Wahrscheinlichkeit p ein $\widetilde{FCF_1^u}$ in Höhe von $\widetilde{FCF_1^u} = u \cdot FCF_0$ und mit der Gegenwahrscheinlichkeit 1 – p ein $\widetilde{FCF_1^d}$ in Höhe von $\widetilde{FCF_1^d} = d \cdot FCF_0$ erzielt werden.[820] In Kapitel 4.4 wurde verdeutlicht, inwieweit operative und strategische Sanierungsmaßnahmen sowie erzielbare Steuervor- bzw. Steuernachteile zu einer Erhöhung bzw. Verringerung der insgesamt erzielbaren zustandsabhängigen Cashflows beitragen können. Zur Wahrung der Übersichtlichkeit werden diese Effekte in den folgenden Ausführungen ausgeblendet und lediglich die finanzielle Sanierung betrachtet, d. h. $\widetilde{FCF_1^u}$ und $\widetilde{FCF_1^d}$ bzw. deren Eintrittswahrscheinlichkeiten sind unabhängig von der zu wählenden finanziellen

Vgl. Hotchkiss, E. (1995), S. 15. M. W. gibt es keine aktuellere Untersuchung für den amerikanischen Raum und keine für den europäischen Raum.

818 Auch Chatterji/Hedges arbeiten, wenn auch etwas abweichend, den Interessenkonflikt hinsichtlich der Wandlungsquote heraus, ohne ihn jedoch zu lösen. Vgl. Chatterji, S./Hedges, P. (2001), S. 279–280.

819 Heterogene Erwartungen der Gläubiger können zu (zusätzlichen) Interessenkonflikten zwischen den Kapitalgebergruppen und damit zu einer insgesamt nachteiligen Lösung führen. Vgl. auch Fischer, T. (1999), S. 111–113.

820 Für die Grundlegung zur Methode der risikoneutralen Wahrscheinlichkeiten vgl. bereits die Ausführungen in Kapitel 4.4.5.3.1.

Sanierungsalternative. Während die Berücksichtigung von operativen Sanierungsmaßnahmen weniger problematisch ist, führt die Integration von Steuereffekten zu Interdependenzproblemen, weil für deren Berechnung die Kenntnis über die gewählte Kapitalstruktur (etwa nach dem Debt Equity Swap) erforderlich ist, der Debt Equity Swap bzw. der Wert der einzulegenden Forderung aber (auch) vom Wert der erzielbaren Steuervorteile abhängig ist.

Während das Unternehmen im Zustand u seinen Zahlungsverpflichtungen in t = 1 vollständig nachkommen kann, reicht $\widetilde{FCF}_1^d$ im Zustand d nicht, um die zustandsunabhängigen Zins- und Tilgungszahlungen in Höhe von $\left(FK_0^{1st} + FK_0^{2nd}\right) \cdot \left(1 + i^V\right)$ vollständig zu bedienen. Das Unternehmen ist ökonomisch überschuldet, weil der Nominalwert des Fremdkapitals $\left(FK_0^{1st} + FK_0^{2nd}\right)$ den Fortführungswert ohne finanzielle Sanierung $\left(V_{0,F}\right)$ übersteigt. Weil zusätzlich 1 – p > 0,5 gelten soll, greift für das Unternehmen bereits im Zeitpunkt t = 0 der Insolvenztatbestand der Überschuldung gemäß § 19 InsO, weil die Fortführung des Unternehmens i. S. der zukünftigen Zahlungsfähigkeit nicht überwiegend wahrscheinlich (p < 0,5) ist.[821]

Weil auch die insolvenzrechtliche Überschuldung in t = 0 gegeben ist, müssen[822] sich die beteiligten Anspruchsgruppen in t = 0 zwischen der Liquidation des Unternehmens oder einer möglichen Sanierungslösung entscheiden.[823] Trotz des Insolvenztatbestands der Überschuldung bereits im Zeitpunkt t = 0 sollen im Folgenden auch außergerichtliche Sanierungslösungen zugelassen und untersucht werden, welche etwa innerhalb der dreiwöchigen Antragsfrist gemäß § 15a Abs. 1 InsO zustande kommen können. Hat jedoch eine Kapitalgebergruppe den Insolvenzantrag gestellt, können in der Folge keine außergerichtlichen Sanierungsversuche zu Stande kommen.

---

821 In den folgenden Ausführungen wird aus Vereinfachungsgründen ausgeblendet, dass bei $V_{0,Liq} > \left(FK_0^{1st} + FK_0^{2nd}\right)$ der Insolvenztatbestand der Überschuldung n. F. nicht greift. Vgl. hierzu bereits die kritische Auseinandersetzung in den Kapiteln 2.1.4.4 und 2.1.4.5. Durch die Annahme von 1 – p > 0,5 könnte auch der Insolvenztatbestand der Zahlungsunfähigkeit gemäß § 17 InsO relevant sein. Zur Eröffnung des Insolvenzverfahrens und somit zur Inanspruchnahme des insolvenzrechtlichen Sanierungsinstrumentariums reicht jedoch ein Insolvenztatbestand aus.

822 Wäre nur die ökonomische, nicht aber die insolvenzrechtliche Überschuldung gegeben, so würde für die Beteiligten – zumindest aus der juristischen Perspektive – noch kein Handlungsdruck bestehen. Für die Kritik am insolvenzrechtlichen Überschuldungsbegriff vgl. bereits die Ausführungen in Kapitel 2.1.4.5.

823 Aus Vereinfachungsgründen sollen per Annahme nur die bereits beteiligten Anspruchsgruppen zur Erbringung von Sanierungsbeiträgen bereit sein. Diese Annahme ist tragbar, weil – wie auch in Kapitel 2.6.2.3 bereits diskutiert – im fortgeschrittenen Krisenstadium regelmäßig kein neues Eigen- oder Fremdkapital von bis dato unbeteiligten Dritten zur Verfügung gestellt wird. Will ein neuer Investor etwa durch einen Debt Equity Swap am Unternehmen beteiligt werden, so wird dieser die einzulegende Forderung zum Marktwert kaufen und anschließend wandeln. Die Betrachtung ändert sich auch hierdurch nicht.

Neben der Liquidation des Unternehmens können sich die Kapitalgebergruppen für eine Kapitalerhöhung gegen Bareinlagen (außergerichtlich aEL sowie gerichtlich gEL) oder für einen außergerichtlichen (aDES) bzw. gerichtlichen (gDES) Debt Equity Swap entscheiden. Sämtliche Sanierungsalternativen sind im Folgenden so ausgestaltet, dass sie die insolvenzrechtliche Überschuldung – im weiteren Verlauf vereinfachend als Überschuldung bezeichnet – beseitigen.[824] Während die erste Fortführungsalternative die Bereitschaft der Eigenkapitalgeber zu einer Barkapitalerhöhung erfordert, ist für die beiden letzteren Sanierungsalternativen die Bereitschaft der zweitrangigen Fremdkapitalgeber zur Wandlung ihrer Ansprüche in Eigenkapital unentbehrlich. Für die erstrangigen Fremdkapitalgeber kommt – etwa aufgrund von bankenrechtlichen Restriktionen – eine Umwandlung ihrer Forderung in Eigenkapital nicht in Betracht. Die erstrangigen Fremdkapitalgeber können sich für oder gegen eine Liquidation entscheiden, in dem sie ihre Forderung bereits in $t = 0$ fällig stellen oder um eine weitere Periode bis $t = 1$ verlängern. Eine Fortführungslösung ohne die erstrangigen Fremdkapitalgeber soll nicht betrachtet werden, da dies auch in der Praxis regelmäßig nicht möglich sein wird.

Ein Zahlenbeispiel soll zur Veranschaulichung dienen: Ein Unternehmen, welches in Periode $t = 0$ einen beobachteten Einzahlungsüberschuss von $FCF_0 = 100{,}0$ realisierte, hat Verbindlichkeiten in Höhe von $FK_0^{1st} = 60{,}0$ und $FK_0^{2nd} = 60{,}0$, welche mit $i = i^V = 0{,}083$[825] verzinst werden. Die Entwicklungsfaktoren für die Einzahlungsüberschüsse betragen $u = 1{,}500$ bzw. $d = 0{,}827$ und die Eintrittswahrscheinlichkeiten des "up"- bzw. des "down"-Zustands betragen $p = 0{,}49$ bzw. $1 - p = 0{,}51$. Als Alternativanlage wird eine Investition in das Marktportfolio unterstellt, dessen Rendite $\widetilde{r_{M,t}^{up}} = 0{,}300$ bzw. $\widetilde{r_{M,t}^{down}} = -0{,}050$ beträgt. Die risikoneutralen Wahrscheinlichkeiten berechnen sich gemäß Formel (30) und lauten $q = 0{,}38$ bzw. $1 - q = 0{,}62$. Der Unternehmenswert bei Fortführung ohne Sanierung berechnet sich gemäß Formel (31) und beträgt $V_{0,F} = \frac{(0{,}38 \cdot 1{,}500 \cdot 100{,}0) + (0{,}62 \cdot 0{,}827 \cdot 100{,}0)}{(1 + 0{,}083)^1} = 100{,}0$. Weil $FK_0^{1st} + FK_0^{2nd} = 120{,}0 > 100{,}0 = V_{0,F}$ gilt und das Unternehmen seinen Zahlungsverpflichtungen in $t = 1$ mit der Wahrscheinlichkeit von $1 - p = 0{,}51$ nicht nachkommen kann $\left(\widetilde{FCF_1^d} = d \cdot FCF_0 = 82{,}7 \leq 130{,}0 = \left(FK_0^{1st} + FK_0^{2nd}\right) \cdot (1 + i)\right)$, ist das Unternehmen insolvenzrechtlich überschuldet. Unter Verwendung der Erkenntnisse aus den Kapiteln 5.2 und 5.3 wurden die Werte der Ansprüche der jeweiligen Kapitalgebergruppen bei unterstellter Fortführung vor finanzieller Sanierung errechnet[826] und in

---

824 Sämtliche Maßnahmen sind grundsätzlich auch zur Beseitigung der ökonomischen Überschuldung geeignet. Beide Überschuldungsbegriffe wurden bereits ausreichend diskutiert. Um die Ausführungen nicht zu komplex zu machen, soll im weiteren Verlauf der Arbeit die Beseitigung der insolvenzrechtlichen Überschuldung im Vordergrund stehen.

825 Fn. 809 gilt für das Beispiel analog.

826 An dieser Stelle sei auf die ausstehende Erläuterung in Fn. 792 und 814 eingegangen: Entscheidet man sich für eine Unternehmensfortführung (und genau

der folgenden Abbildung zusammengefasst, wobei die schraffierte Fläche den nicht werthaltigen Teil des jeweiligen Nominalanspruches darstellt.

Abbildung 28: Marktwerte der Ansprüche in Periode t = 0 bei unterstellter Fortführung ohne Sanierung (Beispiel)

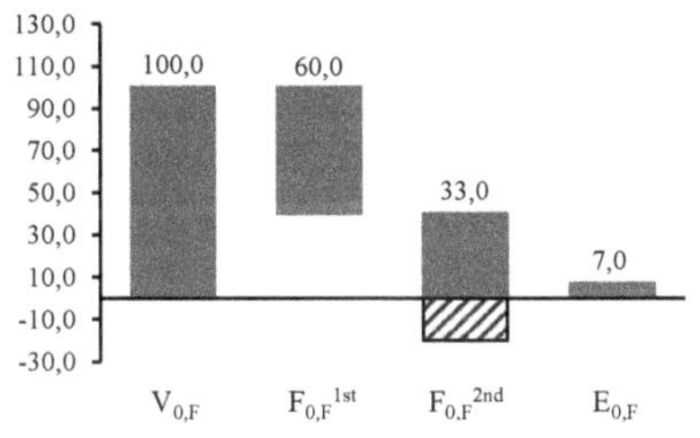

	Fortführung ohne Sanierung		
	Zustand u	Zustand d	Barwert
$F_{0,F}^{1st}$	65,0	65,0	60,0
$F_{0,F}^{2nd}$	65,0	17,7	33,0
$E_{0,F}$	20,0	0,0	7,0
$V_{0,F}$	150,0	82,7	100,0

Im folgenden Kapitel 5.4.2 werden die einzelnen Entscheidungsalternativen erläutert, die resultierenden Zahlungsströme und deren Barwerte formal abgeleitet und an dem eingeführten Zahlenbeispiel veranschaulicht. Anschließend wird das Entscheidungsverhalten der einzelnen Kapitalgebergruppen modelliert (Kapitel 5.4.3), bevor eine ökonomische Analyse des Entscheidungsverhaltens bzw. der auftretenden Interessenkonflikte ohne und mit Berücksichtigung ausgewählter Regelungen der Insolvenzordnung folgt (Kapitel 5.4.4).

5.4.2 Entscheidungsalternativen und resultierende Zahlungsströme je Kapitalgebergruppe

5.4.2.1 Liquidation

Im Falle der Liquidation des Unternehmens in t = 0 wird der Liquidationserlös abzüglich aller anfallenden Kosten $\left(V_{0,Liq} = FCF_{0,Liq}\right)$[827] auf die einzelnen Anspruchsgruppen aufgeteilt. Während in Periode t = 0 ein Liquidationserlös in Höhe von

darauf zielen die unterschiedlichen Sanierungsmaßnahmen ab), so ist für die Ermittlung der Werthaltigkeit der einzulegenden Forderung – und ebenso für die Ermittlung aller weiteren Kapitalgeberansprüche – die Going Concern-Prämisse und die bestehende Kapitalstruktur vor Sanierung zu unterstellen. Aufgrund der in Fn. 820 getroffenen vereinfachenden Annahme verändern sich die insgesamt erzielbaren Einzahlungsüberschüsse durch die finanzielle Sanierung nicht. Die sodann ermittelten Werte stellen den Ausgangspunkt der Verhandlungen bzw. den Wert der „Eintrittskarten" in das sanierte Unternehmen dar, welche sowohl auf Unternehmensgesamtebene als auch auf individueller Ebene mit dem Liquidationswert zu vergleichen sind.

827 Aus Vereinfachungsgründen wird der Liquidationserlös nicht durch ggf. weitere Kosten eines Insolvenzverfahrens belastet.

$FCF_{0,Liq}$ erzielt werden kann, soll $FCF_{1,Liq} = 0,0$ betragen. Zunächst werden die erstrangigen Fremdkapitalgeber $\left(FK^{1st}\right)$ und ggf. anschließend die zweitrangigen Fremdkapitalgeber $\left(FK^{2nd}\right)$ bedient.

$$(60)\quad F^{1st}_{0,Liq} = FCF^{FK1st}_{0,Liq} = \min\left(FK^{1st}_{0}; FCF_{0,Liq}\right)$$

$$(61)\quad F^{2nd}_{0,Liq} = FCF^{FK2nd}_{0,Liq} = \min\left(FK^{2nd}_{0}; FCF_{0,Liq} - FCF^{FK1st}_{0,Liq}\right)$$

Sofern nach vollständiger Befriedigung aller Gläubigergruppen Mittel übrig bleiben, stehen diese den Eigenkapitalgebern zu.

$$(62)\quad E_{0,Liq} = FCF^{EK}_{0,Liq} = FCF_{0,Liq} - FCF^{FK1st}_{0,Liq} - FCF^{FK2nd}_{0,Liq}$$

Abbildung 29: Marktwerte der Ansprüche in Periode t = 0 bei unterstellter Liquidation (Beispiel)

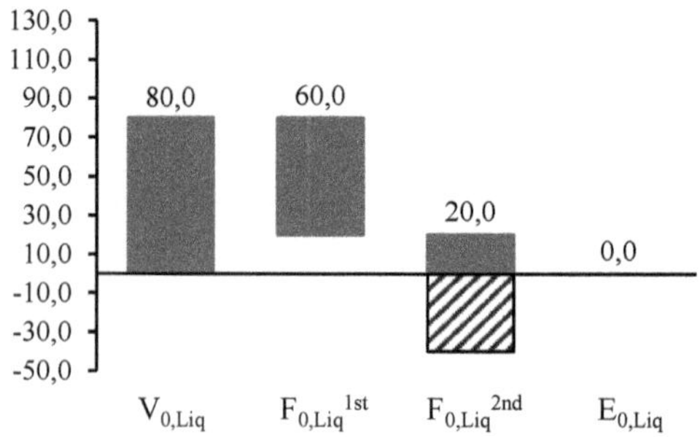

	Liquidation Barwert
$F_{0,Liq}^{1st}$	60,0
$F_{0,Liq}^{2nd}$	20,0
$E_{0,Liq}$	0,0
$V_{0,Liq}$	80,0

Im Zahlenbeispiel beträgt der Liquidationswert $V_{0,Liq} = FCF_{0,Liq} = 80,0$ und verteilt sich gemäß Abbildung 29 auf die Kapitalgebergruppen. Die Unternehmensfortführung lohnt aus Unternehmensgesamtperspektive, weil $V_{0,F} = 100,0 > 80,0 = V_{0,Liq}$ gilt.

5.4.2.2 Außergerichtliche und gerichtliche Kapitalerhöhung gegen Bareinlagen

Zur Sanierung des Unternehmens können die Eigenkapitalgeber eine Barkapitalerhöhung anbieten. Um die Überschuldung abzuwenden, ist eine Bareinlage EL_0 in Höhe von $EL_0 = FK^{1st}_0 + FK^{2nd}_0 - V_{0,F}$ erforderlich, welche in Periode t = 0 in das Unternehmen eingelegt und anschließend über eine Periode mit dem Zinssatz i verzinst wird.[828]

828 Die Bareinlage kann etwa zum risikolosen Zinssatz i am Kapitalmarkt angelegt werden.

Weil für eine Barkapitalerhöhung, welche im Rahmen eines Insolvenzverfahrens durchgeführt wird, keine weiteren spezialgesetzlichen Rahmenbedingungen gelten, unterscheiden sich die außergerichtliche und die gerichtliche Variante lediglich bei den anfallenden Kosten: Bei einer gerichtlichen Ausgestaltung der Kapitalerhöhung gegen Bareinlagen sollen zusätzlich anfallende Insolvenz- und Transaktionskosten in Höhe von K_0 berücksichtigt werden, welche in Periode $t = 1$ in Höhe von $K_1 = K_0 \cdot (1 + i)$ zu bezahlen sind.[829] K_0 kann also als Aufschlag zu den auch bei außergerichtlichen Sanierungen anfallenden Kosten, welche im erläuterten Modell aus Vereinfachungsgründen nicht berücksichtigt sind, interpretiert werden. Somit wird den Erkenntnissen, dass eine Sanierung im Insolvenzverfahren regelmäßig mit höheren Kosten verbunden ist, Rechnung getragen.[830]

Wiederum werden zunächst die erst- und zweitrangigen Fremdkapitalgeber bedient, wobei unabhängig vom eingetretenen Umweltzustand zusätzlich die verzinste Bareinlage $EL_1 = EL_0 \cdot (1 + i)$ in $t = 1$ zur Befriedigung verwendet werden kann.

$$(63)\quad F_{0,EL}^{1st} = \frac{q \cdot \widetilde{FCF_{1,EL}^{FK1st,u}} + (1-q) \cdot \widetilde{FCF_{1,EL}^{FK1st,d}}}{(1+i)} = \frac{q \cdot \max\left(0;\min\left(FK_1^{1st};u \cdot FCF_0 - K_1 + EL_1\right)\right)}{(1+i)} + \frac{(1-q) \cdot \max\left(0;\min\left(FK_1^{1st};d \cdot FCF_0 - K_1 + EL_1\right)\right)}{(1+i)}$$

$$(64)\quad F_{0,EL}^{2nd} = \frac{q \cdot \widetilde{FCF_{1,EL}^{FK2nd,u}} + (1-q) \cdot \widetilde{FCF_{1,EL}^{FK2nd,d}}}{(1+i)} = \frac{q \cdot \max\left(0;\min\left(FK_1^{2nd};u \cdot FCF_0 - K_1 + EL_1 - \widetilde{FCF_{1,EL}^{FK1st,u}}\right)\right)}{(1+i)} + \frac{(1-q) \cdot \max\left(0;\min\left(FK_1^{2nd};d \cdot FCF_0 - K_1 + EL_1 - \widetilde{FCF_{1,EL}^{FK1st,d}}\right)\right)}{(1+i)}$$

Zu guter Letzt werden die Eigenkapitalgeber befriedigt.

829 Es gelten $K_1 = K_0 \cdot (1 + i)$ und $K_1 < d \cdot FCF_0$. Dies bedeutet, dass die ggf. anfallenden Kosten unabhängig vom eingetretenen Umweltzustand bedient werden können. Bei der außergerichtlichen Variante gilt stets $K_0 = 0{,}0$.

830 Vgl. hierzu die Ausführungen in Kapitel 2.5.3.

$$(65)\quad E_{0,EL} = \frac{q \cdot \widetilde{FCF_{1,EL}^{EK,u}} + (1-q) \cdot \widetilde{FCF_{1,EL}^{EK,d}}}{(1+i)} =$$

$$= \frac{q \cdot \max\left(0; u \cdot FCF_0 - K_1 + EL_1 - \widetilde{FCF_{1,EL}^{FK1st,u}} - \widetilde{FCF_{1,EL}^{FK2nd,u}}\right)}{(1+i)} +$$

$$+ \frac{(1-q) \cdot \max\left(0; d \cdot FCF_0 - K_1 + EL_1 - \widetilde{FCF_{1,EL}^{FK1st,d}} - \widetilde{FCF_{1,EL}^{FK2nd,d}}\right)}{(1+i)}$$

Im Zahlenbeispiel ist zur Beseitigung der Überschuldung eine Barkapitalerhöhung in Höhe von $EL_0 = FK_0^{1st} + FK_0^{2nd} - V_{0,F} = 60{,}0 + 60{,}0 - 100{,}0 = 20{,}0$ erforderlich. Da der Einfluss von K_0 in Kapitel 5.4.4.4 separat analysiert wird, werden diese zunächst mit $K_0 = 0{,}0$ angesetzt. Nach Berechnung der jeweiligen Zuflüsse und Barwerte der unterschiedlichen Kapitalgebergruppen zeigt sich sowohl für die gerichtliche als auch für die außergerichtliche Variante das nachfolgend dargestellte Ergebnis.

Abbildung 30: Marktwerte der Ansprüche in Periode t = 0 bei unterstellter Fortführung mit Barkapitalerhöhung (Beispiel)[831]

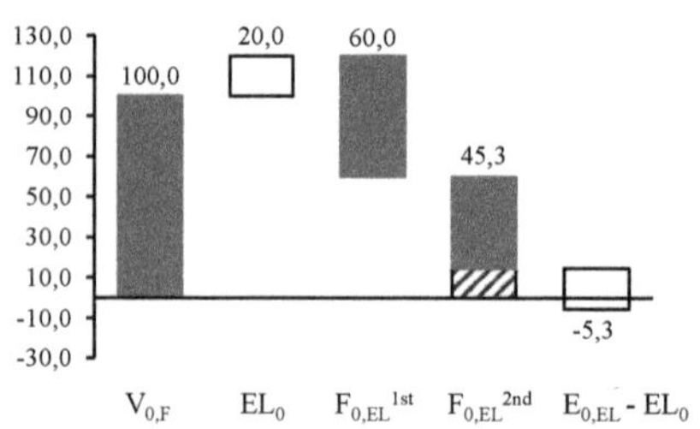

	Kapitalerhöhung gegen Bareinlagen		
	Zustand u	Zustand d	Barwert
$F_{0,EL}^{1st}$	65,0	65,0	60,0
$F_{0,EL}^{2nd}$	65,0	39,4	45,3
$E_{0,EL}$	41,7	0,0	-5,3
$V_{0,F}$	171,7	104,4	100,0

831 Der weiße Balken zeigt jeweils die von den Eigenkapitalgebern in Periode t = 0 geleistete Bareinlage in Höhe von $EL_0 = 20{,}0$. Die Position der Eigenkapitalgeber setzt sich wie folgt zusammen: $E_{0,EL} - EL_0 = \frac{E^Q\left(\widetilde{FCF_{1,EL}^{EK,U}}\right)}{(1+i)} - EL_0 = 14{,}7 - 20{,}0 = -5{,}3.$

Abbildung 31: $G_{0,EL}$ gesamt und je Kapitalgebergruppe (Beispiel)

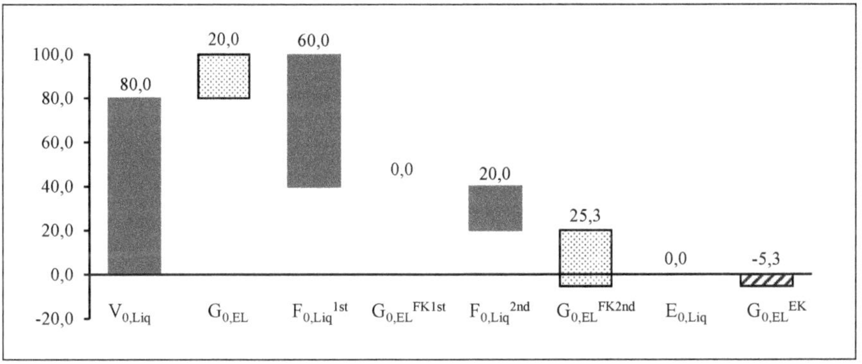

Abbildung 31 zeigt den aus Unternehmensgesamtperspektive erzielbaren Vorteil bei Fortführung mit Barkapitalerhöhung $\left(G(\text{Gewinn})_{0,EL}\right)$ gegenüber der Liquidationsvariante und dessen Verteilung auf die einzelnen Kapitalgebergruppen.[832] Die Eigenkapitalgeber bieten im konkreten Fall keine Kapitalerhöhung an und entscheiden sich, sofern es keine weiteren Sanierungsalternativen gibt, für die Liquidation, weil $E_{0,EL} - EL_0 = 14{,}7 - 20{,}0 = -5{,}3 < 0{,}0 = E_{0,Liq}$ gilt.

5.4.2.3 Außergerichtlicher Debt Equity Swap

Die zweitrangigen Fremdkapitalgeber können eine Sanierungslösung in Form eines Debt Equity Swap anbieten. Zunächst soll die außergerichtliche Variante betrachtet werden, bei der annahmegemäß keine zusätzlichen Kosten K_0 anfallen und die Differenzhaftung bei Überbewertung der Sacheinlage greift.

In einem ersten Schritt ist der Wert der im Rahmen des Debt Equity Swap einzulegenden Forderung zu ermitteln. Auf Basis der Ergebnisse in Kapitel 3.3 und 5.3 wird der Marktwert der Forderung vor finanzieller Sanierung angesetzt, welcher mit Hilfe des Barwerts der erzielbaren Cashflows bei Unternehmensfortführung ohne finanzielle Sanierung ermittelt wird. Wenn $\widetilde{FCF_1^{FK1st,u}} = \max\left(0;\min\left(FK_1^{1st};u\cdot FCF_0\right)\right)$ bzw. $\widetilde{FCF_1^{FK1st,d}} = \max\left(0;\min\left(FK_1^{1st};d\cdot FCF_0\right)\right)$ die Zuflüsse der erstrangigen Gläubiger im guten bzw. im schlechten Umweltzustand bei unterstellter Unternehmensfortführung ohne finanzielle Sanierung repräsentieren, ermittelt sich die Werthaltigkeit der einzulegenden Forderung gemäß Formel (66).

832 $G_{0,EL}$ ist im dargestellten Zahlenbeispiel positiv. Wählt man einen abweichenden Liquidationswert $V_{0,Liq} > V_{0,F}$, so kann $G_{0,EL}$ auch negativ sein.

$$(66)\quad F_{0,F}^{2nd}=\frac{q\cdot\widetilde{FCF_{1,F}^{FK2nd,u}}+(1-q)\cdot\widetilde{FCF_{1,F}^{FK2nd,d}}}{(1+i)}=$$

$$=\frac{q\cdot\max\left(0;\min\left(FK_1^{2nd};u\cdot FCF_0-\widetilde{FCF_{1,F}^{FK1st,u}}\right)\right)}{(1+i)}+$$

$$+\frac{(1-q)\cdot\max\left(0;\min\left(FK_1^{2nd};d\cdot FCF_0-\widetilde{FCF_{1,F}^{FK1st,d}}\right)\right)}{(1+i)}$$

Die im Rahmen des Debt Equity Swap einzulegende Forderung ist unabhängig davon, ob der Liquidationswert $F_{0,Liq}^{2nd}$ geringer oder höher als $F_{0,F}^{2nd}$ ist, mit Formel (66) zu bewerten. Denn in denjenigen Fällen, in denen man sich für eine Fortführungslösung entscheidet, dürfen in t = 0 genau in Höhe von $F_{0,F}^{2nd}$ neue Anteile geschaffen und an FK^{2nd} ausgegeben werden.[833]

Im zweiten Schritt ist es erforderlich, den Marktwert des Eigenkapitals zu ermitteln, um auf dieser Basis die Verteilung der neuen Anteile auf die Eigenkapitalgeber (EK) und die zweitrangigen Fremdkapitalgeber $\left(FK^{2nd}\right)$ zu bestimmen. Im Falle einer Unternehmensfortführung ohne finanzielle Sanierung erhalten die Eigenkapitalgeber $E_{0,F}$, was analog zu voranstehenden Ausführungen als Marktwert des Eigenkapitals definiert wird.

$$(67)\quad E_{0,F}=\frac{q\cdot\widetilde{FCF_{1,F}^{EK,u}}+(1-q)\cdot\widetilde{FCF_{1,F}^{EK,d}}}{(1+i)}=$$

$$=\frac{q\cdot\max\left(0;u\cdot FCF_0-\widetilde{FCF_{1,F}^{FK1st,u}}-\widetilde{FCF_{1,F}^{FK2nd,u}}\right)}{(1+i)}+$$

$$+\frac{(1-q)\cdot\max\left(0;d\cdot FCF_0-\widetilde{FCF_{1,F}^{FK1st,d}}-\widetilde{FCF_{1,F}^{FK2nd,d}}\right)}{(1+i)}$$

Das sanierte Unternehmen hat dann ein Eigenkapital in Höhe von insgesamt $E_{0,F}+F_{0,F}^{2nd}$, wobei sich die Anteile wie folgt verteilen.

$$(68)\quad \alpha=\text{Anteil } FK^{2nd} \text{ am neuen Eigenkapital}=\frac{F_{0,F}^{2nd}}{E_{0,F}+F_{0,F}^{2nd}}$$

$$(69)\quad 1-\alpha=\text{Anteil EK am neuen Eigenkapital}=\frac{E_{0,F}}{E_{0,F}+F_{0,F}^{2nd}}$$

In einem letzten vorbereitenden Schritt ist die Höhe einer u. U. von FK^{2nd} zu entrichtenden Differenzhaftung zu ermitteln. Unter den in Kapitel 5.4.1 getroffenen

833 Vgl. hierzu bereits Fn. 826.

Annahmen hinsichtlich Eintrittswahrscheinlichkeit und Höhe der zustandsabhängigen Cashflows ist in t = 0 eine eindeutige Bewertung des Sacheinlagegegenstands möglich. Dies bedeutet, dass eine Differenzhaftung zunächst ausgeschlossen ist, weil sich die beteiligten Kapitalgebergruppen auf die getroffenen Annahmen verständigt und auf dieser Basis bewertet haben. "The point is that, while ex ante two parties may find a contractual arrangement mutually beneficial, ex post one of them may have an incentive to breach."[834] Letzteres bedeutet, dass sowohl die Eigenkapital- als auch die erstrangigen Fremdkapitalgeber – wie noch zu zeigen sein wird – bei Eintritt des schlechten Umweltzustandes einen Anreiz haben[835], die Annahmen beispielsweise hinsichtlich der Eintrittswahrscheinlichkeiten nachträglich anzufechten. Dass juristische Angriffspunkte hinsichtlich Unternehmensplanungen nicht ausgeschlossen sind, zeigen beispielsweise die Fn. 335 zitierten Urteile.

Sofern in t = 1 der schlechte Umweltzustand eintritt, beträgt die von dem Inferenten maximal zu entrichtende Differenzhaftung $F_{0,F}^{2nd} \cdot (1+i) - \widetilde{FCF_{1,F}^{FK2nd,d}}$.[836] Inwiefern jedoch eine juristische Anfechtung in t = 1 Erfolg haben wird, kann in t = 0 nicht vorhergesagt werden. Infolgedessen könnte eine Einschätzung der Erfolgswahrscheinlichkeit der Anfechtung $\psi \in [0,0;...;1,0]$ integriert werden, welche etwa auf Erfahrungswerten bei ähnlich gearteten Sachverhalten basiert. Unter den getroffenen Annahmen berechnet sich die im schlechten Umweltzustand der Periode t = 1 zu entrichtende Differenzhaftung $\widetilde{DH_1^d}$ gemäß folgender Formel (70).

$$(70)\quad \widetilde{DH_1^d} = \psi \cdot \left(F_{0,F}^{2nd} \cdot (1+i) - \widetilde{FCF_{1,F}^{FK2nd,d}} \right)$$

Im Anschluss an diese vorbereitenden Überlegungen können die Zuflüsse und deren Barwerte abgeleitet werden. Hierbei ist zu beachten, dass im schlechten Umweltzustand zusätzlich $\widetilde{DH_1^d}$ bei der Überschussverteilung zur Verfügung steht.[837]

---

834 Aghion, P./Hart, O./Moore, J. (1994), S. 217.

835 Bei Eintritt des guten Umweltzustands sind juristische Angriffspunkte ausgeschlossen, weil der Sacheinlagegegenstand ex post betrachtet werthaltig war $\left(\widetilde{FCF_{1,F}^{FK2nd,u}} > F_{0,F}^{2nd} \right)$.

836 Im schlechten Umweltzustand ist die Forderung lediglich in Höhe von $\widetilde{FCF_{1,F}^{FK2nd,d}}$ werthaltig. Der Inferent hat die Forderung in Periode t = 0 jedoch zu $F_{0,F}^{2nd}$ eingelegt. Die Differenz nach Berücksichtigung des Zeiteffekts stellt die in Periode t = 1 maximal zu entrichtende Differenzhaftung dar.

837 Die Annahme, dass die zweitrangigen Fremdkapitalgeber die Gefahr der zu entrichtenden Differenzhaftung in ihr Kalkül einbeziehen, dürfte auch in der Praxis nicht von der Hand zu weisen sein. Die Annahme, dass – wie in Formel (71) und (73) modelliert – die erstrangigen Fremdkapitalgeber und die Eigenkapitalgeber einen möglichen Vorteil aus der Differenzhaftung in ihr Kalkül einbeziehen, dürfte in der Realität nicht ohne Weiteres zutreffend sein. Um das Modell in sich geschlossen zu halten, wird Letztere dennoch verwendet.

$$(71)\quad F^{1st}_{aDES} = \frac{q \cdot \widetilde{FCF}^{FK1st,u}_{1,aDES} + (1-q) \cdot \widetilde{FCF}^{FK1st,d}_{1,aDES}}{(1+i)} =$$

$$= \frac{q \cdot \max\left(0;\min\left(FK^{1st}_{1};u \cdot FCF_0\right)\right)}{(1+i)} +$$

$$+ \frac{(1-q) \cdot \max\left(0;\min\left(FK^{1st}_{1};d \cdot FCF_0 + \widetilde{DH}^{d}_{1}\right)\right)}{(1+i)}$$

Erst nach Befriedigung von FK^{1st} werden FK^{2nd} und EK gleichrangig und zu den jeweiligen neuen Kapitalanteilen, welche mit Hilfe der obigen Formeln (68) und (69) berechnet wurden, befriedigt.

$$(72)\quad F^{2nd}_{0,aDES} = \frac{q \cdot \widetilde{FCF}^{FK2nd,u}_{1,aDES} + (1-q) \cdot \widetilde{FCF}^{FK2nd,d}_{1,aDES}}{(1+i)} =$$

$$= \frac{q \cdot \max\left(0;\alpha \cdot \left(u \cdot FCF_0 - \widetilde{FCF}^{FK1st,u}_{1,aDES}\right)\right)}{(1+i)} +$$

$$+ \frac{(1-q) \cdot \left(-\widetilde{DH}^{d}_{1} + \max\left(0;\alpha \cdot \left(d \cdot FCF_0 + \widetilde{DH}^{d}_{1} - \widetilde{FCF}^{FK1st,d}_{1,aDES}\right)\right)\right)}{(1+i)}$$

$$(73)\quad E_{0,aDES} = \frac{q \cdot \widetilde{FCF}^{EK,u}_{1,aDES} + (1-q) \cdot \widetilde{FCF}^{EK,d}_{1,aDES}}{(1+i)} =$$

$$= \frac{q \cdot \max\left(0;(1-\alpha) \cdot \left(u \cdot FCF_0 - \widetilde{FCF}^{FK1st,u}_{1,aDES}\right)\right)}{(1+i)} +$$

$$+ \frac{(1-q) \cdot \max\left(0;(1-\alpha) \cdot \left(d \cdot FCF_0 + \widetilde{DH}^{d}_{1} - \widetilde{FCF}^{FK1st,d}_{1,aDES}\right)\right)}{(1+i)}$$

Im gewählten Zahlenbeispiel können die zweitrangigen Fremdkapitalgeber zur Erreichung einer Fortführungslösung einen außergerichtlichen Debt Equity Swap anbieten, im Rahmen dessen sie für den werthaltigen Anteil ihrer Forderung – dieser beträgt gemäß Formel (66) $F^{2nd}_{0,F} = 33{,}0$ – Kapitalanteile in Höhe von $\alpha = \frac{33{,}0}{33{,}0 + 7{,}0} = 82{,}4\ \%$ am sanierten Unternehmen erhalten. Tritt jedoch der schlechte Umweltzustand d ein, so greift die Differenzhaftung und die zweitrangigen Fremdkapitalgeber haben gemäß

Formel (70) einen Betrag in Höhe von $\widetilde{DH_1^d} = 1{,}0 \cdot \left(33{,}0 \cdot (1+0{,}083) - 17{,}7\right) = 18{,}0$[838] nachträglich einzulegen. Der Barwert beträgt $V_{0,DH1d} = \frac{(1-q)\cdot \widetilde{DH_1^d}}{(1+i)} = 10{,}3$. Abbildung 32 fasst die Ergebnisse zusammen.

Abbildung 32: Marktwerte der Ansprüche in Periode t = 0 bei unterstellter Fortführung mit außergerichtlichem Debt Equity Swap (Beispiel)

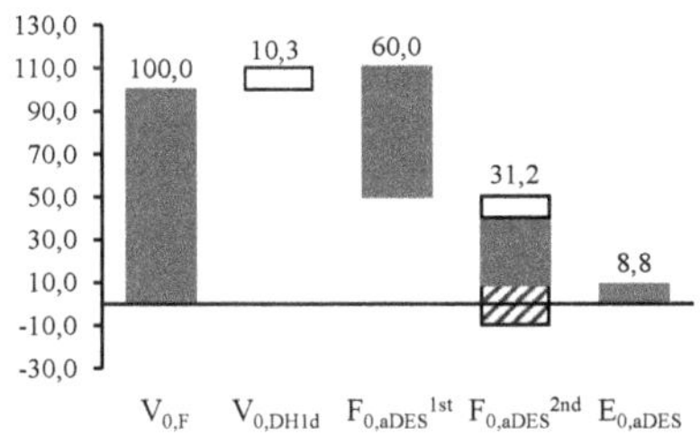

	Außergerichtlicher Debt Equity Swap		
	Zustand u	Zustand d	Barwert
$F_{0,aDES}^{1st}$	65,0	65,0	60,0
$F_{0,aDES}^{2nd}$	70,1	11,4	31,2
$E_{0,aDES}$	14,9	6,3	8,8
$V_{0,F}$	150,0	82,7	100,0

Der aus Unternehmensgesamtperspektive erzielbare Vorteil bei Durchführung dieser Sanierungsvariante gegenüber der Liquidation $(G_{0,aDES})$ und dessen Verteilung auf die einzelnen Kapitalgebergruppen sind in Abbildung 33 dargestellt.[839]

Abbildung 33: $G_{0,aDES}$ gesamt und je Kapitalgebergruppe (Beispiel)

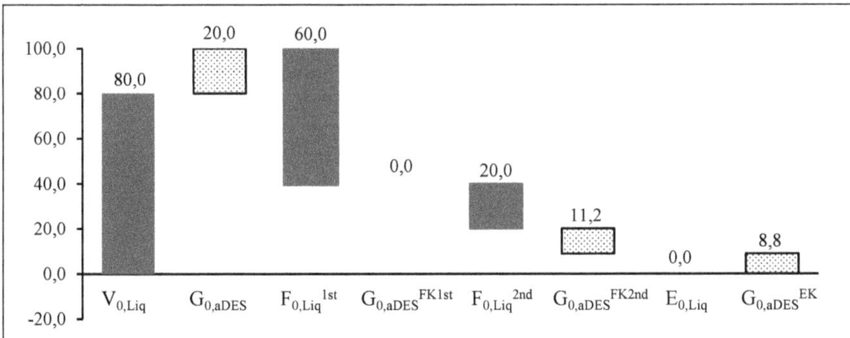

838 In Abhängigkeit der exogenen Variable $\psi \in [0{,}0;...;1{,}0]$ nimmt die Differenzhaftung einen Wert im Intervall $\widetilde{DH_1^d} = \left[0;...;F_{0,F}^{2nd}\cdot(1+i) - \widetilde{FCF_{1,\Gamma}^{FK2nd,d}}\right]$ an. Um den Effekt der Differnzhaftung möglichst anschaulich herauszuarbeiten, wird für den weiteren Verlauf $\psi = 1{,}0$ gewählt.

839 Fn. 832 gilt analog.

5.4.2.4 *Gerichtlicher Debt Equity Swap*

Der gerichtliche Debt Equity Swap unterscheidet sich von der außergerichtlichen Variante seit dem Gesetz zur weiteren Erleichterung der Sanierung von Unternehmen dahingehend, dass die Differenzhaftung entfällt.[840] Zusätzlich sollen bei der gerichtlichen Ausgestaltung wiederum höhere Kosten (K_0) berücksichtigt werden.[841]

Unter Verwendung der Erkenntnisse aus dem vorherigen Kapitel 5.4.2.3, jedoch unter Ausblendung der Differenzhaftung und mit Berücksichtigung der Kosten, ergeben sich für die einzelnen Anspruchsgruppen folgende Zuflüsse bzw. Barwerte.

$$(74)\quad F_{0,gDES}^{1st} = \frac{q \cdot \widetilde{FCF_{1,gDES}^{FK1st,u}} + (1-q) \cdot \widetilde{FCF_{1,gDES}^{FK1st,d}}}{(1+i)} = \frac{q \cdot \max\left(0; \min\left(FK_1^{1st}; u \cdot FCF_0 - K_1\right)\right)}{(1+i)} + \frac{(1-q) \cdot \max\left(0; \min\left(FK_1^{1st}; d \cdot FCF_0 - K_1\right)\right)}{(1+i)}$$

$$(75)\quad F_{0,gDES}^{2nd} = \frac{q \cdot \widetilde{FCF_{1,gDES}^{FK2nd,u}} + (1-q) \cdot \widetilde{FCF_{1,gDES}^{FK2nd,d}}}{(1+i)} = \frac{q \cdot \max\left(0; \alpha \cdot \left(u \cdot FCF_0 - K_1 - \widetilde{FCF_{1,gDES}^{FK1st,u}}\right)\right)}{(1+i)} + \frac{(1-q) \cdot \max\left(0; \alpha \cdot \left(d \cdot FCF_0 - K_1 - \widetilde{FCF_{1,gDES}^{FK1st,d}}\right)\right)}{(1+i)}$$

$$(76)\quad E_{0,gDES} = \frac{q \cdot \widetilde{FCF_{1,gDES}^{EK,u}} + (1-q) \cdot \widetilde{FCF_{1,gDES}^{EK,d}}}{(1+i)} = \frac{q \cdot \max\left(0; (1-\alpha) \cdot \left(u \cdot FCF_0 - K_1 - \widetilde{FCF_{1,gDES}^{FK1st,u}}\right)\right)}{(1+i)} + \frac{(1-q) \cdot \max\left(0; (1-\alpha) \cdot \left(d \cdot FCF_0 - K_1 - \widetilde{FCF_{1,gDES}^{FK1st,d}}\right)\right)}{(1+i)}$$

840 Vgl. hierzu die detaillierten Ausführungen in Kapitel 3.2.3.4.

841 Vgl. zu dieser Annahme bereits die entsprechenden Ausführungen im vorherigen Kapitel 5.4.2.2.

Die beiden folgenden Abbildungen zeigen die Ergebnisse für das gewählte Zahlenbeispiel bei Durchführung eines gerichtlichen Debt Equity Swap, wobei für K_0 auch hier zunächst $K_0 = 0{,}0$ gilt.[842]

Abbildung 34: Marktwerte der Ansprüche in Periode t = 0 bei unterstellter Fortführung mit gerichtlichem Debt Equity Swap (Beispiel)

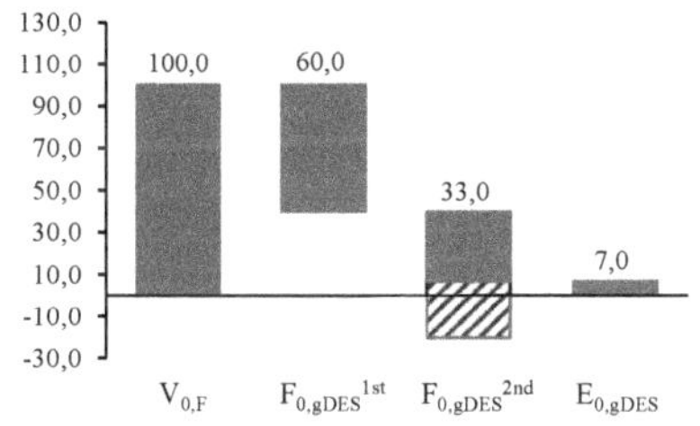

	Gerichtlicher Debt Equity Swap		
	Zustand u	Zustand d	Barwert
$F_{0,gDES}^{1st}$	65,0	65,0	60,0
$F_{0,gDES}^{2nd}$	70,1	14,6	33,0
$E_{0,gDES}$	14,9	3,1	7,0
$V_{0,F}$	150,0	82,7	100,0

Abbildung 35: $G_{0,gDES}$ gesamt und je Kapitalgebergruppe (Beispiel)

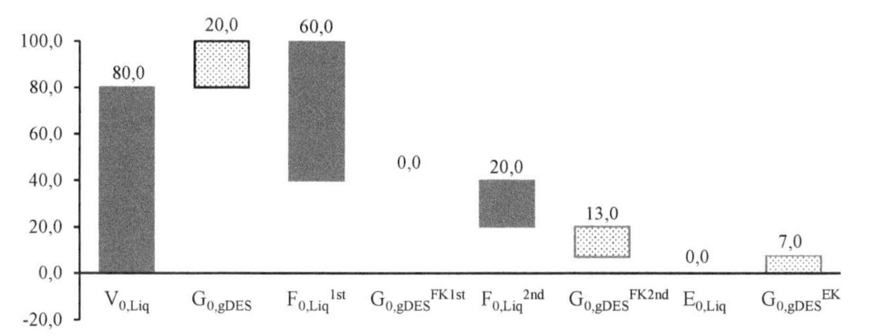

5.4.3 Entscheidungsverhalten der Kapitalgebergruppen

In einem ersten Schritt ist zu untersuchen, wann die einzelnen Kapitalgebergruppen welche Sanierungsalternative anbieten werden. Annahmegemäß können die erstrangigen Fremdkapitalgeber durch Verlängerung ihres gewährten Kredites zwar einen (erforderlichen) Sanierungsbeitrag leisten, dieser reicht jedoch nicht zur Beseitigung des Insolvenztatbestands der Überschuldung und somit auch nicht zur Unternehmensfortführung um eine weitere Periode aus.

842 Fn. 832 gilt analog.

Wie ein Vergleich der Positionen bzw. der Barwerte der Eigenkapitalgeber bei allen von ihnen frei wählbaren Liquidations- und Sanierungsalternativen – also Fortführung ohne Sanierung, Liquidation und Kapitalerhöhung gegen Bareinlagen – zeigt[843], wird diese Kapitalgebergruppe so lange wie möglich eine Fortführung ohne Sanierung anstreben. Dies impliziert, dass die Unternehmenskrise bis zuletzt nicht kommuniziert wird, weil hierzu kein Anreiz besteht. Gibt es keinen Ausweg mehr, so werden die Eigenkapitalgeber unabhängig von der Unternehmensgesamtperspektive nur in denjenigen Fällen eine Barkapitalerhöhung anbieten, in denen $E_{0,EL} \geq E_{0,Liq}$ gilt. Vergleicht man des Weiteren die Position der Eigenkapitalgeber bei der außergerichtlichen $(E_{0,aEL})$ mit der bei einer gerichtlichen Umsetzung $(E_{0,gEL})$, so zeigt sich, dass die Eigenkapitalgeber aufgrund von $K_0 \geq 0{,}0$ niemals einen Vorteil aus einem Insolvenzverfahren erzielen können, also $E_{0,aEL} \geq E_{0,gEL}$ gilt.[844] Zusammenfassend kann also festgehalten werden, dass die Eigenkapitalgeber selbst keinen Insolvenzantrag stellen und stets keine oder „nur" eine außergerichtliche Sanierung präferieren.[845]

Die zweitrangigen Fremdkapitalgeber werden – ebenso unabhängig von der Vorteilhaftigkeit des Sanierungsversuchs auf Unternehmensgesamtebene – einen Debt Equity Swap anbieten, wenn $F^{2nd}_{0,aDES} \geq F^{2nd}_{0,Liq}$ bzw. $F^{2nd}_{0,gDES} \geq F^{2nd}_{0,Liq}$ erfüllt ist. Da dieser Kapitalgebergruppe aufgrund des Insolvenztatbestands der Überschuldung ein Insolvenzantragsrecht zusteht, werden sie von diesem immer dann Gebrauch machen, wenn sie hierdurch ihre Position bzw. den Barwert ihrer Zuflüsse voraussichtlich verbessern, also wenn $F^{2nd}_{0,gDES} \geq F^{2nd}_{0,aDES}$ gilt. Bei Betrachtung der Formeln (72) für $F^{2nd}_{0,aDES}$ und (75) für $F^{2nd}_{0,gDES}$ wird ersichtlich, dass die mögliche Vorteilhaftigkeit einer gerichtlichen Ausgestaltung des Debt Equity Swap zum einen von der Höhe der im schlechten Umweltzustand zu entrichtenden Differenzhaftung $\widetilde{DH}^d_1$, deren Barwert $V_{0,DH1d}$ wiederum mit dem Risiko des Projektes variiert, und zum anderen von der Höhe der Kosten K_0 abhängt.[846]

In einem zweiten Schritt ist zu betrachten, unter welchen Umständen die anderen Kapitalgebergruppen einer ggf. angebotenen Fortführungsalternative zustimmen. Dies wird im Falle einer außergerichtlichen Sanierung annahmegemäß immer dann der Fall sein, wenn der Fortführungswert einer Sanierungsalternative den Liquidationswert der jeweiligen Anspruchsgruppe übersteigt. Folglich wird bei Indifferenz

---

843 Dies gilt, wenn EK nicht antizipieren kann, ob und unter welchen Umständen FK^{2nd} einen Debt Equity Swap anbieten wird. Im gewählten Zahlenbeispiel und mit $K_0 = 0{,}0$ gilt $E_{0,F} = 7{,}0 > E_{0,Liq} = 0{,}0 > E_{0,aEL} = E_{0,gEL} = -5{,}3$.

844 Der mathematische Beweis ist trivial, weswegen an dieser Stelle darauf verzichtet wird.

845 Die gesetzliche Pflicht der Eigenkapitalgeber bzw. des Managements zur Insolvenzantragsstellung soll an dieser Stelle ausgeblendet werden.

846 Für den Fall $K_0 = 0{,}0$ haben die zweitrangigen Fremdkapitalgeber aufgrund von $V_{0,DH1d} \geq 0{,}0$ stets einen Vorteil im Insolvenzverfahren. Der mathematische Beweis ist trivial, weswegen an dieser Stelle darauf verzichtet wird. Dieser Zusammenhang gilt unabhängig davon, wie man die Differenzhaftung modelliert.

gegen die Unternehmensfortführung gestimmt.[847] Hat eine Kapitalgebergruppe den Insolvenzantrag gestellt, so kommt es zu einer gerichtlichen Sanierung oder Liquidation und das Obstruktionsverbot greift. Demzufolge gilt bei Indifferenz, dass diese Kapitalgebergruppe durch den Insolvenzplan nicht schlechter gestellt wird, als sie ohne den Plan stehen würde, und ihre Zustimmung wird als erteilt gewertet.

Im weiteren Verlauf der Analyse soll eine Entscheidung immer dann als effektiv bezeichnet werden, wenn die aus Unternehmensgesamtperspektive ökonomisch vorteilhaftere Alternative aus Liquidation oder Fortführung gewählt wird. Eine effektive Entscheidung wird zusätzlich dann als effizient bezeichnet, wenn die aus Unternehmensgesamtperspektive wertmaximierende Fortführungslösung, also diejenige mit den geringsten Kosten K_0, umgesetzt wird. Das Effizienzkriterium ist also nur zu betrachten, wenn $K_0 > 0{,}0$ gilt.[848]

Überträgt man obige „Entscheidungsregeln" auf das veranschaulichende Zahlenbeispiel, so zeigt sich zunächst, dass die Fortführung – unabhängig von der gewählten Alternative – aus Unternehmensgesamtperspektive lohnt. Die Kapitalgeber entscheiden also effektiv, wenn sie eine der möglichen Fortführungsvarianten wählen. Aufgrund der zunächst ausgeblendeten Kosten K_0 des Insolvenzverfahrens ist jede gewählte effektive Lösung zugleich auch effizient.

Abbildung 36: Unternehmensgesamtwert je Liquidations- bzw. Fortführungsalternative (Beispiel)

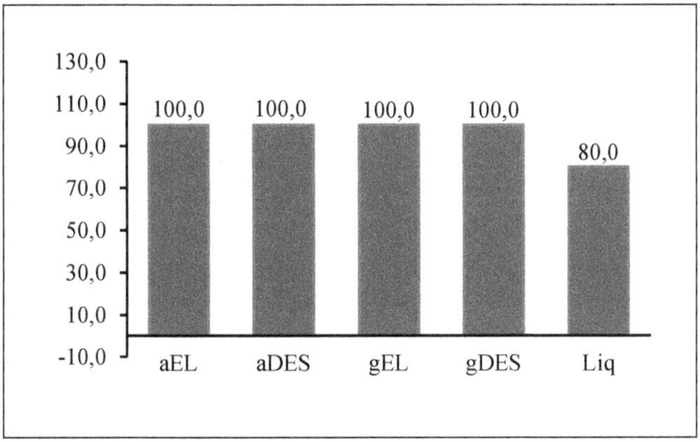

847 Diese Annahme könnte freilich abweichend definiert werden. Jedoch wäre das vom Gesetzgeber in der InsO vorgesehene Obstruktionsverbot bedeutungslos, wenn die Kapitalgebergruppen bei Indifferenz in der Praxis stets für die ökonomisch sinnvollere Variante votieren würden. Vor dem Hintergrund praktischer Erfahrungen ist diese Annahme durchaus tragbar und wohl realistischer, als es die Gegenannahme wäre.

848 Vgl. hierzu die Ausführungen in Kapitel 5.4.4.4.

Betrachtet man nun die Vorteilhaftigkeit der unterschiedlichen Sanierungsszenarien auf Ebene der individuellen Anspruchsgruppen, so zeigt sich, dass die zweitrangigen Fremdkapitalgeber von ihrem Insolvenzantragsrecht Gebrauch machen werden, weil der Barwert ihrer Zuflüsse bei einer gerichtlichen Ausgestaltung des Debt Equity Swap größer ist $\left(F_{0,gDES}^{FK2nd} = 33{,}0 > F_{0,aDES}^{FK2nd} = 31{,}2 > F_{0,Liq}^{2nd} = 20{,}0\right)$. Die Eigenkapitalgeber sind hingegen nicht zu einer außergerichtlichen oder gerichtlichen Kapitalerhöhung bereit $\left(E_{0,aEL} = E_{0,gEL} = -5{,}3 < 0{,}0 = E_{0,Liq}\right)$. In der Folge stehen lediglich die beiden Alternativen gDES und Liq zur Wahl. Abbildung 37 fasst alle Sanierungsalternativen und die daraus resultierenden Barwerte je Kapitalgebergruppe zusammen, wobei die nicht angebotenen Entscheidungsalternativen lediglich angedeutet sind.

Abbildung 37: Barwert je Liquidations- bzw. Fortführungsalternative und Kapitalgebergruppe (Beispiel)

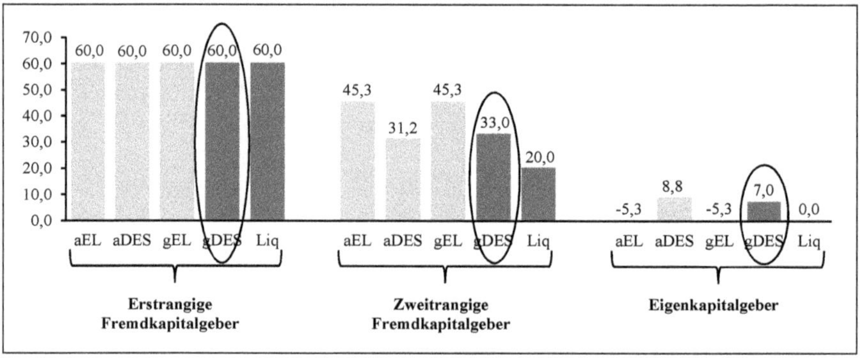

Zwei der drei stimmberechtigten Kapitalgebergruppen $\left(FK^{2nd}, EK\right)$ befürworten die Durchführung des gerichtlichen Debt Equity Swap, die Dritte $\left(FK^{1st}\right)$ ist indifferent. Die Zustimmung von FK^{1st} gilt jedoch als erteilt, weil nicht geltend gemacht werden kann, dass sie durch den Insolvenzplan schlechter gestellt werden. Durch die im konkreten Fall getroffene effektive und effiziente Entscheidung wird kein Wert vernichtet.

5.4.4 Ökonomische Analyse des Entscheidungsverhaltens der Kapitalgebergruppen

5.4.4.1 Überblick

Die voranstehenden Ausführungen haben die möglichen Entscheidungsalternativen und die damit verbundenen Zuflüsse und Barwerte sowie das Entscheidungsverhalten der Kapitalgebergruppen formal definiert und an einem konkreten Zahlenbeispiel verdeutlicht. Insbesondere in Kapitel 2.4, aber auch an anderen Stellen der Arbeit wurde erörtert, dass die in Unternehmenssanierungen auftretenden Interessenkonflikte und folglich das Entscheidungsverhalten der einzelnen Anspruchsgruppen im Wesentlichen[849] vom Risiko des Projektes bzw. der Unternehmung, von der Werthaltigkeit der Kreditsicherheiten sowie von der Höhe der Transaktions- und Insolvenzkosten abhängen.

Im vorliegenden Modell wird das Risiko der zustandsabhängigen Cashflows durch die exogen vorgegebenen Wachstumsfaktoren u bzw. d festgelegt. Dabei gilt, dass das Risiko der Unternehmung mit steigendem u zunimmt. Zur Untersuchung des Einflusses von steigendem Risiko werden die Wachstumsfaktoren u bzw. d variiert, wobei u ∈ [1,30;1,40;1,50;1,60;1,70;1,80;1,90;2,00;2,10;2,20;2,30;2,40;2,50] bzw. d ∈ [0,95;0,89;0,83;0,77;0,70;0,64;0,58;0,52;0,46;0,40;0,33;0,27;0,21] gilt. Durch die gewählte Variation von u bzw. d bleiben das Sicherheitsäquivalent und somit der Unternehmensgesamtwert konstant $\left(V_{0,F} = \frac{E^Q\left(\widetilde{FCF}_1^U\right)}{(1+i)^1} \overset{!}{=} 100,0 \right)$, was die Darstellung und Interpretation der im weiteren Verlauf der Arbeit folgenden Diagramme erleichtert.

Tabelle 7: Risiko der zustandsabhängigen Cashflows

Risikostufe	0	1	2	3	4	5	6	7	8	9	10	11	12
u	1,30	1,40	1,50	1,60	1,70	1,80	1,90	2,00	2,10	2,20	2,30	2,40	2,50
d	0,95	0,89	0,83	0,77	0,70	0,64	0,58	0,52	0,46	0,40	0,33	0,27	0,21
$u \cdot FCF_0$	130,00	140,00	150,00	160,00	170,00	180,00	190,00	200,00	210,00	220,00	230,00	240,00	250,00
$d \cdot FCF_0$	95,00	88,85	82,69	76,54	70,38	64,23	58,08	51,92	45,77	39,62	33,46	27,31	21,15
$E^Q\left(\widetilde{FCF}_1^U\right)$	108,33	108,33	108,33	108,33	108,33	108,33	108,33	108,33	108,33	108,33	108,33	108,33	108,33
$V_{0,F}$	100,00	100,00	100,00	100,00	100,00	100,00	100,00	100,00	100,00	100,00	100,00	100,00	100,00

Die Werthaltigkeit der Kreditsicherheiten kann über die Variation des Liquidationswertes geändert werden.[850] Zur Untersuchung des Einflusses des Liquidationswertes bzw. der damit verbundenen (absoluten) Vorteilhaftigkeit des Sanierungsversuches aus Unternehmensgesamtperspektive soll der Liquidationswert variiert werden, wobei $V_{0,Liq} \in [0,0;10,0;20,0;\ldots;200,0]$ gilt.

Wie bereits erläutert, werden im betrachteten Modell Kosten in Höhe von K_0 berücksichtigt, welche als zusätzlich anfallende Kosten bei einer Inanspruchnahme des Insolvenzverfahrens interpretiert werden können. Um deren Einfluss zu untersuchen,

849 Die Aufzählung ist keinesfalls vollständig und abschließend, beinhaltet jedoch die für eine ökonomische Analyse bedeutendsten Faktoren.

850 Dies ist im betrachteten Modell möglich, weil Sicherheiten nicht explizit je Gläubigergruppe modelliert sind, sondern annahmegemäß das Gesellschaftsvermögen liquidiert und der daraus resultierende Liquidationserlös gemäß der Rangfolge der Gläubiger verteilt wird.

sollen auch diese variiert werden, wobei $K_0 \in [0,0;10,0]$[851] gilt. Alle anderen Parameter des verwendeten CRR-Modells bleiben unverändert.

In den folgenden Ausführungen soll zum einen analysiert werden, inwieweit die identifizierten Parameter das individuelle Entscheidungsverhalten der Kapitalgebergruppen und das Entscheidungsverhalten im Kollektiv beeinflussen (Kapitel 5.4.4.2). Die Insolvenzordnung soll gemäß § 1 InsO dazu beitragen, die in Sanierungssituationen entstehenden Interessenkonflikte zu beseitigen oder wenigstens zu verringern, um die Gläubiger eines Schuldners durch Liquidation oder durch eine im Insolvenzplan getroffene abweichende Fortführungslösung gemeinschaftlich – also bestmöglich i. S. einer übergeordneten Perspektive[852] – zu befriedigen. Daher soll zum anderen untersucht werden, inwiefern die in die betrachteten gerichtlichen Sanierungsalternativen eingearbeiteten Regelungen der Insolvenzordnung ökonomisch förderlich sind (Kapitel 5.4.4.3 und 5.4.4.4). Zu guter Letzt soll untersucht werden, wie sich das Entscheidungskalkül ändert, wenn weitere nachrangige Gläubiger zu berücksichtigen sind (Kapitel 5.4.4.5), eine Nennwertanrechnung beim Debt Equity Swap unabhängig vom (gewählten) Rahmen der Sanierung zulässig ist (Kapitel 5.4.4.6) und eine Kompensation von Ausfallrisiken etwa durch Ausgabe von Optionen möglich ist (Kapitel 5.4.4.7).

5.4.4.2 Ökonomische Analyse ohne Inanspruchnahme des Insolvenzverfahrens

Zunächst soll das Entscheidungsverhalten für die beiden außergerichtlichen Sanierungsalternativen separat analysiert werden, bevor eine Gesamtbetrachtung ohne Inanspruchnahme des Insolvenzverfahrens folgt.

Abbildung 38 zeigt den Barwert des Vorteils der Fortführung mit Barkapitalerhöhung gegenüber der Liquidation für die Eigenkapitalgeber $\left(G_{0,aEL}^{EK}\right)$ in Abhängigkeit vom Risiko der Unternehmung und von der Werthaltigkeit der Kreditsicherheiten.

851 Der Einfluss der Kosten wurde auch mit weiteren Werten für K_0 untersucht. Dies wird jedoch in den folgenden Ausführungen nicht dargestellt, weil sich hierdurch keine zusätzlichen Erkenntnisse ableiten lassen.

852 Vgl. für eine ähnliche Interpretation etwa auch Ganter, H./Lohmann, I. (2013), § 1 Rn. 20, 52, 86, sowie Körner, M. (2007), S. 1118. Bereits vor Einführung der InsO wurde dieses als explizites Ziel gefordert. Vgl. nur Eidenmüller, H. (1999), S. 62.

Abbildung 38: $G_{0,aEL}^{EK}$ in Abhängigkeit von Risiko und Liquidationswert

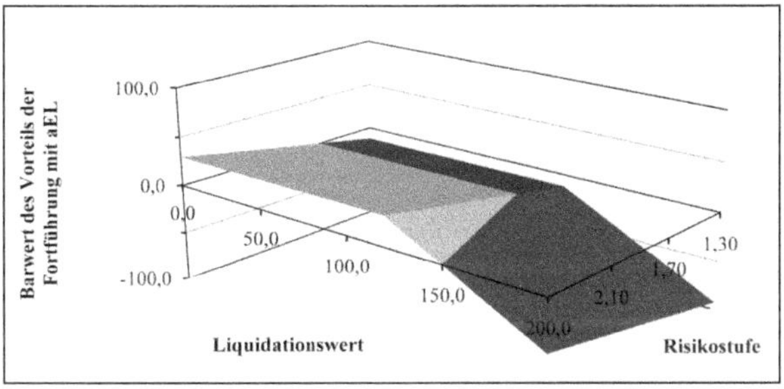

Die Eigenkapitalgeber werden bei sanierungsbedürftigen Unternehmen mit höherem Risiko tendenziell eher zu einer Kapitalerhöhung bereit sein, weil mit wachsendem Unternehmensrisiko auch ihre im guten Umweltzustand erzielbaren Einzahlungsüberschüsse steigen. Die Eigenkapitalgeber können also in unbegrenzter Höhe am Erfolgsfall partizipieren, während ihre Ansprüche im Liquidationsfall oder bei Eintritt des schlechten Umweltzustandes vollständig wertlos sind. Obwohl die Ergebnisse zeigen, dass mit steigendem Liquidationswert die Bereitschaft zu einer Kapitalerhöhung tendenziell sinkt, kommt es aufgrund der angesprochenen Zusammenhänge in einigen Fällen dennoch dazu, dass die Eigenkapitalgeber auch bei einer insgesamt nicht lohnenden Fortführung, d. h. wenn $V_{0,Liq} > V_{0,F} = 100,0$ gilt, eine Sanierung anstreben.

Abbildung 39 bzw. Abbildung 40 zeigen, in welchen Fällen die erstrangigen bzw. die zweitrangigen Fremdkapitalgeber dem Fortführungsversuch mit Kapitalerhöhung zustimmen und wann sie eine Liquidation bevorzugen. FK^{1st} wird diese Sanierungsalternative regelmäßig ablehnen, wenn der Liquidationswert den Nominalwert ihrer Ansprüche erreicht $\left(V_{0,Liq} \geq FK^{1st}\right)$. Ist dies nicht der Fall, so kommt es darauf an, ob die in t = 1 zusätzlich zu verteilenden, sicheren Mittel aus der Kapitalerhöhung, von denen sie aufgrund ihrer vorrangigen Befriedigung zuerst profitieren, im schlechten Umweltzustand d ausreichen, um insgesamt einen Vorteil aus der Fortführung zu generieren. Mit steigendem Risiko sinkt für FK^{1st} der Vorteil aus der Fortführung – sie partizipieren im Erfolgsfall nur begrenzt an den Einzahlungsüberschüssen und werden im schlechten Umweltzustand geringer befriedigt – und die Wahrscheinlichkeit einer Liquidation steigt.

Abbildung 39: $G_{0,aEL}^{FK1st}$ in Abhängigkeit von Risiko und Liquidationswert

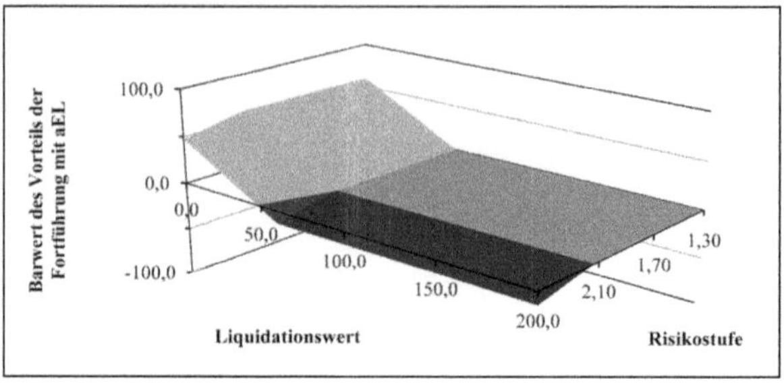

Ein ähnliches Bild ergibt sich bei den zweitrangigen Fremdkapitalgebern: Auch diese stimmen – wiederum in Abhängigkeit vom Liquidationswert – einem Fortführungsversuch mit Kapitalerhöhung tendenziell eher bei Unternehmen mit geringerem Risiko zu.

Abbildung 40: $G_{0,aEL}^{FK2nd}$ in Abhängigkeit von Risiko und Liquidationswert

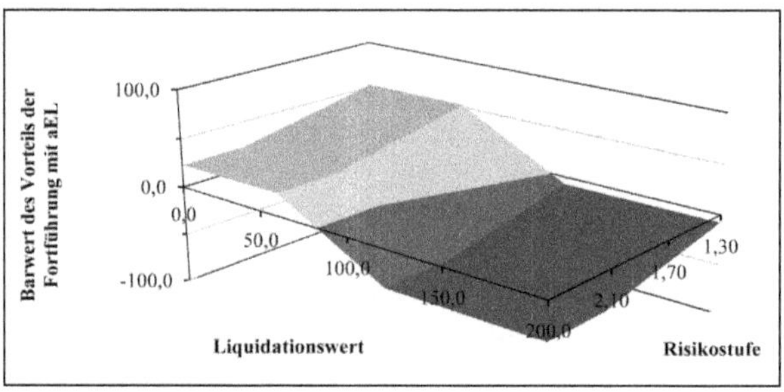

Während die Eigenkapitalgeber also mit steigendem Risiko eine Kapitalerhöhung eher anbieten, wird diese Fortführungslösung von den Fremdkapitalgebern bei wachsendem u tendenziell schneller abgelehnt. Dies zeigt sich auch in der folgenden Abbildung 41, in der der Barwert des Verlustes aus Unternehmensgesamtperspektive $\left(N_{0,aEL}\right)$[853], welcher sich in Folge einer nicht effektiven Entscheidung im Kollektiv einstellt, abgetragen ist.

853 $N(\text{Nachteil})_{0,\text{Sanierungsalternative}} = \left|\max\left(V_{0,F}; V_{0,\text{Liq}}\right) - V_{0,\text{Sanierungsalternative}}\right|$.

Abbildung 41: $N_{0,aEL}$ in Abhängigkeit von Risiko und Liquidationswert

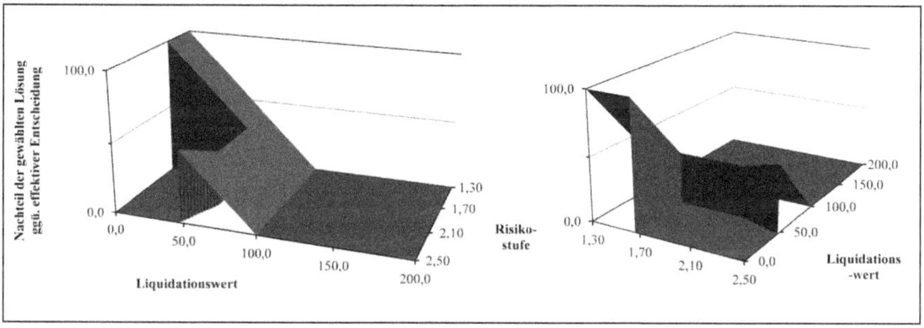

Als zweite außergerichtliche Fortführungsmöglichkeit steht der Debt Equity Swap zur Verfügung. Abbildung 42 zeigt, dass $G_{0,aDES}^{FK2nd}$ und damit die Bereitschaft von FK^{2nd} zur Einbringung ihrer Forderung gegen Kapitalanteile mit zunehmendem Risiko sinkt.

Abbildung 42: $G_{0,aDES}^{FK2nd}$ in Abhängigkeit von Risiko und Liquidationswert

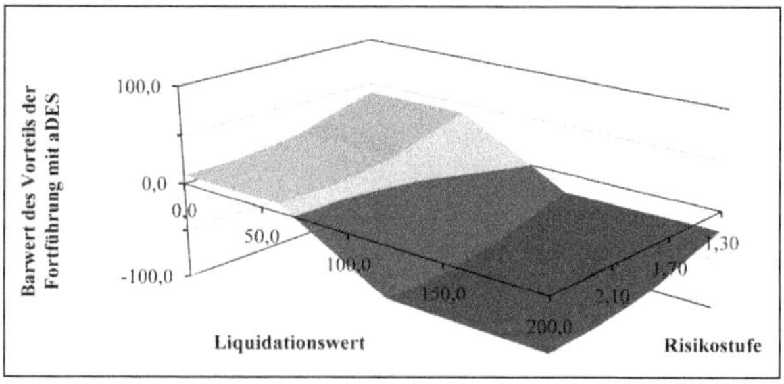

FK^{2nd} profitiert zwar aufgrund der neuen Anteile am sanierten Unternehmen im Erfolgsfall unbegrenzt an den Einzahlungsüberschüssen. Mit steigendem Risiko sinkt jedoch der Kapitalanteil, den sie am sanierten Unternehmen erhalten.[854] Zusätzlich wächst der erwartete Nachteil aus der im schlechten Umweltzustand zu entrichtenden Differenzhaftung. Mit steigendem Risiko heben also die beiden letzteren Effekte den Erstgenannten auf.

854 Vgl. die Begründung in folgender Fn. 855.

Abbildung 43: $G_{0,aDES}^{EK}$ in Abhängigkeit von Risiko und Liquidationswert

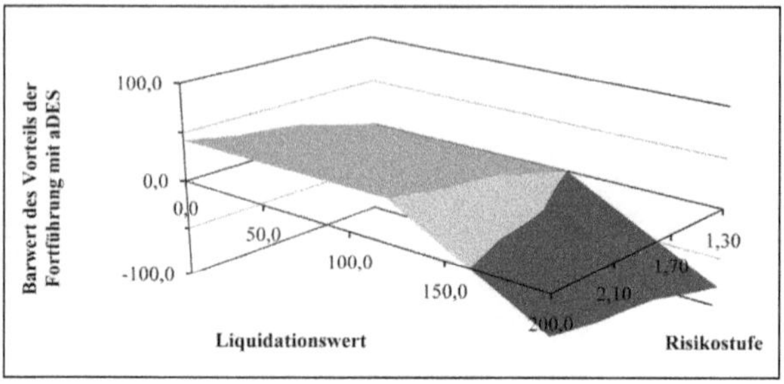

Abbildung 43 zeigt, in welchen Fällen die Eigenkapitalgeber einem außergerichtlichen Debt Equity Swap zustimmen werden. In Abhängigkeit des unterstellten Risikos sind zwei Fälle zu unterscheiden: Bei sehr geringem Unternehmensrisiko – im konkreten Fall für Risikostufe u = 1,30 – erhalten die Eigenkapitalgeber aufgrund der Wertlosigkeit ihrer Ansprüche vor finanzieller Sanierung keine Anteile am sanierten Unternehmen.[855] Unabhängig vom Liquidationswert $V_{0,Liq}$ werden sie dann für eine Liquidation votieren, weil sie in keinem Fall einen Vorteil aus der Fortführung generieren können.[856] Mit steigendem Unternehmensrisiko erhalten die Eigenkapitalgeber durch den aDES die für sie kostenlose Option auf eine zwar mit geringeren relativen Kapitalanteilen als vor der finanziellen Sanierung, aber dennoch unbeschränkte Partizipation am möglichen Sanierungserfolg.[857] Abgesehen von den zumeist irrelevanten Fällen, in denen der Liquidationswert des Unternehmens dessen Fortführungswert übersteigt, wird die Kapitalgebergruppe der EK stets einen Vorteil, wenigstens aber keinen Nachteil aus dem außergerichtlichen Debt Equity Swap erzielen.

855 Aufgrund des Optionscharakters des Eigenkapitals, welcher sich in der Bewertung der Ansprüche der EK gemäß Formel (67) wiederfindet, steigt mit dem zunehmendem Risiko der Wert ihrer Position vor finanzieller Sanierung und somit auch die Höhe des relativen Anteils (Formel (69)), welchen sie am Eigenkapital des sanierten Unternehmen erhalten. Ein Beispiel: Für u = 1,30 berechnet sich der Marktwert des Eigenkapitals vor finanzieller Sanierung zu $E_{0,F}$ = 0,0. In der Folge erhalten die Eigenkapitalgeber keine Anteile am sanierten Unternehmen, weil der Wert ihrer „Eintrittskarte" Null ist. Nach dem Debt Equity Swap sind die zweitrangigen Fremdkapitalgeber in der Folge alleinige Anteilseigner.

856 Dies gilt in der außergerichtlichen Variante per Annahme (vgl. Kapitel 5.4.3) auch bei Indifferenz.

857 Ein Beispiel: Für u = 1,50 berechnet sich der Marktwert des Eigenkapitals vor finanzieller Sanierung zu $E_{0,F}$ = 7,0. In der Folge erhalten die Eigenkapitalgeber gemäß Formel (69) 17,6 % der Kapitalanteile am sanierten Unternehmen. Mit steigendem Risiko steigt auch der Anteil, welchen sie erhalten. Vgl bereits Fn. 855.

Abbildung 44: $G_{0,aDES}^{FK1st}$ in Abhängigkeit von Risiko und Liquidationswert

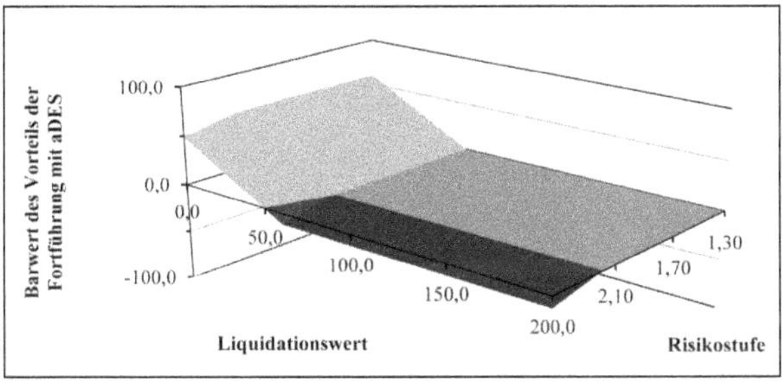

Abbildung 44 zeigt das Entscheidungsverhalten der erstrangigen Fremdkapitalgeber. Wenngleich die sicheren Mittel aus der Kapitalerhöhung wegfallen, wird die Kapitalgebergruppe der FK^{1st} durch die im schlechten Umweltzustand zu entrichtende Differenzhaftung der FK^{2nd} zusätzlich und vorrangig befriedigt. Hierdurch unterscheidet sich das Ergebnis von dem bei der Barkapitalerhöhung nur geringfügig.[858]

Auch der Barwert des Verlustes aus Unternehmensgesamtperspektive beim außergerichtlichen Debt Equity Swap $\left(N_{0,aDES}\right)$[859], welcher sich in Folge einer nicht effektiven Entscheidung im Kollektiv einstellt, unterscheidet sich insbesondere aufgrund des nahezu identischen Entscheidungsverhaltens von FK^{1st} nur unwesentlich.

Abbildung 45: $N_{0,aDES}$ in Abhängigkeit von Risiko und Liquidationswert

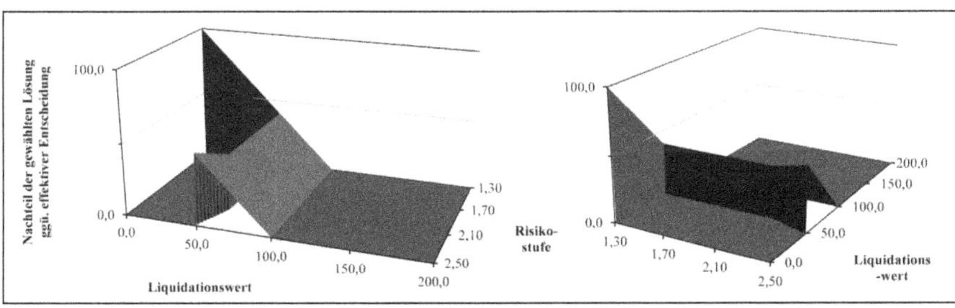

Nach der separaten Betrachtung der beiden möglichen außergerichtlichen Fortführungsalternativen soll der sich aus Unternehmensgesamtperspektive ergebende Verlust in Folge nicht effektiver außergerichtlicher Entscheidungen analysiert werden,

---

858 In Abhängigkeit des Risikos verringert sich mit sinkender Wahrscheinlichkeit ψ der erwartete Kapitaldienst an FK^{1st} im schlechten Umweltzustand und dementsprechend der Barwert ihrer Position. Der zugrunde liegende Zusammenhang ist jedoch für alle $\psi \in]0,0;...;1,0]$ identisch.

859 Vgl. die Definition in Fn. 853.

wobei $N_{0,\text{Lösung (ohne InsO)}} = \min\left(N_{0,aEL}; N_{0,aDES}\right)$ gilt. Folgende Abbildung 46 fasst die Ergebnisse grafisch zusammen.

Abbildung 46: $N_{0,\text{Lösung (ohne InsO)}}$ in Abhängigkeit von Risiko und Liquidationswert

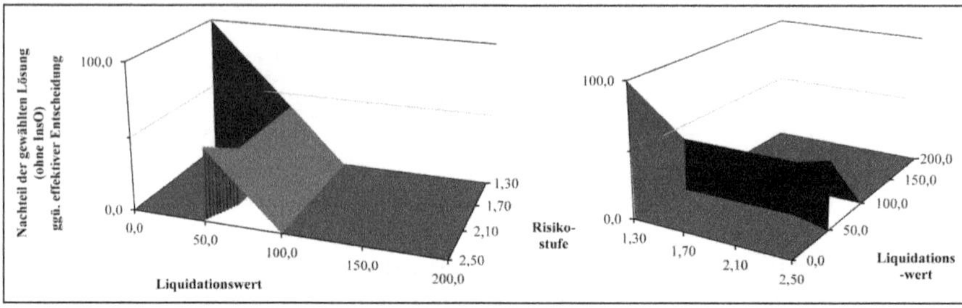

Ohne die Möglichkeit des Insolvenzverfahrens kommt es vor allem aufgrund des aus Unternehmensgesamtperspektive schädlichen Entscheidungsverhaltens der erstrangigen Fremdkapitalgeber häufig zu einer insgesamt nachteiligen Liquidationsentscheidung, wenn $V_{0,Liq} \leq 100{,}0 = V_{0,F}$ gilt. Hingegen kommt es in keiner betrachteten Konstellation dazu, dass sich die Kapitalgebergruppen trotz $V_{0,Liq} > 100{,}0 = V_{0,F}$ für die dann insgesamt nachteilige Fortführungslösung entscheiden. Im folgenden Kapitel gilt es demzufolge zu untersuchen, inwiefern die Umsetzung einer gerichtlichen Sanierungslösung zur Verbesserung des kollektiven Entscheidungsverhaltens im Falle von $V_{0,Liq} \leq 100{,}0 = V_{0,F}$ beitragen kann.

5.4.4.3 Ökonomische Analyse mit Inanspruchnahme des Insolvenzverfahrens

Wie bereits die Ausführungen in Kapitel 5.4.2.2 gezeigt haben, unterscheiden sich die Zuflüsse und Barwerte der gerichtlichen Ausgestaltung der Barkapitalerhöhung nicht von der außergerichtlichen Variante, wenn $K_0 = 0{,}0$ gilt. Lediglich durch das Obstruktionsverbot fällt das kollektive Entscheidungsverhalten und somit der sich insgesamt einstellende ökonomische Verlust $\left(N_{0,gEL}\right)$[860] je nach Risiko-Liquidationswert-Kombination geringer aus, wie ein Vergleich von Abbildung 41 mit folgender Abbildung 47 deutlich macht.

860 Vgl. die Definition in Fn. 853.

Abbildung 47: $N_{0,gEL}$ in Abhängigkeit von Risiko und Liquidationswert

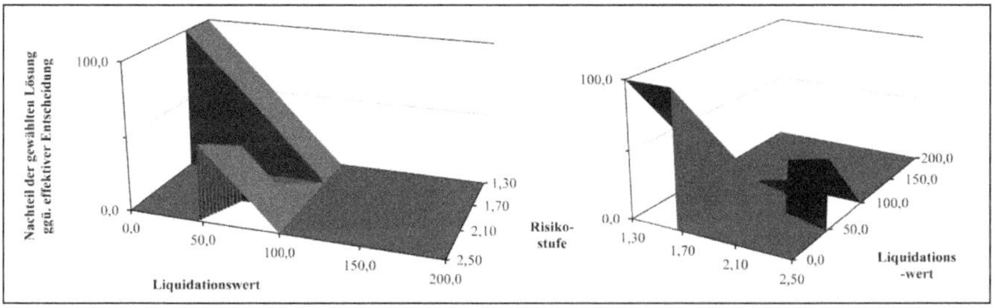

Aufgrund des Wegfalls der Differenzhaftung beim gerichtlichen Debt Equity Swap, welcher sich im guten Umweltzustand nicht und im schlechten Umweltzustand positiv auf die Vorteilhaftigkeit des Sanierungsversuchs aus Sicht von FK^{2nd} auswirkt, kommt es auch bei steigendem Risiko, jedoch abhängig von der absoluten Vorteilhaftigkeit der Fortführung, tendenziell eher zu einem Angebot des Debt Equity Swap durch FK^{2nd} als außerhalb des Insolvenzverfahrens. Weil $K_0 = 0{,}0$ und $DH_0 \geq 0{,}0$ gelten, folgt $F^{2nd}_{0,gDES} \geq F^{2nd}_{0,aDES}$ und somit auch $G^{FK2nd}_{0,gDES} \geq G^{FK2nd}_{0,aDES}$, d. h. die zweitrangigen Fremdkapitalgeber werden in jedem Fall die Insolvenz des Schuldners beantragen. Nach wie vor unverändert gilt, dass mit steigendem Risiko der Anteil von FK^{2nd} am sanierten Unternehmen sinkt und ihre Position insgesamt geschwächt wird.

Abbildung 48: $G_{0,gDES}^{FK2nd}$ in Abhängigkeit von Risiko und Liquidationswert

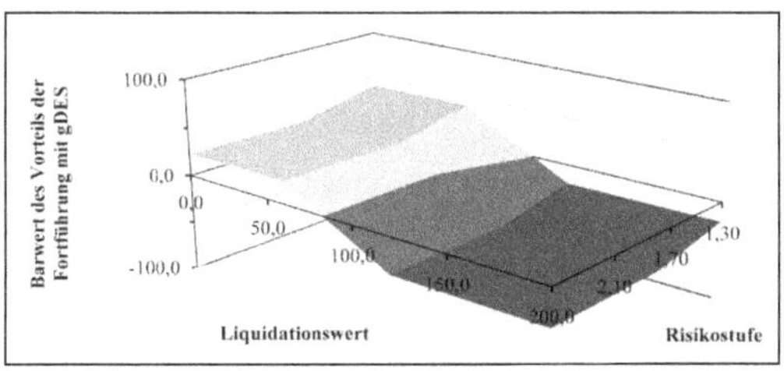

Die Analyse des Entscheidungsverhaltens der Eigenkapitalgeber (Abbildung 49) ergibt kaum Unterschiede zum außergerichtlichen Debt Equity Swap: Bei sehr geringem Unternehmensrisiko werden sie nach wie vor vollständig enteignet.[861] Im Unterschied zum aDES dürfen sie jedoch aufgrund des Obstruktionsverbotes eine Fortführungsentscheidung nicht blockieren, wenn $G^{EK}_{0,gDES} = 0{,}0$ gilt. Bei steigendem Unternehmensrisiko erhalten sie auch beim gDES ohne eigene Zugeständnisse eine Chance auf die Teilnahme am möglichen Sanierungserfolg.[862]

861 Die Ausführungen in Fn. 855 gelten analog.
862 Die Ausführungen in Fn. 857 gelten analog.

Abbildung 49: $G_{0,gDES}^{EK}$ in Abhängigkeit von Risiko und Liquidationswert

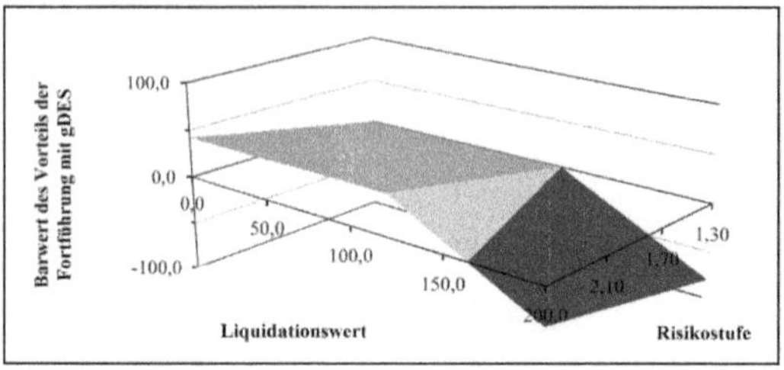

Deutlich wirkt sich die gerichtliche Ausgestaltung auf das Entscheidungsverhalten der erstrangigen Fremdkapitalgeber aus, wie folgende Abbildung 50 veranschaulicht. Zwar führt auch das Obstruktionsverbot dazu, dass die erstrangigen Fremdkapitalgeber für Fälle mit $G_{0,gDES}^{FK1st} = 0,0$ nicht gegen den Insolvenzplan stimmen dürfen, jedoch gelangt diese Regelung nur bei sehr geringem Risiko zum Tragen. Der Wegfall der Differenzhaftung führt vor allem bei den erstrangigen Fremdkapitalgebern zu Nachteilen, weil sich die Befriedigungsaussichten im schlechten Umweltzustand deutlich verringern. Insgesamt führt die gerichtliche Ausgestaltung also dazu, dass die erstrangigen Fremdkapitalgeber mit steigendem Risiko deutlich schneller für eine Liquidation votieren werden.

Abbildung 50: $G_{0,gDES}^{FK1st}$ in Abhängigkeit von Risiko und Liquidationswert[863]

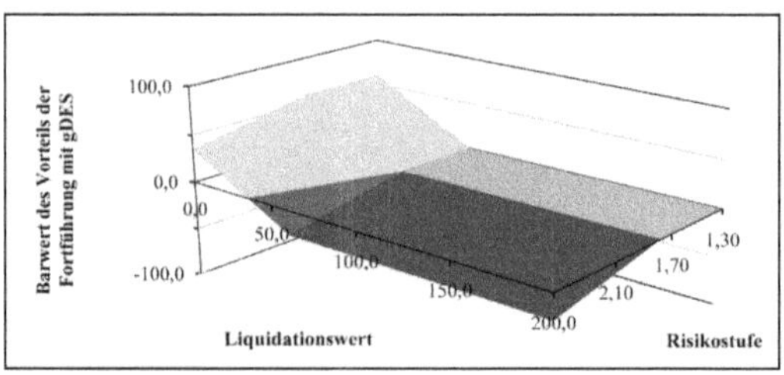

Betrachtet man den Verlust aus Unternehmensgesamtperspektive $\left(N_{0,gDES}\right)$[864], welcher sich aufgrund nicht effektiver Entscheidungen beim gerichtlichen Debt Equity Swap einstellt, so zeigt sich das nachfolgend dargestellte Ergebnis.

863 Das identische Ergbnis aus Abbildung 50 stellt sich für FK^{1st} auch dann ein, wenn man beim aDES von einer Wahrscheinlichkeit der juristischen Durchsetzung der Differenzhaftung von $\psi = 0,0$ ausgeht. Vgl. hierzu auch die Anmerkungen in Fn. 858.

864 Vgl. die Definition in Fn. 853.

Abbildung 51: $N_{0,gDES}$ in Abhängigkeit von Risiko und Liquidationswert

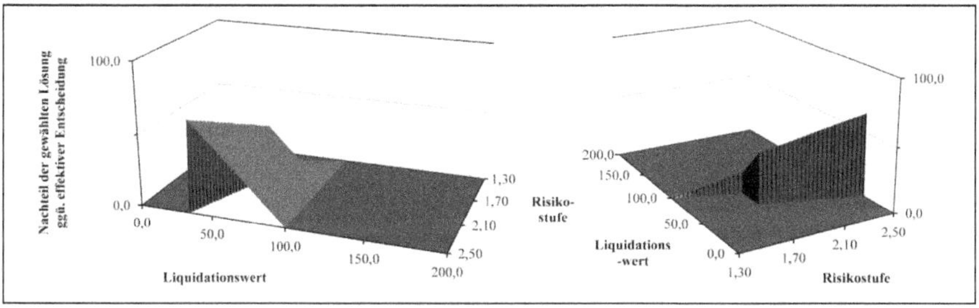

Ein Vergleich mit den Ergebnissen beim außergerichtlichen Debt Equity Swap in Abbildung 45 macht im Wesentlichen zwei Effekte deutlich: Zum einen führt das Obstruktionsverbot im Falle von sehr geringem Unternehmensrisiko zu mehr effektiven Entscheidungen im Kollektiv, insbesondere weil die bei Risikostufe u = 1,30 ausscheidenden Alteigentümer die Fortführung nicht blockieren können, wenn sie auch im Liquidationsfall, also für $V_{0,Liq} \in [0,0;10,0;20,0;...;120,0]$, leer ausgehen. Zum anderen ist der Wegfall der Differenzhaftung bei steigendem Risiko mit Einbußen für die erstrangigen Kapitalgeber im schlechten Umweltzustand verbunden, in deren Folge FK^{1st} in deutlich mehr Fällen nicht effektiv entscheidet und anschließend die insgesamt nachteilige Liquidationslösung zu Stande kommt.

Diesen Abschnitt beschließend soll eine Gesamtbetrachtung erfolgen, in der die Möglichkeit des Insolvenzverfahrens existiert. Wegen $K_0 = 0,0$ wird es aufgrund des Insolvenzantrags von FK^{2nd} stets zu einer Inanspruchnahme des gerichtlichen Sanierungsinstrumentariums kommen. Im Ergebnis können sich die Kapitalgebergruppen dann zwischen einer gerichtlichen Barkapitalerhöhung und einem gerichtlichen Debt Equity Swap entscheiden, sofern die Sanierungsalternativen in der jeweiligen Risiko-Liquidationswert-Kombination auch angeboten werden. Der sich insgesamt einstellende Verlust aus Gesamtperspektive $\left(N_{0,\text{Lösung (mit InsO, K=0,0)}} = \min\left(N_{0,gEL}; N_{0,gDES}\right)\right)$, welcher sich aufgrund von nicht effektiven Entscheidungen im Modell mit $K_0 = 0,0$ ergibt, ist in Abbildung 52 dargestellt.

Abbildung 52: $N_{0,\text{Lösung (mit InsO, K=0,0)}}$ in Abhängigkeit von Risiko und Liquidationswert

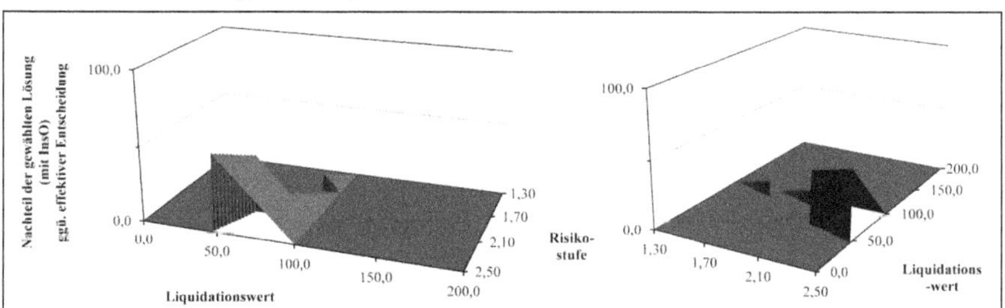

Aus einer übergeordneten Perspektive betrachtet führt eine Sanierung im Insolvenzverfahren – sofern diese, wie bis zu diesem Zeitpunkt umgesetzt, nicht mit zusätzlichen Kosten verbunden ist – in deutlich mehr Risiko-Liquidationswert-Kombinationen zu einer effektiven Entscheidung. Dies ist auf das Obstruktionsverbot zurückzuführen. Betrachtet man den Effekt aus dem Wegfall der Differenzhaftung auf den Debt Equity Swap isoliert, so führt dies aufgrund des damit verbundenen Nachteils für die erstrangigen Fremdkapitalgeber bei steigendem Risiko zu zusätzlichen nicht effektiven Entscheidungen im Kollektiv. Im folgenden Kapitel wird untersucht, inwiefern die erläuterten Zusammenhänge durch zusätzliche Kosten des Insolvenzverfahrens beeinflusst werden. Dies bedeutet, dass wegen $K_0 > 0{,}0$ zusätzlich das Effizienzkriterium zu untersuchen sein wird.

5.4.4.4 *Ökonomische Analyse des Einflusses von Kosten des Insolvenzverfahrens*

Betrachtet man zunächst den Einfluss der zusätzlichen Kosten auf die Sanierungsalternative der Kapitalerhöhung, so zeigt sich, dass die Eigenkapitalgeber in deutlich weniger Kombinationen zu diesem Sanierungsangebot bereit sind. Im Falle eines Sanierungserfolges mindern die Kosten K_0 ihre erzielbaren Einzahlungsüberschüsse. In der Folge ist ein deutlich höheres Risiko erforderlich, sodass der Vorteil aus der Fortführung mit Barkapitalerhöhung den Einsatz der Eigenkapitalgeber in Form der (zusätzlichen) Bareinlage übersteigt. Vergleicht man folgende Abbildung 53 bei $K_0 = 10{,}0$ mit den in Abbildung 38 zusammengefassten Ergebnissen ohne Kosten, so wird der Unterschied unmittelbar deutlich.

Abbildung 53: $G_{0,gEL}^{EK}$ (K_0 = 10,0) in Abhängigkeit von Risiko und Liquidationswert

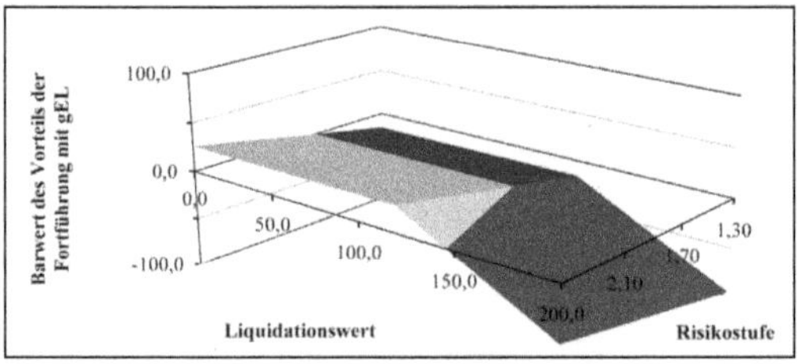

Für $K_0 = 0{,}0$ bestand aufgrund des immer nicht-negativen Barwertes der Differenzhaftung für FK^{2nd} unabhängig von den anderen Parametern ein Anreiz zum Eintritt in das Insolvenzverfahren. Dieser Zusammenhang gilt für $K_0 > 0{,}0$ nicht mehr ohne Weiteres, weil für die zweitrangigen Fremdkapitalgeber der Vorteil des Wegfallens der Differenzhaftung mit dem Nachteil von zusätzlichen Kosten im Insolvenzverfahren verbunden ist.

Abbildung 54: Barwert des Vorteils des gDES gegenüber dem aDES für FK^{2nd} bei K_0 = 10,0 in Abhängigkeit von Risiko und Liquidationswert[865]

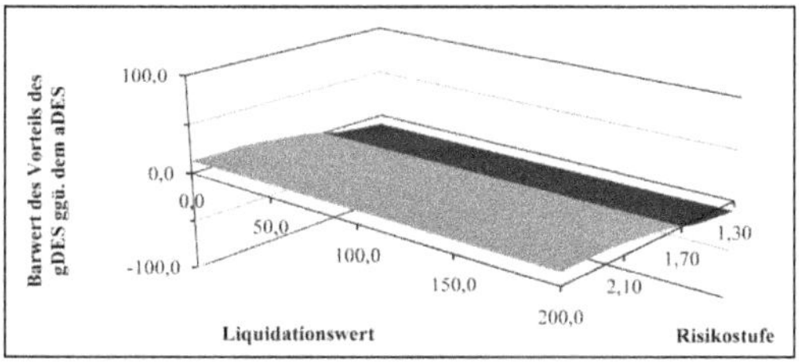

In Abhängigkeit vom Risiko der Unternehmung wird sich dieser Nachteil schwächer bzw. stärker auf den Barwert von FK^{2nd} auswirken, wie auch Abbildung 54 für K_0 = 10,0 zeigt. Bei sehr geringem Risiko ist der Barwert der im schlechten Umweltzustand zu entrichtenden Differenzhaftung relativ niedrig und FK^{2nd} wird einen außergerichtlichen Debt Equity Swap anbieten. Mit steigendem Risiko – im Beispiel für K_0 = 10,0 ab Risikostufe u = 1,70 – wird der Vorteil aus dem Wegfall der Differenzhaftung den Nachteil der zusätzlichen, nicht zustandsabhängigen Kosten K_0 überwiegen.

Vergleicht man nun den Fortführungsvorteil der zweitrangigen Fremdkapitalgeber im Falle eines gDES bei K_0 = 10,0 (Abbildung 55) mit dem bei keinen zusätzlichen Kosten (Abbildung 48), so zeigt sich, dass FK^{2nd} unabhängig vom Risiko der Unternehmung auch bei steigenden K_0 einen Debt Equity Swap anbieten wird. Aufgrund ihrer zweitrangigen Bedienung wird FK^{2nd} erst dann keinen gDES mehr anbieten, wenn der Liquidationswert den Nominalwert von FK^{1st} übersteigt, also $V_{0,Liq} > FK_0^{1st}$ gilt, und auch FK^{2nd} mit einer (teilweisen) Befriedigung im Liquidationsfall rechnen kann.

Abbildung 55: $G_{0,gDES}^{FK2nd}$ (K_0 = 10,0) in Abhängigkeit von Risiko und Liquidationswert

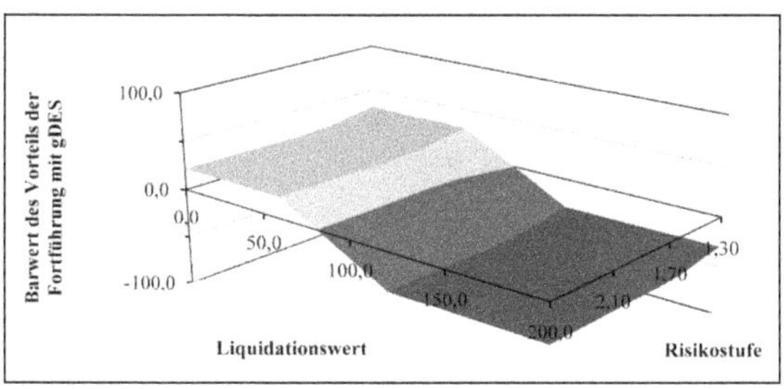

865 Berechnung durch $F_{0,gDES}^{2nd} - F_{0,aDES}^{2nd}$ je Risiko-Liquidationswert-Kombination.

Während sich die zusätzlichen Kosten nicht wesentlich auf die Vorteilhaftigkeit des Debt Equity Swap für die Eigenkapitalgeber auswirken[866], führen diese bei den erstrangigen Fremdkapitalgebern dazu, dass ihre Befriedigungsaussichten vor allem im schlechten Umweltzustand weiter sinken. FK^{1st} wird also mit steigendem Risiko noch schneller für eine Liquidation votieren, wie ein beispielhafter Vergleich ihrer Position bei K_0 = 0,0 (Abbildung 50) mit der bei K_0 = 10,0 in Abbildung 56 zeigt. Ein identischer Zusammenhang gilt auch für die Vorteilhaftigkeit der Barkapitalerhöhung aus Sicht der erstrangigen Fremdkapitalgeber.

Abbildung 56: $G_{0,gDES}^{FK1st}$ (K_0 = 10,0) in Abhängigkeit von Risiko und Liquidationswert

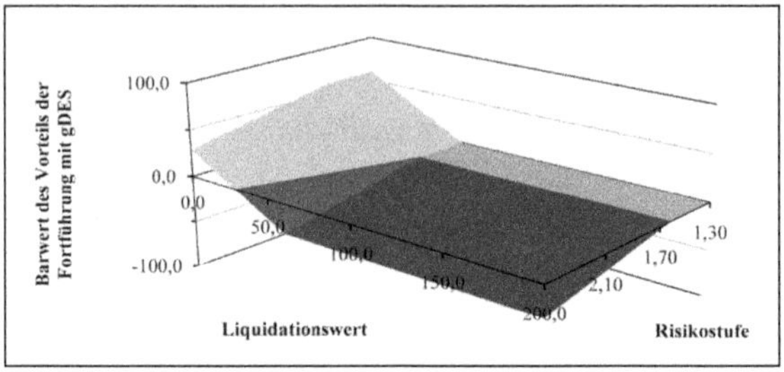

Eine Analyse des sich insgesamt einstellenden Nachteils aufgrund des Entscheidungsverhaltens der Kapitalgebergruppen bei K_0 = 10,0 (Abbildung 57) und ein Vergleich mit den Ergebnissen bei K_0 = 0,0 (Abbildung 52) zeigt, dass zusätzliche Kosten des Insolvenzverfahrens je nach individueller Risiko-Liquidationswert-Kombination mit höheren Wertverlusten aus Unternehmensgesamtperspektive verbunden sind.

Abbildung 57: $N_{0,Lösung\ (mit\ InsO,\ K=10,0)}$ in Abhängigkeit von Risiko und Liquidationswert

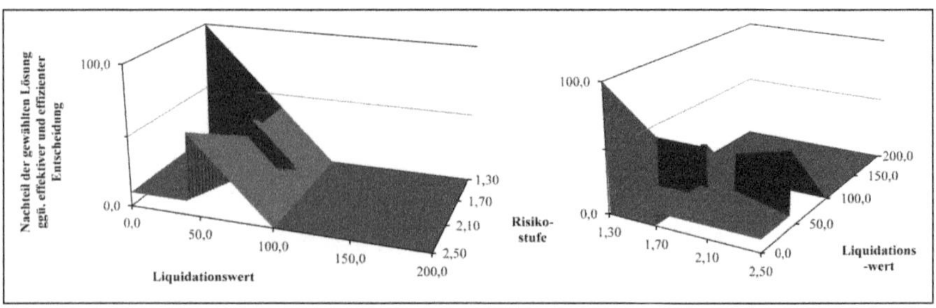

866 Auch hier ist wieder zu differenzieren: Bei Risikostufe u = 1,30 scheiden die Anteilseigner vollständig aus. Ab Risikostufe u = 1,40 wird K_0 > 0,0 zwar die Zuflüsse der Eigenkapitalgeber im Erfolgsfall mindern, sie haben durch den Debt Equity Swap dennoch – ohne eigene Zugeständnisse – eine kostenlose Chance auf die Teilnahme am möglichen Sanierungserfolg.

Im Ergebnis können zwei Effekte, welche wegen den zusätzlichen Kosten des Insolvenzverfahrens auftreten, festgehalten werden[867]: Zum einen wird durch den Anreiz für FK^{2nd}, in Abhängigkeit vom Risiko – für K_0 = 10,0 ab Risikostufe U = 1,70 – ohne den vorgeschalteten Versuch einer außergerichtlichen Lösung einen Insolvenzantrag zu stellen, Wert vernichtet, weil anschließend keine effiziente Fortführungslösung mehr möglich ist. Folgende Tabelle 8 zeigt den vernichteten Wert aufgrund nicht effizienter Entscheidungen.

Tabelle 8: Zusätzlicher Wertverlust durch K_0 = 10,0 aufgrund nicht effizienter Entscheidungen in Abhängigkeit von Risiko und Liquidationswert

Risikostufe / $V_{0,Liq}$	1,30	1,40	1,50	1,60	1,70	1,80	1,90	2,00	2,10	2,20	2,30	2,40	2,50
0,0	0,0	0,0	0,0	0,0	10,0	10,0	10,0	10,0	10,0	10,0	10,0	10,0	10,0
10,0	0,0	0,0	0,0	0,0	10,0	10,0	10,0	10,0	10,0	10,0	10,0	10,0	10,0
20,0	0,0	0,0	0,0	0,0	10,0	10,0	10,0	10,0	10,0	10,0	10,0	10,0	10,0
30,0	0,0	0,0	0,0	0,0	10,0	10,0	10,0	10,0	10,0	10,0	10,0	10,0	10,0
40,0	0,0	0,0	0,0	0,0	10,0	10,0	10,0	10,0	10,0	10,0	10,0	10,0	10,0
50,0	0,0	0,0	0,0	0,0	10,0	10,0	10,0	10,0	10,0	10,0	10,0	10,0	0,0
60,0	0,0	0,0	0,0	0,0	10,0	10,0	10,0	10,0	10,0	0,0	0,0	0,0	0,0
70,0	0,0	0,0	0,0	0,0	10,0	10,0	10,0	10,0	10,0	0,0	0,0	0,0	0,0
80,0	0,0	0,0	0,0	0,0	10,0	10,0	10,0	10,0	10,0	0,0	0,0	0,0	0,0
90,0	0,0	0,0	0,0	0,0	10,0	10,0	10,0	0,0	0,0	0,0	0,0	0,0	0,0
100,0	0,0	0,0	0,0	0,0	0,0	0,0	0,0	0,0	0,0	0,0	0,0	0,0	0,0

Zum anderen führen die zusätzlichen Kosten des Insolvenzverfahrens in weiteren Risiko-Liquidationswert-Kombinationen zu nicht effektiven Entscheidungen, welche im Fall von K_0 = 0,0 nicht zu Stande gekommen wären. Dieser Effekt ist in zwei Unterkategorien aufzuspalten: Bis Risikostufe u = 1,60 wird keine Kapitalgebergruppe einen Insolvenzantrag stellen, weil niemand davon profitieren würde.[868] In der Folge stellt sich für die Risikostufen u = 1,30 bis u = 1,60 das Ergebnis bei einer außergerichtlichen Sanierung (ohne Obstruktionsverbot) ein. Ab Risikostufe u = 1,70 kommt es aufgrund des Insolvenzantrags von FK^{2nd} zu einer gerichtlichen Lösung. Vor allem bedingt durch das aus Unternehmensgesamtperspektive nochmals schädlichere Entscheidungsverhalten der erstrangigen Fremdkapitalgeber wird es zusätzliche Risiko-Liquidationswert-Kombinationen mit nicht effektiven Entscheidungen geben. Tabelle 9 zeigt den vernichteten Wert aufgrund zusätzlicher, nicht effektiver Entscheidungen im Kollektiv.

867 Die Analyse erfolgt anhand des Beispiels von K_0 = 10,0.

868 Vgl. Fn. 845.

Tabelle 9: Zusätzlicher Wertverlust durch K_0 = 10,0 aufgrund nicht effektiver Entscheidungen in Abhängigkeit von Risiko und Liquidationswert

Risikostufe / $V_{0,Liq}$	1,30	1,40	1,50	1,60	1,70	1,80	1,90	2,00	2,10	2,20	2,30	2,40	2,50
0,0	100,0	0,0	0,0	0,0	0,0	0,0	0,0	0,0	0,0	0,0	0,0	0,0	0,0
10,0	90,0	0,0	0,0	0,0	0,0	0,0	0,0	0,0	0,0	0,0	0,0	0,0	0,0
20,0	80,0	0,0	0,0	0,0	0,0	0,0	0,0	0,0	0,0	0,0	0,0	0,0	0,0
30,0	70,0	0,0	0,0	0,0	0,0	0,0	0,0	0,0	0,0	0,0	0,0	0,0	0,0
40,0	60,0	0,0	0,0	0,0	0,0	0,0	0,0	0,0	0,0	0,0	0,0	0,0	0,0
50,0	50,0	0,0	0,0	0,0	0,0	0,0	0,0	0,0	0,0	0,0	40,0	40,0	0,0
60,0	40,0	40,0	40,0	40,0	30,0	0,0	0,0	30,0	30,0	0,0	0,0	0,0	0,0
70,0	30,0	30,0	30,0	30,0	20,0	0,0	0,0	20,0	20,0	0,0	0,0	0,0	0,0
80,0	20,0	20,0	20,0	20,0	10,0	0,0	0,0	10,0	10,0	0,0	0,0	0,0	0,0
90,0	10,0	10,0	10,0	0,0	0,0	0,0	0,0	0,0	0,0	0,0	0,0	0,0	0,0
100,0	0,0	0,0	0,0	0,0	0,0	0,0	0,0	0,0	0,0	0,0	0,0	0,0	0,0

5.4.4.5 Ökonomische Analyse des Einflusses von weiteren nachrangigen Gläubigern

In den folgenden Ausführungen soll das verwendete CRR-Modell um eine weitere Kapitalgebergruppe, namentlich die nachrangigen Fremdkapitalgeber FK^{3rd}, erweitert werden. Gegenstand der Betrachtung im Modell mit vier Kapitalgebergruppen ist nur der gerichtliche Debt Equity Swap.[869] Die formale Ableitung der Zuflüsse und Barwerte entspricht im Grundsatz den Ausführungen in Kapitel 5.4.2.4. Um den Lesefluss zu verbessern, wurden die um FK^{3rd} ergänzten Formeln in den Anhang ausgegliedert.[870]

Zur Veranschaulichung soll das identische Zahlenbeispiel aus Kapitel 5.4.1 verwendet werden, wobei zusätzliche Verbindlichkeiten in Höhe von $FK_0^{3rd} = 40,0$ bestehen. Die Marktwerte der Ansprüche bei unterstellter Fortführung ohne finanzielle Sanierung können der folgenden Abbildung 58 entnommen werden.

869 Die Ergebnisse, welche bereits im Modell mit drei Anspruchsgruppen erörtert wurden, lassen sich im Modell mit vier Anspruchsgruppen grundsätzlich nachbilden. Weil jedoch keine zusätzlichen Erkenntnisse gewonnen werden, wurde darauf verzichtet. Da für K_0 = 0,0 – der Einfluss der Kosten war bereits Gegenstand des Kapitels 5.4.4.4 – auch bei vier Anspruchsgruppen $F_{0,gDES}^{2nd} \geq F_{0,aDES}^{2nd}$ gilt, wird nur der gerichtliche Debt Equity Swap betrachtet.

870 Vgl. Kapitel 7.7.

Abbildung 58: Marktwerte der Ansprüche in Periode t = 0 bei unterstellter Fortführung ohne Sanierung (erweitertes Beispiel)

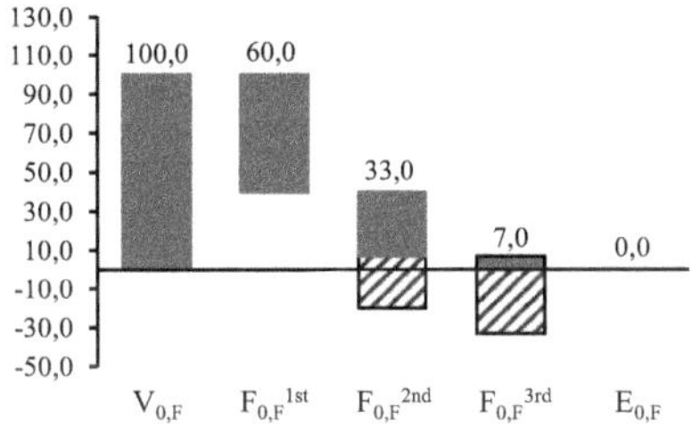

	Fortführung ohne Sanierung		
	Zustand u	Zustand d	Barwert
$F_{0,F}^{1st}$	65,0	65,0	60,0
$F_{0,F}^{2nd}$	65,0	17,7	33,0
$F_{0,F}^{3rd}$	20,0	0,0	7,0
$E_{0,F}$	0,0	0,0	0,0
$V_{0,F}$	150,0	82,7	100,0

Der Marktwert des Anspruchs der grundsätzlich wandlungswilligen zweitrangigen Fremdkapitalgeber beträgt demnach $F_{0,F}^{2nd} = 33{,}0$. Weil die Position der Eigenkapitalgeber vollständig wertlos ist, erhält FK^{2nd} bei Durchführung des Debt Equity Swap sämtliche Anteile am sanierten Unternehmen.[871]

Die beiden folgenden Abbildungen zeigen die zusammengefassten Ergebnisse bei Durchführung des gDES.

Abbildung 59: Marktwerte der Ansprüche in t = 0 bei unterstellter Fortführung mit gerichtlichem Debt Equity Swap (erweitertes Beispiel)

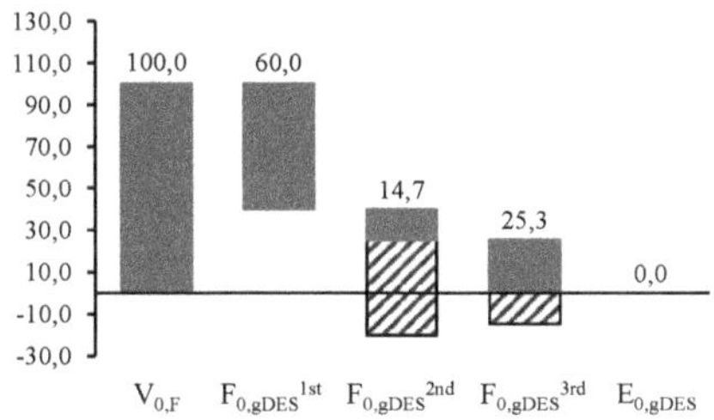

	Gerichtlicher Debt Equity Swap		
	Zustand u	Zustand d	Barwert
$F_{0,gDES}^{1st}$	65,0	65,0	60,0
$F_{0,gDES}^{2nd}$	41,7	0,0	14,7
$F_{0,gDES}^{3rd}$	43,3	17,7	25,3
$E_{0,gDES}$	0,0	0,0	0,0
$V_{0,F}$	150,0	82,7	100,0

871 Vgl. Formel (68).

Abbildung 60: $G_{0,gDES}$ gesamt und je Kapitalgebergruppe (erweitertes Beispiel)

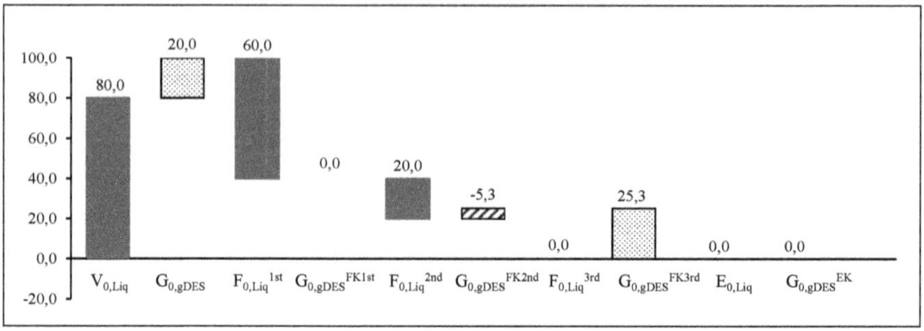

Während die Ansprüche von FK^{1st} sowohl bei Liquidation als auch bei Durchführung des gDES vollständig werthaltig sind $\left(F^{1st}_{0,Liq} = F^{1st}_{0,gDES} = 60{,}0\right)$, ist die Position der Eigenkapitalgeber unabhängig von der gewählten Lösung wertlos $\left(E_{0,Liq} = E_{0,gDES} = 0{,}0\right)$. Ihre Zustimmung zum Insolvenzplan gilt aufgrund des Obstruktionsverbotes als erteilt. Hauptgewinner dieser Sanierungslösung wäre FK^{3rd}, die aufgrund des Debt Equity Swap und der damit verbundenen Aufgabe der schuldrechtlichen Ansprüche von FK^{2nd} mit ihren Ansprüchen im Rang „aufsteigen". Dieser Nachteil für FK^{2nd} führt im erweiterten Beispiel – dieses entspricht ansonsten exakt dem Beispiel aus Kapitel 5.4.2.4 mit nur drei Kapitalgebergruppen, in dem FK^{2nd} zur Durchführung eines gDES bereit war – dazu, dass FK^{2nd} den gDES nicht anbieten wird.

Insgesamt kann also festgehalten werden, dass der Debt Equity Swap – unabhängig von der außergerichtlichen oder gerichtlichen Umsetzung – für die wandlungswilligen Gläubiger unattraktiv(er) wird, wenn weitere Gläubiger mit ihren Ansprüchen im Rang hinter ihnen fortbestehen und keinen Sanierungsbeitrag leisten. In Abhängigkeit der jeweiligen Risiko-Liquidationswert-Kombination wird in weiteren Fällen kein gDES angeboten oder der Vorteil dieser Sanierungsalternative fällt für FK^{2nd} geringer aus, wie ein Vergleich der folgenden Abbildung 61 mit Abbildung 48 zeigt. Dies gilt insbesondere bei Unternehmungen mit tendenziell geringerem Risiko, da die Befriedigungsaussichten für FK^{2nd} im schlechten Umweltzustand sinken.

Abbildung 61: $G_{0,gDES}^{FK2nd}$ in Abhängigkeit von Risiko und Liquidationswert (erweitertes Beispiel)

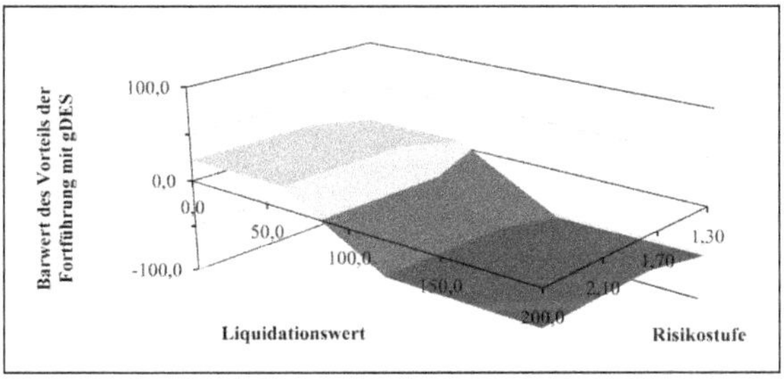

Die in der Literatur vorgeschlagenen Modelle von Bebchuk und Aghion/Hart/Moore lösen das Problem durch die spezielle Ausgestaltung ihres Debt Equity Swap, bei der jede Anspruchsgruppe nach der finanziellen Sanierung ausschließlich als Eigenkapitalgeber fungiert.[872] Dies bedeutet, dass sich in jedem Fall die effektive Lösung einstellt. Das deutsche Insolvenzverfahren sieht hingegen vor, dass die Ansprüche der nachrangigen Gläubiger – sofern keine abweichenden Regelungen im Insolvenzplan vorgesehen sind – grundsätzlich als erlassen gelten.[873] Dieser in § 225 Abs. 1 InsO vorgesehene, grundsätzliche Erlass von nachrangigen Forderungen ist aus zweierlei Gründen kritisch zu sehen: Zum einen sind diese Forderungen, wie auch aus Abbildung 58 hervorgeht, bei risikobehafteten Unternehmen regelmäßig nicht vollständig wertlos. Die vollständige Enteignung dieser Kapitalgebergruppe dürfte also nicht ohne Weiteres möglich sein. Zum anderen stellt diese Regelung etwa für die wandlungswilligen FK^{2nd} einen weiteren Anreiz dar, frühzeitig und ohne den Versuch einer ggf. weniger kostenintensiven, außergerichtlichen Lösung in das Insolvenzverfahren einzutreten, um die eigenen Zuflüsse bzw. deren Barwert zu maximieren.

5.4.4.6 Forderungseinbringung zum Nennwert und ökonomische Analyse der Auswirkungen

Bereits in Kapitel 3.3 wurde das Nennwertprinzip und dessen Vereinbarkeit mit geltendem Recht diskutiert. Die rechtswissenschaftliche Analyse endete mit dem Ergebnis, dass eine Einbringung der Forderung zum Nennwert und dessen Eintragung in das Handelsregister dem originären Schutzzweck der bestehenden Offenlegungs- und Bewertungsvorschriften, also dem Gläubigerschutz, nicht widerspricht. In den folgenden Ausführungen soll daher untersucht werden, inwiefern sich die Zuflüsse und Barwerte je Kapitalgebergruppe sowie die sich im Kollektiv einstellende Lösung

872 Vgl. hierzu bereits die Ausführungen in Kapitel 2.5.1.1 und 2.5.1.2.

873 Vgl. § 225 Abs. 1, 2 InsO bzw. die entsprechenden Ausführungen in Kapitel 2.5.2.2.3.1.

im betrachteten CRR-Modell ändern, wenn unabhängig vom Rahmen der Sanierung das Nennwertprinzip ohne Differenzhaftung angewendet werden darf.[874]

Die Ermittlung der Werthaltigkeit der im Rahmen des modifizierten Debt Equity Swap (mDES) einzulegenden Forderung ist entbehrlich, weil die zweitrangigen Fremdkapitalgeber zum Nominalwert ihres Anspruches $\left(FK_0^{2nd}\right)$ einlegen und Anteile zeichnen dürfen. Der Marktwert des Eigenkapitals vor finanzieller Sanierung wird unverändert mit Formel (67) berechnet. Im Anschluss an den modifizierten Debt Equity Swap verteilt sich das Eigenkapital des sanierten Unternehmens wie folgt.

$$(77)\quad \delta = \text{Anteil } FK^{2nd} \text{ am neuen Eigenkapital (Nennwertprinzip)} = \frac{FK_0^{2nd}}{E_{0,F} + FK_0^{2nd}}$$

$$(78)\quad 1-\delta = \text{Anteil EK am neuen Eigenkapital (Nennwertprinzip)} = \frac{E_{0,F}}{E_{0,F} + FK_0^{2nd}}$$

Die Zuflüsse bzw. deren Barwerte berechnen sich gemäß der Formeln (74), (75) und (76), wobei für die beiden Letzteren α durch δ bzw. $1 - \alpha$ durch $1 - \delta$ zu ersetzen ist.

Da per Annahme eine Einbringung zum Nennwert ohne Differenzhaftung unabhängig vom Insolvenzverfahren möglich ist, hat der Inferent bei $K_0 > 0{,}0$ keinen Anreiz, die Insolvenz des Schuldners zu beantragen, weil er daraus einen Nachteil von wenigstens Null erleiden würde. Bei $K_0 = 0{,}0$ ist der Inferent indifferent zwischen der außergerichtlichen und gerichtlichen Variante, wobei im Folgenden die gerichtliche Variante, d. h. mit Obstruktionsverbot, betrachtet werden soll.

Durch die höheren relativen Kapitalanteile, welche FK^{2nd} durch die Einbringung zum Nennwert erhält, wird der mDES für diese Kapitalgebergruppe insgesamt attraktiver. Dies verdeutlicht ein Vergleich von Abbildung 42 bzw. Abbildung 48 mit der folgenden Abbildung 62.

Abbildung 62: $G_{0,mDES}^{FK2nd}$ in Abhängigkeit von Risiko und Liquidationswert

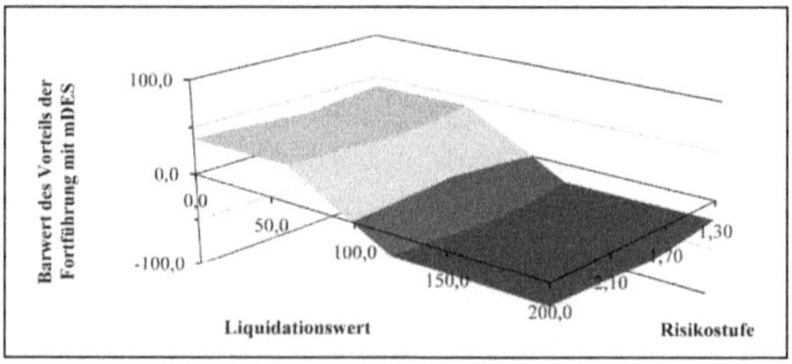

874 Gegenstand der folgenden Ausführungen ist lediglich die abweichende Ausgestaltung des Debt Equity Swap, die davon unberührt fortbestehende Option der Durchführung einer Kapitalerhöhung soll hingegen nicht weiter betrachtet werden.

Wenngleich der Fortführungsvorteil für die Eigenkapitalgeber in jeder Risiko-Liquidationswert-Kombination geringer ausfällt als bei Durchführung eines aDES oder gDES, profitieren diese dennoch von der Durchführung des modifizierten Debt Equity Swap wenigstens immer dann, wenn $V_{0,F} \geq V_{0,Liq}$ gilt (Abbildung 63). Ein Nachteil der Eigenkapitalgeber kann demzufolge bei $V_{0,F} \geq V_{0,Liq}$ nicht geltend gemacht werden, da im Sanierungsfall ihre Fortführungsposition stets mit dem Liquidationsfall, welcher sich ohne Zugeständnisse der Gläubiger einstellen würde, zu vergleichen ist.

Abbildung 63: $G_{0,mDES}^{EK}$ in Abhängigkeit von Risiko und Liquidationswert

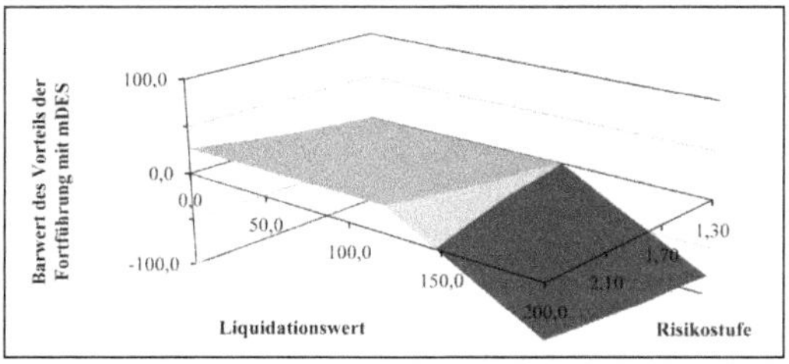

Das Entscheidungsverhalten von FK[1st] beim mDES (Abbildung 64) ist identisch zu dem beim gDES (Abbildung 50), d. h. es gilt für jede Risiko-Liquidationswert-Kombination $G_{0,mDES}^{FK1st} = G_{0,gDES}^{FK1st}$. Letzteres bedeutet, dass es für die gegenwärtigen Gläubiger des Unternehmens unerheblich ist, ob das Nennwert- oder das Vollwertigkeitsprinzip angewendet wird. Der gerichtliche Sanierungsversuch des mDES scheitert – ebenso wie die anderen Ausgestaltungsvarianten des Debt Equity Swap – zumeist an den Werteinbußen der erstrangigen Fremdkapitalgeber im schlechten Umweltzustand, infolgedessen sie sich – in Abhängigkeit der Werthaltigkeit der bestellten Sicherheiten – für eine Liquidation entscheiden.[875]

Abbildung 64: $G_{0,mDES}^{FK1st}$ in Abhängigkeit von Risiko und Liquidationswert

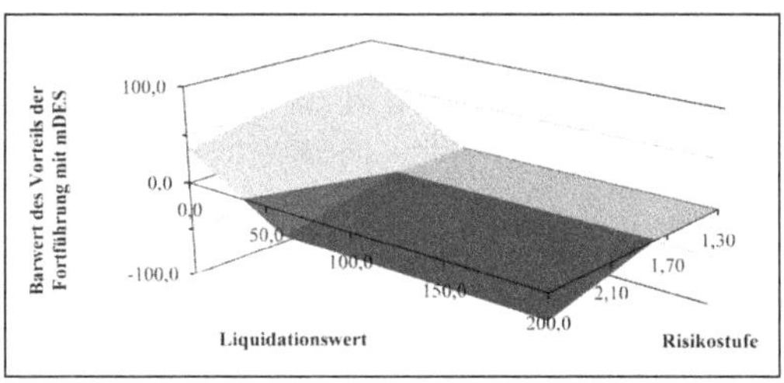

875 Eine mögliche Lösung dieses Problems wird im folgenden Kapitel 5.4.4.7 vorgeschlagen.

Aufgrund des unveränderten Entscheidungsverhaltens von FK^{1st} zeigt die Zusammenfassung der Entscheidung im Kollektiv beim mDES nahezu das identische Bild wie beim gDES. Lediglich für die Risiko-Liquidationswert-Kombinationen u =1,60/$V_{0,Liq}$ = 90,0 und u = 1,70/$V_{0,Liq}$ = 90,0 stellen sich zusätzliche effektive Entscheidungen ein.[876]

Abbildung 65: $N_{0,mDES}$ in Abhängigkeit von Risiko und Liquidationswert

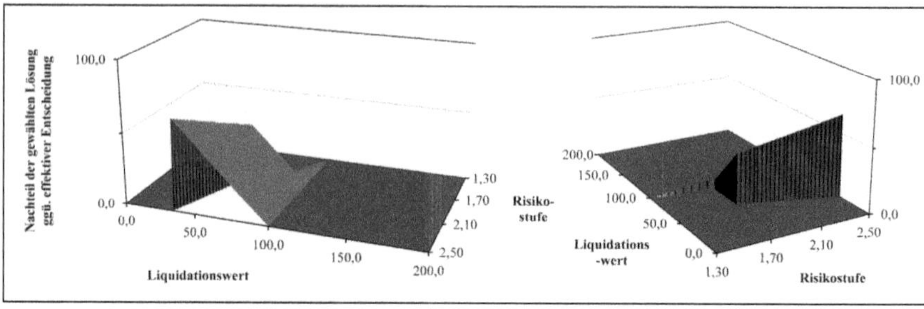

Das Ergebnis aus Kapitel 3.3, dass eine Werthaltigkeitsprüfung von der in die Gesellschaft einzulegenden Forderung vor dem Hintergrund des Gläubigerschutzes entbehrlich ist, konnte durch obige Ausführungen untermauert werden. Weil das Nennwertprinzip lediglich zu einer abweichenden Aufteilung des neuen Eigenkapitals zwischen den Alteigenkapitalgebern und dem Inferenten führt, ergeben sich keine Nachteile für die bestehenden und zukünftigen Gläubiger: Sofern nachrangige Gläubiger existieren, profitieren diese durch den mDES, weil sie mit ihren Ansprüchen im Rang aufsteigen.[877] Auch die erstrangigen Fremdkapitalgeber werden durch die Forderungseinlage von FK^{2nd} zum Nennwert nicht schlechter gestellt als beim gerichtlichen Debt Equity Swap. Zum Schutz zukünftiger Gläubiger gelten die bestehenden Offenlegungsvorschriften, deren Anwendung geboten bleibt.

In der Tat erhalten die Eigenkapitalgeber im Zuge eines mDES (Nennwertprinzip) geringere relative Kapitalanteile als bei Durchführung eines gDES (Vollwertigkeitsprinzip). Zum einen profitieren sie durch den mDES dennoch gegenüber der Liquidationsvariante, welche sich ohne Zugeständnisse der wandlungswilligen Gläubiger einstellen würde. Zum anderen werden sie im Zweifel, also etwa bei den Risiko-Liquidationswert-Kombinationen u =1,60/$V_{0,Liq}$ = 90,0 und u = 1,70/$V_{0,Liq}$ = 90,0, eine höhere Verwässerung ihrer Anteile in Kauf nehmen, wenn nur hierdurch eine

876 Dies gilt für die durchgeführte diskrete Betrachtung mit den gewählten Intervallen. Bei stetiger Betrachtung würde der mDES in deutlich mehr Risiko-Liquidationswert-Kombinationen zu zusätzlichen effektiven Entscheidungen führen.

877 Hier gelten die entsprechenden Ergebnisse aus Kapitel 5.4.4.5 unverändert.

Fortführungslösung, in der sie im Gegensatz zur Liquidation nicht leer ausgehen, erreicht werden kann.[878]

Zusammenfassend kann also festgehalten werden, dass das Nennwertprinzip im Rahmen von Unternehmenssanierungen nicht nur wertvolle Zeit und Kosten, welche u. a. im Zusammenhang mit der Bewertung der einzulegenden Fremdkapitaltitel entstehen, einspart, sondern neben der zusätzlichen Attraktivität für die potentiellen Inferenten auch Vorteile, wenigstens aber keine Nachteile für die individuellen Gläubiger und das Kollektiv mit sich bringt. Vor dem Hintergrund der Ergebnisse in Kapitel 5.4.4.4 ist zudem anzumerken, dass durch die Anwendung des Nennwertprinzips unabhängig vom Insolvenzverfahren der (Fehl-)Anreiz für die Inferenten, ohne den Versuch einer außergerichtlichen Lösung von vornherein eine bei $K_0 > 0{,}0$ nicht effiziente gerichtliche Lösung anzustreben, beseitigt werden kann.[879]

5.4.4.7 Kompensation des Ausfallrisikos der erstrangigen Gläubiger mit Hilfe von Optionen und ökonomische Analyse der Auswirkungen

Bis zu diesem Zeitpunkt wurde mit der Annahme gearbeitet, dass das bestehende und insbesondere das im Rahmen der Sanierung erneut eingegangene Ausfallrisiko von den Gläubigern nicht (selbst) kompensiert werden kann. Dies führt dazu, dass vor allem sehr gut oder vollständig besicherte Gläubiger ab einem gewissen Risiko der Unternehmung einen Nachteil aus der Fortführung erleiden, weil sie aufgrund ihres schuldrechtlichen Anspruches im Erfolgsfall nur begrenzt partizipieren und im Falle einer gescheiterten Sanierung nicht vollständig befriedigt werden können.

Es gibt grundsätzlich verschiedene Möglichkeiten, das Ausfallrisiko zu kompensieren: So kann etwa durch Anpassung des vertraglichen Kreditzinssatzes erreicht werden, dass der Barwert der mit der geforderten Rendite der Gläubiger diskontierten erwarteten Zins- und Tilgungszahlungen dem Nominalwert der ausstehenden Forderung entspricht.[880] Auch in der InsO ist explizit vorgesehen, dass (Bar-)Mittel zur Kompensation eines möglichen Nachteils für den Fall, dass eine Gläubigergruppe eine Schlechterstellung durch den Insolvenzplan geltend macht, bereitgehalten

---

878 Für $u = 1{,}60/V_{0,Liq} = 90{,}0$ gilt: FK^{2nd} bietet wegen $F^{2nd}_{0,gDES} = 26{,}4 < F^{2nd}_{0,Liq} = 30{,}0$ keinen gDES an, was bei EK zu Werteinbußen i. H. v. $-13{,}6 = E_{0,gDES} - E_{0,Liq} = 13{,}6 - 0{,}0$ führt. Ist die Anwendung des Nennwertprinzips erlaubt, so wird FK^{2nd} wegen $F^{2nd}_{0,mDES} = 34{,}0 > F^{2nd}_{0,Liq} = 30{,}0$ einen mDES anbieten, wovon EK i. H. v. $6{,}0 = E_{0,mDES} - E_{0,Liq} = 6{,}0 - 0{,}0$ profitiert. Gleicher Zusammenhang gilt für $u = 1{,}70/V_{0,Liq} = 90{,}0$.

879 Die Option einer gerichtlichen Sanierung mit ihren nicht verkennbaren Vorteilen insbesondere in Form des Obstruktionsverbotes und im leistungswirtschaftlichen Bereich bleibt dennoch nicht verwehrt.

880 Vgl. für eine anschauliche Darstellung Drukarczyk, J./Schüler, A. (2009), S. 397–399, 407–412.

werden können.[881] Insofern ist diese Regelung als Ergänzung zum Obstruktionsverbot des § 245 InsO zu sehen, weil ein Insolvenzplan vom Insolvenzgericht nicht abzulehnen ist, wenn eine Gläubigergruppe durch den Plan zwar schlechter gestellt wird und in der Folge gegen ihn stimmt, jedoch entsprechende Mittel zum Ausgleich individueller Nachteile vorgesehen sind.[882] Als weitere Möglichkeit soll im Folgenden eine Kompensation mit Hilfe von Optionen, welche die erstrangigen Fremdkapitalgeber im Gegenzug für die Unterstützung des Sanierungsversuches erhalten, betrachtet werden, bevor eine kritische Würdigung der unterschiedlichen Möglichkeiten dieses Kapitel beschließt.

Unter Verwendung der Erkenntnisse aus dem vorherigen Kapitel 5.4.4.6 soll im Folgenden der modifizierte Debt Equity Swap Gegenstand der Betrachtung sein, wobei wiederum das Obstruktionsverbot greift und keine zusätzlichen Kosten K_0 berücksichtigt werden.[883] Um die Zustimmung von FK^{1st} zur Sanierungsalternative des mDES zu erhalten, muss deren Barwert bei Fortführung $\left(F_{0,mDES}^{1st}\right)$ mindestens dem bei Liquidation entsprechen. Im Falle von $F_{0,Liq}^{1st} > F_{0,mDES}^{1st}$ werden an FK^{1st} zur Kompensation des Nachteils in Periode t = 0 kostenlose Optionen im Wert von $O_{0,mDES}^{FK1st}$ ausgegeben, wobei folgender Zusammenhang gilt.

$$(79)\quad O_{0,mDES}^{FK1st} = \min\left(V_{0,F} - F_{0,mDES}^{1st};\ \max\left(0; F_{0,Liq}^{1st} - F_{0,mDES}^{1st}\right)\right)$$

Die im Gegenzug für die Verlängerung der Kredite ausgegebenen Optionen berechtigen FK^{1st} während des Ausübungszeitraums zum Bezug von Kapitalanteilen, welche ihnen eine Partizipation am potentiellen Sanierungserfolg in Periode t = 1 (Umweltzustand u) in Höhe von $\widetilde{O_{1,mDES}^{FK1st,u}}$ ermöglicht. Im Falle einer fehlgeschlagenen Sanierung (Umweltzustand d) sind die Optionen wertlos.[884]

$$(80)\quad \widetilde{O_{1,mDES}^{FK1st,u}} = \frac{O_{0,mDES}^{FK1st} \cdot (1+i)}{q}$$

Im Falle eines Sanierungserfolges mindern die Kompensationszahlungen aus Formel (80) die Einzahlungsüberschüsse für die übrigen Kapitalgebergruppen EK und FK^{2nd}, sodass die Zuflüsse und Barwerte je Kapitalgebergruppe wie folgt anzupassen sind.

---

881 Vgl. § 251 Abs. 3 InsO.

882 Vgl. Sinz, R. (2014), § 251 Rn. 1–2, 50–52.

883 Die folgenden Ausführungen sind ohne Weiteres auf die anderen außergerichtlichen und gerichtlichen Sanierungsalternativen mit und ohne K_0 übertragbar. Die Schlussfolgerungen sind identisch.

884 Denn FK^{1st} erhält nur Optionen, wenn der Kapitaldienst bei Eintreten des schlechten Umweltzustandes d nicht vollständig erbracht werden kann und dementsprechend eine Kompensation erforderlich ist.

$$(81)\quad F_{0,mDES}^{1st}\,(komp.) = \frac{q \cdot \widetilde{FCF}_{1,mDES}^{FK1st,u} + (1-q) \cdot \widetilde{FCF}_{1,mDES}^{FK1st,d}}{(1+i)} + O_{0,mDES}^{FK1st} =$$

$$= \frac{q \cdot \max\left(0; \min\left(FK_1^{1st}; u \cdot FCF_0\right)\right)}{(1+i)} +$$

$$+ \frac{(1-q) \cdot \max\left(0; \min\left(FK_1^{1st}; d \cdot FCF_0\right)\right)}{(1+i)} + O_{0,mDES}^{FK1st}$$

$$(82)\quad F_{0,mDES}^{2nd}\,(komp.) = \frac{q \cdot \widetilde{FCF}_{1,mDES}^{FK2nd,u} + (1-q) \cdot \widetilde{FCF}_{1,mDES}^{FK2nd,d}}{(1+i)} =$$

$$= \frac{q \cdot \max\left(0; \delta \cdot \left(u \cdot FCF_0 - \widetilde{O}_{1,mDES}^{FK1st,u} - \widetilde{FCF}_{1,mDES}^{FK1st,u}\right)\right)}{(1+i)} +$$

$$+ \frac{(1-q) \cdot \max\left(0; \delta \cdot \left(d \cdot FCF_0 - \widetilde{FCF}_{1,mDES}^{FK1st,d}\right)\right)}{(1+i)}$$

$$(83)\quad E_{0,mDES}\,(komp.) = \frac{q \cdot \widetilde{FCF}_{1,mDES}^{EK,u} + (1-q) \cdot \widetilde{FCF}_{1,mDES}^{EK,d}}{(1+i)} =$$

$$= \frac{q \cdot \max\left(0; (1-\delta) \cdot \left(u \cdot FCF_0 - \widetilde{O}_{1,mDES}^{FK1st,u} - \widetilde{FCF}_{1,mDES}^{FK1st,u}\right)\right)}{(1+i)} +$$

$$+ \frac{(1-q) \cdot \max\left(0; (1-\delta) \cdot \left(d \cdot FCF_0 - \widetilde{FCF}_{1,mDES}^{FK1st,d}\right)\right)}{(1+i)}$$

Durch die Ausgabe der Optionen wird das Entscheidungsverhalten von FK^{1st} derart beeinflusst, dass sie in keiner Risiko-Liquidationswert-Kombination einen Nachteil aus der Fortführung erleiden, also stets $F_{0,mDES}^{1st}$ (komp.) $\geq F_{0,Liq}^{1st}$ gilt. Abbildung 66 zeigt das Resultat.

Abbildung 66: $G_{0,mDES}^{FK1st}$ (komp.) in Abhängigkeit von Risiko und Liquidationswert

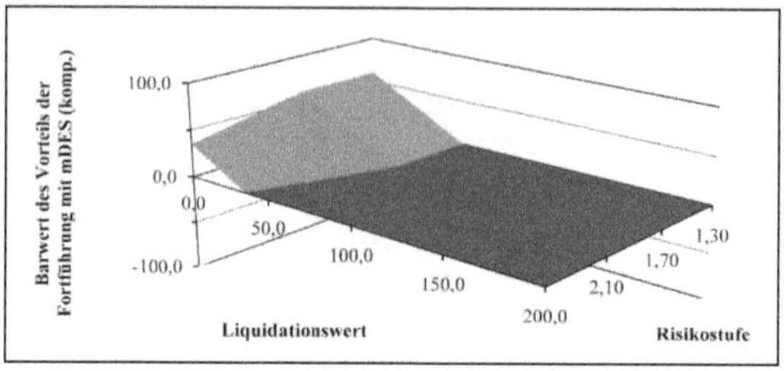

Somit kann auch die Kompensation mit Hilfe von Optionen als Ergänzung zum Obstruktionsverbot gesehen werden, obwohl kein Ausgleich des Nachteils bereits in Periode t = 0 mit Hilfe von Barmitteln erfolgt. In anderen Worten gesprochen wird den erstrangigen Fremdkapitalgebern die Entscheidung über Fortführung oder Liquidation in denjenigen Fällen, in denen sie indifferent sind, abgenommen. Somit verbleibt die Entscheidung über Fortführung oder Liquidation faktisch bei den neuen Eigenkapitalgebern, also bei EK und FK^{2nd}.

Abbildung 67 zeigt, dass die Kompensation vor allem bei steigendem Risiko zu Lasten von FK^{2nd} geht, wodurch mit steigendem Risiko der Debt Equity Swap – in Abhängigkeit vom Liquidationswert – in weniger Kombinationen angeboten wird. Weil auch ein Teil der Kompensationszahlungen an FK^{1st} zu Lasten von EK geht, fällt deren Vorteil bei Durchführung des mDES mit Kompensation je nach Kombination zwar geringer, aber dennoch deutlich positiv aus (Abbildung 68).

Abbildung 67: $G_{0,mDES}^{FK2nd}$ (komp.) in Abhängigkeit von Risiko und Liquidationswert

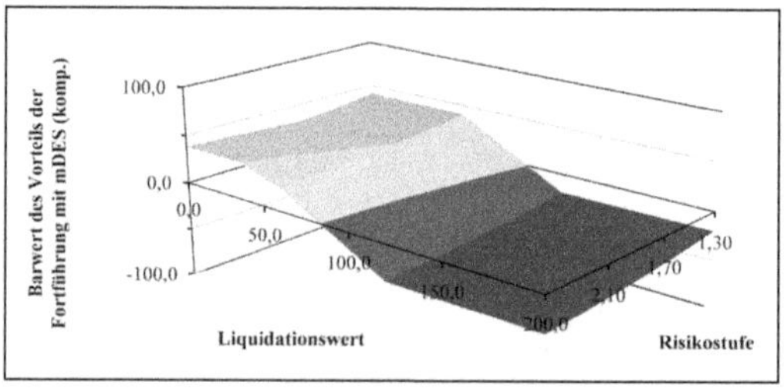

Abbildung 68: $G_{0,mDES}^{EK}$ (komp.) in Abhängigkeit von Risiko und Liquidationswert

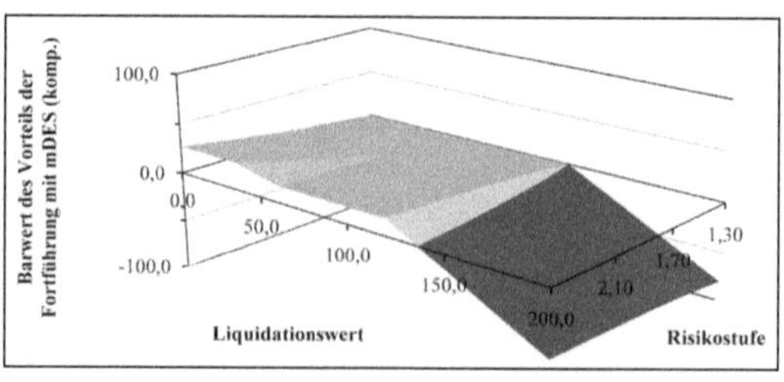

Der ökonomische Nachteil, welcher sich in Folge von nicht effektiven Entscheidungen im Kollektiv einstellt, ist in folgender Abbildung 69 dargestellt – eine deutliche Verbesserung, wie ein Vergleich mit Abbildung 65 unmittelbar zeigt.

Abbildung 69: $N_{0,mDES}$ (komp.) in Abhängigkeit von Risiko und Liquidationswert

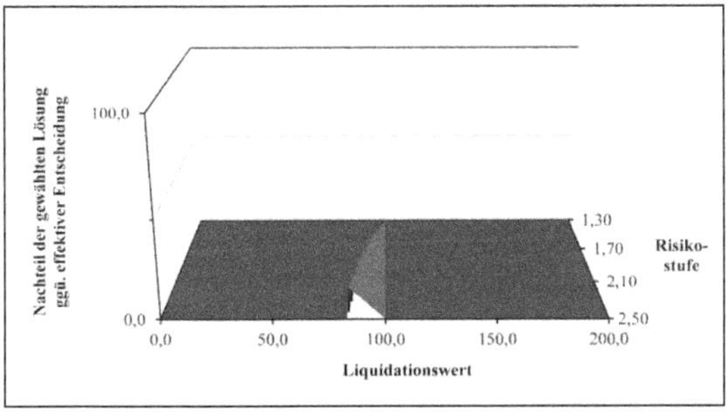

Das oftmals aus Unternehmensgesamtperspektive schädliche Entscheidungsverhalten von gut besicherten Fremdkapitalgebern kann, wie im Beispiel durch die Ausgabe von Optionen, kompensiert werden. FK^{1st} wird dann, sofern $V_{0,F} \geq V_{0,Liq}$ gilt, diese Fortführungsalternative nicht blockieren können. Im Falle des Debt Equity Swap verbleibt die Entscheidung dann bei den neuen Eigenkapitalgebern. Insofern konnte eine Annäherung an das „optimale" Modell einer Sanierung von Bebchuk bzw. Aghion/Hart/Moore, nach der nur noch Eigenkapital verbleibt, erreicht werden[885], ohne die individuellen schuldrechtlichen Kontrakte pauschal aufzulösen. Insbesondere weil die Kompensation zu Lasten der am sanierten Unternehmen beteiligten Eigenkapitalgeber geht, kann auch durch diese Lösung nicht in allen Risiko-Liquidationswert-Kombinationen die effektive Lösung erreicht werden.

Zu guter Letzt bleibt zu erörtern, warum der dargestellten Kompensation durch Hingabe von kostenlosen Optionen der Vorzug gegenüber den anderen Kompensationsmöglichkeiten vor allem auch in der praktischen Umsetzung zu geben ist. Wenngleich die erstrangigen Fremdkapitalgeber – also in der Regel Banken – das Ausfallrisiko zumindest in Teilen über die Anpassung des Kreditzinssatzes selbst kompensieren können, so bedeutet dies bereits zu Beginn der Sanierung, dass das schuldnerische Unternehmen mit hohen Zinszahlungen belastet wird. Dies kann eine erfolgreiche Sanierung, welche in der Praxis deutlich länger als – wie im Modell betrachtet – nur eine „Periode" dauert, gefährden. Einen ähnlichen Effekt hat die Kompensation mit Barmitteln, welche – wie im betrachteten Modell – in Periode t = 0 nicht zur Verfügung stehen und dementsprechend refinanziert werden müssten. Sollten Barmittel zu Beginn der Sanierung vorhanden sein, so sind diese i. d. R. für die leistungswirtschaftliche Restrukturierung gebunden. Die Kompensation durch

885 Vgl. hierzu bereits die Ausführungen in Kapitel 2.5.1.1 und 2.5.1.2.

Optionen kann einen Nachteil von erstrangigen Gläubigern ebenso ausgleichen, weil diese ähnlich wie bei der Anpassung des Vertragszinssatzes im Erfolgsfall mit einem höheren Einzahlungsüberschuss rechnen können. Im Falle einer gescheiterten Sanierung gehen sie in beiden Varianten leer aus: Der vertraglich vereinbarte Kapitaldienst kann nicht erbracht werden bzw. die ausgegebenen Optionen sind wertlos. Die Variante der Optionen ist jedoch nicht von vornherein mit einem fixen und erfolgsunabhängigen Kapitaldienst verbunden, welcher gerade durch die finanzielle Sanierung auf ein Minimum reduziert werden soll. Abschließend ist zu erwähnen, dass bei Hingabe von Optionen eine weitere Annäherung an das „optimale" Modell[886], in dem nur Eigenkapital nach der Sanierung existiert, erreicht wird: Nach deren Ausübung sind auch die erstrangigen Fremdkapitalgeber am Unternehmen beteiligt und werden Entscheidungen im langwierigen Sanierungsprozess effektiv(er) i. S. einer ökonomischen Gesamtbetrachtung treffen.

5.5 Zusammenfassende Würdigung der Ergebnisse und Einschränkungen der Modellierung

Bei der Wahl zwischen der Liquidation und einer der möglichen Fortführungsalternativen handelt es sich um eine hochkomplexe Entscheidungssituation, welche die voranstehenden Ausführungen nicht abzubilden vermögen. In der praktischen Umsetzung wird es regelmäßig nicht mit einer Beseitigung der materiellen Insolvenzgründe getan sein. Vielmehr muss insbesondere im leistungswirtschaftlichen und strategischen Bereich, welcher in dieser Arbeit weitestgehend ausgeblendet wurde, angesetzt werden, um die für die Unternehmenskrise bzw. Insolvenz verantwortlichen Ursachen nachhaltig abzuwenden. Mit Hilfe der durchgeführten Modellierung gelingt es jedoch, wichtige Rückschlüsse aus finanzwirtschaftlicher Perspektive zu ziehen sowie praktische Handlungsempfehlungen zur Ausgestaltung und Verbesserungsvorschläge für die Rahmenbedingungen abzuleiten. Jede (finanzielle) Sanierung stellt für die betroffenen Kapitalgeber- und auch für die anderen Anspruchsgruppen eine Entscheidungssituation unter Risiko[887] dar, welche mit Hilfe des verwendeten CRR-Modells verhältnismäßig einfach und dennoch methodisch korrekt abgebildet werden kann. Auch in der Realität wird es mehrere außergerichtliche und gerichtliche Sanierungsalternativen geben. Da im fortgeschrittenen Krisenstadium in der Regel kein Eigen- oder Fremdkapital von bis zu diesem Zeitpunkt nicht involvierten Dritten akquiriert werden kann, ist die Begrenzung auf die Alternativen der Kapitalerhöhung und des Debt Equity Swap

886 Vgl. Fn. 885.

887 Sind die Eintrittswahrscheinlichkeiten nicht objektiv bekannt, so kann jede Kapitalgebergruppe eine subjektive Einschätzung vornehmen oder auf die „objektivierte" Einschätzung eines unabhängigen Gutachters zurückgreifen. Letzteres und damit homogene Erwartungen der Kapitalgebergruppen wurden im Rahmen dieser Arbeit angenommen.

keinesfalls unrealistisch. Obwohl durch die Annahme einer abweichenden Verteilung für die künftig erzielbaren Einzahlungsüberschüsse, durch die Ausweitung des Modells auf mehrere Perioden und durch die Durchführung von Monte-Carlo-Simulationen verschiedene Erweiterungen denkbar sind, konnten die wesentlichen Zusammenhänge bereits im verwendeten einperiodigen Binomialmodell erarbeitet werden. Im vorliegenden Kapitel werden die wesentlichen Ergebnisse thesenförmig zusammengefasst und auch vor dem Hintergrund bestehender Erkenntnisse in Literatur und Rechtsprechung kritisch gewürdigt.

Conclusio 1: Keine Kapitalgebergruppe berücksichtigt bei ihrer Entscheidung für oder gegen eine Sanierung die Unternehmensgesamtperspektive.

(Ökonomisch) rational handelnde Akteure verfolgen stets die Maximierung ihres eigenen Nutzens, was regelmäßig zu Interessenkonflikten führt. Im betrachteten Sanierungskalkül versucht jede Kapitalgebergruppe, die eigenen Einzahlungsüberschüsse zu maximieren, ohne dabei die Vorteilhaftigkeit der individuell präferierten Lösung aus einer übergeordneten Perspektive zu betrachten. Hierzu besteht aufgrund der unterschiedlichen Arten von Vertragsbeziehungen und Ansprüchen mit bzw. gegen das Unternehmen auch kein Anreiz für die einzelnen Parteien.[888]

Dieses Problem wäre – zumindest aus theoretischer Sicht – vergleichsweise einfach zu lösen: Mit der Insolvenz gehen alle bestehenden Rechte und Pflichten des Unternehmens bzw. ihrer Beteiligten unter und jede Anspruchsgruppe erhält Eigenkapitalanteile am insolventen Unternehmen. Anschließend können sich die Gruppen für die Liquidation oder Fortführung entscheiden, wobei sich aufgrund der gleichrangigen und zum jeweiligen Kapitalanteil durchgeführten Beteiligung am Liquidations- oder Fortführungswert die aus Unternehmensgesamtperspektive effektive Lösung einstellen wird.[889] Derart weitgehende und pauschalierte Eingriffe in die individuellen Rechte wurden und werden in keinem Rechtssystem umgesetzt, zumal eine solche Ausgestaltung mit weitreichenden Implikationen und Anreizen für ökonomisch schädliches Handeln vor der tatsächlichen Insolvenz verbunden wäre.

Das angesprochene Problem besteht also nach wie vor, wenngleich in der Praxis nicht (immer) ausschließlich die Maximierung der eigenen Einzahlungsüberschüsse als Zielsetzung beobachtet werden kann. So haben auch andere Faktoren, wie beispielsweise die Sicherung des vom Eigentümer selbst aufgebauten Unternehmens, die Erhaltung von Arbeitsplätzen, die Signalwirkung von getroffenen Entscheidungen sowie die Aufrechterhaltung und Verbesserung der Reputation wesentlicher Financiers, Einfluss auf die getroffenen Entscheidungen in Sanierungssituationen.

888 Ähnlich Eidenmüller, H. (1999), S. 73.

889 Vgl. die entsprechenden Ausführungen zum Modell von Bebchuk bzw. Aghion/Hart/Moore und die zitierte Literatur in Kapitel 2.5.1.1 bzw. 2.5.1.2.

Conclusio 2: Aus Unternehmensgesamtperspektive nicht effektive Fortführungsentscheidungen treten nur auf, wenn der Fortführungswert den Liquidationswert übersteigt.

Im Rahmen der Modellierung konnte beobachtet werden, dass sowohl bei außergerichtlichen (Abbildung 46) als auch bei gerichtlichen Sanierungsentscheidungen ohne (Abbildung 52) und mit (Abbildung 57) zusätzlichen Kosten des Insolvenzverfahrens die Entscheidung im Kollektiv immer dann effektiv ist, wenn der Liquidationswert des Unternehmens den Fortführungswert übersteigt.

Auch in der gängigen Literatur finden sich viele Meinungen, dass in der Praxis trotz Ersetzung der alten Konkursordnung durch die Insolvenzordnung im Jahr 1999 tendenziell immer noch „zu schnell" liquidiert wird. Die Gründe hierfür sind vielfältig und werden insbesondere am hohen Einfluss von Banken in Deutschland[890] sowie der systematischen Überschätzung des Verwertungserlöses der von den Gläubigern bestellten Sicherheiten[891] gesehen. Auch die gestiegenen Anforderungen an das Risikomanagement und die Eigenkapitalausstattung in Folge von Basel II bzw. insbesondere Basel III spielen hier eine Rolle. Jede „Spezialbetreuung" von Krisenunternehmen und insbesondere insolventen Unternehmen ist für die entsprechenden Banken mit höheren Kosten, beispielsweise zusätzlichen Personalkosten oder in Folge der höheren Eigenkapitalvorhaltung gestiegenen Kapitalkosten, verbunden, welche in die Vorteilhaftigkeitsprüfung der Sanierung aus der Perspektive der Bank einbezogen werden. Diese Effekte können zwar in der Theorie (teilweise) kompensiert werden, in der Praxis jedoch nicht (immer vollständig).

Conclusio 3: Eigenkapitalgeber haben keinen Anreiz, einen Insolvenzantrag zu stellen, sanierungswillige Fremdkapitalgeber hingegen schon.

Die Modellierung zeigt, dass die Eigenkapitalgeber keinen Anreiz haben, einen Insolvenzantrag zu stellen. Ist das Insolvenzverfahren mit keinen zusätzlichen Kosten verbunden, so erleiden sie zwar nicht zwingend einen Nachteil[892], dennoch ist es etwa beim Zustandekommen eines Debt Equity Swap möglich[893]. Ist das Insolvenzverfahren mit zusätzlichen Kosten verbunden, so sind diese Kosten vorrangig von den Einzahlungsüberschüssen zu begleichen, bevor eine Befriedigung der übrigen Anspruchsgruppen erfolgt. Letzteres ist – wenigstens bei Eintreten des guten Umweltzustandes – mit Werteinbußen für die Eigenkapitalgeber verbunden.

---

890 Vgl. Schäfer, H.-B./Ott, C. (2012), S. 644–645.

891 Vgl. Grunert, J. (2010), S. 1306, 1320–1321. Die Probleme im Zusammenhang mit der Ermittlung des Liquidationswertes, welche regelmäßig unterschätzt werden, wurden in Kapitel 4.3.1 thematisiert.

892 Für $K_0 = 0{,}0$ gilt $E_{0,aEL} = E_{0,gEL}$, siehe auch Kapitel 5.4.2.2.

893 Für $K_0 = 0{,}0$ gilt $E_{0,aDES} \geq E_{0,gDES}$, weil die Eigenkapitalgeber – je nach Risiko der Unternehmung – einen Vorteil aus der von FK^{2nd} zu entrichtenden Differenzhaftung erreichen. Vgl. hierzu etwa das konkret gewählte Zahlenbeispiel und die Veranschaulichung in Abbildung 32 bzw. Abbildung 34.

Anders stellt sich die Situation für die wandlungswilligen zweitrangigen Fremdkapitalgeber dar: Entscheidet sich EK^{2nd} zum Angebot eines Debt Equity Swap, so werden sie bei $K_0 = 0,0$ aufgrund der in der Folge entfallenden Differenzhaftung immer die Insolvenz des Schuldners beantragen. Bei $K_0 > 0,0$ hängt die Entscheidung der Insolvenzantragstellung vom Risiko des Unternehmens ab.

Aufgrund der gesetzlichen Pflicht wird die Insolvenz des Schuldners regelmäßig durch das Management beantragt. Durch das in der InsO vorgesehene „Privileg" der entfallenden Differenzhaftung bei einer gerichtlichen Ausgestaltung des Debt Equity Swap wurde ein (weiterer) Anreiz gesetzt, auch durch Antrag von Gläubigern frühzeitig in das Insolvenzverfahren einzutreten. Wenngleich der Beweis für die Insolvenz des Schuldners durch die Gläubiger schwierig zu erbringen ist, bleibt abzuwarten, ob sich die Anzahl der durch unternehmensexterne Dritte gestellten Insolvenzanträge erhöhen wird.

<u>Conclusio 4:</u> <u>Auch bei Ausblendung von zusätzlichen Kosten des Insolvenzverfahrens kann dieses zu insgesamt nachteiligen Fortführungsentscheidungen führen.</u>

Wie ein Vergleich von der im Kollektiv gewählten Lösung außerhalb (Abbildung 46) mit der innerhalb des Insolvenzverfahrens mit $K_0 = 0,0$ (Abbildung 52) zeigt, stellt sich durch die gerichtliche Sanierung zunächst in keiner Risiko-Liquidationswert-Kombination eine zusätzliche, nicht effektive Entscheidung ein. Ein anderes Bild ergibt sich, wenn die Möglichkeit der Barkapitalerhöhung – beispielsweise können die Eigenkapitalgeber trotz ihrer grundsätzlichen Bereitschaft hierzu keine weiteren finanziellen Mittel aufbringen und einlegen – entfällt und der Debt Equity Swap als letzte Fortführungsmöglichkeit übrig bleibt. Vergleicht man die Ergebnisse des aDES (Abbildung 45) mit denen beim gDES und $K_0 = 0,0$ (Abbildung 51), so zeigt sich zwar bei geringem Risiko des Unternehmens aufgrund des Obstruktionsverbotes für die Eigenkapitalgeber ein insgesamt effektiveres Entscheidungsverhalten. Dieses geht jedoch zu Lasten eines i. S. der Unternehmensgesamtperspektive schädlicheren Entscheidungsverhaltens bei Unternehmen mit höherem Risiko, weil durch den Wegfall der Differenzhaftung den erstrangigen Fremdkapitalgebern ein Bestandteil ihrer antizipierten Befriedigung im schlechten Umweltzustand genommen wird.

Im Ergebnis kann also festgehalten werden, dass das Obstruktionsverbot in jedem Fall zu einer Minderung der Interessenkonflikte und in der Folge in deutlich mehr Risiko-Liquidationswert-Kombinationen zu effektiven Entscheidungen führt. Dies gilt für den Wegfall der Differenzhaftung nicht: Das oftmals als Vorteil „verkaufte Sanierungsprivileg" des Wegfallens der Differenzhaftung kann dazu führen, dass aufgrund des erwarteten Vorteils für FK^{2nd} ein außergerichtlicher Sanierungsversuch nicht angeboten und anstatt dessen eine gerichtliche Ausgestaltung forciert wird, welche im Anschluss aufgrund des erwarteten Nachteils für andere Anspruchsgruppen abgelehnt wird.

Conclusio 5: Weil eine gerichtliche Sanierung regelmäßig mit höheren Kosten verbunden ist als eine Außergerichtliche, wird bereits mit Stellung des Insolvenzantrags die Möglichkeit einer effizienten Lösung vernichtet und oftmals auch der Weg für eine effektive Entscheidung verbaut.

In Literatur und Praxis gilt die h. M., dass das Insolvenzverfahren mit deutlich höheren Kosten verbunden ist als eine vergleichbare außergerichtliche Sanierung.[894] Dies bedeutet, dass bereits mit Stellung des Insolvenzantrags das Erreichen einer ökonomisch effizienten Lösung ausgeschlossen ist. In etwas anderen Worten ausgesprochen vernichtet der Insolvenzantragssteller durch eben diese Handlung Wert in Höhe der entstehenden zusätzlichen Kosten K_0.[895] Ohne Hintergrund bzw. Sinn der gesetzlichen Insolvenzantragspflicht für den Schuldner an dieser Stelle diskutieren zu wollen, sollte in Folge dieser betriebswirtschaftlichen Erkenntnis zumindest kritisch hinterfragt werden, warum der Gesetzgeber auch für Gläubiger diesen (Fehl-)Anreiz setzt, frühzeitig und ggf. ohne den Versuch einer effizienteren außergerichtlichen Sanierung in das Insolvenzverfahren einzutreten.

Dies bestärkend zeigt die durchgeführte Modellierung, dass im Falle von $K_0 > 0{,}0$ durch Eintritt in das Insolvenzverfahren nicht nur eine effiziente Sanierung unmöglich wird, sondern sich in einigen Risiko-Liquidationswert-Kombinationen zusätzliche nicht effektive, also aus Unternehmensgesamtperspektive falsche Fortführungsentscheidungen, einstellen.[896]

Conclusio 6: Eine „Privilegierung" des Debt Equity Swap im Insolvenzplanverfahren, wie sie seit ESUG durch den Wegfall der Differenzhaftung stattfindet, ist ökonomisch nicht sinnvoll.

Wie bereits im Rahmen von Conclusio 3, 4 und 5 angesprochen wurde, ist es aus ökonomischer Perspektive wenig sinnvoll, den gerichtlichen Debt Equity Swap durch den Wegfall der Differenzhaftung zu privilegieren. Wenn das Insolvenzverfahren mit keinen zusätzlichen Kosten verbunden ist, kann diese Regelung mit dem damit verbundenen Anreiz für die potentiellen Inferenten zur Insolvenzantragstellung zu zusätzlichen, nicht effektiven Entscheidungen im Kollektiv führen. Geht man von der wohl realistischeren Annahme positiver zusätzlicher Kosten des Insolvenzverfahrens ($K_0 > 0{,}0$) aus[897], so wird – in Abhängigkeit vom Risiko der Unternehmung – bereits von vornherein Wert vernichtet, weil mit dem frühzeitigen Insolvenzantrag die Möglichkeit einer effizienten Fortführungslösung verspielt wurde.

---

894 Vgl. die Ausführungen in Kapitel 2.5.3.

895 Dies gilt lediglich bei einer partiellen Betrachtung, wie sie im betrachteten Modell gewählt wurde. Durch verschiedene Regelungen der InsO beispielsweise zur Aufkündigung von nachteiligen Altverträgen können durchaus auch operative Vorteile erzielt werden.

896 Vgl. Tabelle 9 für das Beispiel von $K_0 = 10{,}0$.

897 Vgl. Fn. 894.

Einschränkend sei an dieser Stelle nochmals angemerkt, dass das betrachtete Modell lediglich ein Partialmodell darstellt. Durch verschiedene Regelungen der InsO, etwa zur Aufkündigung von nachteiligen Altverträgen oder zur Unterstützung durch zeitlich befristetes Insolvenzgeld, können durchaus operative Vorteile und letztendlich höhere Einzahlungsüberschüsse in der Zukunft generiert werden. In diesen Fällen sollten die leistungswirtschaftlichen Vorteile mit den zusätzlich durch das Insolvenzverfahren entstehenden Kosten abgeglichen und auf dieser Basis eine Entscheidung für eine außergerichtliche oder gerichtliche Variante getroffen werden.

Betrachtet man lediglich die Restrukturierung der Kapitalstruktur – und der Debt Equity Swap dient (nur) der finanziellen Restrukturierung der Passivseite des Unternehmens – so wäre unter der Prämisse $K_0 > 0{,}0$ stets eine außergerichtliche Sanierungslösung anzustreben. Vor diesem Hintergrund ist es wenig sinnvoll, den Debt Equity Swap im Insolvenzverfahren durch den Wegfall der Differenzhaftung zu privilegieren.

Eine Erhöhung der Attraktivität des Debt Equity Swap insbesondere für die potentiellen Inferenten, wie sie vor allem in der Praxis oftmals gefordert wurde, kann ebenso durch die dargestellte, von der h. M. aber nach wie vor abgelehnte Nennwertanrechnung unabhängig von einem Insolvenzverfahren erreicht werden. Kann zu guter Letzt eine Fortführungslösung nur auf gerichtlichem Wege erzielt werden, weil etwa das Obstruktionsverbot und die entsprechenden Regelungen zur Kompensation von möglicherweise entstehenden Nachteilen erforderlich sind, so bleibt diese Option nicht verwehrt. Eine effiziente außergerichtliche Sanierungslösung ist jedoch nicht von vornherein ausgeschlossen.

Conclusio 7: Je mehr Gläubigerforderungen im Rang hinter den wandlungswilligen Kapitalgebern existieren, desto unattraktiver wird der Debt Equity Swap für den Inferenten.

Die Erweiterung um eine zusätzliche Kapitalgebergruppe FK^{3rd} stellt eine deutliche Annäherung der vereinfachenden Modellierung an die Sanierungskalküle in der Praxis dar. Regelmäßig kommen für einen Debt Equity Swap nur institutionelle Fremdkapitalgeber mit ausreichend hohen Forderungen in Betracht, während eine derartige finanzielle Sanierungsmaßnahme für die Vielzahl an nachrangigen Gläubigern mit vergleichsweise geringen Außenständen aus verschiedenen Gründen nicht in Frage kommt. Die Ausführungen haben gezeigt, dass sämtliche Gläubiger, welche vor der Sanierung im Rang hinter den wandlungswilligen Gläubigern stehen, von einem Debt Equity Swap zu Lasten der wandlungswilligen Inferenten profitieren. Sofern die nachrangigen Gläubiger nicht auch zu einem Debt Equity Swap bereit sind oder anderweitige Sanierungsbeiträge etwa in Form von (teilweisen) Forderungsverzichten erbringen, wird der Debt Equity Swap zunehmend unattraktiv.[898]

898 Ähnlich bereits Diamond, D. (1993), S. 361–363, sowie Gertner, R./Scharfstein, D. (1991), S. 1197–1199.

Hier ist in der Praxis ein klarer Vorteil des Insolvenzverfahrens zu sehen, welches eine bessere Koordination der Vielzahl an kleinen Gläubigern und anderen Stakeholdern erlaubt. Zudem nehmen die Forderungen der nachrangigen Gläubiger am Insolvenzverfahren nur dann teil, wenn sie vom Insolvenzgericht explizit zu deren Anmeldung aufgefordert werden. Ist dies nicht der Fall, so gelten diese als erlassen.[899] Mit zunehmender Größe eines Unternehmens wird es im fortgeschrittenen Krisenstadium schwieriger, unter enormem zeitlichem Druck und unter Einbeziehung aller relevanten Gläubiger die Zustimmung zu einer außergerichtlichen finanziellen Sanierungsmaßnahme mit erheblichen Forderungsverzichten zu erwirken.[900]

Conclusio 8: Die Eigenkapitalgeber werden Sanierungen i. d. R. unterstützen, weil sie bei Fortführungslösungen im Gegensatz zur Liquidation nicht leer ausgehen.

Die Ausführungen zu einer möglichen Kapitalerhöhung gegen Bareinlagen zeigen, dass die Eigenkapitalgeber ab einem gewissen Risiko der Unternehmung stets – regelmäßig auch in den Fällen, in denen der Liquidationswert den Unternehmensgesamtwert bei Fortführung übersteigt – zu einer solchen Sanierungsalternative bereit sind. Vor diesem Hintergrund verwundert es zunächst, dass im fortgeschrittenen Krisenstadium nur in wenigen Ausnahmefällen eine Kapitalerhöhung gegen Bareinlagen das Problem in der Praxis löst. Wenngleich eine weitere Barkapitalerhöhung sowohl aus Unternehmensgesamtperspektive als auch aus Sicht der Einlegenden lohnen mag, sind die finanziellen Reserven der Eigenkapitalgeber aufgrund von Einlagen im Rahmen der Gründung oder im Rahmen von vorgeschalteten Restrukturierungsversuchen oftmals aufbraucht.

Während eine außergerichtliche Ausgestaltung des Debt Equity Swap die Zustimmung der Eigenkapitalgeber erfordert, ist diese im Insolvenzverfahren u. U. entbehrlich. Die Modellierung zeigt aber, dass die Eigenkapitalgeber auch außerhalb des Insolvenzverfahrens regelmäßig zu dieser Kapitalmaßnahme bereit sind.[901] Aufgrund ihres Residualanspruches gehen sie bei Liquidation oder gescheiterter Sanierung leer aus, während sie im Erfolgsfall – wenn auch nach Durchführung des Debt Equity Swap mit deutlich geringeren Kapitalanteilen – unbeschränkt an den Gewinnen partizipieren.

Obwohl die grundsätzliche Sanierungsbereitschaft der Eigenkapitalgeber nicht unterschätzt werden sollte, zeigen obige Erkenntnisse auch, dass diese Kapitalgebergruppe stets einen Anreiz hat, das Risiko der Unternehmung – im Modell wur-

899 Vgl. § 225 Abs. 1 InsO bzw. Fn. 204. Zur Kritik an der praktischen Umsetzbarkeit dieses grundsätzlichen Forderungerlasses vgl. die Ausführungen in Kapitel 5.4.4.5.

900 Ähnlich Eidenmüller, H. (1999), S. 60–61.

901 Dies gilt nicht bei sehr geringem Unternehmensrisiko, weil sie dann aufgrund der Wertlosigkeit ihrer Anteile vor finanzieller Sanierung keine Anteile am sanierten Unternehmen erhalten.Vgl. auch Fn. 855.

den vereinfachend zwar mehrere Sanierungsalternativen, jedoch immer mit dem identischen, nicht wählbaren Risiko verglichen – möglichst gering darzustellen. Aufgrund der Art ihrer Ansprüche bevorzugen Gläubiger stets eine risikoarme Sanierung, während Eigenkapitalgeber eine risikoreichere Variante präferieren.[902]

---

902 Vgl. Fischer, T. (1999), S. 16–18.

6 Zusammenfassung

Ziel der vorliegenden Arbeit war es, die Rahmenbedingungen für finanzielle Sanierungsmaßnahmen im Allgemeinen und den Debt Equity Swap im Besonderen zu identifizieren, einen Beitrag zu den resultierenden bewertungstechnischen Herausforderungen zu leisten und darauf aufbauend die ökonomische Vorteilhaftigkeit der Umwandlung von Fremd- in Eigenkapital zu analysieren. Wenngleich der Debt Equity Swap bzw. die zugrunde liegende Idee keinesfalls neu ist, sind in der jüngeren Vergangenheit insbesondere im Zusammenhang mit dem ESUG mehrere, vor allem rechtswissenschaftliche Literaturbeiträge veröffentlicht worden, welche auch mögliche Probleme im Zusammenhang mit der Bewertung von Fremd- und Eigenkapitaltiteln bei derartigen Transaktionen erkennen, ohne jedoch betriebswirtschaftlich fundierte Lösungsvorschläge zu liefern. Letzteres war Motivation genug, sich mit den ökonomischen Facetten der Umwandlung von Fremd- in Eigenkapital auseinanderzusetzen.

Ein Debt Equity Swap eignet sich zur finanziellen Sanierung von – je nach individueller Ausgestaltung – sowohl insolvenzrechtlich als auch ökonomisch überschuldeten Unternehmen. Dabei wird zunächst das gezeichnete Kapital bzw. das Stammkapital durch eine vereinfachte Kapitalherabsetzung an das noch vorhandene Reinvermögen angepasst. Je nach Wert des Eigenkapitals vor finanzieller Sanierung scheiden die Alteigenkapitalgeber entweder vollständig aus dem Unternehmen aus oder – und das dürfte der Regelfall sein – ihre Anteile werden verwässert, weil nur der wandlungswillige Gläubiger in der Lage ist, die gegen die Gesellschaft gerichtete Forderung im Rahmen einer Kapitalerhöhung gegen Sacheinlagen in das sanierungsbedürftige Unternehmen einzulegen. Im Gegenzug dafür erhält der Inferent Anteile am Unternehmen oder andere eigenkapitalähnliche Finanzinstrumente. Zwar wird die Liquidität des Unternehmens durch die entfallenden Zins- und Tilgungsverpflichtungen mittelbar geschont. Ein Zufluss von liquiden Mitteln („fresh money"), welche regelmäßig für die zur Wiederherstellung der nachhaltigen Lebensfähigkeit erforderlichen operativen und strategischen Restrukturierungsmaßnahmen benötigt werden, ist in einem umfassenden Sanierungskonzept zusätzlich und unabhängig vom Debt Equity Swap zu berücksichtigen.

Die h. M. in Literatur und Rechtsprechung sieht eine Werthaltigkeitsprüfung der im Rahmen des Debt Equity Swap einzulegenden Forderung unabhängig davon, ob die Transaktion außergerichtlich oder im Rahmen eines Insolvenzplanverfahrens umgesetzt wird, vor (Vollwertigkeitsprinzip). Seit dem ESUG wird jedoch die insolvenzrechtliche Ausgestaltung dahingehend privilegiert, dass der Schuldner nach der gerichtlichen Bestätigung des Insolvenzplans keine Ansprüche wegen einer möglichen Überbewertung der eingelegten Forderung geltend machen kann. Vereinzelte Stimmen in der Literatur vertreten die Gegenauffassung, dass eine Einbringung zum Nennwert (Nennwertprinzip) dem originären Schutzzweck der bestehenden Offenlegungs- und Bewertungsvorschriften für Sacheinlagen besser gerecht wird.

Letzteres wurde im Rahmen der Arbeit aufgegriffen und erörtert. Ergebnis der geführten rechtswissenschaftlichen Diskussion ist, dass aus Gläubigerschutzgesichtspunkten nichts gegen eine Anwendung des Nennwertprinzips spricht. Sofern man aber auch den Gesellschafterschutz als Aufgabe der bestehenden Offenlegungs- und Bewertungsvorschriften sieht, ist eine eindeutige Aussage zunächst nicht möglich: Einerseits werden die Alteigentümer unabhängig von der Anwendung des Vollwertigkeits- oder des Nennwertprinzips stets besser gestellt als bei einer Liquidation, welche sich einstellt, wenn kein Gläubiger zu einem rettenden Debt Equity Swap bereit ist. Andererseits müssen sie im Falle einer Einbringung zum Nennwert eine größere Verwässerung ihrer eigenen Anteile hinnehmen. Die Diskussion der Frage, ob eine Forderung zum Marktwert oder zum Nennwert einzubringen ist, wurde aus der ökonomischen Perspektive an späterer Stelle fortgesetzt.

Ausgangspunkt einer jeden Entscheidung über Fortführung oder Liquidation ist die Ermittlung der mit der jeweiligen Alternative verbundenen Einzahlungsüberschüsse auf Unternehmensgesamtebene und deren Diskontierung auf den Barwert. Bei der Ermittlung des Unternehmensgesamtwertes unter der Going Concern-Prämisse ist dem APV-Ansatz der Vorzug zu geben, weil nur dieser bei in Sanierungssituationen regelmäßig zu unterstellender autonomer Finanzierungsstrategie eigenständig arbeitet. Dennoch sind die Ausführungen in der Standardliteratur um die spezifischen Gegebenheiten bei sanierungsbedürftigen Unternehmen zu erweitern: Es wurde verdeutlicht, wie leistungswirtschaftliche Sanierungsmaßnahmen, existierende steuerliche Verlustvorträge, die beschränkte steuerliche Abzugsfähigkeit von Zinsaufwendungen und Verlustvorträgen sowie möglicherweise anfallende Sanierungsgewinne in das Bewertungskalkül zu integrieren sind, weil sie den Unternehmensgesamtwert und damit die Fortführungsentscheidung beeinflussen (können). Wenngleich nur unter restriktiven Annahmen eine korrekte Diskontierung der jeweiligen Wertbausteine möglich ist, wird der Anwender durch den vorgeschlagenen erweiterten APV-Ansatz explizit dazu aufgefordert, wesentliche wertrelevante Bausteine separat zu betrachten und zu diskontieren. Die Anwendung mehrwertiger Verteilungen und damit einhergehend die explizite Berücksichtigung der Pfadabhängigkeit ist nicht nur Voraussetzung für eine korrekte Bewertung der erzielbaren Steuervorteile, sondern auch für die Ableitung des verbleibenden Wertes der individuellen Kapitalgeberansprüche. Nach deren Ermittlung sind der Wert der „Eintrittskarten“[903] in das sanierte Unternehmen und damit der Ausgangspunkt der Verhandlung vorgegeben.

Im weiteren Verlauf wurde das Entscheidungsverhalten der einzelnen Kapitalgebergruppen insbesondere auch im Hinblick auf den Debt Equity Swap untersucht. Hierzu wurde ein Partialmodell entwickelt, welches lediglich die Restrukturierung der Kapitalstruktur des Unternehmens untersucht hat. Dagegen wurden verschiedene Regelungen der InsO, etwa zur Aufkündigung von nachteiligen Altverträgen oder zur Unterstützung durch zeitlich befristetes Insolvenzgeld, ausgeblendet. Während

903 Ähnlich Bebchuk, L. (1988), S. 776.

es bei $V_{0,Liq} > V_{0,F}$ in keinem betrachteten Fall zu einer aus Unternehmensgesamtperspektive falschen Fortführungsentscheidung im Kollektiv kommt, gilt dies für $V_{0,Liq} < V_{0,F}$ nicht. Unter den getroffenen Prämissen konnte gezeigt werden, dass der Gesetzgeber durch den Wegfall der Differenzhaftung bei einer gerichtlichen Ausgestaltung der Transaktion einen Fehlanreiz für den Inferenten gesetzt hat. Unabhängig von den Auswirkungen auf Unternehmensgesamtebene wird der Inferent die Eröffnung des Insolvenzverfahrens beantragen, wenn $F^{2nd}_{0,gDES} \geq F^{2nd}_{0,aDES}$ gilt. Weil das Insolvenz(plan)verfahren mit höheren Kosten verbunden ist, wird – in Abhängigkeit vom Unternehmensrisiko bzw. den Wachstumsfaktoren u bzw. d – bereits mit der Insolvenzantragsstellung Wert vernichtet, weil anschließend eine effizientere außergerichtliche Variante nicht mehr möglich ist. Aufgrund des Fehlanreizes für die wandlungswilligen Gläubiger, frühzeitig in das Insolvenzverfahren einzutreten, kann es in der Folge aufgrund des erwarteten Nachteils für andere Kapitalgebergruppen zu zusätzlichen nicht effektiven, also ökonomisch falschen Fortführungsentscheidungen im Kollektiv, kommen.

Des Weiteren wurde gezeigt, dass eine Anwendung des Nennwertprinzips aus ökonomischer Perspektive nicht in jeder Risiko-Liquidationswert-Kombination zwingend Vorteile, jedoch in jedem Fall keine Nachteile im Vergleich zu den existierenden Regelungen zum gerichtlichen Debt Equity Swap bringt. Im Ergebnis kann festgehalten werden, dass eine Anwendung des Nennwertprinzips unabhängig vom (gewählten) Rahmen der Sanierung folgende ökonomische Effekte nach sich zieht: Zum einen erhöht die Einbringung zum Nennwert die Attraktivität des Debt Equity Swap insbesondere für die wandlungswilligen Gläubiger, weil diese höhere Anteile am sanierten Unternehmen erhalten. Dies bedeutet, dass sie in Abhängigkeit der individuellen Risiko-Liquidationswert-Kombination häufiger einen Debt Equity Swap anbieten werden. Die Eigenkapitalgeber profitieren davon, weil sich dann in tendenziell mehr Kombinationen nicht die für sie nachteilige Liquidationslösung, in der sie bei $V_{0,Liq} < V_{0,F}$ stets leer ausgehen, einstellen wird. Für die übrigen Gläubigergruppen ist die Frage, ob eine Einbringung zum Marktwert oder zum Nennwert erfolgen soll, irrelevant, weil diese lediglich über die Aufteilung des neuen Eigenkapitals zwischen den Altеigentümern und dem Inferenten entscheidet.

7 Anhang

7.1 Überleitung des WACC-Ansatzes zum APV-Ansatz[904]

Der Marktwert des Eigenkapitals ermittelt sich unter der Annahme des Rentenfalls mit einem einfachen Steuersystem im WACC-Ansatz wie folgt (vgl. Formel (7)):[905]

$$E = V^F - F = \frac{FCF^E \cdot (1-s)}{i \cdot (1-s) \cdot \frac{F}{V^F} + k^F \cdot \frac{E}{V^F}} - F$$

Die geforderten Eigenkapitalkosten der Eigentümer bei anteiliger Fremdfinanzierung sind gegeben durch (vgl. Formel (10)):

$$k^F = k^E + \left(k^E - i\right) \cdot (1-s) \cdot \frac{F}{E}$$

Durch Einsetzen der zweiten Gleichung in die Erste erhält man:

$$\begin{aligned}
E &= \frac{FCF^E \cdot (1-s)}{i \cdot (1-s) \cdot \frac{F}{V^F} + \left(k^E + \left(k^E - i\right) \cdot (1-s) \cdot \frac{F}{E}\right) \cdot \frac{E}{V^F}} - F = \\
&= \frac{FCF^E \cdot (1-s)}{i \cdot (1-s) \cdot \frac{F}{V^F} + k^E \cdot \frac{E}{V^F} + \left(k^E - i\right) \cdot (1-s) \cdot \frac{F}{V^F}} - F = \\
&= \frac{FCF^E \cdot (1-s)}{\frac{i \cdot F}{V^F} - \frac{i \cdot F}{V^F} + \frac{i \cdot s \cdot F}{V^F} - \frac{i \cdot s \cdot F}{V^F} + \frac{k^E \cdot E}{V^F} + \frac{k^E \cdot F}{V^F} - \frac{k^E \cdot s \cdot F}{V^F}} - F = \\
&= \frac{FCF^E \cdot (1-s)}{k^E \cdot \left(\frac{E}{V^F} + \frac{F}{V^F} - \frac{s \cdot F}{V^F}\right)} - F = \\
&= \frac{FCF^E \cdot (1-s)}{k^E \cdot \left(1 - s \cdot \frac{F}{E+F}\right)} - F
\end{aligned}$$

904 Für die zugrunde liegende Literatur vgl. Fn. 530 und 533.

905 Weil das Fremdkapital im Grundmodell nicht ausfallgefährdet ist, entspricht der Buchtwert des Fremdkapitals dem Marktwert: F = FK.

Nach anschließendem Auflösen der Gleichung nach E ergibt sich:

$$(E+F)\cdot\left(1-s\cdot\frac{F}{E+F}\right)=\frac{FCF^{E}\cdot(1-s)}{k^{E}}$$

$$E+F-\frac{(E+F)\cdot s\cdot F}{E+F}=\frac{FCF^{E}\cdot(1-s)}{k^{E}}$$

$$E=\frac{FCF^{E}\cdot(1-s)}{k^{E}}+s\cdot F-F$$

Das Ergebnis entspricht der Formel (4) in Kapitel 4.2.3.1 und somit dem APV-Ansatz.

7.2 Überleitung des FTE-Ansatzes zum APV-Ansatz[906]

Nach Umformung der Formel zur Berechnung der Werts des Eigenkapitals nach dem FTE-Ansatz $E=\frac{(FCF^{E}-i\cdot F)\cdot(1-s)}{k^{F}}$ zu $E=\frac{FCF^{E}\cdot(1-s)-i\cdot F\cdot(1-s)}{k^{F}}$, nach Umformung der Formel zur Berechnung der Marktwerts des Eigenkapitals nach dem APV-Ansatz $E=\frac{FCF^{E}\cdot(1-s)}{k^{E}}+s\cdot F-F$ zu $FCF^{E}\cdot(1-s)=k^{E}\cdot(E-s\cdot F+F)$ und nach Einsetzen des letzteren Ergebnisses in die Berechnungsformel des FTE-Ansatzes können die geforderten Eigenkapitalkosten der Eigentümer bei anteiliger Fremdfinanzierung wie folgt abgeleitet werden:[907]

$$E=\frac{k^{E}\cdot(E-s\cdot F+F)-i\cdot F\cdot(1-s)}{k^{F}}$$

$$k^{F}=\frac{k^{E}\cdot(E-s\cdot F+F)-i\cdot F\cdot(1-s)}{E}=$$

$$=\frac{k^{E}\cdot E}{E}+\frac{k^{E}\cdot F-k^{E}\cdot s\cdot F-i\cdot F+i\cdot F\cdot s}{E}=$$

$$=k^{E}+\left(k^{E}-k^{E}\cdot s-i+i\cdot s\right)\cdot\frac{F}{E}=$$

$$=k^{E}+\left(k^{E}-i\right)\cdot(1-s)\cdot\frac{F}{E}$$

906 Für die zugrunde liegende Literatur vgl. Fn. 530 und 535.

907 Weil das Fremdkapital im Grundmodell nicht ausfallgefährdet ist, entspricht der Buchtwert des Fremdkapitals dem Marktwert: F = FK.

7.3 Beispiel zur Ermittlung der periodischen Steuervorteile aus der begrenzten Abzugsfähigkeit von Fremdkapitalaufwendungen

Der aufgrund der Zinsschranke maximal zulässige Zinsabzug Z_t^{MAX} einer jeden Periode t ist anhand von Formel (20) zu berechnen. Die Funktionsweise der Formel wird anhand zweier Zahlenbeispiele (Werte in TEUR) veranschaulicht: Für beide Zahlenbeispiele soll $ZE_t = 500$ und $EBITDA_t = 5.000$ gelten. ZA_t beträgt in Beispiel 1 $ZA_t^{Beispiel\,1} = 2.500$ und in Beispiel 2 $ZA_t^{Beispiel\,2} = 4.500$.

In Beispiel 1 übersteigen die Zinsaufwendungen $ZA_t^{Beispiel\,1}$ die Zinserträge ZE_t, weswegen ein Zinssaldo $ZS_t^{Beispiel\,1} = \max(0;2.500-500) = 2.000$ resultiert. Dieser Zinssaldo übersteigt die Freigrenze in Höhe von TEUR 3.000 nicht, weswegen $Z_t^{MAX\,(Beispiel\,1)} = 2.500$ gelten muss. Formel (20) liefert das korrekte Ergebnis.

$$\begin{aligned} Z_t^{MAX\,(Beispiel\,1)} &= 500 + \left[\left(1-\min\left(\max\left(0;2.000-3.000\right);1\right)\right)\cdot 2.000\right] + \\ &\quad + \left[\min\left(\max\left(0;0,3\cdot 5.000\right);\left(1-\min\left(\max\left(0;3.001-2.000\right);1\right)\right)\cdot 2.000\right)\right] \\ &= 2.500 \end{aligned}$$

Auch in Beispiel 2 übersteigen die Zinsaufwendungen $ZA_t^{Beispiel\,2}$ die Zinserträge ZE_t, weswegen ein Zinssaldo $ZS_t^{Beispiel\,1} = \max(0;4.500-500) = 4.000$ resultiert. Dieser Zinssaldo übersteigt jedoch die Freigrenze, weswegen ZS_t nur in Höhe von 30 % des (steuerlichen) EBITDA abzugsfähig ist. Demzufolge muss $Z_t^{MAX\,(Beispiel\,2)} = 500 + 0,3\cdot 5.000 = 2.000$ gelten. Formel (20) liefert das korrekte Ergebnis.

$$\begin{aligned} Z_t^{MAX\,(Beispiel\,2)} &= 500 + \left[\left(1-\min\left(\max\left(0;4.000-3.000\right);1\right)\right)\cdot 4.000\right] + \\ &\quad + \left[\min\left(\max\left(0;0,3\cdot 5.000\right);\left(1-\min\left(\max\left(0;3.001-4.000\right);1\right)\right)\cdot 4.000\right)\right] \\ &= 2.000 \end{aligned}$$

Der Vollständigkeit wegen sei angemerkt, dass Formel (20) für $ZS_t \in]2.999;3.000[$ und $ZS_t \in]3.000;3.001[$ aufgrund der gewählten MIN-MAX-Modellierung nicht korrekt funktioniert. Dies ist nicht weiter schädlich, wenn auf TEUR gerundete Werte verwendet werden.

7.4 Zweiperiodiges Beispiel zur Ermittlung des Barwertes der aus der Fremdfinanzierung resultierenden Steuervorteile

Grundsätzlich gelten die identischen Annahmen des in Kapitel 4.4.5.3.1 verwendeten Beispiels, lediglich $EBITDA_0 = EBIT_0 = 3.500,0$ wurde abweichend gewählt.

Abbildung 70: Periodische Steuervorteile SV_t^{FF} im zweiperiodigen Beispiel

Periode 0

EBIT	3.500,00
FK	5.000,00
ZV	3.500,00
$VV^{Neu,Ge}$	0,00
$VV^{Neu,K}$	0,00

Periode 1 - Zustand u

EBIT	4.900,00
ZS	3.750,00
Z^{MAX}	1.470,00
ZV	2.280,00
Z^{GE}	1.102,50
Z^{K}	1.470,00
$VV^{Neu,Ge}$	0,00
$VV^{Neu,K}$	0,00
SV^{FF}	374,85

Periode 1 - Zustand d

EBIT	2.500,00
ZS	3.750,00
Z^{MAX}	750,00
ZV	3.000,00
Z^{GE}	562,50
Z^{K}	750,00
$VV^{Neu,Ge}$	0,00
$VV^{Neu,K}$	0,00
SV^{FF}	191,25

Periode 2 - Zustand uu

EBIT	6.860,00
ZS	2.530,00
Z^{MAX}	2.530,00
ZV	0,00
Z^{GE}	1.897,50
Z^{K}	2.530,00
$VV^{Neu,Ge}$	0,00
$VV^{Neu,K}$	0,00
SV^{FF}	645,15

Periode 2 - Zustand ud

EBIT	3.500,00
ZS	2.530,00
Z^{MAX}	2.530,00
ZV	0,00
Z^{GE}	1.897,50
Z^{K}	2.530,00
$VV^{Neu,Ge}$	0,00
$VV^{Neu,K}$	0,00
SV^{FF}	645,15

Periode 2 - Zustand du

EBIT	3.500,00
ZS	3.250,00
Z^{MAX}	1.050,00
ZV	2.200,00
Z^{GE}	787,50
Z^{K}	1.050,00
$VV^{Neu,Ge}$	0,00
$VV^{Neu,K}$	0,00
SV^{FF}	267,75

Periode 2 - Zustand dd

EBIT	1.785,71
ZS	3.250,00
Z^{MAX}	535,71
ZV	2.714,29
Z^{GE}	401,79
Z^{K}	535,71
$VV^{Neu,Ge}$	0,00
$VV^{Neu,K}$	0,00
SV^{FF}	136,61

Weil die Entwicklungsfaktoren und Eintrittswahrscheinlichkeiten unabhängig von der Ausprägung der Vorperiode definiert wurden, sind die Eigenkapitalkosten bei reiner Eigenfinanzierung im Zeitablauf konstant und betragen gemäß Formel (34) $k^E = \frac{(1+0{,}05)\cdot\left(0{,}6\cdot(1{,}4\cdot 10.000{,}0)+0{,}4\cdot\left(1{,}4^{-1}\cdot 10.000{,}0\right)\right)}{0{,}5\cdot(1{,}4\cdot 10.000{,}0)+0{,}5\cdot\left(1{,}4^{-1}\cdot 10.000{,}0\right)} - 1 \approx 0{,}12.$ Die zustandsabhängigen periodischen Steuervorteile sowie die dafür benötigten Werte wurden nach den Gleichungen in Kapitel 4.4.5.2 berechnet und sind in Abbildung 70 zusammengefasst. Durch das Roll-Back-Verfahren[908] ermittelt sich der Barwert der aus der Fremdfinanzierung resultierenden Steuervorteile wie folgt.

908 Vgl. auch Drukarczyk, J./Schüler, A. (2009), S. 41–45. Aufgrund im Zeitablauf konstanten Veränderungsfaktoren u und d müsste das Roll-Back-Verfahren nicht angewendet werden, weil eine direkte Berechnung ebenso möglich wäre: $V_0^{\widetilde{SV,FF}} = \frac{0{,}50\cdot 374{,}85+0{,}50\cdot 191{,}25}{(1+0{,}05)^1} + \frac{0{,}50^2\cdot 645{,}15+0{,}50\cdot 0{,}50\cdot 645{,}15+0{,}50\cdot 0{,}50\cdot 267{,}75+0{,}50^2\cdot 136{,}61}{(1+0{,}05)^2} = 653{,}85.$

$$V_{1,u}^{\widetilde{SV,FF}} = \frac{(0{,}50 \cdot 645{,}15) + (0{,}50 \cdot 645{,}15)}{(1+0{,}05)^1} = 614{,}43$$

$$V_{1,d}^{\widetilde{SV,FF}} = \frac{(0{,}50 \cdot 267{,}75) + (0{,}50 \cdot 136{,}61)}{(1+0{,}05)^1} = 192{,}55$$

$$V_{0}^{\widetilde{SV,FF}} = \frac{(0{,}50 \cdot (614{,}43 + 374{,}85)) + (0{,}50 \cdot (192{,}55 + 191{,}25))}{(1+0{,}05)^1} = 653{,}85$$

Anschließend können die risikoäquivalenten Kapitalkosten wie folgt ermittelt werden.

$$k_{2,u}^{\widetilde{SV,FF}} = \frac{(0{,}6 \cdot 645{,}15) + (0{,}4 \cdot 645{,}15)}{614{,}43} - 1 \approx 0{,}05$$

$$k_{2,d}^{\widetilde{SV,FF}} = \frac{(0{,}6 \cdot 267{,}75) + (0{,}4 \cdot 136{,}61)}{192{,}55} - 1 \approx 0{,}12$$

$$k_{1}^{\widetilde{SV,FF}} = \frac{(0{,}6 \cdot (614{,}43 + 374{,}85)) + (0{,}4 \cdot (192{,}55 + 191{,}25))}{653{,}85} - 1 \approx 0{,}14$$

7.5 Zweiperiodiges Beispiel zur Ermittlung des Barwertes der aus der Altverlustverrechnung resultierenden Steuervorteile

Zur Anwendung kommt das identische Zahlenbeispiel aus Kapitel 7.3, wobei nun die zusätzlichen Parameter SG_0, $VV_{-1}^{Alt,Ge}$ und $VV_{-1}^{Alt,K}$ berücksichtigt werden und darauf aufbauend der entsprechende Steuereffekt $\widetilde{SE_t^{VVAlt,SG}}$ Eingang findet. Der aus der künftig gewählten Kapitalstruktur erzielbare periodische Steuervorteil $\widetilde{SV_t^{FF}}$ bleibt unabhängig von den verwendeten Werten für die Parameter SG_0, $VV_{-1}^{Alt,Ge}$ und $VV_{-1}^{Alt,K}$ identisch. Dies wurde im Rahmen dieser Arbeit gerade als Vorteil herausgestellt, weil verschiedene Sanierungsalternativen die Höhe der steuerlichen Altverlustvorträge und den Sanierungsgewinn unterschiedlich beeinflussen und die entsprechenden Werteffekte separat betrachtet werden können.

Die zustandsabhängigen periodischen Steuereffekte $\widetilde{SE_t^{VVAlt,SG}}$ sowie die dafür benötigten Werte wurden nach den Gleichungen in Kapitel 4.4.6 berechnet, wobei zunächst $SG_0 = 0{,}0$, $VV_{-1}^{Alt,Ge} = 3.500{,}0$ und $VV_{-1}^{Alt,K} = 3.500{,}0$ gelte:

Zur im Folgenden dargestellten Berechnung der risikoäquivalenten Kapitalkosten sind jedoch das Roll-Back-Verfahren und deren Erkenntnisse erforderlich.

Abbildung 71: Periodische Steuereffekte $SE_t^{VVAlt,SG}$ im zweiperiodigen Beispiel

Periode 0	
EBIT	3.500,00
FK	5.000,00
ZV	3.500,00
$VV^{Neu,Ge}$	0,00
$VV^{Neu,K}$	0,00
SG	0,00
$VV^{Alt,Ge}$	3.500,00
$VV^{Alt,K}$	3.500,00
$VV^{Neu,SG,Ge}$	0,00
$VV^{Neu,SG,K}$	0,00

	Periode 1 - Zustand u	Periode 1 - Zustand d
EBIT	4.900,00	2.500,00
FK	5.000,00	5.000,00
ZS	1.470,00	3.750,00
Z^{MAX}	1.470,00	750,00
ZV	2.280,00	3.000,00
Z^{GE}	1.102,50	562,50
Z^{K}	1.470,00	750,00
$VV^{Neu,Ge}$	0,00	0,00
$VV^{Neu,K}$	0,00	0,00
SV^{FF}	374,85	191,25
$VV^{Alt,Ge}$	821,50	1.937,50
$VV^{Alt,K}$	1.042,00	2.050,00
$VV^{Neu,SG,Ge}$	0,00	0,00
$VV^{Neu,SG,K}$	0,00	0,00
$SE^{VVAlt,SG}$	743,69	436,25

	Periode 2 - Zustand uu	Periode 2 - Zustand ud	Periode 2 - Zustand du	Periode 2 - Zustand dd
EBIT	6.860,00	3.500,00	3.500,00	1.785,71
ZS	2.530,00	2.530,00	3.250,00	3.250,00
Z^{MAX}	2.530,00	2.530,00	1.050,00	535,71
ZV	0,00	0,00	2.200,00	2.714,29
Z^{GE}	1.897,50	1.897,50	787,50	401,79
Z^{K}	2.530,00	2.530,00	1.050,00	535,71
$VV^{GE, Neu}$	0,00	0,00	0,00	0,00
$VV^{K, Neu}$	0,00	0,00	0,00	0,00
SV^{FF}	645,15	645,15	267,75	136,61
$VV^{Alt,Ge}$	0,00	0,00	0,00	707,14
$VV^{Alt,K}$	0,00	72,00	1.020,00	1.514,29
$VV^{Neu,SG,Ge}$	0,00	0,00	0,00	0,00
$VV^{Neu,SG,K}$	0,00	0,00	0,00	0,00
$SE^{VVAlt,SG}$	271,31	260,51	425,75	252,61

Analog zu den bisherigen Ausführungen sollen im Folgenden die risikoäquivalenten Kapitalkosten bei variierendem $EBIT_0$ bzw. ZV_0 betrachtet werden.

Abbildung 72: Veränderung von $k_1^{SE,VVAlt,SG}$, $k_{2u}^{SE,VVAlt,SG}$ und $k_{2d}^{SE,VVAlt,SG}$ in Abhängigkeit von $EBIT_0$ im zweiperiodigen Beispiel[909]

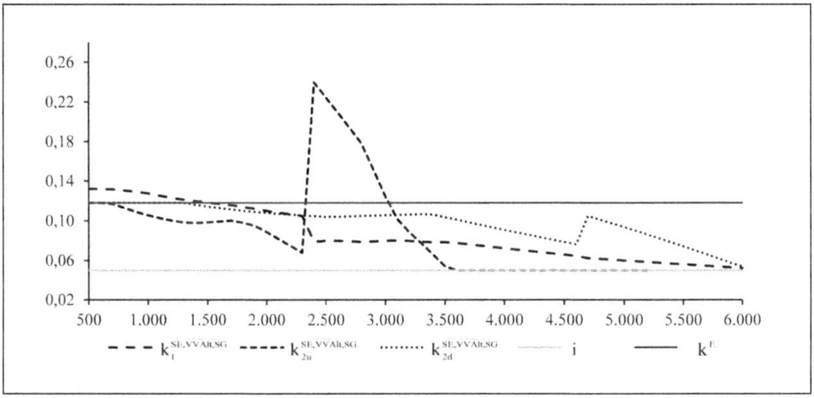

Weil die Zinsschranke Auswirkungen auf die steuerlichen Bemessungsgrundlagen $\widetilde{BMG}_t^{Ge}$ bzw. $\widetilde{BMG}_t^{K}$ hat, welche wiederum die zustandsabhängige Altverlustverrechnungsmöglichkeit beeinflusst, sind auch hier Kapitalkosten über k^E beobachtbar, wenn die Zinsschranke in einigen Umweltzuständen greift und in anderen nicht. Gleiches kann bei der Sensitivitätsanalyse hinsichtlich ZV_0 beobachtet werden.

Abbildung 73: Veränderung von $k_1^{SE,VVAlt,SG}$, $k_{2u}^{SE,VVAlt,SG}$ und $k_{2d}^{SE,VVAlt,SG}$ in Abhängigkeit von ZV_0 im zweiperiodigen Beispiel

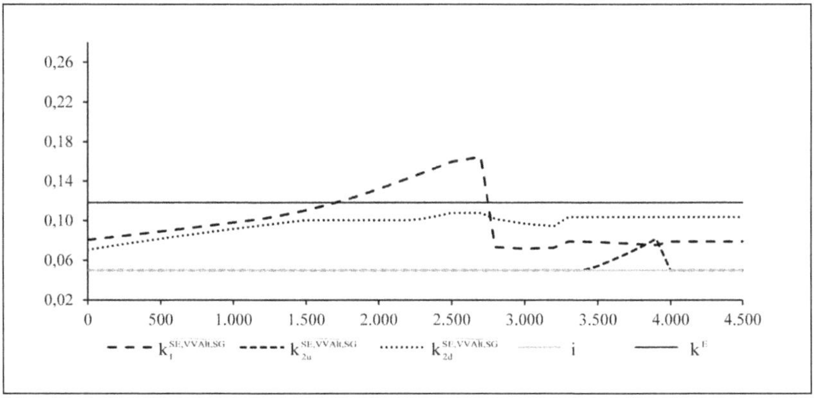

909 Für $EBIT_0 > 5.300{,}0$ gibt es für $\widetilde{k_{2u}^{SE,VVAlt,SG}}$ keine gültigen Lösungen mehr, weil die Altverluste bereits vollständig in der Vorperiode verrechnet werden konnten und der dann in t = 2 erzielbare Steuervorteil aus der Altverrechnung Null beträgt.

Voranstehende Abbildungen zeigen, dass die risikoäquivalenten Kapitalkosten zustandsabhängig sind und dementsprechend eine differenzierte Betrachtung zur korrekten Berechnung von deren Barwert erforderlich ist. Verallgemeinerungsfähige Aussagen über die Höhe der risikoäquivalenten Kapitalkosten zur Optimierung einer Näherungslösung konnten nicht festgestellt werden.

7.6 Entwicklung des Eigenkapitalwertes der Centrotherm Photovoltaics AG vor, während und nach der Insolvenz

Abbildung 74: Entwicklung des Aktienkurses der Centrotherm Photovoltaics AG[910] *(Werte in Euro)*

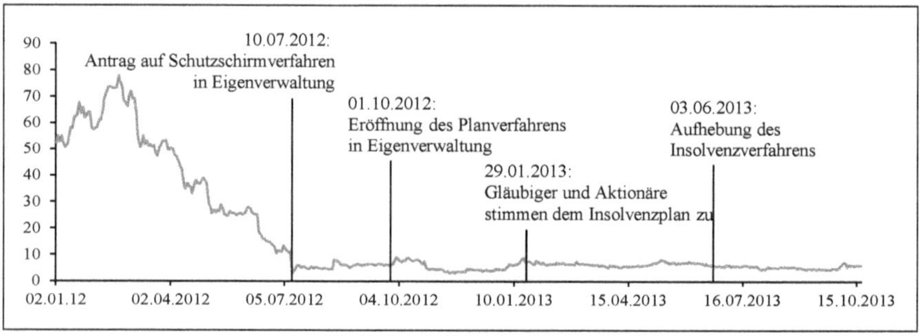

7.7 Gerichtlicher Debt Equity Swap im Modell mit vier Anspruchsgruppen

Die Werthaltigkeit der einzulegenden Forderung ermittelt sich unverändert gemäß folgender Formel (66).

Wenn $\widetilde{FCF_{1,F}^{FK3rd,u}} = \max\left(0;\min\left(FK_1^{3rd};u \cdot FCF_0 - \widetilde{FCF_{1,F}^{FK1st,u}} - \widetilde{FCF_{1,F}^{FK2nd,u}}\right)\right)$ bzw. $\widetilde{FCF_{1,F}^{FK3rd,d}} = \max\left(0;\min\left(FK_1^{3rd};d \cdot FCF_0 - \widetilde{FCF_{1,F}^{FK1st,d}} - \widetilde{FCF_{1,F}^{FK2nd,d}}\right)\right)$ die Zuflüsse der nachrangigen Fremdkapitalgeber im guten bzw. im schlechten Umweltzustand beschreibt, dann errechnet sich der Wert des Eigenkapitals vor Sanierung gemäß folgender Formel.

---

910 Daten wurden aus öffentlich verfügbaren Quellen zusammengetragen (http://www.centrotherm.de/investor-relations.html, http://de.moneycentral.msn.com/investor/charts/chartdl.aspx?symbol=DE %3aDE000A1TNMM9#{"zRange":"11", "startDate":"2012-1-1","endDate":"2013-10-).

$$(84)\quad E_{0,F}=\frac{q\cdot\widetilde{FCF_{1,F}^{EK,u}}+(1-q)\cdot\widetilde{FCF_{1,F}^{EK,d}}}{(1+i)}=$$

$$=\frac{q\cdot\max\left(0;u\cdot FCF_0-\widetilde{FCF_{1,F}^{FK1st,u}}-\widetilde{FCF_{1,F}^{FK2nd,u}}-\widetilde{FCF_{1,F}^{FK3rd,u}}\right)}{(1+i)}+$$

$$+\frac{(1-q)\cdot\max\left(0;d\cdot FCF_0-\widetilde{FCF_{1,F}^{FK1st,d}}-\widetilde{FCF_{1,F}^{FK2nd,d}}-\widetilde{FCF_{1,F}^{FK3rd,d}}\right)}{(1+i)}$$

Für die Verteilung des Eigenkapitals des sanierten Unternehmens auf die Eigenkapitalgeber und die zweitrangigen Fremdkapitalgeber gelten die Formeln (68) bzw. (69) unverändert.

Im Anschluss können die Zuflüsse und deren Barwerte je Kapitalgebergruppe abgeleitet werden, wobei zunächst die verbleibenden Gläubigergruppen FK^{1st} und FK^{3rd} und anschließend die beiden anderen Anspruchsgruppen FK^{2nd} und EK gemäß den folgenden Formeln befriedigt werden:

$$(85)\quad F_{0,gDES}^{1st}=\frac{q\cdot\widetilde{FCF_{1,gDES}^{FK1st,u}}+(1-q)\cdot\widetilde{FCF_{1,gDES}^{FK1st,d}}}{(1+i)}=$$

$$=\frac{q\cdot\max\left(0;\min\left(FK_1^{1st};u\cdot FCF_0-K_1\right)\right)}{(1+i)}+$$

$$+\frac{(1-q)\cdot\max\left(0;\min\left(FK_1^{1st};d\cdot FCF_0-K_1\right)\right)}{(1+i)}$$

$$(86)\quad F_{0,gDES}^{3rd}=\frac{q\cdot\widetilde{FCF_{1,gDES}^{FK3rd,u}}+(1-q)\cdot\widetilde{FCF_{1,gDES}^{FK3rd,d}}}{(1+i)}=$$

$$=\frac{q\cdot\max\left(0;\min\left(FK_1^{1st};u\cdot FCF_0-K_1-\widetilde{FCF_{1,gDES}^{FK1st,u}}\right)\right)}{(1+i)}+$$

$$+\frac{(1-q)\cdot\max\left(0;\min\left(FK_1^{1st};d\cdot FCF_0-K_1-\widetilde{FCF_{1,gDES}^{FK1st,d}}\right)\right)}{(1+i)}$$

$$(87)\quad F_{0,gDES}^{2nd} = \frac{q \cdot \widetilde{FCF_{1,gDES}^{FK2nd,u}} + (1-q) \cdot \widetilde{FCF_{1,gDES}^{FK2nd,d}}}{(1+i)} =$$

$$= \frac{q \cdot \max\left(0; \alpha \cdot \left(u \cdot FCF_0 - K_1 - \widetilde{FCF_{1,gDES}^{FK1st,u}} - \widetilde{FCF_{1,gDES}^{FK3rd,u}}\right)\right)}{(1+i)} +$$

$$+ \frac{(1-q) \cdot \max\left(0; \alpha \cdot \left(d \cdot FCF_0 - K_1 - \widetilde{FCF_{1,gDES}^{FK1st,d}} - \widetilde{FCF_{1,gDES}^{FK3rd,d}}\right)\right)}{(1+i)}$$

$$(88)\quad E_{0,gDES} = \frac{q \cdot \widetilde{FCF_{1,gDES}^{EK,u}} + (1-q) \cdot \widetilde{FCF_{1,gDES}^{EK,d}}}{(1+i)} =$$

$$= \frac{q \cdot \max\left(0; (1-\alpha) \cdot \left(u \cdot FCF_0 - K_1 - \widetilde{FCF_{1,gDES}^{FK1st,u}} - \widetilde{FCF_{1,gDES}^{FK3rd,u}}\right)\right)}{(1+i)} +$$

$$+ \frac{(1-q) \cdot \max\left(0; (1-\alpha) \cdot \left(d \cdot FCF_0 - K_1 - \widetilde{FCF_{1,gDES}^{FK1st,d}} - \widetilde{FCF_{1,gDES}^{FK3rd,d}}\right)\right)}{(1+i)}$$

Literaturverzeichnis

Adams, Michael/Rudolf, Markus (2009): Unternehmensbewertung auf Basis von Realoptionen: Der Wert unternehmerischer Flexibilität, in: Schacht, Ulrich/Fackler, Matthias (Hrsg.): Praxishandbuch Unternehmensbewertung: Grundlagen, Methoden, Fallbeispiele, 2. Aufl., Wiesbaden 2009, S. 361–381.

Aders, Christian/Wagner, Marc (2004): Kapitalkosten in der Bewertungspraxis: Zu hoch für die „New Economy" und zu niedrig für die „Old Economy", in: Finanz-Betrieb, 6. Jg. (2004), Nr. 1, S. 30–42.

Adler, Hans/Düring, Walther/Schmaltz, Kurt (2006): Rechnungslegung und Prüfung der Unternehmen: Kommentar zum HGB, AktG, GmbHG, PublG, Onlineversion für KPMG, Berlin 2006.

Aghion, Philippe/Hart, Oliver/Moore, John (1992): The Economics of Bankruptcy Reform, in: Journal of Law, Economics and Organization, 8. Jg. (1992), Nr. 3, S. 523–546.

Aghion, Philippe/Hart, Oliver/Moore, John (1994): The Economics of Bankruptcy Reform, in: The Transition in Eastern Europe, 2. Jg. (1994), Nr. 1, S. 215–244.

Alderson, Michael/Betker, Brian (1999): Assessing Post-Bankruptcy Performance: An Analysis of Reorganized Firms' Cash Flows, in: Financial Management, 28. Jg. (1999), Nr. 2, S. 68–82.

Almeida, Heitor/Philippon, Thomas (2007): The Risk-Adjusted Cost of Financial Distress, in: The Journal of Finance, 62. Jg. (2007), Nr. 6, S. 2557–2586.

Altman, Edward (1984): A further empirical investigation of the bankruptcy cost question, in: The Journal of Finance, 39. Jg. (1984), Nr. 4, S. 1067–1089.

Altman, Edward/Hotchkiss, Edith (2006): Corporate Financial Distress and Bankruptcy, 3. Aufl., New Jersey 2006.

Andrade, Gregor/Kaplan, Steven (1998): How Costly is Financial (Not Economic) Distress? Evidence from Highly Leveraged Transactions that Became Distressed, in: The Journal of Finance, 53. Jg. (1998), Nr. 5, S. 1443–1493.

Ansoff, Igor (1975): Managing Strategic Surprise by Response to Weak Signals, in: California Management Review, 18. Jg. (1975), Nr. 2, S. 21–33.

Arditti, Fred (1973): The Weighted Average Cost of Capital: Some Questions on its Definition, Interpretation and Use, in: The Journal of Finance, 28. Jg. (1973), Nr. 4, S. 1001–1007.

Arnold, Sven/Lahmann, Alexander/Schwetzler, Bernhard (2011): Der Einfluss der Zinsschranke auf den Unternehmenswert: Eine Anmerkung, in: Corporate Finance biz, 13. Jg. (2011), Nr. 5, S. 293–298.

Arnold, Sven/Lahmann, Alexander/Schwetzler, Bernhard (2012a): Zinsschranke, Unternehmensbewertung und APV Ansatz: Eine Anmerkung zum Beitrag von Förster/Stöckl/Brenken, in: Arnold, Sven (Hrsg.): Aktuelle Themen in der Unternehmensbewertung, Leipzig 2012, S. 59–83.

Arnold, Sven/Lahmann, Alexander/Schwetzler, Bernhard (2012b): Tax Shield, Insolvenz und Zinsschranke, in: Arnold, Sven (Hrsg.): Aktuelle Themen in der Unternehmensbewertung, Leipzig 2012, S. 109–168.

Arzac, Enrique (2005): Valuation for mergers, buyouts and restructuring, Hoboken 2005.

Axhausen, Michael (2009): Die GmbH in der Krise, in: Müller, Welf/Winkeljohann, Norbert (Hrsg.): Beck'sches Handbuch der GmbH, 4. Aufl., München 2009, § 15.

Bachmann, Carmen/Schultze, Wolfgang (2008): Unternehmensteuerreform 2008 und Unternehmensbewertung, in: Die Betriebswirtschaft, 68. Jg. (2008), Nr. 1, S. 9–34.

Baetge, Jörg/Schmidt, Matthias/Hater, André (2012): Determinanten einer Unternehmenskrise, in: Thierhoff, Michael/Müller, Renate/Illy, Thomas/Liebscher, Marc (Hrsg.): Unternehmenssanierung, Ulm 2012, S. 19–85.

Ballwieser, Wolfgang (1995): Aktuelle Aspekte der Unternehmensbewertung, in: Wirtschaftprüfung, 48. Jg. (1995), Nr. 4, S. 119–129.

Ballwieser, Wolfgang (2007): Unternehmensbewertung: Prozess, Methoden und Probleme, 2. Aufl., Stuttgart 2007.

Ballwieser, Wolfgang (2011): Unternehmensbewertung: Prozess, Methoden und Probleme, 3. Aufl., Stuttgart 2011.

Bauer, Andreas/Dimmling, Andreas (2011): Endlich im Gesetz(entwurf): Der Debt-Equity-Swap, in: Neue Zeitschrift für das Recht der Insolvenz und Sanierung, 14. Jg. (2011), Nr. 13/14, S. 517–521.

Baule, Rainer/Ammann, Kai/Tallau, Christian (2006): Zum Wertbeitrag des finanziellen Risikomanagements, in: Wirtschaftswissenschaftliches Studium, 35. Jg. (2006), Nr. 2, S. 62–66.

Baumgartner, Martin/Kofler, Peter (2010): Unternehmensbewertung bei Verlustvorträgen und Insolvenzrisiko: Eine Analyse der DCF-Verfahren, Saarbrücken 2010.

Bäuerle, Nicole/Veraart, Luitgart (2011): Einblicke in die Finanzmathematik: Optionsbewertung und Portfolio-Optimierung, in: Wendland, Katrin/Werner, Annette (Hrsg.): Facettenreiche Mathematik, Wiesbaden 2011, S. 19–42.

Bebchuk, Lucian (1988): A New Approach to Corporate Reorganizations, in: Harvard Law Review, 101. Jg. (1988), Nr. 4, S. 775–804.

Becker, Jan/Loitz, Rüdiger/Stein, Volker (2009): Steueroptimale Verlustnutzung, Wiesbaden 2009.

Becker, Bernhard/Pape, Markus/Wobbe, Christian (2010): Forderungsverzicht mit Besserungsschein: Ein vermehrt genutztes Instrument zur Überwindung der Krise, in: Deutsches Steuerrecht, 48. Jg. (2010), Nr. 10, S. 506–509.

Bezani, Thomas/Richter, Marcus (2006): Sanierungsmaßnahmen im Personalbereich, in: Hommel, Ulrich/Knecht, Thomas/Wohlenberg, Holger (Hrsg.): Handbuch Unternehmensrestrukturierung, Wiesbaden 2006, S. 1151–1188.

Bitter, Georg (2013): Gesicherte Darlehen, in: Kirchhof, Hans-Peter/Eidenmüller, Horst/Stürner, Rolf (Hrsg.): Münchener Kommentar zur Insolvenzordnung, 3. Aufl., Band 1, München 2013, § 44a.

Bitter, Georg/Hommerich, Christoph/Reiss, Nicole (2012): Die Zukunft des Überschuldungsbegriffs: Expertenbefragung im Auftrag des Bundesministeriums der Justiz, in: Zeitschrift für Wirtschaftsrecht, 33. Jg. (2012), Nr. 25, S. 1201–1209.

Black, Fischer (1972): Capital Market Equilibrium with Restricted Borrowing, in: The Journal of Business, 45. Jg. (1972), Nr. 3, S. 444–455.

Black, Fischer/Scholes, Myron (1973): The Pricing of Options and Corporate Liabilities, in: Journal of Political Economy, 81. Jg. (1973), Nr. 3, S. 637–654.

Blatz, Michael/Hien, Andreas (2009): Restrukturierung/Sanierung im leistungswirtschaftlichen Bereich, in: Buth, Andrea/Hermanns, Michael (Hrsg.): Restrukturierung, Sanierung, Insolvenz, München 2009, § 8.

Blaufus, Kay/Lorenz, Daniela (2009): Wem droht die Zinsschranke? Eine empirische Untersuchung zur Identifikation der Einflussfaktoren, in: Zeitschrift für Betriebswirtschaft, 79. Jg. (2009), Nr. 4, S. 503–526.

Bonduelle, Yann/Schmoldt, Inga/Scholich, Martin (2003): Anwendungsmöglichkeiten der Realoptionsbewertung, in: Hommel, Ulrich/Scholich, Martin/Baecker, Philipp (Hrsg.): Reale Optionen: Konzepte, Praxis und Perspektiven strategischer Unternehmensfinanzierung, Berlin/Heidelberg 2003, S. 3–14.

Bornheimer, Jörg (2012): Beratung bei Beteiligung von Kreditinstituten, in: Nerlich, Jörg/Kreplin, Georg (Hrsg.): Münchener Anwaltshandbuch: Insolvenz und Sanierung, München 2012, § 7.

Bosse, Michael/Hultsch, Christoph (2011): Handelsrechtliche Behandlung von in Fremdwährung emittiertem Hybridkapital bei Kapitalgesellschaften, in: Corporate Finance Law, 2. Jg. (2011), Nr. 1, S. 48–62.

Böckenförde, Björn (1996): Unternehmenssanierung, 2. Aufl., Stuttgart 1996.

Böcking, Hans-Joachim/Sittmann-Haury, Caroline (2003): Forderungsbewertung: Anschaffungskosten vs. Fair Value, in: Betriebs-Berater, 57. Jg. (2003), Nr. 4, S. 195–200.

Brandes, Kai (2009): Private Equity in der Restrukturierung, in: Buth, Andrea/Hermanns, Michael: Restrukturierung, Sanierung, Insolvenz, München 2009, § 25.

Braun, Eberhard/Frank, Achim (2012): Rechte der nachrangigen Insolvenzgläubiger / Obstruktionsverbot, in: Braun, Eberhard (Hrsg.): Kommentar Insolvenzordnung, 5. Aufl., München 2012, § 225 / § 245.

Braun, Eckhart/Geist, Andreas (2013): Forderungsverzichte im „Bermudadreieck“ von Sanierungsgewinn, Verlustverrechnung und Mindestbesteuerung, in: Betriebs-Berater, 68. Jg. (2013), Nr. 7, S. 351–355.

Brähler, Gernot/Kühner, Philipp (2012): Die Wirkungen der Zinsschranke unter Unsicherheit: Eine Analyse auf Basis der Brownschen Bewegung, in: Betriebswirtschaftliche Forschung und Praxis, 64. Jg. (2012), Nr. 3, S. 306–323.

Brealy, Richard/Myers, Stewart/Allen, Franklin (2008): Principles of Corporate Finance, 9. Aufl., New York 2008.

Brennan, Michael/Schwartz, Eduardo (1978): Corporate Income Taxes, Valuation and the Problem of the Optimal Capital Structure, in: Journal of Business, 51. Jg. (1978), Nr. 1, S. 103–114.

Brete, Raik/Thomsen, Michael (2012): Beratungs- und Haftungsrisiken in der Unternehmenskrise, Wiesbaden 2012.

Brettel, Malte/Kauffmann, Christian/Kühn, Christian/Sobczak, Christina (2008): Private Equity-Investitionen: Eine Einführung, Stuttgart 2008.

Breuer, Wolfgang (2008): Rechte der Absonderungsberechtigten / Rechte der Insolvenzgläubiger / Rechte der nachrangigen Insolvenzgläubiger / Gleichbehandlung der Beteiligten, in: Kirchhof, Hans-Peter /Eidenmüller, Horst/Stürner, Rolf (Hrsg.): Münchener Kommentar zur Insolvenzordnung, 2. Aufl., Band 2, München 2008, § 223 / § 224 / § 225 / § 226.

Breuer, Wolfgang (2013): Vollstreckungsverbot, in: Kirchhof, Hans-Peter/ Eidenmüller, Horst/Stürner, Rolf (Hrsg.): Münchener Kommentar zur Insolvenzordnung, 3. Aufl., Band 2, München 2013, § 89.

Bris, Arturo/Welch, Ivo/Zhu, Ning (2006): The cost of bankruptcy: Chapter 7 liquidation versus chapter 11 reorganization, in: The Journal of Finance, 61. Jg. (2006), Nr. 3, S. 1253–1303.

Broadie, Mark/Mikhail, Chernov/Sundaresan, Suresh (2007): Optimal Debt and Equity Value in the Prescence of Chapter 7 and Chapter 11, in: The Journal of Finance, 62. Jg. (2007), Nr. 3, S. 1341–1377.

Brünkmans, Christian (2012): Die Strukturierung von Sanierungsfinanzierungen in Unternehmenskrise und Insolvenz, in: Corporate Finance Law, 3. Jg. (2012), Nr. 8, S. 375–384.

Bußhardt, Harald (2012): Überschuldung, in: Braun, Eberhard (Hrsg.): Kommentar zur Insolvenzordnung, 5. Aufl., München 2012, §19.

Bußhardt, Harald (2014): Zahlungsunfähigkeit, in: Braun, Eberhard (Hrsg.): Kommentar zur Insolvenzordnung, 6. Aufl., München 2014, § 17.

Bühler, Christoph (2010): Außergerichtliche Sanierung der Aktiengesellschaft: Lösungsansätze zur Verbesserung der aktienrechtlichen Rahmenbedingungen der Sanierung de lege ferenda, in: Der Schweizer Treuhänder, 84. Jg. (2010), Nr. 8, S. 444–454.

Cahn, Andreas/Simon, Stefan/Theiselmann, Rüdiger (2010): Forderungen gegen die Gesellschaft als Sacheinlage? Zum Erfordernis der Forderungsbewertung beim Debt Equity Swap, in: Corporate Finance Law, 1. Jg. 2010, Nr. 4, S. 238–250.

Cahn, Andreas/Simon, Stefan/Theiselmann, Rüdiger (2012): Nennwertanrechnung beim Debt Equity Swap!, in: Der Betrieb, 65. Jg. (2012), Nr. 9, S. 501–504.

Castedello, Marc/Davidson, Ron/Schlumberger, Erik (2004): Unternehmensbewertung bei Halbeinkünfteverfahren und unsicheren Steuervorteilen: Ein praktikabler Ansatz, in: Finanz-Betrieb, 6. Jg. (2004), Nr. 5, S. 369–376.

Cays, Stephen (2001): A Study on the Measurement and Prediction of the Indirect Costs of Bankruptcy, Arbeitspapier 2001.

Cendrowski, Harry/Petro, Louis/Martin, James/Wadecki, Adam (2012): Private Equity: History, Governance and Operations, 2. Aufl., Hoboken 2012.

Chatterji, Subhrendu/Hedges, Paul (2001): Loan workouts and debt for equity swaps: a framework for successful corporate rescues, West Sussex 2001.

Coenenberg, Adolf/Haller, Axel/Schultze, Wolfgang (2012): Jahresabschluss und Jahresabschlussanalyse, Stuttgart 2012.

Coenenberg, Adolf/Schultze, Wolfgang (2002): Unternehmensbewertung: Konzeptionen und Perspektiven, in: Die Betriebswirtschaft, 62. Jg. (2002), Nr. 6, S. 597–621.

Copeland, Thomas/Koller, Tim/Murrin, Jack (2000): Valuation: Measuring and Managing the Value of Companies, New York 2000.

Cox, John/Ross, Stephen/Rubinstein, Mark (1979): Option Pricing: A Simplified Approach, in: Journal of Financial Economics, 7. Jg. (1979), Nr. 3, S. 229–263.

Crone, Andreas (2012): Die Unternehmenskrise, in: Crone, Andreas/Henning, Werner (Hrsg.): Modernes Sanierungsmanagement: Insolvenzverfahren, Haftungsrisiken, Arbeitsrecht, Sanierungskonzept und steuerliche Aspekte, München 2012, S. 3–14.

Cutler, David/Summers, Lawrence (1988): The cost of conflict resolution and financial distress: evidence from the taxaco-pennzoil litigation, in: Journal of Economics, 19. Jg. (1988), Nr. 2, S. 157–172.

Damodaran, Aswath (2002): Investment Valuation: Tools and Techniques for Determining the Value of Any Asset, 2. Aufl., New York 2002.

Damodaran, Aswath (2006): Damodaran on Valuation: Security Analysis for Investment and Corporate Finance, 2. Aufl., Hoboken 2006.

Deibert, Volker/Schellenberger, Dirk (1998): Vulture Investing: Geld anlegen, wo andere aufgeben, in: Die Bank, 28. Jg. (1998), Nr. 7, S. 434–436.

Deilmann, Barbara (2011): Abfindung, in: Hölters, Wolfgang (Hrsg.): Aktiengesetz, München 2011, § 305.

Denis, Diane/Rodgers, Kimberly (2007): Chapter 11: Duration, Outcome, and Post-Reorganization Performance, in: Journal of Financial and Quantitative Analysis, 42. Jg. (2007), Nr. 1, S. 101–118.

Deussen, Reiner (2013): Ergebnisverwendung, in: Ziemons, Hildegard/Jaeger, Carsten (Hrsg.): Beck'scher Onlinekommentar zum GmbHG, 14. Aufl., München 2013, § 29.

Diamond, Douglas (1993): Seniority and maturity of debt contracts, in: Journal of Financial Economics, 33. Jg. (1993), Nr. 3, S. 341–368.

Dierkes, Stefan/Diedrich, Ralf/Gröger, Hans-Christian (2009): Unternehmensbewertung bei wertabhängiger und autonomer Finanzierungspolitik unter Berücksichtigung einer Kursgewinnbesteuerung, in: Zeitschrift für Betriebswirtschaft, 79. Jg. (2009), Nr. 3, S. 275–302.

Diffring, Philipp (2012): Umwandlung von Forderungen zur Sanierung von Kapitalgesellschaften: Gestaltungen und Privilegierungen im Steuer- und Wirtschaftsrecht, Münster 2012.

Dinibütünoglu, Yeliz (2008): Bank-Strategien und Poolverträge in Krisen der Firmenschuldner, Wiesbaden 2008.

Dornseifer, Frank (2011): Finanzielle Restrukturierung: Die Bedeutung alternativer Sanierungsinstrumente in und nach der Finanzkrise, in: Reifert, Thomas (Hrsg.): Finanzielle Restrukturierung: Sanierung von Unternehmenskrediten durch Debt Equity Swaps und Treuhandlösungen, Stuttgart 2011, S. 183–193.

Drinhausen, Florian/Keinath, Astrid (2011): Nutzung eines bedingten Kapitals bei Ausgabe von Wandelschuldverschreibungen gegen Sachleistung, in: Betriebs-Berater, 65. Jg. (2011), Nr. 29, S. 1736–1741.

Drucker, Peter (1963): Managing for Business Effectiveness, in: Harvard Business Review, 41. Jg. (1963), Nr. 3, S. 53–60.

Drukarczyk, Jochen (1997): Zur Bewertung von Verlustvorträgen, in: Deutsches Steuerrecht, 35. Jg. (1997), Nr. 12, S. 464–469.

Drukarczyk, Jochen (2006): Insolvenztatbestände als Anstoß zu Restrukturierungen?, in: Hommel, Ulrich/Knecht, Thomas/Wohlenberg, Holger (Hrsg.): Handbuch Unternehmensrestrukturierung, Wiesbaden 2006, S. 277–300.

Drukarczyk, Jochen (2008): Obstruktionsverbot, in: Kirchhof, Hans-Peter/Lwowski, Jürgen/Stürner, Rolf (Hrsg.) Münchener Kommentar zur Insolvenzordnung, 2. Aufl., Band 2, München 2007, § 245.

Drukarczyk, Jochen (2013): Drohende Zahlungsunfähigkeit, in: Kirchhof, Hans-Peter/Eidenmüller, Horst/Stürner, Rolf (Hrsg.): Münchener Kommentar zur Insolvenzordnung, 3. Aufl., Band 1, München 2013, § 18.

Drukarczyk, Jochen/Honold, Dirk (1999): Unternehmensbewertung, DCF-Methoden und der Wert steuerlicher Finanzierungsvorteile, in: Zeitschrift für Bankrecht und Betriebswirtschaft, 11. Jg. (1999), Nr. 6, S. 333–408.

Drukarczyk, Jochen/Schöntag, Stefanie (2010): Außergerichtliche Sanierungsentscheidungen, in: Gottwald, Peter (Hrsg.): Insolvenzrechtshandbuch, 4. Aufl., München 2010, § 3.

Drukarczyk, Jochen/Schüler, Andreas (2007): Zahlungsunfähigkeit, in: Kirchhof, Hans-Peter/Lwowski, Jürgen/Stürner, Rolf (Hrsg.) Münchener Kommentar zur Insolvenzordnung, 2. Aufl., Band 1, München 2007, § 17.

Drukarczyk, Jochen/Schüler, Andreas (2009): Unternehmensbewertung, 6. Aufl., München 2009.

Drukarczyk, Jochen/Schüler, Andreas (2013): Überschuldung, in: Kirchhof, Hans-Peter/Eidenmüller, Horst/Stürner, Rolf (Hrsg.): Münchener Kommentar zur Insolvenzordnung, 3. Aufl., Band 1, München 2013, § 19.

Drukarczyk, Jochen/Schüler, Andreas (2014): Bewertungsrelevante Überschüsse, Arbeitspapier, München 2014.

Drüen, Klaus-Dieter (2011): Die Sanierungsklausel des § 8c KStG als europarechtswidrige Beihilfe: Anmerkungen zur Beihilfeentscheidung der EU-Kommission vom 26.01.2011, in: Deutsches Steuerrecht, 49. Jg. 2011, Nr. 7, S. 289–293.

Drygala, Tim/Staake, Marco/Szalai, Stephan (2012): Kapitalgesellschaftsrecht: Mit Grundzügen des Konzern- und Umwandlungsrechts, Berlin/Heidelberg 2012.

Ebbinghaus, Mark/Hinz, Bogdan (2013): Der Erlass der Umsatzsteuer bei Sanierungsgewinnen, in: Betriebs-Berater, 68. Jg. (2013), Nr. 9, S. 479–483.

Eberhart, Allan/Altman, Edward/Aggarwal, Reena (1999): The Equity Performance of Firms Emerging from Bankruptcy, in: The Journal of Finance, 54. Jg. (1999), Nr. 5, S. 1855–1868.

Eberl, Stephan (2009): Weitere Erkenntnisse zum Steuervorteil von Fremdkapital nach der Unternehmensteuerreform 2008, in: Zeitschrift für betriebswirtschaftliche Forschung, 61. Jg. (2009), Nr. 5, S. 251–282.

Eggeman, Gerd/Konradt, Thomas (2000): Risikomanagement nach KonTraG aus dem Blickwinkel des Wirtschaftsprüfers, in: Betriebs-Berater, 54. Jg. (2000), Nr. 10, S. 503–509.

Egner, Hans/Wolff, Günther (1978): Zur Unbrauchbarkeit des Überschuldungstatbestandes als gläubigerschützendes Instrument, in: Die Aktiengesellschaft, 23. Jg. (1978), S. 99–106.

Ehricke, Ulrich (2013): Nachrangige Insolvenzgläubiger, in: Kirchhof, Hans-Peter/Eidenmüller, Horst/Stürner, Rolf (Hrsg.): Münchener Kommentar zur Insolvenzordnung, 3. Aufl., Band 1, München 2013, § 39.

Eidenmüller, Horst (1999): Unternehmenssanierung zwischen Markt und Gesetz: Mechanismen der Unternehmensreorganisation und Kooperationspflichten im Reorganisationsrecht, Köln 1999.

Eidenmüller, Horst (2008): Grundsatz, in: Kirchhof, Hans-Peter/Eidenmüller, Horst/Stürner, Rolf (Hrsg.): Münchener Kommentar zur Insolvenzordnung, 2. Aufl., Band 2, München 2008, § 217.

Eilenberger, Guido (2008): Darstellender Teil, in: Kirchhof, Hans-Peter/ Eidenmüller, Horst/Stürner, Rolf (Hrsg.): Münchener Kommentar zur Insolvenzordnung, 2. Aufl., Band 2, München 2008, § 220.

Eilenberger, Guido (2013): Zahlungsunfähigkeit, in: Kirchhof, Hans-Peter/ Eidenmüller, Horst/Stürner, Rolf (Hrsg.): Münchener Kommentar zur Insolvenzordnung, 3. Aufl., Band 1, München 2013, § 17.

Eilenberger, Guido/Haghani, Sascha (2008): Unternehmensfinanzierung zwischen Strategie und Rendite, Heidelberg 2008.

Eilers, Stephan/Bühring, Franziska (2009): Das Ende des Schönwetter-Steuerrechts: Die Finanzmarktkrise gebietet Änderungen im deutschen Sanierungssteuerrecht, in: Deutsches Steuerrecht, 47. Jg. (2009), Nr. 4, S. 137–141.

Eisfeldt, Andrea/Rampini, Adriano (2006): Capital reallocation and liquidity, in: Journal of Monetary Economics, 53. Jg. (2006), Nr. 3, S. 369–399.

Ekkenga, Jens (2012): Neuerliche Vorschläge zur Nennwertanrechnung beim Debt-Equity-Swap: Erkenntnisfortschritt oder Wiederbelebungsversuche am untauglichen Objekt?, in: Der Betrieb, 64. Jg. (2012), Nr. 6, S. 331–337.

Ellrott, Helmut/Krämer, Andreas (2012): Gliederung der Bilanz, in: Ellrott, Helmut/Förschle, Gerhart/Grottel, Bernd/Kozikowski, Michael/Schmidt, Stefan/Winkeljohann, Norbert (Hrsg.): Beck'scher Bilanzkommentar, 8. Aufl., München 2012, § 266.

Fama, Eugene/French, Kenneth (1992): The Cross-Section of Expected Stock Returns, in: The Journal of Finance, 47. Jg. (1992), Nr. 2, S. 427–465.

Feldbauer-Durstmüller, Birgit (2003): Sanierungsmanagement: Die Bewältigung von Unternehmenskrisen durch Unternehmenssanierung, in: Zeitschrift Führung + Organisation, 72. Jg. (2003), Nr. 3, S. 128–132.

Fenske, Ralf (1997): Zur Unbrauchbarkeit des Überschuldungstatbestandes, in: Die Aktiengesellschaft, 42. Jg. (1997), S. 554–558.

Fiege, Stefanie (2006): Risikomanagement- und Überwachungssystem nach KonTraG, Wiesbaden 2006.

Findeisen, Friedrich (1932): Aufstieg der Betriebe, Leipzig 1932.

Fischer, Thomas (1999): Agency-Probleme bei der Sanierung von Unternehmen, Wiesbaden 1999.

Fleege-Althoff, Fritz (1930): Die notleidende Unternehmung, Stuttgart 1930.

Förschle, Gerhart/Hoffmann, Heiko (2012): Eigenkapital, in: Ellrott, Helmut/Förschle, Gerhart/Grottel, Bernd/Kozikowski, Michael/Schmidt, Stefan/Winkeljohann, Norbert (Hrsg.): Beck'scher Bilanzkommentar, 8. Aufl., München 2012, § 272.

Förschle, Gerhart/Kroner, Matthias (2012): Inhalt, in: Ellrott, Helmut/Förschle, Gerhart/Grottel, Bernd/Kozikowski, Michael/Schmidt, Stefan/Winkeljohann, Norbert (Hrsg.): Beck'scher Bilanzkommentar, 8. Aufl., München 2012, § 297.

Förster, Heinrich/Stöckl, Stefan/Brenken, Henner (2009): Die Bedeutung der Zinsschranke für die Bewertung von Tax Shields in einem modifizierten APV-Ansatz unter Verwendung einer entsprechend angepassten Eigenkapitalkosten-Reaktionshypothese, in: Zeitschrift für Betriebswirtschaft, 79. Jg. (2009), Nr. 9, S. 986–1018.

Franke, Peter (2011): Debt Equity Swaps: Finanzielle Sanierung von börsennotierten Aktiengesellschaften, Baden-Baden 2011.

Fraser-Sampson, Guy (2010): Private equity as an asset class, 2. Aufl., Chichester 2010.

Gantenbein, Pascal/Gehrig, Marco (2007): Moderne Unternehmensbewertung: Bewertungsziel mit Methodenmix erreichen, in: Der Schweizer Treuhänder, 81. Jg. (2007), Nr. 9, S. 602–612.

Gantner, Hans/Lohmann, Ilse (2013): Ziele des Insolvenzverfahrens, in: Kirchhof, Hans-Peter/Eidenmüller, Horst/Stürner, Rolf (Hrsg.): Münchener Kommentar zur Insolvenzordnung, 3. Aufl., Band 1, München 2013, § 1.

Geisel, Barbara (2004): Eigenkapitalfinanzierung: Praxiserprobte Instrumente zur Steigerung der Liquidität, Wiesbaden 2004.

Gertner, Robert/Scharfstein, David (1991): A Theory of Workouts and the Effects of Reorganization Law, in: The Journal of Finance, 46. Jg. (1991), Nr. 4, S. 1189–1222.

Giambona, Erasmo/Harding, John/Sirmans, Carl (2008): Explaining the Variation in REIT Capital Structure: The Role of Asset Liquidation Value, in: Real Estate Economics, 36. Jg. (2008), Nr. 1, S. 111–137.

Gilson, Stuart (1990): Bankruptcy, boards, banks and blockholders: Evidence on changes in corporate ownership and control when firms default, in: Journal of Financial Economics, 27. Jg. (1990), Nr. 2, S. 355–387.

Gilson, Stuart/Hotchkiss, Edith/Ruback, Richard (2000): Valuation of Bankrupt Firms, in: The Review of Financial Studies, 13. Jg. (2000), Nr. 1, S. 43–74.

Gilson, Stuart/John, Kose/Lang, Larry (1990): Troubled debt restructurings: An empirical study of private reorganization of firms in default, in: Journal of Financial Economics, 27. Jg. (1990), Nr. 2, S. 315–353.

Gleißner, Werner (2011): Der Einfluss der Insolvenzwahrscheinlichkeit (Rating) auf den Unternehmenswert und die Eigenkapitalkosten, in: Corporate Finance biz, 13. Jg. (2011), Nr. 4, S. 243–251.

Göb, Marc (2012): Das Gesetz zur weiteren Erleichterung der Sanierung von Unternehmen (ESUG), in: Neue Zeitschrift für Gesellschaftsrecht, 15. Jg. (2012), Nr. 9, S. 371–376.

Gras, Knut (2012): Steuerliche Konsequenzen von Sanierungsmaßnahmen, in: Nerlich, Jörg/Kreplin, Georg (Hrsg.): Münchener Anwaltshandbuch Insolvenz und Sanierung, 2. Aufl., München 2012.

Grinblatt, Marc/Titmann, Sheridan (2002): Financial Markets and Corporate Strategy, Boston 2002.

Großfeld, Bernhard (2002): Unternehmens- und Anteilsbewertung im Gesellschaftsrecht, 4. Aufl., Köln 2002.

Grundmann, Wolfgang/Rathner, Rudolf (2011): Bankwirtschaft, Rechnungswesen und Steuerung, Wirtschafts- und Sozialkunde, Wiesbaden 2011.

Grunert, Jens (2010): Verwertungserlöse von Kreditsicherheiten: Eine empirische Analyse notleidender Unternehmenskredite, in: Zeitschrift für Betriebswirtschaft, 80. Jg. (2010), Nr. 12, S. 1305–1323.

Grünert, Timo (2007): Mergers & Acquisitions in Unternehmenskrisen, Wiesbaden 2007.

Haarmann, Wilhelm (2013): Maßgeblichkeit bei der Bilanzierung von Genussrechten, in: Betriebs-Berater, 68. Jg. (2013), Nr. 25, S. 47–52.

Hass, Detlef/Schreiber, Susanne/Tschauner, Heiko (2006): Sanierungsinstrument „Debt for Equity Swap“, in: Hommel, Ulrich/Knecht, Thomas/Wohlenberg, Holger (Hrsg.): Handbuch Unternehmensrestrukturierung, Wiesbaden 2006, S. 841–874.

Habersack, Mathias (2011): Wandelschuldverschreibungen, Gewinnschuldverschreibungen, in: Goette, Wulf/Habersack, Mathias/Kalss, Susanne (Hrsg.): Münchener Kommentar zum Aktiengesetz, 3. Aufl., Band 4, München 2011, § 221.

Hachmeister, Dirk (2006): Diskontierung unsicherer Zahlungsströme: Methodische Anmerkungen zur Bestimmung risikoangepasster Kapitalkosten, in: Zeitschrift für Controlling und Management, 50. Jg. (2006), Nr. 3, S. 143–149.

Hachmeister, Dirk (2009): Methoden der Unternehmensbewertung im Überblick, in: Zeitschrift für Controlling und Management, 53. Jg. (2009), Sonderheft Nr. 1, S. 64–74.

Hamada, Robert (1972): The Effekt of the Firm's Capital Structure on the Systematic Risk of Common Stocks, in: The Journal of Finance, 27. Jg. (1972), Nr. 2, S. 435–452.

Hannemann, Hans (1995): Zur Bewertung von Forderungen als Sacheinlagen bei Kapitalgesellschaften, in: Der Betrieb, 47. Jg. (1995), Nr. 41, S. 2055–2056.

Hannemann, Ralf/Schneider, Andreas (2011): Mindestanforderung an das Risikomanagement (MaRisk): Kommentar, 3. Aufl., Stuttgart 2011.

Hart, Oliver/Moore, John (1995): Debt and Seniority: An Analysis of the Role of Hard Claims in Constraining Management, in: The American Economic Review, 85. Jg. (1995), Nr. 3, S. 567–585.

Hausschildt, Jürgen/Grape, Christian/Schindler, Marc (2006): Typologien von Unternehmenskrisen im Wandel, in: Die Betriebswirtschaft, 66. Jg. (2006), Nr. 1, S. 7–25.

Häuselmann, Holger (2010): Restrukturierung von Finanzverbindlichkeiten und ihre Abbildung in der Bilanz, in: Betriebs-Berater, 65. Jg. (2010), Nr. 16, S. 944–950.

Heidinger, Andreas/Benz, Johannes (2010): Sacheinlagen, Sachübernahmen; Rückzahlung von Einlagen, in: Spindler, Gerald/Stilz, Eberhard (Hrsg.): Kommentar zum AktG, 2. Aufl., Band 1, München 2010, § 27.

Heinrich, Jens (2012): Insolvenzplan „reloaded“ – Zu den Änderungen im Insolvenzplanverfahren durch das Gesetz zur weiteren Erleichterung der Sanierung von Unternehmen, in: Neue Zeitschrift für das Recht der Insolvenz und Sanierung, 15. Jg. (2012), Nr. 6, S. 235–242.

Hermanns, Marc (2010): Erhöhung des Stammkapitals, in: Michalski, Lutz (Hrsg.): Kommentar zum GmbH-Gesetz, 2. Aufl., Band 2, München 2010, § 55.

Herzig, Norbert/Bohn, Alexander (2007): Modifizierte Zinsschranke und Unternehmensfinanzierung: Diskussion von Plänen zur Unternehmensteuerreform 2008, in: Der Betrieb, 60. Jg. (2007), Nr. 1, S. 1–10.

Herzig, Norbert/Lochmann, Uwe/Liekenbrock, Bernhard (2008): Die Zinsschranke im Lichte einer Unternehmensbefragung: Einfluss auf Steuerplanung, Steuergestaltung und Steuerbelastung, in: Der Betrieb, 65. Jg. (2008), Nr. 12, S. 593–602.

Hess, Harald (2011): Sanierungshandbuch, 5. Aufl., Köln 2011.

Hettich, Christof/Mickel, Corinna/Kreide, Raoul/Crone, Andreas (2012): Finanzwirtschaftliche Sanierungsmaßnahmen, in: Crone, Andreas/Henning, Werner (Hrsg.): Modernes Sanierungsmanagement: Insolvenzverfahren, Haftungsrisiken, Arbeitsrecht, Sanierungskonzept und steuerliche Aspekte, 2. Aufl., München 2012, S. 125–182.

Hiltner, Elmar/Tunda, Dennis (2011): Verstoß gegen Financial Covenants im Rahmen von LBO-Finanzierungen als Anlass für finanzielle Restrukturierungen, in: Reifert, Thomas (Hrsg.): Finanzielle Restrukturierung: Sanierung von Unternehmenskrediten durch Debt Equity Swaps und Treuhandlösungen, Stuttgart 2011, S. 66–82.

Himmelsbach, Rainer/Achsnick, Jan (2006): Investments in Krisenunternehmen im Wege sanierungsprivilegierter debt-equity-swaps, in: Neue Zeitschrift für das Recht der Insolvenz und Sanierung, 9. Jg. (2006), Nr. 10, S. 561–564.

Hirte, Heribert/Knopf, Béla/Mock, Sebastian (2011): Das Gesetz zur weiteren Erleichterung der Sanierung von Unternehmen (Teil 1), in: Der Betrieb, 63. Jg. (2011), Nr. 11, S. 632–643.

Hofelich, Markus (2009): Je früher der Unternehmer reagiert, desto einfacher ist es, in: Unternehmeredition, 2. Jg. (2009), Nr. 1, S. 23–24.

Hofert von Weiss, Sebastian/Arends, Volker (2005): Intelligente rechtliche Gestaltung von Mezzanine-Finanzierungen, in: Zeitschrift für Wirtschaftsrecht, 26. Jg. (2005), Nr. 30, S. 1297–1305.

Hofert von Weiss, Sebastian/Möller, Christian (2009): Debt Mezzanine Swap: Der bessere Debt Equity Swap für Unternehmen in der Krise, in: GmbH-Rundschau, 104. Jg. (2009), Nr. 10, S. 527–531.

Hoffmann, Wolf (2011): Turnaround Equity: Erfolgsfaktoren im Transaktionsprozess bei Turnaround-Investitionen in Deutschland, Köln 2011.

Homburg, Carsten/Stephan, Jörg/Weiß, Matthias (2004): Unternehmensbewertung bei atmender Finanzierung und Insolvenzrisiko, in: Die Betriebswirtschaft, 64. Jg. (2004), Nr. 3, S. 276–295.

Hommel, Ulrich/Knecht, Thomas/Wohlenberg, Holger (2006): Sanierung der betrieblichen Unternehmenskrise, in: Hommel, Ulrich/Knecht, Thomas/ Wohlenberg, Holger (Hrsg.): Handbuch Unternehmensrestrukturierung, Wiesbaden 2006, S. 27–60.

Horst, Alexander (2013): Überblick über Entschuldungsinstrumente und ihre bilanz- und steuerrechtlichen Auswirkungen: Des Schuldners Werkzeuggürtel, in: Der Betrieb, 66. Jg. (2013), Nr. 13, S. 656–665.

Hotchkiss, Edith (1995): Postbankruptcy Performance and Management Turnover, in: The Journal of Finance, 50. Jg. (1995), Nr. 1, S. 3–21.

Huhn, Christoph (2003): Die Eigenverwaltung im Insolvenzverfahren, Köln 2003.

Hull, John (2009): Options, Futures, & Other Derivatives, 7. Aufl., New Jersey 2009.

Icks, Annette/Kranzusch, Peter (2010): Sanierung in Insolvenzverfahren: Übertragene Sanierungen und insolvenzplanbasierte Eigensanierungen in NRW, IfM-Materialen Nr. 195, Bonn 2010.

IDW (1992): WP Handbuch, 10. Aufl., Band 2, Düsseldorf 1992.

IDW (2002): WP Handbuch, 12. Aufl., Band 2, Düsseldorf 2002.

IDW (2012): WP Handbuch, 14. Aufl., Band 1, Düsseldorf 2012.

IDW (2014): WP Handbuch, 14. Aufl., Band 2, Düsseldorf 2014.

IDW HFA 1/1994 (1994): Zur Behandlung von Genussrechten im Jahresabschluss von Kapitalgesellschaften.

IDW HFA 2/1983 (1983): Grundsätze zur Durchführung von Unternehmensbewertungen.

IDW S1 (2008): Grundsätze zur Durchführung von Unternehmensbewertungen, Düsseldorf 2008.

IDW S6 (2009): Anforderungen an die Erstellung von Sanierungskonzepten, Düsseldorf 2009.

Jaeger, Sarah (2012): Kapitalstrukturpolitik deutscher börsennotierter Aktiengesellschaften: Eine empirische Analyse von Kapitalstrukturdeterminanten, Wiesbaden 2012.

Jaffe, Michael (2010): Restrukturierung nach der InsO: Gesetzesplan, Fehlstellen und Reformansätze innerhalb einer umfassenden InsO-Novellierung aus Sicht eines Insolvenzpraktikers, in: Zeitschrift für Unternehmens- und Gesellschaftsrecht, 39. Jg. (2010), Nr. 2, S. 299–324.

Janke, Matthias (2003): Gesellschaftsrechtliche Treuepflicht: Neubewertung der richterrechtlichen Generalklausel im Rahmen einer rechtsvergleichenden und ökonomischen Analyse, Frankfurt am Main 2003.

Jensen, Jan-Willem (2009): Die Verfahrensauslösungstatbestände vom alten Konkursrecht zur neuen Insolvenzordnung unter Berücksichtigung der Änderungen durch das FMStG, das MoMiG und das FMStErgG sowie unter Berücksichtigung des BilMoG, Freiburg 2009.

Jostarndt, Philipp (2007): Financial Distress, Corporate Restructuring and Firm Survival: An Empirical Analysis of German Panel Data, Wiesbaden 2007.

Kahlert, Günter (2012): Zum Steuererlass aus Billigkeitsgründen bei Sanierungsgewinnen, in: Deutsches Steuerrecht, 50. Jg. (2012), Nr. 19, S. 943–945.

Kaplan, Steven (1989): The effects of management buyouts on operating performance and value, in: Journal of Financial Economics, 24. Jg. (1989), Nr. 2, S. 217–254.

Kaplan, Steven/Ruback, Richard (1995): The Valuation of Cash Flow Forecasts: An Empirical Analysis, in: The Journal of Finance, 49. Jg. (1995), Nr. 4, S. 1059–1093.

Karollus, Martin (1994): Die Umwandlung von Geldkrediten in Grundkapital: Eine verdeckte Sacheinlage?, in: Zeitschrift für Wirtschaftrecht, 15. Jg. (1994), Nr. 8, S. 589–599.

Kehrel, Uwe (2011): Die Bedeutung des Insolvenzrisikos in der Unternehmensbewertung, in: Zeitschrift für Controlling und Management, 55. Jg. (2011), Nr. 6, S. 272–276.

Klein, Johannes (2008): Anforderungen an Sanierungskonzepte, Wiesbaden 2008.

Klockenbrink, Ulrich/Wömpener, Andreas (2007): Krisenunternehmen als Marktchance für Private-Equity?, in: Finanz-Betrieb, 9. Jg. (2007), Nr. 11, S. 641–649.

Knabe, Matthias (2012): Die Berücksichtigung von Insolvenzrisiken in der Unternehmensbewertung, Lohmar 2012.

Knebel, Andreas (2009): Der Forderungsverzicht als Sanierungsmaßnahme, in: Der Betrieb, 61. Jg. (2009), Nr. 21, S. 1094–1097.

Knops, Kai-Oliver (2009): Sanierungskredit und Überbrückungsdarlehen, in: Derleder, Peter/Knops, Kai-Oliver/Bamberger, Heinz (Hrsg.): Handbuch zum deutschen und europäischen Bankrecht, 2. Aufl., Berlin 2009, § 18.

Kofler, Peter/Baumgartner, Martin (2010): Unternehmensbewertung bei Verlustvorträgen und Insolvenzrisiko: Eine Analyse der DCF-Verfahren, Saarbrücken 2010.

Koller, Tim/Goedhart, Marc/Wessels, David (2005): Valuation – Measuring and managing the value of companies, 4. Aufl., New Jersey 2005.

Kozikowski, Michael/Schubert, Wolfang (2012): Inhalt der Bilanz, in: Ellrott, Helmut/Förschle, Gerhart/Grottel, Bernd/Kozikowski, Michael/Schmidt, Stefan/Winkeljohann, Norbert (Hrsg.): Beck'scher Bilanzkommentar, 8. Aufl., München 2012, § 247.

Körner, Martin (2007): Der Insolvenzprozess und die Eigenverwaltung in der Insolvenz auf Basis unterschiedlicher Theoriekonzepte, in: Zeitschrift für Betriebswirtschaft, 77. Jg. (2007), Nr. 11, S. 1111–1134.

Kraft, Volker (2001): Private Equity für Turnaround-Investitionen: Erfolgsfaktoren in der Managementpraxis, Frankfurt 2001.

Kraus, Alan/Litzenberger, Robert (1973): A State-Preference Model of Optimal Financial Leverage, in: The Journal of Finance, 28. Jg. (1973), Nr. 4, S. 911–922.

Kraus, Georg/Becker-Kolle, Christel (2004): Führen in Krisenzeiten, Wiesbaden 2004.

Kraus, Karl/Buschmann, Holger (2009): Sanierungskonzept und Umsetzungs-management einer nachhaltigen Unternehmenssanierung, in: Buth, Andrea/Hermanns, Michael: Restrukturierung, Sanierung, Insolvenz, München 2009, § 5.

Krause, Nils (2013): Debt-Equity-Swaps, in: Bauer, Christoph/Düsterlho, Jens-Eric (Hrsg.): Distressed Mergers & Acquisitions, Wiesbaden 2013.

Krengel, Ronald (2005): Mindestbesteuerung und Effizienz: Eine ökonomische Analyse der Mindestbesteuerung im deutschen und US-amerikanischen Körperschaftsteuerrecht, Wiesbaden 2006.

Kroener, Ilse/Momen, Leila (2012): Debt-Mezzanine-Swap: Die OFD Rheinland auf dem Irrweg?, in: Der Betrieb, 67. Jg. (2012), Nr. 15, S. 829–831.

Krumbholz, Marcus/Koch, Guido (2012): Finanzielle und bilanzielle Restrukturierung, in: Thierhoff, Michael/Müller, Renate/Illy, Thomas/Liebscher, Marc (Hrsg.): Unternehmenssanierung, Ulm 2012, S. 197–246.

Kruschwitz, Lutz (2001): Risikoabschläge, Risikozuschläge und Risikoprämien in der Unternehmensbewertung, in: Der Betrieb, 54. Jg. (2001), Nr. 46, S. 2409–2413.

Kruschwitz, Lutz/Lodowicks, Arnd/Löffler, Andreas (2005): Zur Bewertung insolvenzbedrohter Unternehmen, in: Die Betriebswirtschaft, 65. Jg. (2005), Nr. 3, S. 221–236.

Kruschwitz, Lutz/Löffler, Andreas (2003): DCF=APV+(FTE&TCF&WACC)?, in: Richter, Frank/Schüler, Andreas/Schwetzler, Bernhard (Hrsg.): Kapitalgeberansprüche, Marktwertorientierung und Unternehmenswert: Festschrift für Jochen Drukarczyk zum 65. Geburtstag, München 2003, S. 235–253.

Kruschwitz, Lutz/Löffler, Andreas (2005): Ein neuer Zugang zum Konzept des Discounted Cashflow, in: Journal für Betriebswirtschaft, 55. Jg. (2005), Nr. 1, S. 21–36.

Kruschwitz, Lutz/Löffler, Andreas (2006): Discounted Cash Flow: A Theory of the Valuation of Firms, Chichester 2006.

Krystek, Ulrich/Moldenhauer, Ralf (2007): Handbuch Krisen- und Restrukturierungsmanagement, Stuttgart 2007.

Kudla, Ralph (2005): Finanzierung in der Sanierung: Innovative Lösungen für Krisenunternehmen, Wiesbaden 2005.

Kunz, Hartmut/Ehnert, Thoralf (2007): Debt for Equity Swaps: Turnaround Investment in Deutschland, in: Finanz-Betrieb, 9. Jg. (2007), Nr. 7, S. 395–406.

Kupke, Thomas/Nestler, Anke (2003): Steuerliche Verlustvorträge bei der Ermittlung von objektivierten Unternehmenswerten: Plädoyer für eine differenzierte Behandlung, in: Betriebs-Berater, 58. Jg. (2003), Nr. 43, S. 2279–2285.

Kürsten, Wolfgang (2002): „Unternehmensbewertung unter Unsicherheit", oder: Theoriedefizit einer künstlichen Diskussion über Sicherheitsäquivalent- und Risikozuschlagsmethode, in: Zeitschrift für betriebswirtschaftliche Forschung, 54. Jg. (2002), Nr. 1, S. 128–144.

Küting, Karlheinz/Dürr, Ulrike (2005): „Genüsse" in der Rechnungslegung nach HGB und IFRS sowie Implikationen im Kontext von Basel II, in: Deutsches Steuerrecht, 43. Jg. (2005), Nr. 21/22, S. 938–944.

Küting, Karlheinz/Kessler, Harald (1994): Eigenkapitalähnliche Mittel in der Handelsbilanz und im Überschuldungsstatus, in: Betriebs-Berater, 49. Jg. (1994), Nr. 30, S. 2104–2114.

Küting, Karlheinz/Zwirner, Christian (2007): Abgrenzung latenter Steuern nach IFRS in der Bilanzierungspraxis in Deutschland: Dominanz der steuerlichen Verlustvorträge, in: Wirtschaftsprüfung, 60. Jg. (2007), Nr. 13, S. 555–562.

Lafrenz, Karsten (2004): Shareholder Value-orientierte Sanierung: Ansatzpunkte und Wertsteigerungspotenzial beim Management von Unternehmenskrisen, Wiesbaden 2004.

Laitenberger, Jörg/Lodowicks, Arnd (2005): Das Modigliani-Miller-Theorem mit ausfallgefährdetem Fremdkapital, in: Wirtschaftwissenschaftliches Studium, 34. Jg. (2005), Nr. 3, S. 145–149.

Leithaus, Rolf (2014): Drohende Zahlungsunfähigkeit, in: Andres, Dirk/Leithaus, Rolf/Dahl, Michael (Hrsg.): Kommentar zur Insolvenzordnung, 3. Aufl., München 2014, § 18.

Leoprechting, Gunter (2010): Unternehmenssanierung: Krisenberatung, Branchenbesonderheiten, Checklisten, Herne 2010.

Leuner, Rolf (2012): Bewertung ertragsschwacher Unternehmen (Sanierung), in: Peemöller, Volker (Hrsg.): Praxishandbuch der Unternehmensbewertung, 5. Aufl., Herne 2012, S. 1027–1052.

Liebig, Max/Witt, Peter (2011): Unternehmenssanierung: Vor oder nach der Insolvenz?, in: Der Betrieb, 64. Jg. (2011), Nr. 35, S. 1929–1935.

Liebl, Franz (1996): Strategische Frühaufklärung: Trends, Issues, Stakeholders, München 1996.

Lieder, Jan (2011): Erhöhung des Stammkapitals, in: Fleischer, Holger/Goette, Wulf (Hrsg.): Kommentar zum GmbH-Gesetz, 1. Aufl., Band 3, München 2011, § 55.

Lingemann, Stefan/Wasmann, Dirk (1998): Mehr Kontrolle und Transparenz im Aktienrecht: Das KonTraG tritt in Kraft, in: Betriebs-Berater, 52. Jg. (1998), Nr. 17, S. 853–862.

Lintner, John (1965): The Valuation of Risky Assets and the Selection of Risky Investments in Stock Portfolios and Capital Budgets, in: Review of Economics and Statistics, 47. Jg. (1965), Nr. 1, S. 13–37.

Lodowicks, Arnd (2007): Riskantes Fremdkapital in der Unternehmensbewertung, Wiesbaden 2007.

Luehrman, Timothy (1997): Using APV: A Better Tool for Valuing Operations, in: Harvard Business Review, 75. Jg. (1997), Nr. 3, S. 145–154.

Lutter, Marcus (1995): Das Girmes-Urteil, in: Juristenzeitung, 50. Jg. (1995), Nr. 21, S. 1053–1056.

Lutz, Harald (1993): Zum Wert körperschaftsteuerlicher Verlustvorträge bei der Ertragswertermittlung, in: Betriebswirtschaftliche Forschung und Praxis, 45. Jg. (1993), Nr. 1, S.66–78.

Lützenrath, Christian/Peppmeier, Kai/Schuppener, Jörg (2006): Bankstrategien für Unternehmenssanierungen, 2. Aufl., Wiesbaden 2006.

Mai, Jan (2008): Die Bewertung verschuldeter Unternehmen unter Berücksichtigung von Zinsabzugsbeschränkungen, in: Die Betriebswirtschaft, 68. Jg. (2008), Nr. 1, S. 35–51.

Mann, Gerhard (1970): Grundprobleme der externen Sanierungsprüfung, in: Linhardt, Hanns/Penzkofer, Peter/Scherpf, Peter (Hrsg.): Dienstleistungen in Theorie und Praxis, Stuttgart 1970, S. 237–255.

Maus, Karl-Heinz (2010): Übergang des Verwaltungs- und Verfügungsrechts, in: Uhlenbrock, Wilhelm/Hirte, Heribert/Vallender, Heinz (Hrsg.): Kommentar zur Insolvenzordnung, 13. Aufl., München 2010, § 80.

Mavridis, Anastasios (2011): Im Vorfeld der finanziellen Restrukturierung zu erledigende Hausaufgaben: Restrukturierung der Aktivseite und Maßnahmen für die Passivseite, in: Reifert, Thomas (Hrsg.): Finanzielle Restrukturierung: Sanierung von Unternehmenskrediten durch Debt Equity Swaps und Treuhandlösungen, Stuttgart 2011, S. 124–141.

Märtens, Markus (2010): Kapitalaufbringung, in: Fleischer, Holger/Goette, Wulf (Hrsg.): Münchener Kommentar zum GmbHG, 1. Aufl., Band 1, München 2010, § 5.

Meilicke, Wienand (1995): Umgehung von Sacheinlagevorschriften durch Wandelschuldverschreibungen und Wandelgenussrechte, in: Der Betrieb, 47. Jg. (1995), Nr. 21, S. 1061–1062.

Meißner, Nils (2012): Rechtliche Grundlagen, in: Institut für Standardisierung von Unternehmenssanierungen (Hrsg.): Mindestanforderungen an Sanierungskonzepte: MaS, Heidelberg 2012, S. 335–470.

Merk, Andreas (2011): Optionsbewertung in Theorie und Praxis: Theoretische und empirische Überprüfung des Black-Scholes-Modells, Wiesbaden 2011.

Merkt, Hanno (2010): Juristische Person; Handelsgesellschaft, in: Fleischer, Holger/Goette, Wulf (Hrsg.): Münchener Kommentar zum GmbHG, 1. Aufl., Band 1, München 2010, § 13.

Merten, Michael (2012): Die neue Insolvenzrechtsreform 2012 (ESUG), Weil im Schönbuch 2012.

Mertens, Hans-Joachim (1992): Zur Geltung des Stand-Alone-Prinzips für die Unternehmensbewertung bei der Zusammenführung von Unternehmen, in: Die Aktiengesellschaft, 36. Jg. (1992), Nr. 10, S. 321–335.

Merton, Robert (1974): On the Pricing of Coporate Debt: The Risk Structure of Corporate Debt, in: Journal of Finance, 29. Jg. (1974), Nr. 2, S. 449–470.

Metz, Volker (2007): Der Kapitalisierungszinssatz bei der Unternehmensbewertung: Basiszinssatz und Risikozuschlag aus betriebswirtschaftlicher Sicht und aus Sicht der Rechtsprechung, Wiesbaden 2007.

Meyer, Alain (2003): Die Beurteilung der Sanierungsfähigkeit von ertragsschwachen oder insolventen Unternehmen, Bern 2003.

Meyer, Bernhard (2006): Stochastische Unternehmensbewertung: Der Wertbeitrag von Realoptionen, Wiesbaden 2006.

Meyer, Heinrich/Degener, Jan-Moritz (2011): Debt-Equity-Swap nach dem RegE-ESUG, in: Betriebs-Berater, 66. Jg. (2011), Nr. 14, S. 846–851.

Mikulicz-Radecki, Johannes/Wagner, Burkhard (2012): Hausbankprinzip: Auslaufmodell oder Evergreen?, in: Die Bank, 52. Jg. (2012), Nr. 8, S. 42–45.

Miller, Merton (1991): Tax Obstacles to Voluntary Corporate Restructuring, in: Journal of Applied Corporate Finance, 4. Jg. (1991), Nr. 3, S. 20–23.

Miles, James/Ezzell, John (1980): The Weighted Average Cost of Capital, Perfect Capital Markets and Project Life: A Clarification, in: Journal of Financial and Quantitative Analysis, 15. Jg. (1980), Nr. 3, S. 719–730.

Modigliani, Franco/Miller, Merton (1958): The Cost of Capital, Corporation Finance and the Theory of Investment, in: American Economic Review, 48. Jg. (1958), Nr. 3, S. 261–297.

Modigliani, Franco/Miller, Merton (1963): Corporate Income Taxes and the Cost of Capital: A Correction, in: American Economic Review, 53. Jg. (1963), Nr. 3, S. 433–443.

Mossin, Jan (1966): Equilibrium in a Capital Asset Market, in: Econometrica, 34. Jg. (1966), Nr. 4, S. 768–783.

Moxter, Adolf (1983): Grundsätze ordnungsmäßiger Unternehmensbewertung, 2. Aufl., Wiesbaden 1983.

Möhlmann-Mallau, Thomas/Schmitt, Jens (2009): Der „vorübergehende“ Begriff der Überschuldung, in: Neue Zeitschrift für das Recht der Insolvenz und Sanierung, 12. Jg. (2009), Nr. 1, S. 19–24.

Mönning, Rolf-Dieter (2013): Drohende Zahlungsunfähigkeit / Überschuldung, in: Nerlich, Jörg/Römermann, Volker (Hrsg.): Kommentar zur Insolvenzordnung, 25. Ergänzungslieferung, München 2013, § 18 / § 19.

Mückl, Norbert (2009): Der Debt-Equity-Swap als Sanierungsinstrument im Steuerrecht, in: Finanz-Rundschau, 91. Jg. (2009), Nr. 11, S. 497–506.

Müller, Julia (2012): Der Debt-Equity-Swap als Sanierungsinstrument mit dem Fokus auf dem Insolvenzplanverfahren: eine umfassende Darstellung der Voraussetzungen, involvierten Parteien und Wirkungsweise, Saarbrücken 2012.

Müller, Frank (2010): Private Equity in der Unternehmenskrise, Wiesbaden 2010.

Müller, Rainer (1986): Krisenmanagement in der Unternehmung: Vorgehen, Maßnahmen und Organisation, 2. Aufl., Frankfurt am Main 1986.

Müller, Renate/Liebscher, Marc (2012): Haftungsrisiken in der Krise, in: Thierhoff, Michael/Müller, Renate/Illy, Thomas/Liebscher, Marc (Hrsg.): Unternehmenssanierung, Ulm 2012, S. 275–354.

Müller-Känel, Oliver (2009): Mezzanine Finance: Neue Perspektiven in der Unternehmensfinanzierung, 3. Aufl., Bern 2009.

Myers, Stewart (1974): Interactions of corporate financing and investment decisions: implications for capital budgeting, in: The Journal of Finance, 28. Jg. (1974), Nr. 1, S. 1–25.

Myers, Stewart (1977): Determinants of Corporate Borrowing, in: Journal of Financial Economics, 5. Jg. (1977), Nr. 2, S. 147–175.

Nestler, Christoph (2008): Die Bewertung von sanierungsbedürftigen Unternehmen unter Berücksichtigung von Realoptionen aus der Sicht eines Investors, Wien 2008.

Niering, Christoph/Hillebrand, Christoph (2012): Wege durch die Unternehmenskrise: Sanierungen statt Liquidieren, 3. Aufl., Köln 2012.

Oechsler, Jürgen (2011): Herabsetzung unter den Mindestnennbetrag / Vereinfachte Kapitalherabsetzung: Voraussetzungen, in: Goette, Wulf/Habersack, Mathias/Kalss, Susanne (Hrsg.): Münchener Kommentar zum Aktiengesetz, 3. Aufl., Band 4, München 2011, § 228 / § 229.

Oelke, Herbert/Wöhlert, Helge/Degen, Stephan (2010): Debt Mezzanine Swap: Königsweg für die Restrukturierungsfinanzierung, in: Betriebs-Berater, 65. Jg. (2010), Nr. 6, S. 299–303.

Oesterle, Berthold (1998): Steuerliche Verlustvorträge in der Unternehmensbewertung, in: Betriebs-Berater, 53. Jg. (1998), Nr. 16, S. 835–841.

Ott, Wolfgang (2011): Unternehmenskauf aus der Insolvenz, 2. Aufl., Wiesbaden 2011.

Ostrowski, Markus (2000): Körperschaftsteuerliche Verlustvorträge und EK 45-Bestände in der Unternehmensbewertung, in: Betriebs-Berater, 55. Jg. (2000), Nr. 2, S. 87–93.

Pasedag, Andreas (2010): Paradoxe Wirkungen der Zinsschranke, in: Corporate Finance biz, 12. Jg. (2010), Nr. 5, S. 301–311.

Paulsen, Anne-José (2010): Abfindung, in: Goette, Wulf/Habersack, Mathias/Kalss, Susanne (Hrsg.): Münchener Kommentar zum Aktiengesetz, 3. Aufl., Band 5, München 2010, § 221.

Pawelzik, Kai (2012): Taugen die International Valuation Standards (IVS) zur Unternehmensbewertung als Vorbild für den IDW S1?, in: Der Betrieb, 65. Jg. (2012), Nr. 34, S. 1882–1888.

Peemöller, Volker/Kunowski, Stefan (2012): Ertragswertverfahren nach IDW, in: Peemöller, Volker (Hrsg.): Praxishandbuch der Unternehmensbewertung, 5. Aufl., Herne 2012, S. 275–348.

Pelz, Christian (2010): Unternehmenskrise und Insolvenz, in: Hauschka, Christoph (Hrsg.): Corporate Compliance: Handbuch der Haftungsvermeidung im Unternehmen, München 2010, § 32.

Pentz, Andreas (2008): Sacheinlagen. Sachübernahmen, in: Goette, Wulf/Habersack, Mathias/Kalss, Susanne (Hrsg.): Münchener Kommentar zum Aktiengesetz, 3. Aufl., Band 1, München 2008, § 27.

Pfeifer, Karl-Nikolaus (2011): Kapitalerhöhung gegen Einlagen: Voraussetzungen / Kapitalerhöhung mit Sacheinlagen; Rückzahlung von Einlagen / Bezugsrecht, in: Goette, Wulf/Habersack, Mathias/Kalss, Susanne (Hrsg.): Münchener Kommentar zum Aktiengesetz, 3. Aufl., Band 4, München 2011, § 182 / § 183 / § 186.

Piehler, Maik/Schwetzler, Bernhard (2010): Zum Wert ertragsteuerlicher Verlustvorträge, in: Zeitschrift für betriebswirtschaftliche Forschung, 62. Jg. (2010), Nr. 1, S. 60–100.

Popp, Matthias (1997): Bewertung ertragsteuerlicher Verlustvorträge im Rahmen der entscheidungsorientierten Unternehmensbewertungslehre, München 1997.

Priester, Hans-Joachim (2010): Debt-Equity-Swap zum Nennwert?, in: Der Betrieb, 62. Jg. (2010), Nr. 26, S. 1445–1450.

Prinz, Ulrich (2013): Zinsschranke: Bestandsaufnahme zu Verfassungszweifeln, in: Der Betrieb, 66. Jg. (2013), Nr. 29, S. 1571–1572.

Pulvino, Todd (1998): Do Asset Fire Sales Exist? An Empirical Investigation of Commercial Aircraft Transactions, in: The Journal of Finance, 53. Jg. (1998), Nr. 3, S. 939–978.

Ramey, Valerie/Shapiro, Matthew (2001): Displaced Capital: A Study of Aerospace Plant Closings, in: Journal of Political Economy, 109. Jg. (2001), Nr. 5, S. 958–992.

Rams, Andreas (1999): Realoptionsbasierte Unternehmensbewertung, in: Finanz-Betrieb, 1. Jg. (1999), Nr. 11, S. 349–364.

Rapp, Marc (2006): Die arbitragefreie Adjustierung von Diskontierungssätzen bei einfacher Gewinnsteuer, in: Zeitschrift für betriebswirtschaftliche Forschung, 58. Jg. (2006), Nr. 6, S. 771–806.

Reger, Gerald/Stenzel, Igor (2009): Der Kapitalschnitt auf Null als Mittel zur Sanierung von Unternehmen: Gesellschaftsrechtliche, börsenzulassungsrechtliche und kapitalmarktrechtliche Konsequenzen, in: Neue Zeitschrift für Gesellschaftsrecht, 12. Jg. (2009), Nr. 31, S. 1210–1214.

Reichert, Jochen/Weller, Marc-Philippe (2011): Einlagepflicht, in: Fleischer, Holger/Goette, Wulf (Hrsg.): Münchener Kommentar zum GmbHG, 1. Aufl., Band 1, München 2010, § 14.

Reiner, Klaus (2010): Anforderungen der Kreditinstitute an die Sanierungsfähigkeit von Unternehmen, in: Corporate Finance Law, 1. Jg. (2010), Nr. 4, S. 276–279.

Richter, Frank (2007): Unternehmenswert in Abhängigkeit von der Haltedauer? Zur Berücksichtigung der Einkommensteuer bei der Unternehmensbewertung nach der Steuerreform 2008, Arbeitspapier 2007.

Rindfleisch, Heike (2011): Insolvenz und Rigidität: Eine theoretische und empirische Ursachenanalyse auf Basis von Insolvenzplänen, Wiesbaden 2011.

Ringelspacher, Eva (2012): Banken, in: Baur, Michael/Kantowsky, Jan/Schulte, Axel (Hrsg.): Stakeholder-Management in der Restrukturierung: Perspektiven und Handlungsfelder in der Praxis, Wiesbaden 2012, S. 64–80.

Robicheck, Alexander/Myers, Stewart (1966): Problems in the Theory of Optimal Capital Structure, in: Journal of Financial and Quantitative Analysis, 1. Jg. (1966), Nr. 2, S. 1–35.

Roe, Mark (1983): Bankruptcy and Debt: A New Model for Corporate Reorganization, in: Columbia Law Review, 83. Jg. (1983), Nr. 3, S. 527–602.

Ross, Stephen/Westerfield, Randolph/Jaffe, Jeffrey/Jordon, Bradford (2008): Modern Financial Management, 8. Aufl., New York 2008.

Römermann, Volker/Praß, Jan-Philipp (2012): Das neue Sanierungsrecht für Unternehmen: Handbuch für Berater, Unternehmer und Gläubiger, Regensburg 2012.

Ruback, Richard (2002): Capital Cash Flows: A Simple Approach to Valuing Risky Cash Flows, in: Financial Management, 31. Jg. (2002), Nr. 2, S. 85–103.

Schäfer, Carsten/Wüstemann, Jens (2014): Unternehmensbewertung, Kapitalmaßnahmen und Insolvenzplan, in: Zeitschrift für Wirtschaftsrecht, 35. Jg. (2014), Nr. 37, S. 1757–1768.

Schäfer, Hans-Bernd/Ott, Claus (2012): Lehrbuch der ökonomischen Analyse des Zivilrechts, 5. Aufl., Berlin/Heidelberg 2012.

Schefczyk, Michael (2006): Finanzieren mit Venture Capital und Private Equity, 2. Aufl., Stuttgart 2006.

Schellberg, Bernd (2008): Sanierungsmanagement – Sofortmaßnahmen in der Unternehmenskrise, Berlin 2008.

Scherer, Frank (2003): Kapitalmarktorientierte Bewertung ertragsteuerlicher Verlustvorträge, Frankfurt am Main 2003.

Scheunemann, Marc/Hoffmann, Guido (2009): Debt Equity Swap: Steuerliche Strukturierung und zivilrechtliche Rahmenbedingungen, in, Der Betrieb, 62. Jg. (2009), Nr. 19, S. 983–986.

Schilmar, Boris/Landry, Johannes (2011): Rechtliche Gestaltung von Debt Equity Swaps: Vereinfachung durch das MoMiG?, in: Reifert, Thomas (Hrsg.): Finanzielle Restrukturierung: Sanierung von Unternehmenskrediten durch Debt Equity Swaps und Treuhandlösungen, Stuttgart 2011, S. 183–193.

Schira, Josef (2005): Statistische Methoden der BWL und VWL: Theorie und Praxis, 2. Aufl., München 2012.

Schleusener, Ann-Kathrin (2012): Der Debt-Equity-Swap, Hamburg 2012.

Schmidt-Hern, Karsten (2009): Die AG/KGaA in der Krise, in: Müller, Welf/Rödder, Thomas (Hrsg.): Beck'sches Handbuch der AG, 2. Aufl., München 2009, § 17.

Schoppmeyer, Heinrich (2013): Nichterfüllung von Masseverbindlichkeiten, in: Kirchhof, Hans-Peter/Eidenmüller, Horst/Stürner, Rolf (Hrsg.): Münchener Kommentar zur Insolvenzordnung, 3. Aufl., Band 1, München 2013, § 61.

Schreiner, Andreas (2007): Equity Valuation Using Multiples: An Empirical Investigation, Wiesbaden 2007.

Schulmerich, Marcus (2003): Einsatz und Pricing von Realoptionen: Einführung in grundlegende Bewertungsansätze, in: Hommel, Ulrich/Scholich, Martin/Baecker, Philipp (Hrsg.): Reale Optionen: Konzepte, Praxis und Perspektiven strategischer Unternehmensfinanzierung, Berlin/Heidelberg 2003, S. 63–96.

Schulte-Mattler, Hermann/Manns, Thorsten (2012): Basel-III-Neuerungen zur Stärkung der Widerstandskraft der Banken bei künftigen Finanzkrisen, in: Jacobs,

Jürgen/Riegler, Johannes/Schulte-Mattler, Hermann/Weinrich, Günter (Hrsg.): Frühwarnindikatoren und Krisenfrühaufklärung, Wiesbaden 2012, S. 159–188.

Schultze, Wolfgang (2003): Methoden der Unternehmensbewertung: Gemeinsamkeiten, Unterschiede, Perspektiven, 2. Aufl., Düsseldorf 2003.

Schüler, Andreas (2013a): Konzeptionelle Überlegungen zur Bewertung restrukturierungsbedürftiger Unternehmen, in: M&A-Review, 24. Jg. (2013), Nr. 10, S. 389–394.

Schüler, Andreas (2013b): Eine Fallstudie zur Bewertung restrukturierungsbedürftiger Unternehmen, in: M&A-Review, 24. Jg. (2013), Nr. 11, S. 456–463.

Schüler, Andreas (2014a): Fünf Methoden zur Unternehmensbewertung „in a nutshell", Arbeitspapier, München 2014.

Schüler, Andreas (2014b): Zur Unternehmensbewertung mit Multiplikatoren, in: Die Wirtschaftsprüfung, 67. Jg. (2014), Nr. 22, S. 1146–1158.

Schüler, Andreas/Lampenius, Niklas (2007): Wachstumsannahmen in der Bewertungspraxis: Eine empirische Untersuchung ihrer Implikationen, in: Betriebswirtschaftliche Forschung und Praxis, 59. Jg. (2007), Nr. 3, S. 232–248.

Schwaiger, Helmut (2009): Finanzierung durch Gesellschafter, in: Müller, Welf/Winkeljohann, Norbert (Hrsg.): Beck'sches Handbuch der GmbH, München 2009, § 7.

Schwartz, Eduardo/Moon, Mark (2000): Rational Pricing of Internet Companies, in: Financial Analysts Journal, 56. Jg. (2000), Nr. 3, S. 62–75.

Schwartz, Eduardo/Moon, Mark (2001): Rational Pricing of Internet Companies Revisited, in: The Financial Review, 36. Jg. (2001), Nr. 4, S. 7–26.

Schwetzler, Bernhard (1998): Gespaltene Besteuerung, Ausschüttungssperrvorschriften und bewertungsrelevante Überschüsse bei der Unternehmensbewertung, in: Kruschwitz, Lutz/Löffler, Andreas (Hrsg.): Ergebnisse des Berliner Workshops „Unternehmensbewertung" vom 7. Februar 1998, Diskussionsbeiträge des Fachbereichs Wirtschaftswissenschaft der Freien Universität Berlin, Nr. 1998/7, S. 91–108.

Seefelder, Günther (2012): Unternehmenssanierung: Krisenursachen, Außergerichtliche Unternehmenssanierung, Sanierung im Insolvenzverfahren, Arbeitsrecht, Steuerrecht, Haftungs- und Strafrechtrisiken, 3. Aufl., Stuttgart 2012.

Seibt, Christoph (2010): Wandelschuldverschreibungen: Marktbericht, Dokumentationen und Refinanzierungsoptionen, in: Corporate Finance Law, 1. Jg. (2010), Nr. 3, S. 165–176.

Seidel, Uwe (2005): Risikomanagement, Kissing 2005.

Sharpe, William (1964): Capital Asset Prices: A Theory of Market Equilibrium under Conditions of Risk, in: The Journal of Finance, 19. Jg. (1964), Nr. 3, S. 425–442.

Shleifer, Andrei/Visny, Robert (1992): Liquidation Values and Debt Capacity: A Market Equilibrium Approach, in: The Journal of Finance, 47. Jg. (1992), Nr. 4, S. 1343–1366.

Siemers, Lothar (2009): Ergebnisermittlung und Ergebnisverwendung, in: Müller, Welf/Winkeljohann, Norbert (Hrsg.): Beck'sches Handbuch der GmbH, München 2009, § 10.

Sievers, Gerd/Bizenberger, Rainer (2009): Fremdkapitalinvestitionen in Unternehmen in der Krise, in Buth, Andrea/Hermanns, Michael (Hrsg.): Restrukturierung, Sanierung, Insolvenz, München 2009, § 19.

Simon, Stefan (2010): Der Debt Equity Swap nach dem Gesetz zur weiteren Erleichterung der Sanierung von Unternehmen (ESUG), in: Corporate Finance Law, 1. Jg. (2010), Nr. 7, S 448–459.

Simon, Stefan/Merkelbach, Matthias (2012): Gesellschaftsrechtliche Strukturmaßnahmen im Insolvenzplanverfahren nach dem ESUG, in: Neue Zeitschrift für Gesellschaftsrecht, 15. Jg. (2012), Nr. 4, S. 121–129.

Sinz, Ralf (2014): Minderheitenschutz, in: Kirchhof, Hans-Peter/Eidenmüller, Horst/ Stürner, Rolf (Hrsg.): Münchener Kommentar zur Insolvenzordnung, 3. Aufl., Band 3, München 2014, § 251.

Spremann, Klaus (2004): Valuation: Grundlagen moderner Unternehmensbewertung, München 2004.

Stadler, Markus (2003): Die Sanierung von Aktiengesellschaften unter Einsatz von Wandelgenussrechten, in: Neue Zeitschrift für Gesellschaftsrecht, 6. Jg. (2003), Nr. 12, S. 579–588.

Staroßom, Heiko (2013): Corporate Finance Teil 2: Finanzierung in den Lebensphasen einer Unternehmung, Wiesbaden 2013.

Strauch, Joachim (2005): Unternehmensbewertung und Grundsätze ordnungsmäßiger Due Diligence, Düsseldorf 2005.

Streitferdt, Felix (2010): Die Bewertung von Verlustvorträgen und Tax Shields auf arbitragefreien Märkten, in: Zeitschrift für Betriebswirtschaft, 80. Jg. (2010), Nr. 10, S. 1041–1074.

Thierhoff, Michael/Liebscher, Marc (2012): Exit-Strategien, in: Thierhoff, Michael/ Müller, Renate/Illy, Thomas/Liebscher, Marc (Hrsg.): Unternehmenssanierung, Ulm 2012, S. 253–274.

Timmreck, Christian (2003): Unternehmensbewertung bei Mergers & Acquisitions, Düsseldorf 2003.

Timmreck, Christian (2006): Kapitalmarktorientierte Sicherheitsäquivalente: Konzeption und Anwendung in der Unternehmensbewertung, Wiesbaden 2006.

von Tippelskirch, Alexander (2006): Hybride Finanzinstrumente in der Unternehmenssanierung: Einsatzbereiche und Bedeutung von Mezzanine, in: Hommel, Ulrich/Knecht, Thomas/Wohlenberg, Holger (Hrsg.): Handbuch Unternehmensrestrukturierung, Wiesbaden 2006, S. 961–980.

Tyroller, Michael/Nienstedt, Daniela (2012): Unternehmensrestrukturierung aus Sicht der Fremdkapitalgeber, in: Baur, Michael/Kantowsky, Jan/Schulte, Axel (Hrsg.):

Stakeholder Management in der Restrukturierung: Perspektiven und Handlungsfelder in der Praxis, Wiesbaden 2012, S. 61–171.

Uhlenbruck, Wilhelm (2001): Gerichtliche oder außergerichtliche Sanierung? Eine Schicksalsfrage Not leidender Unternehmen, in: Betriebs-Berater, 56. Jg. (2001), Nr. 33, S. 1641–1648.

Vallender, Heinz (2009): Kredit und Insolvenz, in: Derleder, Peter/Knops, Kai-Oliver/Bamberger, Heinz (Hrsg.): Handbuch zum deutschen und europäischen Bankrecht, 2. Aufl., Berlin 2009, § 35.

Vallender, Heinz (2012): Die Eigenverwaltung in neuem Gewand nach dem ESUG, in: GmbH-Rundschau, 107. Jg. (2012), Nr. 8, S. 445–450.

Vaupel, Christoph/Reers, Ulrich (2010): Kapitalerhöhungen bei börsennotierten Aktiengesellschaften in der Krise, in: Die Aktiengesellschaft, 55. Jg. (2010), Nr. 2, S. 93–105.

Vetter, Jochen (2011): Vereinfachte Kapitalherabsetzung, in: Fleischer, Holger/ Goette, Wulf (Hrsg.): Münchener Kommentar zum GmbHG, 1. Aufl., Band 3, München 2011, § 58a.

Vögeli, Ansgar (2000): Sanierungsgewinn: Gewinn oder Grund erneuter Insolvenz?, in: Zeitschrift für das gesamte Insolvenzrecht, 4. Jg. (2000), Nr. 3, S. 144–146.

Warner, Jerold (1977): Bankruptcy costs: Some evidence, in: The Journal of Finance, 32. Jg. (1977), Nr. 2, S. 337–347.

Weber, Axel (2009): Die Insolvenzantragspflicht nach § 15a InsO, Wiesbaden 2009.

Weckbach, Stephan (2004): Corporate Financial Distress: Unternehmensbewertung bei finanzieller Enge, Bamberg 2004.

Weilep, Holger (2008): Das Risikomanagementsystem als Führungssystem unter besonderer Berücksichtigung mittelständischer Unternehmen, Braunschweig 2008.

Welsch, Christina (2010): Organisationale Trägheit und ihre Wirkung auf die strategische Früherkennung von Unternehmenskrisen, Wiesbaden 2010.

Wentzler, Jochen (2009): Debt Equity Swap als Teil der finanziellen Unternehmenssanierung, in: Finanz-Betrieb, 11. Jg. (2009), Nr. 9, S. 446–452.

Wiese, Götz/Matschernus, Gunnar (2009): Kapitalaufbringung, in: Römermann, Volker (Hrsg.): Münchener Anwaltshandbuch GmbH-Recht, 2. Aufl., München 2009.

Wiesmann, Wolfgang (2000): Der „Sanierungsgewinn“ im Spannungsfeld zwischen Steuer- und Insolvenzrecht: Vergangenheit und Perspektive eines umstrittenen Begriffs, Münster 2003.

Willemsen, Reinhard/Rechel, Janine (2012): Kommentar zum ESUG: Die Änderungen der InsO, Frankfurt am Main 2012.

Williamson, Oliver (1988): Corporate Finance and Corporate Governance, in: The Journal of Finance, 43. Jg. (1988), Nr. 3, S. 567–591.

Wittowski, Ansas (2008): Grenzüberschreitende Verlustverrechnung in Deutschland und Europa, Münster 2008.

Wohlenberg, Holger/Altenkirch, Georg (2006): Eigentümerwechsel in der Sanierung, in: Hommel, Ulrich/Knecht, Thomas/Wohlenberg, Holger (Hrsg.): Handbuch Unternehmensrestrukturierung, Wiesbaden 2006, S. 485–510.

Würthwein, Martin (2010): Anfechtungsgründe, in: Spindler, Gerald/Stilz, Eberhard (Hrsg.): Kommentar zum AktG, 2. Aufl., Band 2, München 2010, § 243.

Zeidler, Finn (2010): Stammkapital; Geschäftsanteil, in: Michalski, Lutz (Hrsg.): Kommentar zum GmbH-Gesetz, 2. Aufl., Band 1, München 2010, § 5.

Ziegenhagen, Andreas/Thieme, Hauke (2010): Besteuerung in Krise und Insolvenz, Wiesbaden 2010.

Ziemons, Hildegard (2013): Kapitalaufbringung, in: Ziemons, Hildegard/Jaeger, Carsten (Hrsg.): Beck'scher Onlinekommentar zum GmbHG, 14. Aufl., München 2013, § 5.

Zöllner, Wolfgang/Fastrich, Lorenz (2013): Erhöhung des Stammkapitals, in: Baumbach, Adolf/Hueck, Alfred (Hrsg.): GmbHG, 20. Aufl., München 2013, § 55.

Zwirner, Christian (2011): Unternehmensbewertung nach BilMoG: Anpassungsnotwendigkeit, Lücke-Theorem, Steuerbemessung, Ausschüttungssperre, in: Der Betrieb, 64. Jg. (2011), Nr. 46, S. 2559–2565.

Rechtsquellenverzeichnis

AEUV Vertrag über die Arbeitsweise der Europäischen Union vom 1. Dezember 2009 (ABl. EG Nr. C 115, S. 47); zuletzt geändert durch die Akte über die Bedingungen des Beitritts der Republik Kroatien und die Anpassungen des Vertrags über die Europäische Union, des Vertrags über die Arbeitsweise der Europäischen Union und des Vertrags zur Gründung der Europäischen Atomgemeinschaft v. 1. Juli 2013 (ABl. EU L 112/21).

AktG Aktiengesetz vom 6. September 1965 (BGBl. I S. 1089); zuletzt geändert durch Art. 26 G v. 23. Juli 2013 (BGBl. I S. 2586).

AO Abgabenordnung in der Fassung der Bekanntmachung vom 1. Oktober 2002 (BGBl. I S. 3866); zuletzt geändert durch Art. 16 G v. 25. Juli 2014 (BGBl. I S. 1266).

BGB Bürgerliches Gesetzbuch in der Fassung der Bekanntmachung vom 2. Januar 2002 (BGBl. I S. 42, 2909; 2003 I S. 738); zuletzt geändert durch Art. 4 Abs. 5 G v. 1. Oktober 2013 (BGBl. I S. 3719).

EStG Einkommensteuergesetz vom 08.10.2009 (BGBl. I S. 3366, 3862); zuletzt geändert durch Art. 1 G v. 25. Juli 2014 (BGBl. I S. 1266).

ESUG Gesetz zur weiteren Erleichterung der Sanierung von Unternehmen, in der Fassung der Bekanntmachung vom 13.12.2011, BGBl. I 2011, S. 2582.

FMStG Gesetz zur Umsetzung eines Maßnahmenpakets zur Stabilisierung des Finanzmarktes, in der Fassung der Bekanntmachung vom 17.10.2008, BGBl. I 2008, S. 1982.

Gesetz zur Einführung einer Rechtsbehelfsbelehrung im Zivilprozess und zur Änderung anderer Vorschriften
Gesetz zur Einführung einer Rechtsbehelfsbelehrung im Zivilprozess und zur Änderung anderer Vorschriften, in der Fassung der Bekanntmachung vom 05.12.2012, BGBl. I 2012, S. 2418.

Gesetz zur Erleichterung der Sanierung von Unternehmen
Gesetz zur Erleichterung der Sanierung von Unternehmen, in der Fassung der Bekanntmachung vom 24.09.2009, BGBl. I 2009, S. 3151.

Gesetz zur Fortsetzung der Unternehmensteuerreform
Gesetz zur Fortsetzung der Unternehmensteuerreform, in der Fassung der Bekanntmachung vom 29.10.1997, BGBl. I 1997, S. 2590.

GewStG	Gewerbesteuergesetz vom 15.10.2002 (BGBl. I S. 4167); zuletzt geändert durch Art. 4 G v. 26. Juni 2013 (BGBl. I S. 1809).
GmbHG	Gesetz betreffend die Gesellschaften mit beschränkter Haftung, in der im Bundesgesetzblatt Teil III, Gliederungsnummer 4123-1, veröffentlichten bereinigten Fassung; zuletzt geändert durch Art. 27 G v. 23. Juli 2013 (BGBl. I S. 2586).
HGB	Handelsgesetzbuch in der im Bundesgesetzblatt Teil III, Gliederungsnummer 4100-1, veröffentlichten bereinigten Fassung; zuletzt geändert durch Art. 1 G v. 4. Oktober 2013 (BGBl. I S. 3746).
InsO	Insolvenzordnung vom 5. Oktober 1994 (BGBl. I S. 2866); zuletzt geändert durch Art. 6 G v. 31. August 2013 (BGBl. I S. 3533).
KStG	Körperschaftsteuergesetz vom 15.10.2002 (BGBl. I S. 4144); zuletzt geändert durch Art. 12 G v. 18. Dezember 2013 (BGBl. I S. 4318).
MoMiG	Gesetz zur Modernisierung des GmbH-Rechts und zur Bekämpfung von Missbräuchen, in der Fassung der Bekanntmachung vom 23.10.2008, BGBl. I 2008, S. 2026.
SGB III	Sozialgesetzbuch, Drittes Buch, Artikel 1 des Gesetzes vom 24. März 1997 (BGBl. I S. 594); zuletzt geändert durch Art. 3 G v. 21. Juli 2014 (BGBl. I S. 1133).
WpÜG	Wertpapiererwerbs- und Übernahmegesetz vom 20. Dezember 2001 (BGBl. I S. 3822); zuletzt geändert durch Art. 4 Abs. 53 G v. 7. August 2013 (BGBl. I S. 3154).
WpÜGAngebV	Verordnung über den Inhalt der Angebotsunterlage, die Gegenleistung bei Übernahmeangeboten und Pflichtangeboten und die Befreiung von der Verpflichtung zur Veröffentlichung und zur Abgabe eines Angebots vom 27. Dezember 2001 (BGBl. I S. 4263); zuletzt geändert durch Art. 17 G v. 6. Dezember 2011 (BGBl. I S. 2481).

Bundesfinanzhof:

Datum	**Aktenzeichen**	**Fundstelle**
15.07.1968	GrS 2/67	BStBl II (1968), S. 666.
19.01.1994	I R 67/92	Der Betrieb, 47. Jg. (1994), Nr. 17, S. 859.
22.10.2003	I R 18/02	Der Betrieb, 57. Jg. (2004), Nr. 9, S. 468-470.
14.07.2010	X R 34/08	Abgerufen unter http://juris.bundesfinanzhof.de/cgi-bin/rechtsprechung/document.py?Gericht=bfh&Art=pm&Datum=2010&nr=22138&linked=urt am 15.08.2013.
28.02.2012	VIII R 2/08	Abgerufen unter http://juris.bundesfinanzhof.de/cgi-bin/rechtsprechung/document.py?Gericht=bfh&Art=en&nr=25974 am 15.08.2013.

Bundesgerichtshof:

Datum	Aktenzeichen	Fundstelle
17.01.1973	IV ZR 142/70	Neue juristische Wochenschrift, 26. Jg. (1973), Nr. 12, S. 509–510.
13.03.1978	II ZR 142/76	Neue juristische Wochenschrift, 31. Jg. (1978), Nr. 27, S. 1316–1319.
19.04.1982	II ZR 55/81	Neue juristische Wochenschrift, 35. Jg. (1982), Nr. 43, S. 2444–2445.
11.11.1985	II ZR 109/84	Neue juristische Wochenschrift, 39. Jg. (1986), Nr. 13, S. 837–841.
25.09.1986	II ZR 262/85	Neue juristische Wochenschrift, 40. Jg. (1987), Nr. 4, S. 189–190.
15.01.1990	II ZR 164/88	Neue juristische Wochenschrift, 43. Jg. (1990), Nr. 15, S. 982–989.
12.12.1991	IX ZR 178/91	Neue juristische Wochenschrift, 45. Jg. (1992), Nr. 15, S. 967–970.
20.03.1995	II ZR 205/94	Neue juristische Wochenschrift, 48. Jg. (1995), Nr. 27, S. 1739–1749.
23.06.1997	II ZR 132/93	Neue juristische Wochenschrift, 50. Jg. (1997), Nr. 42, S. 2815–2816.
25.09.1997	IX ZR 231/96	Neue juristische Wochenschrift, 51. Jg. (1998), Nr. 9, S. 607–608.
12.03.2001	II ZB 15/00	Neue juristische Wochenschrift, 54. Jg. (2001), Nr. 29, S. 2080–2083.
17.05.2001	IX ZR 188/98	Neue juristische Wochenschrift Rechtsprechungs-Report, 54. Jg. (2001), Nr. 17, S. 1204.
12.12.2002	IX ZB 426/02	Neue juristische Wochenschrift, 56. Jg. (2003), Nr. 16, S. 1187.
24.05.2005	IX ZR 123/04	Neue juristische Wochenschrift, 58. Jg. (2005), Nr. 42, S. 3062–3066.
21.11.2005	II ZR 277/03	Neue juristische Wochenschrift, 58. Jg. (2005), Nr. 18, S. 1283–1285.
27.07.2006	IX ZB 204/04	Neue juristische Wochenschrift, 59. Jg. (2006), Nr. 49, S. 3553–3556.
09.10.2006	II ZR 303/05	Neue Zeitschrift für das Recht der Insolvenz und Sanierung, 10. Jg. (2007), Nr. 1, S. 44.
12.10.2006	IX ZR 228/03	Neue Zeitschrift für das Recht der Insolvenz und Sanierung, 10. Jg. (2007), Nr. 1, S. 36–38.
05.02.2007	II ZR 234/05	Neue juristische Wochenschrift Rechtsprechungs-Report, 60. Jg. (2007), Nr. 11, S. 759–760.

19.07.2007	IX ZB 36/07	Neue Zeitschrift für das Recht der Insolvenz und Sanierung, 10. Jg. (2007), Nr. 10, S. 579–581.
27.02.2007	XI ZR 195/05	Neue juristische Wochenschrift, 60. Jg. (2007), Nr. 29, S. 2106–2109.
14.05.2009	IX ZR 63/08	Neue juristische Wochenschrift, 62. Jg. (2009), Nr. 35, S. 2600–2603.
19.10.2009	II ZR 240/08	Neue juristische Wochenschrift, 63. Jg. (2010), Nr. 1/2, S. 65–68.
05.12.2013	IX ZR 93/11	Neue Zeitschrift für das Recht der Insolvenz und Sanierung, 17. Jg. (2014), Nr. 7, S. 259–261.

Bundesverfassungsgericht:

Datum	**Aktenzeichen**	**Fundstelle**
27.04.1999	1 BvR 1613/94	Neue juristische Wochenschrift, 52. Jg. (1997), Nr. 51, S. 3769–3772.

Finanzgerichte:

Datum	**Aktenzeichen**	**Fundstelle**
30.01.2001	FG Köln, 13 K 2347/99	Abgerufen unter http://www.stollfuss.de am 15.08.2013.
12.12.2007	FG München, 1 K 4487/06	Der Betrieb, 61. Jg. (2008), Nr. 24, S. 1291–1292.
24.04.2008	FG Köln, 6 K 2488/06	Betriebs-Berater, 63. Jg. (2008), Nr. 49, S. 2666–2672.
27.05.2004	FG Münster, 2 K 1307/02	Abgerufen unter http://openjur.de/u/101086.html am 15.08.2013.

Sonstige Gerichte:

Datum	**Aktenzeichen**	**Fundstelle**
11.04.1988	OLG Düsseldorf, 19 W 32/86	Neue juristische Wochenschrift Rechtsprechungsreport, 3. Jg. (1988), Nr. 24, S. 1499.
24.07.2013	OLG Stuttgart, 20 W 2/12	Neue Zeitschrift für Gesellschaftsrecht, 16. Jg. (2013), Nr. 30, S. 1179–1180.
18.12.2012	EuG, T-205/11	Abgerufen unter http://curia.europa.eu/juris/document/document.jsf?text=&docid=132042&pageIndex=0&doclang=DE&mode=req&dir=&occ=first&part=1, abgerufen am 04.10.2014.

Verzeichnis der sonstigen Quellen

Bundestags-Drucksachen:
BT-Drucksache 12/2443 vom 15.04.1992.
BT-Drucksache 12/7302 vom 19.04.1994.
BT-Drucksache 13/7480 vom 22.04.1997.
BT-Drucksache 16/4841 vom 27.03.2007.
BT-Drucksache 16/6140 vom 25.07.2007.
BT-Drucksache 17/5712 vom 04.05.2011.

Bundesrats-Drucksachen:
BR-Drucksache 560/03 vom 15.08.2003.
BR-Drucksache 220/07 vom 30.03.2007.
BR-Drucksache 127/11 vom 04.03.2011.

Insolvenzpläne:
Insolvenzplan der Centrotherm Photovoltaics AG 2013.
Insolvenzplan der Herlitz AG 2002.
Insolvenzplan der Herlitz PBS AG 2002.
Safeguard-Plan Eurotunnel 2007.

Verwaltungsanweisungen:
BMF-Schreiben vom 27.03.2003, IV A 6 – S 2140-8/03.
BMF-Schreiben vom 04.07.2008, IV C 7 – S 2745-a/08/10001.
BMF-Schreiben vom 30.04.2010, IV C 2 – S 2745-a/08/10005:002.
Beschluss der EU-Kommission vom 26.01.2011, IP/11/65.
LfSt Bayern vom 08.08.2006, 6 St 3102M.
OFD Rheinland vom 14.12.2011, Kurzinformation KSt 56/2011.
OFD Rheinland vom 30.03.2010, S-2745-1007-St131.

Sonstige Literatur:
Börsen-Zeitung (2013): IVG geht ins Planverfahren: Insolvenzplan soll noch vor Weihnachten vorliegen – Kampf unter den Gläubigergruppen zeichnet sich ab, in: Börsen-Zeitung, 61. Jg. (2013), Nr. 211, S. 9.

Creditreform Wirtschaftsforschung (2013): Insolvenzen in Deutschland, Neuss 2013.

Deutsche Bundesbank (2013): Monatsbericht Dezember 2013, 65. Jg. (2013), Nr. 12, Frankfurt am Main 2013.

Frankfurter Allgemeine Zeitung (2012): Milliardenverlust – General Motors streicht 2600 Stellen bei Opel, abgerufen am 14.08.2014 unter http://www.faz.net/aktuell/wirtschaft/unternehmen/milliardenverlust-general-motors-streicht-2600-stellen-bei-opel-11945142.html.

Handelsblatt (2013a): Endgültiges Aus: Praktiker Aktie – Minus 40 Prozent auf alles!, abgerufen am 20.12.2013 unter http://www.handelsblatt.com/unternehmen/

handel-dienstleister/endgueltiges-aus-praktiker-aktie-minus-40-prozent-auf-alles/ 8738026.html.

Handelsblatt (2013b): Centrotherm-Insolvenz aufgehoben, abgerufen am 20.12.2013 unter http://www.handelsblatt.com/unternehmen/industrie/solargeschaeft-centrotherm-insolvenz-aufgehoben/8291510.html.

PKF (2011): Anforderungsgerechte Sanierungsgutachten: Steht IDW S6 im Einklang mit der Rechtsprechung des BGH?, in: PKF Spezial 2011, Nr. 1, S. 3–4.

Pressemitteilung CP AG (2013): Gericht hebt Insolvenzverfahren der centrotherm photovoltaics AG auf: Konzern vollständig saniert und fit für die Zukunft, abgerufen am 20.12.2013 unter http://www.centrotherm.de/investor-relations/ news/corporate-news/2013/2013/news/03/june/2013/article/gericht-hebt-insolvenzverfahren-der-centrotherm-photovoltaics-ag-auf/.

Pressemitteilung IVG AG (2014): IVG-Gruppe gerettet, abgerufen am 13.08.2014 unter http://www.ivg.de/presse/pressemitteilungen/presse/info/ivg-gruppe-gerettet/.

Schüler, Andreas (2012): Zur Bewertung ertrags- und liquiditätsschwacher Unternehmen, Vortrag im Rahmen der 6. Jahreskonferenz der IACVA, 2012.

Wirtschaft Konkret (2006): Ursachen von Insolvenzen: Gründe von Unternehmensinsolvenzen aus der Sicht von Insolvenzverwaltern, in: Euler Hermes (Hrsg.): Wirtschaft Konkret, Nr. 414, Hamburg 2006.

Wirtschaft Konkret (2012): Insolvenzen in Zeiten der Finanzkrise: Befragung von Insolvenzverwaltern zu Entwicklung, Ursachen, Konsequenzen, in: Euler Hermes (Hrsg.): Wirtschaft Konkret, Nr. 107, Hamburg 2012.

Schriften zum Controlling, Finanz- und Risikomanagement

Herausgegeben von Prof. Dr. Andreas Brieden, Prof. Dr. Thomas Hartung,
Prof. Dr. Bernhard Hirsch und Prof. Dr. Andreas Schüler

Band 1 Patrick Siklóssy: Vergleich der Durchführungswege der betrieblichen Altersversorgung aus Eigentümer- und Arbeitnehmersicht. 2009.

Band 2 Simon Krotter: Performance-Messung, Erwartungsänderungen und Analystenschätzungen. Theoretische Konzeption und empirische Umsetzung. 2009.

Band 3 Hans-Jürgen Straßer: DCF-Bewertung von Versicherungsunternehmen. 2009.

Band 4 Bernhard Christian Kübler: Risk Classification by Means of Clustering. 2010.

Band 5 Benjamin Asche: Jahresabschlussanalyse und Bilanzpolitik von Schaden-/Unfallversicherern. Änderungen aufgrund von IFRS 4 Phase II Insurance Contracts: ED/2010/8. 2012.

Band 6 Matthias Schoen: Vertrauen und Kreditentscheidungen. Eine empirische Analyse zum Einfluss von Vertrauen in Kreditbeziehungen zwischen öffentlichen Banken und kleinen und mittelständischen Unternehmen. 2013.

Band 7 Thomas Bornemann: Verschmelzungsverhältnisse. Eine ökonomische Analyse unter besonderer Berücksichtigung der deutschen Rechtsprechung. 2013.

Band 8 Frank Angermann: Die Bilanzierung von Alternativen Risikotransferinstrumenten nach HGB und IFRS. 2015.

Band 9 David Müller: Die Ausschüttungspolitik europäischer Unternehmen. Eine empirische Untersuchung. 2015.

Band 10 Carlo Dirschedl: Maßnahmen finanzieller Restrukturierung. Rahmenbedingungen, Bewertung und Ausgestaltung am Beispiel von Debt Equity Swaps. 2015.

www.peterlang.de

www.ingramcontent.com/pod-product-compliance
Ingram Content Group UK Ltd.
Pitfield, Milton Keynes, MK11 3LW, UK
UKHW022103051026
15623UKWH00003B/647

9 783631 666494